KB097673

반란의
매춘부

REVOLTING
PROSTITUTES

반란의 매춘부

성노동자 권리를 위한 투쟁

몰리 스미스 · 주노 맥 지음 ─ 이명훈 옮김

오월의봄

"기다려왔다. 페미니스트들 사이에 존재하는 매춘을 둘러싼 극심한 분열을 다루기에 아주 적합한 책이다. 성노동을 비난하거나 찬미하는, 받아들이기 어려운 두 선택지를 모두 거부하고, 성노동자들의 투쟁이 사회정의를 향한 모든 운동에 결정적으로 중요하다는 사실을 보여주는 책이다. 저자들은 노동 그 자체와 그것이 야기하는 문제, 그것을 형성하는 제도와 정책에 대한 강력한 설명을 제공한다. 좋은 연구이자 아름답게 쓰인 이 책은 특히 페미니스트들에게 널리 읽혀야 한다."

—실비아 페데리치, 《캘리번과 마녀》 저자

"성노동에 종사하는 페미니스트, 성노동을 연구하는 사람들의 필독서다. 노동권 문제와 위해감소 정책에 대한 비판적 분석을 전면에 두면서, 저자들은 성노동을 둘러싸고 싸우는 페미니스트들 사이에서 확고한 입장을 취하고 있으며, 향후 논쟁의 지형에 섬세하지만 강력한 변화가 필요하다는 것을 제안한다."

—케이시 윅스, 《우리는 왜 이렇게 오래, 열심히 일하는가?》 저자

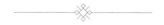

"페미니즘에 대한 새로운 사유, 치안과 법률에 대한 심층적인 분석, 성노동에 대한 비판적인 평가를 제공하는 이 책은 성노동자 권리를 위한 투쟁의 동력이 될 것이다. 해방을 위한 근본적이고 포괄적인 지도를 그린 책이다."

—멀리사 지라 그랜트, 《Sex Work: 성노동의 정치경제학》 저자

일러두기

1. 단행본, 정기간행물 등은 겹화살괄호(《 》)를, 논문, 기사, 영화 등은 홑화살괄호(〈 〉)를 사용했다.

2. 이해를 돕기 위해 본문에 옮긴이가 말을 덧댄 경우는 대괄호([ ])를 사용했다.

3. 옮긴이 주는 '역주'라고 표기했으며, 그 외의 모든 주(註)는 저자들의 것이다.

4. 본문에 등장하는 단체명 등은 가능한 한 우리말로 옮겨 표기했다.

현재 우리 문화가 모방하고 집착하는 여성(스트리퍼, 포르노 스타, 핀업걸⁺)들은 사람 취급을 받지 못한다. 그들은 단지 성적 등장인물에 지나지 않으며, 환상의 땅에서 온 에로틱한 인형일 뿐이다. 우리가 탐닉하는 그 여성들을 유일하게 만날 수 있는 무대에서도, 그들은 말하는 모습조차 보이지 않는다. 우리가 아는 한 그들은 생각도, 감정도, 정치적 신념도, 관계도, 과거도, 미래도, 인간성도 없다.

—**애리얼 레비**Ariel Levy

매춘과 비슷한 것들이 실제로 얼마나 광범위하게 퍼져 있는지를 고려한다면, 우리가 이 산업에 몸담았던 이들의 실제 목소리를 거의 듣지 못한다는 건 놀라운 일이다. 매춘과 사회운동의 연관성과 매춘에 대한 사회운동의 철저한 배제 모두를 생각해볼 때, 가시성, 자율성, 침착성을 추구하는 급진적 사회정의 운동의 양상에 비추어 과연 양자 간 강력한 연대의 기회가 마련되고 있는지 원점에서부터 의심하지 않을 수 없다.

—**플루마 수마크**Pluma Sumaq

⁺ 역주. pinups, 벽이나 기둥에 꽂아놓은 사진이나
포스터 속의 등장하는, 성적으로 매력 있는 여성.

하나의 정답 대신,
구체적인 현실과 구조에서부터
변화를 만들기 위해

나영 | 성적권리와 재생산정의를 위한 센터 셰어 SHARE 대표

닫힌 논의 안에서 사라진 이야기들

이 책에 대해 처음 알게 된 것은 2018년이었다. 당시 책의 일부를 발췌한 《보스턴리뷰Boston Review》의 기사⁺를 페이스북에 공유하면서 싱가포르의 성노동자 활동가 바네사 호Vanessa Ho는 이런 글을 남겼다.

나는 언제나 성노동에 대한 사람들의 반응이 당혹스러웠다.

⁺　Juno Mac·Molly Smith, "Sex Is Not the Problem with Sex Work", *Boston Review*, October 24 2018, https://bostonreview.net/articles/juno-mac-molly-smith-revolting-prostitutes-excerpt/.

"그건 착취이고 가부장적인 일이야! 철폐해야 한다고!" 그러나 가사노동자, 건설노동자 등 다른 노동자의 착취 문제에 대해서는 언제나 "노동자의 권리를 보호하기 위해 변화를 만들자"라고 한다. 성노동자들에 대해서는 언제나 이중적인 잣대가 존재해왔다.

그녀가 공유한 글에서는 이 책의 저자들이 이렇게 이야기하고 있었다.

'성노동은 노동'이라는 성노동자들의 주장은 권리가 필요하다는 뜻이다. 우리는 노동이 좋은 것, 재미있는 것이라거나 심지어 해롭지 않다고 말하려는 것이 아니며, 노동이 본질적인 가치를 지니고 있다고 말하려는 것도 아니다. 마찬가지로, 우리의 노동을 노동권의 관점에서 파악하려는 노력이 노동 그 자체에 대한 무조건적인 지지를 함의하는 것도 아니다. 자본주의를 옹호하려는 것도, 더 크고 수익성 있는 성산업을 옹호하려는 것도 아니다.(118~119쪽)

성매매에 대한 논쟁은 오랫동안 같은 자리를 맴돌았다. '반성매매(또는 성착취) 입장이냐, 성노동론자냐'라는 식의 구도로 입장을 묻는 질문이 반복되었고, '성매매 문제'에 대한 해결책을 논의할 때면 대체로 전면적인 금지주의와 노르딕 모델, 합법화, 비범죄화 중 하나의 모델을 선택하는 것이 가장 중요한 문제인 것처럼 논의되기도 했다.

그 와중에 '성노동'이라는 개념은 여러모로 논쟁의 대상이었다. '성노동'이라는 개념은 성매매에 '노동'이라는 단어를 붙임으로써 성을 사고파는 비윤리적이고 불법적인 행위를 정당화하는 것처럼 여겨졌고, 성착취의 문제를 가리는 전략이라며 비판받았다. 더구나 '노동'이란, 합법적인 산업의 구조 안에서 수행되는 일이자, 그 자체로 신성하고 가치 있는 것이라고 인식해온 사회에서 '성노동'이라는 단어는 가치를 부여해서는 안 되는 일에 노동으로서의 가치를 부여하는 것으로 여겨져 더욱 경계의 대상이 되었다. 성매매를 정당화해서는 안 된다는 이유로 성산업에서 일하는 사람들은 노동자로 인정되어서는 안 되었고, 오직 피해자로서 인정될 때만이 최소한의 사법적, 제도적 구제와 지원을 받을 수 있는 대상이 되었다. 애초에 성노동이라는 단어는 성노동자 당사자에게서 나온 것임에도 불구하고, 때로는 성노동이라는 용어를 사용하는 것 자체가 포주의 입장을 대변하는 행위처럼 치부되기도 했다.

　　다른 한편에서는 섹슈얼리티 통제와 성노동자를 향한 오랜 낙인에 맞서기 위해 성노동이 다른 노동보다 더 긍정적이고 가치 있는 일이라고 이야기하거나, 의도적으로 성노동에 대한 만족감과 자긍심을 강조하는 경향도 있었다. 이러한 양극단의 논쟁 속에서 각자가 처한 사회경제적 상황과 위치, 성산업의 종류에 따라 천차만별의 상황에 놓인 성노동자들의 경험과 증언은 맥락이 편집되거나 편향된 방식으로 각각의 주장에 동원되고는 했다.

우리가 주목해야 할 곳은 어디인가

이 책의 저자들은 이러한 방식의 논의들이 모두 성산업이 유지되어온 구조를 다루거나 성노동자의 권리를 구체화하는 데 별다른 도움이 되지 못했고, 오히려 여러 층위의 복잡한 문제들을 특정한 논의 구도 안에서 다루게 됨으로써 문제의식을 협소하게 만들었다고 비판한다. 정작 성노동자들의 삶에 실질적으로 자리하고 있는 문제이자 그 근간에 있는 빈곤, 이주, 가정폭력, 차별 등의 문제는 구조적 문제로서 심도 있게 연결되어 다루어지지 못했다. 저자들은 성노동을 그저 가치 있고 아무런 착취와 피해가 없는 일인 것처럼 다루는 식의 논의를 비판하면서도, 현재 엄연히 거대한 산업으로 자리하고 있는 성산업의 구조 속에서 생계를 이어나가며 삶에 필요한 수입을 얻고 있는 이들의 노동과 권리를 제대로 다룰 것을 촉구한다. 그리고 이를 위해, 그간의 협소하고 이분법적이었던 논의 구도를 깨고 성매매 현장의 실질적인 문제들과 성노동자들이 당면해 있는 삶의 현실에 주목할 것을 요구한다. 성산업이 심각하게 젠더화되어 있으며, 섹슈얼리티의 위계를 반영하고 있고, 폭력적이고 착취가 만연한 현장이라는 점은 오히려 성노동자의 권리를 제대로 다루기 위해서도 중요한 문제다. 동시에, 이러한 착취와 폭력이 단지 구매자나 포주 같은 개인 차원의 문제만이 아니라 국가와 공권력, 나아가 체제의 문제임을 이야기하는 것 또한 이 책의 저자들이 강조하고 있는 지점이다.

성매매를 윤리적인 차원에서 다루는 것과 법적인 차원에서 다루는 일, 산업적 측면에서 다루는 일은 모두 다른 층위의 논의를 요하는 일이면서 동시에 서로 긴밀하게 맞물려 있는 문제이다. 국가는 오랫동안 법과 공권력을 동원해 성윤리를 단속하고, 젠더 폭력과 인권침해와 같은 문제들을 다스리는 듯한 행동을 취해왔지만 실제로는 그와 동시에 어떤 식으로든 성산업을 유지시키고 필요한 시기마다 적극적으로 국가 경제와 국제적 전략에 활용해왔다. 국가에 더 강한 공권력을 요구하고, 그에 맞춰 단속의 명분을 강화할수록 역설적으로 국가 자체가 거대한 성산업 구조를 움직이고 있다는 사실은 가려진다. 또한 성산업은 개인이나 개별 국가 차원의 문제만이 아니라 국제적인 자본의 이동이나 생산-재생산 노동의 착취 시스템과도 연결된 문제이기에, 각국의 법과 정책은 성노동자의 이주를 추동하는 요인이 되기도 하고 이주 성노동자의 생계나 강제추방 등 거주 지위에 직접적으로 영향을 미치는 문제이기도 하다. 이것이 성매매와 성산업의 문제를 하나의 특정한 법적 모델만으로 다룰 수 없는 이유이며, 성노동자들이 처벌이나 지원을 받는 대상으로서가 아니라 노동자로서 이러한 시스템에 함께 맞서 단결하고 투쟁할 수 있어야 하는 이유이다.

새로운 논의가 시작되기를 기대하며

이 책의 가장 고마운 점은 바로 이런 문제의식에서 지금 우리가 더 실질적으로 관심을 기울여야 하는 일들이 무엇인지를 매우 구체적으로 짚어주고 있다는 부분이다. 그러면서도 각각의 문제마다 교차적인 분석을 놓치지 않는다. 저자들은 먼저 성산업 구조의 핵심축인 섹스, 노동, 국경에 대해 하나하나 짚고, 이어서 성매매에 개입하는 모두를 처벌하는 전면적인 금지주의와 일정한 법적 규제를 두고 허용하는 합법화, 구매자 처벌과 수요 차단에 집중하는 노르딕 모델, 형법적 차원에서의 처벌을 중단하고 성산업을 규제하는 비범죄화 사례를 국가별로 자세히 살핀다. 특히 "만능열쇠는 없다"라는 제8장의 내용은 비범죄화 이후에도 여전히 고민해야 하는 많은 과제를 보여준다. 성적권리와 재생산정의라는 주제를 가지고 운동하고 있는 활동가로서, 그동안 주로 사생활에 대한 권리나 자유권의 측면으로만 이해되어온 성과 재생산의 권리를 노동권, 주거권, 건강권 등 여러 사회적 권리들과 연결하고 정치경제적 의제로서 구체화하는 데에도 저자들이 짚는 문제들은 중요한 참조점으로 다가온다.

마지막으로, 《반란의 매춘부》라는 제목에서부터 그간의 역사적 맥락과 논쟁을 함축적으로 담고 있는 많은 용어를 꼼꼼하게 해석해준 옮긴이의 번역 의도와 옮긴이 주, 한국 사회의 논쟁과 현실에 저자들의 문제의식을 반영해 사실상 한국어판에 새로운 장을 하나 더해준 옮긴이의 글까지 꼭 자세히 살펴보시기를 바란다. 모쪼록 이 책이 한국에서도 새로운 논의의 장을 활짝 열어줄 수 있기를 기대한다.

흔들릴지언정
멈추지 않아야 할 질문

박이은실 | 여성학자

성매매, 그리고 페미니즘

'매춘'과 '성산업'이라는 사안에 대해 진심 어린 관심을 가져온 페미니스트들이라면 꼭 읽어봐야 할 너무나 필요했던 책이 나왔다.

'성매매'라는 사안에 대해 페미니스트로서 내 나름대로의 의견을 보태기 시작한 이래로 지금까지 나는 '성노동 비범죄화' 주장에 동의해왔지만 고백하자면 때때로 흔들리기도 했다. 성매매 범죄화나 성매매 합법화 혹은 일부 비범죄화(성구매 및 성매매 알선은 범죄화하되 성판매는 비범죄화하는 것)가 맞다고 생각했던 것은 아니었지만 성노동 비범죄화가, 특히 한국이라는 사회에서 성산업에 종사하는 이들에게 실질적으로 도움이 되는 것인지 종종 의문이 들기도 했기 때문이다. 또 때로는 성노동 비범죄화를 주장한다는 이유로 일군의 사람들로부터 공공연한 배척을 당하기도 했고, 이미 진행되기 시작한 연구팀에서 외부 압력에 의해 중도 하차당하는 일을 겪기도 했다. 부당한 일이었지만 어느 정도는 예상도 했고 또 감내할 마음도 먹은 상태였기 때문에 넘어갔는데, 사실 그보다 더 중요한 문제는 내 안에서 지속적으로 들려오는 질문이었다.

내가 성매매 비범죄화 주장에 손을 들어주고 말을 보탰던 이유는 단순하다. 나는 선택하지 않을 일이라 하더라도 누군가는 어떤 이유로 하게 된 그 일에서 폭력과 착취를 겪지 않아야 한다고, 그 일을 하는 동안에든 더 이상 그 일을 하지 않기로 결정하든 아니든 모든 삶의 결정 과정에서 강구책을 스스로 구할 수 있는 권리가 사회적으로 보장되어야 한다고 생각하기 때문이다. 그러기 위해서는 그 일이 어떤 식으로든 범죄로 규정되거나 기업이나 국가가 관리하고 통제해서는 안 된다고 생각하기 때문이다.

그러나 그런 주장을 하면서도 늘 마음 한편에는 내가 굳이 성서비스를 판매하지 않아도 되는 상황에서 그 말을 하고 있다는 사실 때문에 갖는 어떤 부채감이 있었다. '나는 이 일을 "나의 일"로 두지 않은 채 알량한 온정주의자의 입장을 취하고 있을 뿐인 것은 아닌가.' 그런 생각이 들면 종종 부끄러워졌고 주눅이 들기도 했다.

그래서 성구매 범죄화를 주장하는 페미니스트들의 목소리에 귀를 기울여볼 때도 있었다. 공저자로 참여한 어느 책에 실었던 〈성노동 비범죄화, 한국에서는 안 될 일인가?〉라는 제목의 내

글과 함께 〈성매매 비범죄화, 안 될 일이다〉라는 제목의 반론글이 바로 뒤이어 붙어 책이 구성되는 것에 대해 편집진이 내 의견을 물었을 때 기꺼이 동의했던 것도 내가 가진 생각과 다른 생각들 또한 같이 엮여 모두 함께 가장 나은 대안을 만들어봐야 한다는 마음이 있었기 때문이다. 그 글의 필자는 성매매가 범죄로 규정된 지금도 자신의 동료 남성들이 버젓이 성매매 업소를 들락거리고 성매매 업소에서 일하는 여성들을 대하듯 자신의 여성 동료들을 대하고 있다고 분개하면서, "집창촌"이 아니라 "룸살롱"을 중심으로 이루어지는 한국의 성매매는 "기본적으로 폭력적 갑질 체험의 장"이기 때문에 이를 근본적으로 범죄화해 근절시키는 것이 맞다고 보고 있었다. 그리고 "성매매 종사자의 인권"은 "성노동 비범죄화"가 아니라 "사회 전반의 복지 수준"과 "인권 감수성"을 높이는 것에서 그 실마리를 찾아야 한다고 주장했다.

나는 이런 주장을 어떤 면에서 잘 들어볼 필요가 있다고 생각은 하지만 이런 생각도 해보고는 한다. 나는 지금 굳이 성판매를 하지 않아도 살아갈 방편이 있기 때문에 그 일에 부가된 사회적 낙인과 열악한 처우, 여러 잠재적인 위험성을 알면서 굳이 그 일을 택할 이유가 없지만, 만약 내가 어떤 이유로 그 일을 당장 해야만 하는 상황이었다면 어떤 상황에서 일할 수 있기를 바랄 것인가? 무엇보다도 나는 내가 하는 일이 범죄행위로 규정되지는 않기를 바랄 것이다. 내가 당장 해야만 하게 된 일이 현행 형법상 범죄로 규정된다면 내가 그 일에서 어떤 사회적, 법적 보호도 받을 수 없거나 혹여 있어도 실제로 보호를 받기는 매우 어려울 것이라는 생각을 하지 않을 수 없고, 만약 내가 폭력을 겪는 상황에 처하게 될 때 경찰 등 공권력의 개입을 쉽사리 요청하기도 어려울 것이고, 내가 그 일을 하고 있다는 이유로 주변의 도움을 받거나 요청하기도 역시 어려울 것이라는 생각을 처음부터 이미 해야 할 것이기 때문이다. 고립된 음지는 더욱 위험할 것이다.

아무튼, 이런저런 상황에 의해 나는 〈성노동 비범죄화, 안 될 일인가?〉 이후 오랫동안 성노동에 대한 글을 더 이상 쓰지 못하고 있었다. 계기가 생기지도 않았고 집중해서 고민하고 글로 만들 수 있는 여건도 되지 않았다. 인연이 되었던 성노동자들도 하나둘 연이 끊어졌다. 여차하면 경찰이 들이닥칠 조건하에서도 성판매를 계속해야 할 이들이 자신의 권리를 위해 어떤 목소리라도 수면 위로 내놓는 경우, 소위 페미니즘의 이름으로 득달같이 비난과 배척의 화살이 쏟아지곤 했다. 그런 가운데 그들도 소리 소문도 없이 어디론가로 잠적해 들어갔다. 이상할 일도 아니었다.

정작 성노동자를 위험에 빠뜨리는 이들은 누구인가?

그러던 중 이 책을 만났다. 공저자인 몰리 스미스와 주노 맥은 영국에서 성노동자로 살며 활동하고 있는 페미니스트들이다. 저자들은 이 책에서 당분간은 굳이 더 보태야 할 내용이 있다는 생각이 들지 않을 만큼 성매매와 관련한 최근의 전 지구적 현황들과 문제들을 종합적이고 꼼꼼하게 짚고 있다. 그리고 그동안 논쟁이 되어온 '노르딕 모델'과 '성매매 범죄화'가 어떻게 성노동자들의 삶을 궁지로 몰아넣고 있는지 구체적으로 따박따박 짚어준다.

　저자들은 "성산업은 성차별과 여성혐오의 장"이라는 점과 그렇기 때문에 "성노동 과정에서 아무도 나쁜 일을 경험하지 않는다거나 그러한 해악이 미미하기 때문에 무시해도 된다고 주장"하지 말아야 한다는 것을 분명히 짚고 있다(32쪽). 그리고 "성판매자 대다수가 여성이며 성구매자 대다수는 남성이라는 사실, 즉 성산업이 젠더화되어 있다는 사실"도 간과되지 말아야 한다고 역설한다(33쪽). 또한, 궁극적으로 누구도 성노동을 선택지로 삼을 필요가 없도록, 그리고 성노동을 선택한 이들이 다른 선택을 기꺼이 할 수 있는 사회를 만들기 위해 성매매를 하도록 만드는 '조건을 공격'해야지 성매매를 범죄화해서 결과적으로 성노동자들이 공격당하게 만들어서는 안 된다고 말한다. 그러므로 이 방향으로 나아가는 첫 단계는 성노동 비범죄화여야 하며 이것이 성노동자 당사자들의 삶과 노동조건 개선에 가장 나은 효과를 낳는다고 역설하고 있다.

　다음과 같이 책 속의 몇몇 문장을 통해 살짝 살펴만 봐도 두 저자의 구체적이고 설득력 있는 목소리를 들을 수 있다. 예를 들면, "성노동을 섹스로 이해하는 것과 성노동을 노동으로 이해하는 것 사이의 긴장"이 있음을 지적하고 있다거나(89쪽), "매춘부와 비매춘부, 그리고 현직 성노동자와 전직 성노동자 사이에는 단지 정체성이 아니라 성을 판매하고 거래하는 것을 둘러싼 '물질적 조건'에서 근본적인 차이가 있"음을 짚어준다(91쪽). "불편한 진실"은 "오늘 밤이나 내일, 어쩌면 가까운 미래에 성판매자들에게 또다시 위험이 닥치리라는 사실"이지만(91쪽), "그럼에도 불구하고, 성노동은 많은 사람들에게 생존을 위한 유일한 수단으로 남아 있"으며 "행복한 창녀"도 아니고 "탈성매매 여성"도 아닌 그들 대부분은 "당장의 생존을 선택하도록 강요당하고" 있고 이 문제는 "자유주의적이고 감금주의적인 해결책으로는 마술처럼 사라지지 않는다"라고 말한다(92쪽). "마사지 치료사가 서비스를 판매하면서도 자신의 몸에 대한 '권리를 주는 것은 아니며, 그녀에게 구강성교를 강요하는 것은 성폭행이 되는 것처럼, 성노동자 또한 '고객이 구매한 시간 동안 그가 원하는 모든 것을 할 수 있도록' 자신의 신체에 대한 권리를 판매하는 것은 아니기 때문에 그녀에게 콘돔 없이 성관계를 하도록 강요하는 것은 강간"이며 "배우들이 러브신을 연기하는 것, 카메라가 멈춘 후에도 상대방이 가슴을 더듬는 것과 영화 제작자가 트레일러에서 '안마'를 해달라고 강요하는 것 사이의 차이를 알고 있듯이, 성노동자들 역시 그것을 알고 있다"라는 것을 왜 믿지 않는지 묻는다(101쪽). "우리가 만약 성노동자들의 안전을 심각하게 우려한다면", 진심으로 그것이야말로 성매매 논쟁에 참여하고 개입하는 이유라면, "영화 배우들이 폭력으로서의 성 접촉과 그렇지 않은 성 접촉을 구별하는 능력이 있다고 여기는 것만큼 성노동자들도 그럴 능력이 있다는 믿음을 확장해야 한다"라고 말한다(102쪽). 자본주의 경제에서는 이미 모든 임금노동이 착취적인데 "직장 내에서 억압과 착취를 당하지 않는 사람만이 '진짜' 노동자라면, 노동자의 권리를 위한 모든 조직화의 노력은 가능하지도 않을 것이고 불필요해지고" 말 것 아닌가(103쪽). 게다가 "자본주의는 범죄화된 시장에서 가장 가혹하게 작동"하는데 이는 "범죄화된 시장에는 규정도 없고,

노동자의 권리도 없기 때문"이며 따라서 성매매가 범죄화되면, 성판매자들은 이미 범죄행위에 가담한 사람이 되기 때문에 노동법의 보호를 받을 수조차 없게 된다라고 비판한다(113쪽). 그리고 "성을 팔거나 거래하는 사람들은 세계에서 가장 힘없는 사람들 중 하나이며, 그들은 종종 최악의 일자리로 내몰리"고 이들에게 "성노동이 필요한 자원을 얻는 하나의 방편이라는 사실을 반성매매 활동가들이 심각하게 받아들여야" 한다고 말한다(114쪽). "만약 '성을 판매하지 않고도' 필요한 자원을 얻을 수 있는 기회가 보장된다면, 성산업 폐지에 반대할 성노동자들은 거의 없을 것"이기 때문이다(115쪽). 그러니 우리는 이 질문에 답해야 한다. 성노동자들을 정작 위험에 빠지게 하는 이들은 누구인가?

추상적 논의에서 구체적 권리로

저자들도 말하고 있듯, "어떤 일을 '노동'으로 명명하는 것은 자신만의 용어를 가지고 그것을 거부하는 중요한 첫걸음이 된다"(118쪽). '가사노동' '감정노동' 같은 용어에서부터 '아내노동', '대리모노동' '임신노동'에 관한 이론화에 이르기까지 자연적인 것이라 여겨져서 오히려 비가시적인 젠더화된 노동구조에 이름을 붙이는 작업은 부당한 노동을 집합적으로 거부하고 또한 재정립할 수 있기 위한 출발점인 것이다. '성노동은 노동'이라는 주장은 이 노동이 "좋은 것, 재미있는 것이라거나 심지어 해롭지 않다고 말하려는 것이 아니"다(118쪽). "자본주의를 옹호하려는 것도,

더 크고 수익성 있는 성산업을 옹호하려는 것"은 물론 아니다(119 쪽). 이 명명의 단계는 오히려 여성들을 이 일로 끌어들이는 경제적 절박함에서 자유로운 세계를 향해가는 첫걸음이 되는 것이다. 성노동자들에게 필요한 것은 범죄화가 아니라 '권리'다. 이 권리를 갖기 위해 유독 성노동자들에게만 이 직업을 좋아하느냐 아니냐는 질문을 할 필요는 없는 것 아닌가? 자신이 하는 일이 범죄로 취급받는다면 권리 행사를 하는 것은 거의 불가능할 것이며 구매자, 고용주, 경찰, 그리고 폭력적인 가해자들의 학대에 저항할 힘을 갖기도 쉽지 않다고 저자들은 말한다.

창녀혐오와 여성혐오는 역사적으로 복잡한 관계를 가져왔고 창녀혐오와 여성혐오의 바탕에는 남성우월주의, 인간예외주의, 그리고 동물폄하가 자리하고 있다. 좀 비약해서 말하자면, 남성우월주의, 인간예외주의, 동물폄하는 결국 작금의 기후위기를 불러와 인류의 생존 자체를 확신하기 어렵게 만든 자본주의를 작동시키는 핵심 관념 중 하나였다. 또 좀 비약하면, 이런 맥락에서 나는 성서비스를 제공하고 돈이나 대가를 받는 일이 대체 왜 그렇게 공분을 사고 국가가 나서서까지 통제해야 되는 문제인지 아직도 질문 중이다. 밥은 내가 해먹을 수도 있고 누군가와 함께 해먹을 수도 있고 또 누군가에게는 팔 수도 있는데 이것은 문제가 되지 않질 않는가? 이 책은 이런 물음에 대한 답은 주지 않는다. 물론 그것은 이 책의 저자들이 져야 할 책임은 아니다. 이런 물음 또한 이 책에서 저자들이 비판하는 '추상적 논의' 중 하나일 수 있다. 저자들도 말하듯 "매춘이 무엇인지 해명하는 일은 성노동자들의 몫이 아니다"(119쪽).

그러나 이 책은 분명 성노동자들의 삶의 조건을 개선하기 위해 필요한 것이 무엇이며 왜 그래야 하는지를 조목조목 설득력 있게 상세하고 충분히 짚어주고 있고 그것으로서 이미 너무나 충분하다. 독자로서, 또한 연구자로서 이 책의 저자들, 옮긴이, 출판을 결정해준 출판사 모두에게 감사한 마음이다. 진지하고 진심인 페미니스트들이라면 이 소중한 책을 모두 필독서로 삼아주면 좋겠다.

들어가며

성노동자sex worker는 어디에나 있다.[+] 우리는 당신의 이웃이다. 우리는 거리에서 당신을 스쳐 지나간다. 우리의 아이들은 당신의 아이들과 같은 학교에 다닌다. 우리는 셀프 계산대에서 이유식과 와인 한 병을 들고 당신 뒤에 서 있다. 성을 판매하는 사람들은 식당, 정당, 방과후 클럽 위원회, 병원 대기실, 예배당에도 있다. 성노동자들은 이주민수용소에 감금되어 있으며, 그 밖에서는 시위를 벌이고 있다.

우리는 도처에 있지만, 대부분은 실제 우리의 삶을 알지 못한다. 성노동자들은 대중문화, 언론, 정책 등에서 많은 관심과 토론의 대상이 된다. 거리에서, 간판을 달고 영업하는 성매매 업소에서, 디지털 공간에서 우리가 노동자의 모습으로 나타날 때마다 우리의 존재는 사람들의 불안을 유발한다. 정치적 공간에서 우리는 점점 더 노동자로서 가시화되고 있으며, 여기에서도 우리의 존재는 불안을 불러일으킨다. 많은 사람이 성판매를 막거나, 성

[+] '성노동(sex work)'이라는 용어는 1978년 성노동자이자 활동가인 캐럴 리(Carol Leigh)에 의해 고안되었다. '성노동자(sex worker)'는 대개 돈, 때로는 약물, 술, 은신처 등의 자원과 맞바꾸어 성적 서비스를 판매하거나 거래하는 사람을 일컫는다. '성노동'이란 용어는 본래 스트리핑, 핍쇼[peepshow, 구멍으로 엿보는 장치가 되어 있는 쇼], 포르노 연기 및 촬영, 폰섹스, 채팅, BDSM 등 다양한 종류의 성적 서비스를 다루지만, 이 책에서는 전통적으로 '매춘'이라고 이해되는 활동을 지칭하는 말로 '성노동'을 사용했다. 이와 다른 종류의 성노동을 언급해야 할 경우에는 그것을 따로 지칭하고자 했다. 성노동자 권리 운동에서 대개 업소 관리자나 포주는 성노동자로 인정되지 않으며, 우리의 용법도 이러한 이해와 일치한다. '성노동자'는 정치적인 용어이므로, 성매매를 하는 모든 사람이 스스로를 성노동자라고 공개적으로 정체화하지는 않는다. '성노동'이라는 용어가 사용될 경우, 그것은 일반적으로 화자가 성매매를 노동이라고, 또는 노동일 수 있다고 여기고 있음을 암시한다. 따라서 '성노동'이라는 용어는 성매매를 노동이 아니라고 생각하는 사람들에게는 쓰이지 않을 수도 있다.

판매를 할 필요가 없게끔 세상을 바꾸거나, 우리를 마주치지 않아도 되길 바라지만, 알다시피 적어도 우리는 법을 통해 사라지지 않는다.

매춘prostitution⁺은 무거운 생각과 깊은 감정을 유발한다. 성을 판매해본 적이 없거나 이를 상징적 용어로 이해하는 사람들에게는 특히 그렇다. 매춘을 생각한다는 것은 노동·남성성·계급·신체가 무엇인지, 전형적인 악행과 처벌은 무엇이며 누가 무엇을 보호하는지, 공동체에서 산다는 것과 그 경계 밖으로 배제된다는 의미가 무엇인지에 대한 질문으로 우리를 이끄는 피뢰침 같다. 매춘에 대한 태도는 공공연하게, 때론 은밀한 방식으로 인종, 국경, 이주, 민족 정체성의 문제와 긴밀히 연결된다. 성노동은 우리 사회의 커다란 공포와 불안을 가두고 있는 금고인 셈이다.

아마도 매춘이 제기하는 가장 어려운 문제는 가부장적 사회에서 여성이 된다는 것의 의미와 관련 있을 것이다. 페미니스트 작가 케이트 밀렛Kate Millett은 "모든 여성은 매춘부prostitute⁺⁺이고,

---

⁺   역주. '윤락', '성매매', '성 인신매매(성매매 목적의 인신매매)' 등 국내외 법적 용어의 변천과는 무관하게 일상에서 비교적 널리 쓰이고 있는 단어이자, '매음', '추업' 등의 속어보다 더 공식적으로 사용되는 용어로서 '매춘'을 'prostitution'의 번역어로 썼다. '매춘'은 상업적 섹스를 마치 자연스럽게 찾아오는 듯한 봄(春)에 비유함으로써 성산업을 둘러싼 사회구조적 문제를 은폐하고 그 원인을 성판매자 개인의 도덕적 타락에서 찾으려는 세간의 인식을 드러낸다는 점에서 'prostitution'처럼 한 사회의 오랜 통념과 낙인을 반영하는 역사성을 지닌 용어다. 'prostitution'의 어원은 이 책의 제1장을 참조할 것.

⁺⁺   역주. 상업적으로 성 서비스를 제공하는 사람을 어떤 방식으로 재현할 것인지에 대한 활동가 및 담론들 사이의 인식 차를 반영하고 사회운동적 맥락을 함의하는 용어로서 '언니', '성노예(sex slave)', '성매매 피해자(victim of prostitution)', '성매매된 사람(prostituted person)', '(매춘) 생존자(survivor (of prostitution))', '성판매자(person

결혼은 매춘이다"라는 페미니즘의 수사에 주목한다.[1] 성노동자들은 양가감정을 가진 채 오랫동안 은유의 소재로서의 매춘과 실제 '일터'로서의 매춘 사이의 상호작용에 대해 발언해왔다. 1977년 성노동자들이 주도했던 단체인 프로스PROS, Programme for Reform of the Law on Soliciting는 영국의 상징적 페미니스트 잡지였던《스페어 리브Spare Rib》에 이렇게 썼다. 여성 운동이 "여성의 착취적 상황에 관한 그들의 생각을 압축적으로 묘사하기 위해 정말 추잡한 방식으로 주부를 매춘부라는 단어로 표현해왔다"라고 설명하면서, 여성 해방 운동이 "모든 것(매춘)을 사유하고 논의하되, 단순히 그것을 '이용'하려고 하지 말라"라고.[2] 매춘부라는 말을 은유적으로 사용하는 사람들의 관심은 성매매 범죄화를 막으려는 성노동자들에게 그리 도움이 되지 못한다고 일갈했다.

어떤 면에서 변한 건 아무것도 없다. 매춘에 대한 페미니스트들의 반감은 여전히 실용주의와 동떨어져 있다. 성노동자들이 기소되지 않도록 돕는 일, 사회적으로 인정은 되지만 고된 노동을 제안하기보다 정말 실현 가능한 대안적 생활을 보장하는 일 등 실제로 성노동자에게 필요한 일보다 성노동을 가로막는 데 더 큰 정치적 에너지가 투여된다. 트랜스젠더 성노동자 커뮤니티의 리더인 케이언 도로쇼Ceyenne Doroshow는 이렇게 말한다. "이봐요.

---

who selling sex)', '성매매자(sex trader)', '성노동자(sex worker)' 등을 사용하는 대신, 일상에서 비교적 널리 사용되는 '매춘부'를 'prostitute'의 번역어로 삼았다. 'prostitute' 의 속어인 'whore'와 'hooker'는 더욱 부정적인 의미를 내포한 '창녀'로 통칭했다. 여기에서 '매춘부'는 성노동의 젠더된 현실을 감안해 주로 매춘에 종사하는 '여성'으로 한정되었다.

성노동자가 그 일을 하는 걸 원치 않는다면, 그들을 고용하세요! 그들을 고용하면 문제는 해결돼요!"[3]

우리의 관심사는 성판매자들의 안전과 생존이다. 케이언 도로쇼나 프로스처럼 우리는 상징적·은유적인 것보다는 실용적·물질적인 것에 집중한다. 이러한 접근은 몇 가지 의문을 제기한다. 성노동을 그만두고 싶은 사람이 그만둘 수 있게 하는 최적의 조건은 무엇인가? 어떤 조건들이 사람들을 성매매로 이끌고, 성노동을 유일한 생존의 방편으로 만드는가? 고용주와 협상할 때 무엇이 성노동자에게 힘을 주고 빼앗는가? 나라를 불문하고 성노동자들은 옆방 동료와 함께 일하기, 거리의 작은 그룹에서 일하기, 고객 앞에서 그의 자동차 번호판 적기, 그가 더 이상 익명이 아니라는 것을 주지시키기 위해 신분증 요구하기 등 안전을 유지하기 위한 전략을 활용한다. 하지만 고객이 콘돔 사용을 거부한다고 해서 성노동자가 전화로 동료에게 도움을 청할 수 있을까? 경찰에 신고를 당하거나 거리의 관광객들처럼 경찰 눈에 띈다면 무슨 일이 생길까? 고객이나 관리자가 경찰 단속을 피하려는 상황은 성노동자들에게 어떤 결과로 다가올까? 누가, 왜 추방과 거리 생활의 위험에 처하는가? 인간의 물질적 조건에 대한 이런 질문들이야말로 저자로서, 성노동자로서 우리가 고민하는 문제다.

이 책은 회고록이 아니다

이 책, 그리고 현대 좌파 성노동자 운동은 성노동을 즐기자는 말을 하려는 게 아니다. 이 책은 성노동이 성노동자 집단의 '권능을 강화empowerment'⁺한다고 주장하지도 않을 것이다. 노동자와 고객의 성적 자유나 자기실현을 돕는 성산업의 효능에 대한 갑론을박은 우리의 관심사가 아니다. 성노동자들이 '자신의 이야기를 들려줄 것'이라는 예상과 달리, 이 책은 회고록이 아니며 우리는 그 어떤 혹하는 모험담도 공유하지 않을 것이다(비록 성노동자 잡지, 《스프레드$pread》 창간호의 제작자들이 기자에게 "우리는 흥미를 유발하려는 것이 아니다. 하지만 사람들은 온갖 것들에 관심을 두기 때문에 아마 어떤 이들은 사회정의를 위해 싸우는 성노동자들에게도 흥미를 가질 것이다"라고 했지만 말이다).⁴ 우리는 성구매 남성들과의 운동을 조직하는 데 관심이 없다. 우리는 성노동자들에게 '호의적인' 고객의 숫자를 늘리거나 어떤 성구매 고객이든 성적 '권리'를 가지고 있다는 인식을 확산하고 싶은 마음도 없다. 우리는 성산업, 혹은 심지어 섹스 자체가 본질적으로 좋은지 나쁜지를 따지는 논의들의 우선순위를 정하기 위해,⁺⁺ 또는 (이 책에서 분석하겠지만) 만족할 줄

모르는 전 세계적 자본주의와 도래할 환경재해의 맥락에서 노동이 의미하는 바가 무엇인지를 무비판적으로 수용하기 위해 여기 있는 것이 아니다.[+]

성노동자의 권리를 지지하는 어떤 사람들은 성산업 현장에 성차별과 여성혐오가 없다고 주장하는데, 우리가 보기에 이는 잘못된 주장이다. 성산업은 성차별과 여성혐오의 장이다. 우리는 성노동 과정에서 아무도 나쁜 일을 경험하지 않는다거나 그러한 해악이 미미하기 때문에 무시해도 된다고 주장하지 않는다. 오히려 이 책은 폭행, 착취, 체포, 감금, 퇴거, 추방 등 성산업에서 성노동자들이 겪는 해악에 초점을 맞출 것이다.

우리는 페미니스트다. 트랜스 여성과 시스젠더 여성 모두 우리 정치의 중심에 있고, 결과적으로 이 책의 중심에 있다. 트랜스 남성, 시스젠더 남성, 논바이너리, 그리고 히즈라hijra, 파파피네fa'afafine, 투스피릿two-spirit[++] 등 토착·비서방 지역인을 포함한 모든 젠더의 사람이 성을 판매한다. 사람들의 젠더가 성노동을 하게 되는 경로, 성판매 경험, 그 너머의 삶을 형성하는 데 큰 영향

---

wewantawomensmag.wordpress.com 참조.

[+]   역주. 세계화로 인한 국가 간 불평등과 북반구 국가들에 의한 기후변화, 그것이 초래한 대규모 이주는 성노동과 같은 열악한 노동으로의 유입을 촉진한다. 저자들은 자본주의적 자유시장을 옹호하려는 것이 아니라 사용자와 노동자 간 권력 불균형을 시정하려는, 즉 성노동자의 노동권을 보장하기 위한 맥락에서 성노동 비범죄화를 주장한다.

[++]   역주. 히즈라, 파파피네, 투스피릿은 '퀴어' 'LGBT' 같은 비토착민(주로 서구 백인)의 언어와 거리를 두기 위해 그대로 유지되거나 새로 고안된 용어로, 각각 남아시아(인도, 방글라데시), 사모아, 북아메리카 토착민 사회에서 지정성별과 자신의 젠더 정체성이 일치하지 않거나 이분화된 성역할을 수행하지 않는 사람들을 일컫는다.

을 주기 때문에 이를 인식하는 것은 중요하다. 그러나 마찬가지로 성판매자 대다수가 여성이며 성구매자 대다수는 남성이라는 사실, 즉 성산업이 젠더화되어 있다는 사실을 간과하지 않는 것도 중요하다. 이 책에서 우리는 종종 성판매자를 '그녀', 성구매자를 '그'라고 언급할 것이다. 그 표현이 모든 사례에 들어맞는다고 생각하는 것도 아니고, 실수로 또는 충분히 고려하지 않아서 선택한 표현도 아니다. 우리가 가진 페미니즘적 관점과 우선순위뿐만 아니라 젠더화된 성매매의 현실을 반영하기 위한 의도적 선택이었다.

당신은 이러쿵저러쿵 매춘을 설명하는 통계자료와 수치를 기대할지도 모른다. 많은 책들은 그러한 방식으로 성산업을 불법화하거나 반대하는 주장을 펼친다. 물론 데이터는 유용하며, 다양한 맥락에서 중요하다. 세계보건기구WHO에서 성노동자들의 HIV(인체면역결핍바이러스) 감염을 줄이는 방안을 고민할 때는 숫자가 필요하다. 그러나 통계에 대한 지나친 의존은 '권위에 호소하는 주장'의 한 형태로 나타나곤 한다. 누군가는 이 연구를 인용하고 누군가는 저 연구를 인용했을 때, 누구의 숫자가 더 기억에 남는지, 누가 더 권위 있는 학술지에 발표했는지에 따라 어떤 주장은 '승리'하게 된다. 몇몇 연구는 질적으로 부실하거나 해석자들에 따라 잘못 인용되기도 하며, 간편한 논리로 공감을 사는 대신 믿을 만한 연구라는 걸 해명하는 데에만 상당한 시간을 허비하기도 한다. 매춘을 논의할 때 나타나는 통계 의존성은 성노동자의 비가시성과 성노동자가 발화자로서 부적절하다는 점을 보여주는 결과이기도 하다. 숫자는 사람들을 안심시키고, 비정치적이며, 이해하기 쉬운 것처럼 느껴지지만, 반대로 성노동자들은 생경하고 신비롭게 여겨질 것이며, 우리가 제기하는 질문들은 너무나 정치적으로 보일 것이다.

우리는 글과 운동에서 정량적 자료를 활용할 것이다. 그러나 그것이 우리의 중심 작업은 아니다. 우리는 성노동자들의 권리 주장을 '입증'할 수 있는 몇몇 핵심적인 수치들을 활용하는 대신, 형법의 변화가 고객, 경찰, 관리자manager, 포주pimp⁺와 함께 성판매자의 동기와 행동을 어떻게 변화시키는지 독자들이 공감하며 사유하기를 희망한다. 만약 이러한 작용들이 어떻게, 왜 변화하는지를 깨닫는다면, 당신은 형법의 변화가 성판매자들을 어떻게 더 혹은 덜 안전하게 하는지 훨씬 더 깊이 이해하게 될 것이다.

"창녀를 정치화하는 데는 2분밖에 걸리지 않는다"

성노동자는 원래 페미니스트다. 성노동자들은 한낱 충동의

⁺　역주. 'procurer', 'pander' 등의 용어와 유사한 의미로 쓰이는 'pimp'는 성노동자와 고객 간 성매매를 알선·매개·촉진하고, 그 대가로 돈을 받는 사람들을 일컫는 말이다. 대개는 성매매 업소의 업주 또는 성노동자의 사용자를 의미하며, '기둥서방', '뚜쟁이', '마담' 등으로 불리기도 한다. 이들은 홍보, 호객, 중개, 알선, 구매자·판매자 모집 및 관리·보호, 업소 운영 등의 다양한 업무를 수행하며, 성노동자와 위계적이고 착취적인 관계를 맺기도 하고, 필요에 따라 상호 보조적이고 우호적인 관계를 맺기도 한다. 이 책에서는 'pimp'를 성매매 업소에서 가장 높은 위계를 점하고 있는 관리자로서 '포주'라고 지칭했다. 'manager'는 'pimp'와 구분해 '실장', '애비', '삼촌', '나까이', '웨이터', '이모' 등의 중간 관리자 및 영업진을 포괄하는 (한국의 성매매 기타 업소 내 성노동자 여성을 가리키는 '매니저'와 구별해) '관리자'로 옮겼다.

대상처럼 비치곤 하지만, 그들은 사실 전 세계적으로 사회운동을 형성하고 이에 공헌해왔다. 중세 유럽에서는 성매매 업소 노동자들이 길드를 형성하고, 경찰의 엄중 단속과 직장 폐쇄, 용인할 수 없는 노동조건에 맞서 파업을 하거나 거리 시위를 벌이기도 했다.[5] 15세기 매춘부들은 독일 바이에른 내의 시의회 앞에서 그들의 활동이 죄sin가 아닌 노동이라고 주장했다.[6] 어떤 매춘부는 1859년 《런던 타임스Times of London》에 '또 하나의 불행한 사람Another Unfortunate'이라는 필명으로 "나는 분별 있게 처신하는 사람이며, 당신과 경찰에게 항거한다. 왜 당신들은 매끄러운 얼굴로 도덕에 대해 떠드는가? 도덕이란 무엇인가?"라고 글을 기고했다.[7] 1917년 샌프란시스코에서는 200명의 매춘부들이 성매매 업소 폐쇄 중단을 요구하기 위해 (최초의 여성행진이라 불리는) 행진을 벌였다. 한 연사는 "여기 있는 대부분의 여성들은 어머니이거나 누군가가 의존하고 있는 사람입니다. 그들은 경제적 조건들 때문에 이 생활을 하게 되었습니다. …… 우리를 공격하는 건 아무런 소용이 없습니다. 당신들은 왜 그런 조건들을 공격하지 않는 겁니까?"라고 외쳤다.[8]

서로를 돌보는 것은 정치적인 일이다. 제2물결 페미니즘 운동 당시의 많은 선구적인 래디컬 페미니스트들은 함께 자녀를 키우고, 생물학적 친족의 경계를 넘어 상호 돌봄을 제공했다. 훨씬 덜 알려진, 그리고 페미니즘의 일반적 역사에서 누락된 사실 중 하나는 성노동자들이 이미 유사한 노력을 해왔다는 것이다. 예를 들어, 19세기 영국과 아일랜드의 매춘부들은 상호 부조, 소득 공유, 공동 육아를 위한 공동체를 만들었다. 어떤 기자는 "이곳의 원칙은 서로의 운명을 공유하는 것이다. …… 어려운 시기에는 한 가족 또는 여러 가족이 앞장서 다른 가족을 돕는다. …… 각 업소의 수익은 공동의 지갑으로 들어가고, 보금자리를 위한 자금이 그 지갑에서 충당된다"라고 보고했다.[9]

마찬가지로, 식민지 시대의 케냐 나이로비 와템베지watembezi 거리의 성노동자 여성들은 서로의 벌금을 대납해주거나 사망 시 재산을 물려주는 등의 경제적 연대를 형성해왔다.[10] 외부인들에게는 잘 드러나지 않지만 돈, 직장, 심지어 고객을 포함한 자원의 공유는 오늘날 성노동자 운동에서도 중요한 방식으로 지속되고 있다.

성노동자들은 퇴거를 막거나 임시 거처를 제공하기 위해 집합적으로 협력하기도 한다. 공동체의 자원을 공유하는 이러한 방식은 직장에서 폭력을 당하거나 치유할 시간이 필요한 노동자들의 유일한 안전망이 된다.

공동 대응 역시 집합적 행동의 예다. 2010년 케냐의 작은 도시 티카Thika에서는 성노동자 여덟 명이 살해되자 이를 규탄하기 위해 타 지역의 성노동자들이 집결했다. 케냐성노동자연맹Kenya Sex Workers Alliance의 조직위원인 펠리스터 압달라Phelister Abdalla는 "케냐의 여러 지역에서 온 수백 명의 성노동자들이 티카 시위에 참여하기 위해 나섰다. …… 우리의 동료 자매들은 세상을 떠났지만, 죽음은 이것으로 충분하다"라는 글을 기고했다.[11] 그들은 거리를 행진하는 동안 자행되는 경찰의 방해와 폭행을 견디면서 폭력의 종식을 요구했다.

성노동자들의 용기와 유연성은 수많은 해방 운동의 원동력이었다. 1950년대 매춘부들은 영국의 식민통치에서 해방된 케냐 마우마우Mau Mau 시위의 일원이었으며,[12] 1960년대와 1970년대에는 미국 성소수자 해방 운동의 시초가 된 샌프란시스코 컴튼스 카페테리아Compton's Cafeteria 항쟁, 뉴욕 스톤월 항쟁[+]의 일원이었다.[13] 빠른 사회 변화의 시기에 하층 계급의 성노동자들은 종종 사회운동의 핵심에 서왔다. 성노동자 활동가 마고 제임스Margo St. James의 말처럼, "창녀를 정치화하는 데는 2분밖에 걸리지 않는다".[14]

제임스는 샌프란시스코에서 과잉 감시당하고 있는 '성도착자'들의 강력한 옹호자였다. 그녀는 한 인터뷰에서 "창녀들이 조직을 꾸려야 할 시기가 한참 지났다"라고 진단하면서 "동성애자들이 조직화된 후, 경찰은 더 이상 그들을 괴롭히려 하지 않는다"라고 언급했다.[15] 이후 그녀는 성노동자들의 공적 플랫폼이 거의 없었던 1970년대, 하비 밀크Harvey Milk와 함께 동성애 해방을 위한 조직을 결성했고, 《롤링스톤Rolling Stone》에는 '보지 순찰대pussy patrol'[++]로부터 여성의 섹슈얼리티를 해방시키겠다는 포부를 털어

[+]   역주. 성소수자 운동에서 상징적인 의미를 지니는 스톤월 항쟁은 주로 백인-동성애자의 역사로 신화화되어 있다. 더욱이 스톤월 항쟁보다 3년이나 앞서 일어난 컴튼스 카페테리아 항쟁은 경찰 폭력에 대항한 이들이 주로 유색인 트랜스 성노동자 및 드랙퀸이었다는 이유로 성소수자 인권 운동의 역사에서도 꾸준히 지워져왔다. 취업을 하거나 사회적 지위를 얻기 어려운 성소수자들이 택할 수 있는 일자리는 대개 성노동이었고, 이 때문에 비백인·트랜스젠더·성노동자 등 주변화된 사람들의 생활영역은 상당 부분 중첩·공유되어 있었지만, 스톤월 항쟁과 컴튼스 카페테리아 항쟁을 비롯한 여러 사회운동에 성노동자들이 참여해왔다는 사실은 잘 알려져 있지 않다. 수잔 스트라이커, 《트랜스젠더의 역사》, 제이·루인 옮김, 이매진, 2016; 전혜은, 《퀴어 이론 산책하기》, 여이연, 2021 참조.
[++]   역주. 매춘을 단속하는 경찰, 순찰대가 스스로를 지칭하는 말. 페미니즘 연구자 제니 하이네만(Jenny Heineman)은 성판매자 및 여성을 통제·규정하고 침묵하게 만드는

놓으며 자신이 '창녀'임을 공개했다. 그녀는 '당신들의 진부한 윤리를 철회하라Call Off Your Old Tired Ethics'라는 뜻의 코요테COYOTE를 결성하고, 캘리포니아에서 체포되어 격리 및 강제 투약을 받은 성노동자들의 판결을 뒤집었으며, 유명 인사와 정치인을 포함해 1만 2,000명의 사람들이 참가한 '후커스 볼Hookers Ball' 행사를 유치하기도 했다.[16] 이는 1970년대의 반문화의 분위기 속에서 매춘을 프로-플래져pro-pleasure, 프로-퀴어pro-queer 정치[+]와 연결시키는 것이 성노동자의 권리에 대한 사람들의 관심을 이끄는 효과적인 방법임을 보여주었다.

1974년 에티오피아의 성노동자들은 새롭게 창설된 에티오피아 노동조합연맹Confederation of Ethiopian Labour Unions에 가입해 정권 퇴진에 영향을 미친 시위에 동참했다.[17] 유럽에서는 1975년 범죄화, 빈곤, 경찰 폭력에 항의하기 위한 프랑스 성노동자들의 교회 점거가 현대적 사회운동의 시작이었다고 알려져 있다. 이 운동은 이후 1980년 런던 킹스크로스의 교회들을 점거한 영국매춘부단체의 조직에 영향을 주었다.[18] 최근에는 터키의 성노동자들이 이스탄불 게지 공원 주변의 젠트리피케이션에 반대하는 시위에 깊

경제적·담론적·성적·인식론적 폭력을 상징하는 말로 이 용어를 사용했다.

[+]   역주. 1970년대 포르노에 대한 페미니스트들의 관심이 높아짐에 따라 베티 도슨(Betty Dodson)을 비롯한 일부 페미니스트들은 성적 쾌락, 섹스, 자위행위 등을 여성 해방의 필수적인 요소라고 주장하면서 1980년대 이후 반(反)포르노그래피 페미니스트들과 격렬한 논쟁을 이어나갔다. 프로-플레저와 프로-퀴어, 그리고 프로-섹스 정치는 주로 여성과 성소수자에게 죄악시되었던 쾌락 및 섹스의 가치를 재조명하고, 규범적 섹슈얼리티에서 벗어난 주변화된 성적 실천을 억압하는 본질주의적 태도를 경계하며, 성의 정치적 측면을 강조하고자 했다.

이 관여한 바 있다.[19]

1970, 1980년대 영국의 성노동자 권리 운동은 '가사노동 임금'을 요구하는 캠페인과 맞물려 진행되었다. 마르크스주의 페미니스트들은 여성의 부불 재생산노동 및 가사노동의 가치를 조명하고 여성의 노동을 중시하는 사회로의 급진적 재편을 요구했다. 비슷한 시기에 페미니스트 단체인 레즈비언에게 임금을Wages Due Lesbians은 1977년 범죄 단속에 맞선 연대성명에서 "어떤 곳이든 여성에게 주어져야 할 임금을 쟁취하는 데 성공하는 곳이라면 우리 모두에게 힘이 되며, 그것은 여성의 서비스를 당연하게 받아들일 수 없다는 증거가 된다"라고 언급하면서 가사노동, 성노동, 그리고 이성애자의 노동을 함께 연결시켰다.[20]

1980년대를 거치면서 성노동자 권리 운동은 점차 국제화되었다. 제1, 2차 창녀회의Whores' Congress가 각각 네덜란드 암스테르담과 벨기에 브뤼셀에서 개최되었고, 성노동자 주도의 새로운 단체들이 호주, 태국, 브라질, 남아프리카공화국, 우루과이 등의 지역에 신설되기 시작했다.

1997년 4,000명의 인도 성노동자들은 두르바 마힐라 사만와야 위원회Durbar Mahila Samanwaya Committee, DMSC 주관하에 최초의 전국성노동자회의National Conference of Sex Workers 개최라는 새로운 역사를 썼다. 후속 행사가 열린 2001년, 2만 5,000명이 운집한 콜카타에서 그들은 다음과 같이 외쳤다. "우리는 빵을 원한다. 동시에 장미도 원한다."++

++ '빵과 장미'라는 슬로건은 1912년 메사추세츠 여성 섬유산업 노동자들의 파업에

2000년대 중반, 볼리비아에서는 3만 5,000여 명의 성노동자가 경찰 폭력과 직장 폐쇄에 반대하는 대규모 집합행동에 참여했다. 엘알토 야간노동자협회El Alto Association of Nighttime Workers의 리더인 릴리 코르테스Lily Cortez는 침묵시위에 가담한 매춘부들에 둘러싸여 "우리는 노동권과 가족의 생존을 보장받기 위해 싸우고 있다"라고 말하면서 "즉각적인 조치가 없다면, 우리는 내일 스스로 생매장될 것이다"라고 외쳤다.[21]

참가자들 중 몇몇은 '괴롭힘 없이 자유롭게 일할 수 있을 때까지' 성 매개 질환STD 의무 검사를 거부하는 시위에 참여했다.[22] 어떤 참가자들은 교통 방해나 단식투쟁에 참여하기도 했다.[23] 볼리비아의 성노동자 연합체인 전국매춘여성해방조직National Organisation for the Emancipation of Women in a State of Prostitution, ONAEM의 율리 페레스Yuly Perez는 "우리는 볼리비아의 사랑을 받지 못하고 있다"라면서 "우리는 우리를 정기적으로 이용하는 사회로부터 혐오의 대상이 되고, 우리를 보호해야 할 제도들로부터 무시당하고 있다. ······ 하지만 우리는 마땅히 보장받아야 할 권리를 위해 필사적으로 싸울 것이다"라고 선언했다.[24]

서 비롯되었다. 그들은 임금 인상뿐만 아니라 인간적 존중 및 노동조건 개선을 요구했다. R.J.S. Ross, 'Bread and Roses: Women Workers and the Struggle for Dignity and Respect', *Working USA*, 16 (2013), 59–68 참조.

매춘부와 페미니즘 운동의 사이의 아수라장

그들의 앞서 나간 페미니즘에도 불구하고, 페미니즘 운동과 매춘부들의 관계는 언제나 논란거리였다. 19세기 중반, 중산층 여성들이 공적 영역에 진출하면서 중산층 여성의 이상적 가치 및 속성을 유급 고용과 결합시킨 형태의 새로운 성역할이 발명되었다. 여성이 집 밖에서 일하고, 재산 소유 및 투표에 대한 법적 권리를 행사하는 등 사회에서 좀더 공적인 역할을 수행하는 것이 정당화되면서, 그러한 역할은 페미니즘의 과제이자 중산층 여성들의 도덕적 우월성을 주장하는 생각으로 이어질 수 있었다. 그러나 새롭게 창출된 자선사업이나 사회사업 같은 전문적인 돌봄의 역할은 기존의 성역할을 뒤엎기보다는 그것을 재생산하는 일이었다. 중산층 여성들은 노동자 계급, 특히 모성적·강압적 형태의 '돌봄'을 받는 수혜자로 대상화된 여성이나 아이들보다 자신들을 서열상 더 높은 곳에 위치시키고자 했다.[25]

이것은 인류학자 로라 어거스틴Laura Agustín이 언급했던 것처럼 매춘부 '교화', 아동 보호, 동물 구조 등과 관련한 다양한 사회적 보상 체계를 의미하는 '구조산업rescue industry'의 발전으로 이어졌다[26](이 새로운 종류의 자선적 역할에서 매춘부들은 암묵적으로 아동, 동물과 함께 묶이는데, 이는 당시 성판매 여성들이 어떻게 인식되고 있었는지를 보여준다). 점점 더 심한 감시를 받는 하층 계급 자매들의 희생을 대가로, 구조산업은 공공 영역에서 시민 또는 정치적 행위자로서 중산층 여성들의 자리를 요구할 수 있게 해주었다.[27] 1877년, 미국아동학대방지협회National Society for the Prevention of Cruelty to

Children, NSPCC는 처음으로 상류층의 가정을 아동학대죄로 기소하면서 논란에 휩싸였다("가난하고 교육받지 못한 사람들에 대한 기소는 이미 38건이나 이루어졌던 시기였다").[28] 1860년대 전염병법Contagious Diseases Acts에 대한 공동투쟁처럼 여성 참정권 운동가들과 페미니스트들의 관심사가 일시적으로 일치했을 때조차 페미니스트들은 성노동자를 자신과 동등하게 보지 않았다(여전히 일부 페미니즘 반성매매 운동에서는 성노동자를 동물에 비유하고 있으며, 매춘부들과 보조견, 애완동물, 포켓몬을 비교하곤 한다).[29]

1980년대와 1990년대 소위 '성전쟁sex wars'[+]의 시기에, 성노동자들을 향한 페미니스트들의 불편함은 극에 달했다. 당시의 래디컬 페미니스트들은 포르노그래피나 매춘 문제를 두고 '프로-섹스pro-sex' 페미니스트들과 갈등을 빚었다.[30] 래디컬 페미니스트들의 관점에서 성노동은 여성에 대한 가부장적 폭력의 산물일 뿐만 아니라, 이를 재생산하는 기제였다. 하지만 이러한 분석은 성노동에만 해당되는 것이 아니라, 공적으로 허용된 섹스, 그렇지 않은 킹크kink[++](흔히 BDSM으로 알려진 본디지bondage, 도미네이션domination, 서브미션submission/사디즘sadism, 마조히즘masochism)를 포함한 모든 이성애적 성행위에도 확장될 수 있는 것이었다.

[+] 역주. '레즈비언 성전쟁' 또는 '포르노 전쟁'으로 알려진 '성전쟁'은 섹슈얼리티, 섹스와 관련된 광범위한 주제에 대해 페미니스트들이 벌였던 집단적인 논쟁을 지칭한다. 포르노그래피, 에로티카, 매춘, 레즈비언 실천, 레즈비언 공동체에서 트랜스 여성의 역할, BDSM 등 성전쟁을 통해 가시화된 섹슈얼리티 실천을 둘러싼 입장 차이는 1970년대 후반에서 1980년대 초반까지 페미니즘 운동에 다양한 논쟁을 야기했다.

[++] 역주. 비규범적(변태적) 성행위 및 성적 취향을 가리키는 속어이나, 나중에 주로 BDSM을 행하는 사람들이 당사자의 언어로 되찾은 이름이다.

이 시대의 주안점은 매춘을 형법을 통해 규제하기보다 음란물을 검열하고 이에 대한 경각심을 높이는 데 맞춰져 있었으며, 격앙된 반성매매 입장이 페미니즘 운동에서 보편적으로 자리잡아갔다. 작가인 제니스 레이몬드Janice Raymond는 "매춘은 대가를 받는 강간"이라고 표현했고, 캐슬린 배리Kathleen Barry는 성을 매매하는 것이 "인간의 삶을 파괴한다"라고 언급했다.[31]

이를 비판하며 등장한 포르노, 매춘 옹호론은 BDSM이나 레즈비언, 게이의 '퀴어링' 등 비전형적인 성적 표현을 긍정하는 성해방 사상에 근거한다. '프로-섹스' 또는 '섹스 급진주의sex-radical' 페미니스트들은 포르노가 욕구를 충족시키고 교육적일 뿐만 아니라 여성의 성적 표현에 대한 가부장적 통제를 뒤흔들 수 있다는 입장을 취했다.[32] 또한 그들은 성산업이 결혼제도에 엿을 먹이고, 보수적·일부일처제적인 이성애규범성의 위선을 부각시킬 수 있다고 주장했다. LGBTQ 에이즈 활동가 앰버 홀리버Amber Hollibaugh처럼 성해방 운동가들의 일부는 성노동자였으나, 많은 섹스 급진주의자들은 비성노동자의 관점에서 자신들의 주장을 전개했다. 포르노 옹호론은 대부분 포르노에 출연하는 것을 옹호한다기보다 포르노를 보는 것에 대한 옹호를 의미했다.

래디컬 페미니스트들은 섹스 급진주의자들을 남성 중심적 섹슈얼리티에 영합하는 '톰 아저씨Uncle Toms'[+++]라고 묘사했으나, 반

+++ '톰 아저씨'라는 용어는 1852년 해리엇 비처 스토우(Harriet Beecher Stowe)의 소설 《톰 아저씨의 오두막》에서 나온 것으로, 온순하고 순종적이며, 지배적 억압 질서에 감정적으로 동화되거나 '부역하는' 사람을 묘사하기 위해 사용된다. 비처 스토우의 소설은 당시엔 진보적이라고 여겨지기도 했지만, '톰 아저씨'가 과거 흑인을 희화화하는 작

대로 그들은 성 엄숙주의를 지키려는 '내숭쟁이prudes'[33]라고 조롱 당했다. 성노동에 대해 프로-섹스 페미니스트와 반성매매 페미니스트들은 모두 상징으로서의 성을 논의했을 뿐, '노동'에는 관심을 두지 않았다. 두 집단 모두 성산업의 존재가 여성이라는 자신들의 위치에 은연중 어떤 영향을 주는지를 탐문했다. 성노동자의 삶에서 사회적으로 어떤 물질적 개선이 가능한지를 묻는 것보다 더 우선시된 질문이 그것이었다. 섹스의 영역에만 갇혀, 그리고 여성들에게 좋은지 나쁜지 (단호하게 이것 아니면 저것으로) 판가름하는 데만 심취한 나머지, 페미니스트들은 자신들의 재현물로서 대문자의 '매춘부'를 손쉽게 사유해왔다. 그들은 스스로를 이해시키기 위해 성노동자의 경험을 소유하고자 했다.

반성매매 활동가 돌첸 라이드홀트Dorchen Leidholdt의 발언에서도 페미니스트들의 이러한 소유욕을 확인할 수 있다. "이 비개별화, 비인간화된 존재들은 여성 일반을 대표한다. …… 그들은 우리 모두를 대변하며, 우리가 반대하는 그 학대를 당하고 있다."[34] 이러한 분위기 속에서 전직 매춘부였던 안드레아 드워킨Andrea Dworkin의 활동은 운동 내부에 큰 영향을 미쳤고, 성노동 비판에 새로운 동력을 부여했다. 그녀는 매춘부에 대해 다음과 같이 언급했다.

품들을 연상시킨다는 이유로 현재는 흑인차별적 소설로 평가되고 있다. Alison Phipps, 'Sex Wars Revisited: A Rhetorical Economy of Sex Industry Opposition', *Journal of International Women's Studies*, 18:4 (2017), 306–20 참조.

[매춘부는] 말 그대로 더러운 여자의 현실을 살아간다. 이것은 은유가 아니다. 말하자면 매춘부는 이제껏 그녀 위에 올라탄 남자들이 남겨둔, 더러운 것들로 뒤덮인 여자다. …… 그녀는 질액vaginal slime처럼 인식·취급된다(나는 당신이 이것을 기억하길 원한다. 이것이 진실이다).[35]

그녀의 논쟁적인 글쓰기 스타일과 그녀의 성매매 경험은 성노동자들과 그들의 신체에 대한 '페미니스트들'의 논의에서 그림이나 사진, 여성혐오적 언어의 사용을 합법화하고 정상화하는 데 일조했다. 드워킨과 동시대인이었던 배리Barry는 매춘부들을 "삽입과 사정을 위한 구멍이 갖춰진" 대형 인형에 비유했고, 라이드홀트는 "그녀의 몸은 마치 정액 그릇처럼, 어떤 낯선 사람이 사용한 이후에도 또 다른 낯선 사람에 의해 사용된다. …… 누군가의 가슴, 질, 똥구멍으로 노동 장비를 구성할 수 있는, 심각하게 젠더화된 다른 직업이 또 뭐가 있는가?"라는 글을 썼다.[36] 학자인 세실리 호이거드Cecilie Høigård와 리브 핀스타드Liv Finstad는 성판매 여성들에 대한 글에서 "그들은 단지 값싼 창녀로서만 스스로를 경험한다"라고 썼다.[37]

성노동자 페미니스트들은 학계의 비인간적인 언어에 시달릴 뿐만 아니라 의도적으로 행사에 초청되지 않는 등 오랫동안 자신들이 가혹하게 배제되어왔다는 것을 알고 있었다. 케이트 밀렛은 1971년, 매춘에 관한 페미니스트 회의에 대해 다음과 같이 회상했다.

(불만을 품은 성노동자 여성들이 테이블 배석을 요구하기 위해 도착했고) 눈치 없는 경솔함이 우연히 탄생시킨 걸작처럼, 이날 안내 책자에는 "매춘 근절을 향해"라는 프로그램 제목이 적혀 있었다. 전문가 패널에는 매춘부를 제외한 모든 사람들이 나와 있었다. …… 매춘부와 패미니즘 운동 사이에 아수라장이 벌어졌다. 예상을 뒤엎고 매춘부들이 그 회의에 참석해버렸기 때문이다. …… 매춘부들은 자신들의 상황보다 그들의 상황에 대해 논쟁하고 결정하고 심지어 토론하는 올바른 여성들의 주제넘은 인식에 대해 할 말이 많았다.[38]

래디컬 페미니즘의 적대적 환경과는 달리 섹스 급진주의자들은 성노동자들을 환영하고 지지했으며 성노동자 운동의 성장에 도움을 주었다. 1974년, 코요테는 제1회 '전국창녀대회National Hookers' Convention'를 개최했다. 밝은 오렌지색 전단지는 그동안 여성운동이 기피해왔던 매춘부들에게 회의장으로 가는 길을 안내했다. 음부를 만지는 손이 새겨진 전단지에는 "우리의 회의는 다르다: 우리는 모든 사람이 함께 참여하길 원한다"라는 선언이 적혀 있었다.[39]

이후 수십 년 동안 앰버 홀리버, 애니 스프링클Annie Sprinkle부터 캐슬린 한나Kathleen Hanna, 앰버 로즈Amber Rose에 이르기까지 성노동자 권리 옹호자들은 섹슈얼리티를 성노동자 이슈와 연결하려고 노력했다. 많은 성노동자들은 HIV/AIDS, 성소수자 운동에 몸담았고, 라이엇 걸riot grrrl,+ 슬럿워크SlutWalk,++ 동의 구하기 운동, 성교육, 논모노가미non-monogamy 운동+++ 등에 참여했다.

그러나 우리가 살펴볼 제2장에서처럼 섹스 긍정주의는 성산업의 실제 모습을 논의하는 데 역효과를 낳기도 한다. 하층 계급 또는 유색인종 성노동자들은 인종과 계급 특권을 오랫동안 비판해왔다. 노동권과 안전은 곧바로 쾌락과 연결되지 않으며, 직장에서 성적 만족을 경험하는 사람은 이미 그들의 노동조건에 대해 가장 많은 통제권을 가진 사람일 가능성이 높다는 것이다.[40] 성노동자들은 인터넷 시대에 매춘에 대한 논의가 급속히 확대되고 점점 더 복잡해짐에 따라, 매춘부에게 낙인을 찍는 미디어의 재현에 방어적으로 대응하는 데 섹스 긍정주의가 활용되는 현상에 주목해왔다.[41]

최근 몇 년 동안 성노동자 운동은 방어적인 '행복한 창녀 Happy Hooker' 신화에서 마르크스주의 페미니즘, 노동 중심 분석으로 크게 전환되었다.[42] 생존자[****]로서의 성노동자들은 주도적으로 활동을 이끌며 폭력 및 범죄화를 겪은 자신의 경험을 토대로 성

[+]   역주. 1990년대 대중음악 내 여성에게 부여되는 평면적인 이미지와 성차별에 저항하고, 여성 해방을 주창하는 밴드들의 집합적인 시도들이 이어지면서 형성된 음악적 조류 및 동향.

[++]   역주. 캠퍼스 강간 사건 이후 진행된 안전 교육에서 "여자들이 성폭행의 희생자가 되지 않으려면 '잡년(slut)'처럼 헤프게 입고 다니지 말아야 한다"라는 경찰관의 발언으로 인해 2011년 캐나다에서 시작되어 한국을 비롯한 전 세계로 확대된 시위.

[+++]   역주. 독점적 대인관계, 정상가족 규범, 연애 중심주의 등을 비판하고 섹스, 사랑, 애정, 우정 등에 대한 새로운 관계 방식을 탐구하면서 일부일처제(monogamy)의 규범 및 기준에 부합하지 않는 친밀한 관계 방식을 지향하고 이를 실천하는 운동.

[++++]   역주. '피해자'는 폭력이나 재난을 당한 당사자가 아닌 타인의 시각을 반영한 용어로 다소 수동적인 의미를 지니는 반면, '생존자'는 당사자가 참혹한 상황에서 스스로 생존해낸 주체적 행위자임을 드러냄으로써 더 능동적인 의미를 지닌다.

노동자 운동 안에서 목소리를 더욱 높여왔다.

반성매매 운동가들 역시 폭력에서 살아남은 자신의 역사를 통해 페미니즘에 이끌려왔다. '탈성매매 여성exited women'이라 불리는 사람들은 성매매 범죄화에 찬성하는 생존자로서 자신을 강하게 정체화한다. 폭력에 대한 끔찍한 증언과 성구매 남성의 처벌에 대한 확고한 입장을 통해 탈성매매 여성들은 여성 피해의 궁극적 상징으로 인식되며, 성구매 고객의 범죄화는 페미니즘이 추구해야 할 정의로 받아들여진다.

많은 페미니스트들의 매춘에 대한 '소유권' 의식은 누가 성노동자로서, 혹은 성노동자의 대리자로서 발언할 수 있는가에 대한 논쟁을 야기한다. 반성매매 페미니스트 논자들이 성노동자 활동가들을 "포주의 로비"라며 멸칭하고, 착취를 일삼는 업주를 위해 위법의 전면에 나서 돈을 받는 앞잡이라고 비난하는 광경은 아주 흔하다.[43] 2009년 프랑스 상원에서 성노동자들이 시위를 벌이자, 한 정치인은 그들을 "매춘부의 복장을 한 포주들"로 지목했다.[44] 2016년 아일랜드의 반성매매 단체인 루하마Ruhama는 실수로 어떤 학생 기자에게 내부 발신용 이메일을 보냈는데, 그 젊은 기자가 비판적인 기사를 낼 경우 루하마는 그것을 "포주의 생각"이라고 일축할 것이라는 루하마 대표의 생각이 담겨 있었다. 결국 루하마는 사과를 해야 했다.[45]

국제엠네스티Amnesty International가 정책적으로 성노동자를 지원하겠다는 의사를 밝히자 반성매매 페미니스트 활동가들은 소셜 미디어에 #NoAmnesty4Pimps(#포주돕는엠네스티반대) 해시태그를 달고 쏟아져 나왔다.[46] 그들은 엠네스티 로고를 포토샵으로 조작해 "남성의 오르가슴을 보호하라", "매춘 계급으로부터 남성 권리를 보호하라"라는 슬로건 위에 촛불 대신 사정하는 남성의 성기를 그려 넣었다.[47]

페미니스트들이 상상력을 동원해 성노동자의 권리와 남성의 이익을 결합시키는 방식은 비매춘 여성들을 우리 성노동자들로부터 돌아서게 만든다. 반성매매 운동가인 핀 맥케이Finn Mackay도 그러한 방식을 활용한다. "수십억 달러의 '성산업'은 잘 굴러가고 있으니, 이제 우리는 어느 편에 서야 할지 선택해야 한다. 성산업은 우리의 도움이 필요하지 않으며, 확실히 우리의 보호 또한 필요로 하지 않는다."[48]

오늘날 반성매매 의제는 고객에 대한 가혹한 처벌을 통해 성노동을 근절하는 데 초점을 맞춘다. 그들의 운동 대부분이 과거에 성판매 경험이 있거나 성판매 경험이 전혀 없는 사람들로만 채워져 있음에도 불구하고, 현재의 반성매매 운동은 타인이 지금 성을 판매할 수 있는 수단을 없애기 위해 노력한다. 하지만 그들 가운데 매춘 관련 정책으로 실질적인 영향을 받는 사람은 거의 없다.

매춘에 대한 생존자 중심주의, 섹스 긍정주의, 자유주의, 자유지상주의, 마르크스주의, 감금주의 등 여러 대응들 사이의 관계는 그 어느 때보다도 날카롭다. 정신적 스트레스를 유발하는 상대방과의 만남에 대비해 반성매매 페미니스트들과 성노동자들은 때때로 서로를 적이라고 믿으며 자신들의 견해를 더 강하게 밀어붙인다. 이 적대적 논쟁은 '강압'과 '선택', 성 인신매매sex trafficking⁺라는 유령, 빈곤과 가부장제의 교차성에 대한 입장에 따라 달라진다. 적극적으로 목소리를 내는 몇 안 되는 성노동자들은 그들의 경험이 담긴 서사를 제한해야 한다는 압박에 직면한다. 그리고 우리가 이야기를 공유하는 방식과는 상관없이, 우리의 정치를 약화시키고 심도 있는 대화를 가로막으면서 '행복한 창녀'라는 허수아비에 도달하려는 사람들에 의해 우리의 운동은 끊임없이 공격받는다. 모든 여성이 이미 알고 있듯이, 비판자들이 손쉽게 우리를 '더러운 년'이라고 폄하할 수 있는 이런 상황 속에서 결국 우리의 운동은 우리의 목소리를 들리게 하기 위한 투쟁으로 나아간다.

경찰, 국경, 그리고 감금 페미니즘

국경 경비를 포함한 치안유지는 매춘을 위한 '해결책'으로 강조된다. 이는 좌파들 사이에서도 그렇다. 하지만 이러한 논의에서 경찰과 국경에 대한 고민을 거의 찾아볼 수 없다는 점은 주

✢   역주. 'trafficking'은 금지된 약물, 무기 등의 상품을 불법적으로 거래하는 행위를 뜻하지만, 상업적 섹스와 관련한 영역에서 인간 및 인간의 노동을 대상으로 하는 'human trafficking'과 자주 혼용되므로 명확한 구분이 필요한 경우를 제외하고는 양자를 모두 '인신매매'로 옮겼다. 하지만 제3장에서 설명하듯, 인신매매는 일상적 용례처럼 인간을 단지 물건처럼 사고파는 거래 행위만을 뜻하지 않으며, 맥락에 따라 다양하게 정의된다. 'trafficker'는 'trafficking'에 참여하는 자로서, '인신매매자'라고 옮겼다. 물론 제3장과 제6장에서 언급하듯, 인신매매자와 성노동자는 명확히 구분되지 않는다. 한편, 'sex trade(성매매)'와 유사한 의미로 쓰이는 'sex trafficking'은 섹스가 매개·결부된 '인신매매'라는 점을 부각해 '성 인신매매'로 옮겼다. 한국의 성매매특별법에서는 이를 "성매매 목적의 인신매매"로 표현한다.

목할 만하다. 경찰과 국경을 논의에서 생략해버리는 것은 법이 어떻게, 그리고 누구에 의해 시행되는지에 대한 고민 없이도 성노동을 규율하는 법률을 논의할 수 있다는 착각을 불러일으켜왔다. 하지만 법은 단순한 '메시지'가 아니다. 법은 이 세계에서 경찰에게 허용된 일이 무엇인지를 보여준다.

경찰제도와 국경제도가 얼핏 자연스럽거나 불가피한 것으로 보이긴 하지만, 그것은 최근에서야 발명된 것들이다. 그 근대적 모습이 나타난 건 19세기로 거슬러 올라간다. 역사를 살펴보면 그들의 현재를 이해하는 데 도움이 된다.

중앙집권화되고 전문화된 미국 남부 최초의 감시기구는 주로 탈출한 노예를 잡아서 처벌했던 노예순찰제였다. 지역 역사학자들은 그 제도를 "근대 미국 법 집행의 전조로 보아야 한다"라고 주장한다.[49]

19세기 초 미국 북부와 영국에서는 열악한 노동환경 및 생활환경 개선을 요구하는, 다루기 힘든 도시 노동계급의 조직에 대응해 전문화된 경찰력을 갖추기 시작했다. 역사학자 데이비드 화이트하우스David Whitehouse가 설명하듯, '군대 파견'은 노동자 계급을 순교자로 만들고 대중을 더욱 급진화시킬 위험이 있으므로, 국가는 급증하는 군중, 시위, 파업을 통제할 수 있는 새로운 방법이 필요했다.[50] 경찰제도는 자본주의와 국가의 이익을 보호하기 위해 비군사적 폭력을 행사할 수 있도록 고안되었다. 최근 경찰이 임금 인상을 요구하는 식당 노동자의 구속을 정당화하기 위해 '맥도날드 사장의 허락이 있었다는 점'을 거론하는 모습을 보면, 이러한 상황은 오늘날에도 별로 달라진 것이 없다.[51]

현대의 이민 규제 역시 대부분 19세기의 산물이다. 이민 규제는 노예제도와 식민주의를 정당화하기 위해 백인 유럽인들이 설파한 인종적 우열 의식에 기반한다. 1880~1890년대, 영국에 도착한 유대인 난민들은 반유대주의의 광분을 마주해야 했다. 당시의 반유대주의 책자들은 "유대인들에 의해 백인 노예 인신매매가 전역에서 이루어지고 있다"라고 주장했다.[52] 이러한 인종차별주의적 공포는 1905년 영국 최초의 현대적 반이민 조치라고 알려진 외국인 체류자법Aliens Act 제정의 계기가 되었다.[53] 미국의 연방 이민 제한은 1875년 페이지법Page Act, 1882년 중국인 입국금지법Chinese Exclusion Act, 1888년 스콧법Scott Act 등에 포함되었다. 이러한 법률들은 중국 이주민, 특히 성노동자를 겨냥했고, 그들이 아내인지 매춘부인지를 구별하는 데 상당한 자원을 쏟아부었다.[54]

이민 규제의 역사에는 인종차별주의와 함께 상업적 섹스에 대한 우려가 함께 스며들어 있다. 인신매매를 하는 유색인 남성, 무력하고 매혹적이며 병을 옮길 수 있는 유색인 여성, 그리고 이들 모두가 국가의 신체적 통제를 위협하는 유색인이라는 범주. 이민 규제는 이 인종차별적 배제의 범주들을 인종, 젠더와 함께 만들어낸 입법 공간이다.[55] 이러한 역사는 경찰제도와 국경에서 벌어지는 폭력이 이례적 문제거나 일부 '썩은 사과'의 문제가 아니라는 것을 시사한다. 폭력은 이미 그 제도들에 내재해 있다.

그러므로 페미니즘 운동은 경찰이나 이민 통제에 의존하거나 더 많은 권한을 부여하려는 젠더 정의의 접근 방식에 회의적이어야 한다. 안젤라 데이비스Angela Davis를 비롯한 흑인 페미니스트들은 경찰을 향한 페미니스트들의 신뢰를 오랫동안 비판해왔으며, 경찰을 가장 적게 마주치는 사람들이 경찰을 가장 자애로운 보호자로 생각한다는 사실에 주목한다. 반대로 성노동자나 기타 주변화되고 범죄화된 집단에게 경찰은 보호의 상징이 아니라 처벌과 통제의 실체화된 현현일 뿐이다.

경찰력을 환영하는 페미니즘을 일컬어 감금 페미니즘carceral feminism[+]이라 부른다. 이 용어를 처음 사용했던 사회학자 엘리자베스 번스타인Elizabeth Bernstein은 감금 페미니즘을 '법과 질서', '복지국가에서 (페미니스트의 목표를 집행하는 기구로서) 감옥국가로의 전환'을 우선시하는 페미니즘적 접근법이라고 설명한다.[56] 감금 페미니즘은 여성들에게 정의를 설파하기 위한 주요 방법으로 치안유지와 범죄화에 초점을 맞춘다.

경찰, 더 나아가 형사사법 제도가 여성 대상 폭력의 주요 '가해자'임에도 불구하고, 감금 페미니즘은 인기를 누려왔다. 하지만 실제 미국 경찰관들은 그 배우자나 자식들에게 폭력과 학대를 가할 가능성이 심각한 수준으로 높다.[57] 업무 현장에서도 그들은 엄청난 수의 폭행, 강간, 희롱을 저지른다.[58] (공권력 남용 이후 일어나는) 성폭행은 미국에서 두 번째로 흔하게 보고되는 경찰 폭력이며, 근무 중인 경찰은 일반 미국인보다 2배 이상의 성폭행을 저지른다.[59] 그러나 이것은 단지 통계로 드러난 수치일 뿐이다. 많은 이들이 가해자의 동료 경찰에게 감히 신고하려 들지 않기 때문

[+]　역주. 체포, 투옥, 추방 등의 형법적 수단을 통해 반성매매, 반인신매매 운동을 주도하는 페미니즘 내 특정한 경향을 지칭한다. 엘리자베스 번스타인은 반인신매매 운동의 사례를 통해 신자유주의 시대의 감금 페미니즘이 국가적 징벌 정치의 수단이 되었다고 분석한 바 있다.

이다. 누군가를 체포할 때, 또는 감금, 감시, 추방과 관련한 업무를 수행할 때, 경찰 업무는 본질적으로 지속적인 폭력을 내포한다. 2017년 영국 런던 경찰청은 성폭력 피해로 찾아온 한 여성을 불법 이주 혐의로 체포한 사실이 드러나 사람들의 분노를 샀다.[60] 폭력을 당해 찾아온 피해자라 할지라도, 경찰이 이주 성노동자를 체포하거나 추방하겠다고 협박하는 일은 매우 일상적으로 벌어진다.[61]

성매매와 관련한 논쟁에서도 감금 페미니즘은 크게 대두되었다. 페미니즘 평론가들은 "우리는 경찰 기구를 강화해야 한다"거나,[62] 범죄화는 성매매 종식을 위한 "유일한 방법"일 수 있으며,[63] 어떤 범죄화는 상대적으로 "온건"할 수 있다고 말한다.[64] 반성매매 페미니스트 캐서린 맥키넌Catherine MacKinnon은 심지어 감옥이 "포주와 거리로부터 멀어져 잠시 휴식"할 수 있는 공간이라는 이유로 매춘부들의 "짧은 감방 생활"을 어설프게 미화하는 듯한 글을 쓰기도 했다. 그녀는 "많은 매춘 여성들에게 감옥은 피해자 쉼터와 가장 가까운 곳"이며, "다른 은신처나 쉼터가 없는 것을 고려한다면 감옥은 안전한 임시 거처를 제공한다"라고 주장하는 다른 페미니스트의 발언을 인용하기도 했다.[65]

성노동자들은 체포와 투옥에 관한 이런 장밋빛 견해에 공감하지 않는다. 노르웨이의 한 성노동자는 연구자들에게 다음과 같이 말했다. "죽을 것 같을 때에만 경찰에 신고해야 한다. …… 경찰에 전화하면 모든 것을 잃게 될 수도 있다."[66] 성노동자 권리옹호 네트워크Sex Workers' Rights Advocacy Network, SWAN에 의하면, 키르기스스탄, 우크라이나, 러시아 시베리아, 리투아니아, 마케도니아,

불가리아의 성노동자들은 경찰을 그 어떤 집단보다도 자신의 안전을 위협하는 집단으로 느낀다.[67] 2017년 양송Yang Song이라는 여성은 그녀가 일하는 뉴욕의 안마방에서 함정수사로 붙잡혔다. 불과 두 달 전 매춘으로 체포되어 스스로를 경찰관이라고 주장하는 남자에게 성폭행을 당한 이후였다(그가 경찰이었는지는 아직 불분명하다).[68] 경찰이 재차 매춘 혐의로 그녀를 체포하려 하자, 그녀는 4층 창문에서 떨어져/뛰어내려/떠밀려 죽었다.[69]

말하기와 들리기

매춘부는 누구인가? 이에 대한 생각은 모순되는 두 고정관념 사이를 오가는 것처럼 보인다. 이주민이 게으른 무임승차자인 동시에 '열심히 사는 이들'의 직업을 빼앗는 사람처럼 비치듯이, 성노동자 역시 피해자이자 공범자, 섹스를 탐닉하는 사람이자 무력한 아가씨 등의 이중적인 모습으로 인식된다.

우리 사회는 성노동자에 대한 이런 모순적인 기대를 억지로 일치시키고자 성노동자들에게 '그 집단을 대표하는' 대변인을 뽑으라고 요구한다. 하지만 '모든 여성의 이슈'를 포괄하는 상징적인 여성 '대표'는 존재하지 않듯이, 이 요구 또한 실현되기 어렵다. 어떤 성노동자의 정체성, 상황, 건강, 습관 등은 다른 성노동자의 그것과 전혀 다를 수 있기 때문이다. 평일에 스코틀랜드의 안마방에서 일하는 싱글맘부터 유럽 여행을 꿈꾸는 캄보디아의 젊은 술집 접대부, 케이프타운에서 정치적 결사체를 이루고 있는 흑인 트랜스젠더 성노동자 그룹, 스톡홀름 거리에서 매춘을 하는 밀입국한 나이지리아 이주민에 이르기까지, 남반구와 북반구의 차이, 수십 년의 나이 스펙트럼을 망라해 성노동자들이 지니고 있는 인종, 종교, 민족, 계급, 젠더, 섹슈얼리티, 장애 등은 상상할 수 없을 정도로 다양하다. 성노동자를 실제와 가깝게 재현하려면, 그 책을 쓰는 데에도 수천 명의 작가가 필요할 것이다.

많은 성노동자 활동가들은 페미니즘 공간에서 자신이 활동가라는 이유로 자신의 증언이 대표성이 없다고 여겨지고, 특권화되고 예외적·이례적인 관점의 발언으로 일축되어왔음을 폭로한다.[+] 어떤 성노동자에게 '대표성'이 있는지 없는지에 대한 질문은 지금도 되풀이되고 있다. 반성매매 활동가들은 '목소리를 가지지 못한 이들'의 목소리를 들어야 한다고 외치면서도, 정작 자신들이 들을 수 있는 이들의 목소리는 더 이상 들을 필요가 없는 것으로 치부해왔다. 이는 물론 반성매매 활동가들이 그들 자신의 목소리에 적용했던 태도는 아니었다.

이 책의 저자들이 모든 성판매자를 대표한다고 말할 수는 없을 것이다. 우리 저자들은 모두 시스젠더 백인이고, 북반구에서 태어나서 자랐으며, 성노동이 덜 범죄화된 나라에서 일하고 있

[+]   '대표성 없고 예외적인' 관점도 누구나 수용할 수 있도록 수정되고 변형될 수 있다. 단, 이야기하는 사람의 고유한 목소리가 침해되지 않는 선에서만 그래야 한다. 앨리슨 핍스(Alison Phipps)는 "성노동자의 의견을 묵살하는 현재의 조건들이 성노동자가 아예 말할 수 없도록 만든다"라고 언급한 바 있다. Alison Phipps, '"You're not representative": Identity politics in sex industry debates', *genders, bodies, politics*, 31 August 2015, genderate.wordpress.com 참조.

다. 또한 중산층 교육을 받았고, 그로 인해 권력 및 자본에 접근하는 것이 쉬웠다. 우리 성노동자들에게 텔레비전에서 말하고, 글을 발표하고, 급여를 받는 활동가 자리에 앉게 될 기회는 우연히 찾아오지 않는다. 다른 급진적 사회운동에서도 그렇듯, 선택받은 소수의 성노동자 활동가들 역시 대중에게 알려질 위험을 감수할 수 없는 주변화된 성노동자들 곁에 서 있다는 까닭에 같은 일을 하더라도 부당한 평가를 받는다.

　우리가 살고 일하는 영국에 초점을 맞춰 영어로 쓰인 이 책은, 그 존재 자체로 어떤 형태의 논의는 사회에 의해 정당화되는 반면, 다른 것들은 인식되지도 않는다는 것을 보여준다. 가령, 주변화된 풀뿌리 조직이 만들어내는 서비스 및 공동체 건설은 우리에게 상대적으로 덜 알려져 있다. 하지만 이런 하루살이 같은 저항은 믿기지 않을 정도로 유쾌하며 우리의 삶을 유지하는 데 도움을 준다. 그들을 기억하는 것은 우리의 운동에 매우 중요하다. 반면 책, 블로그, 정책 문서들은 역사에 쉽게 남을 수 있는 운동의 형식이다. 책은 때때로 성노동 정치의 고통스러운 측면을 비판적으로 탐색할 수 있는 상당한 여지를 제공한다. 집회에서 2분 동안 메가폰을 켜고 말하는 사람들에게는 그만큼의 충분한 공간과 어조가 허락되지 않는다. 이 책은 온전히 우리의 관점에서 구축된 것이며, 우리의 관점은 우리가 가진 특권에 의해 형성된 것이다. 그러나 우리는 의기양양한 것에서부터 성찰적인 것, 비판적인 것, 비통한 것까지, 성노동자들의 다양한 목소리를 우리의 글에 포함시키려고 노력했다. 우리의 책에서 이 모든 형태의 정치적 발언들은 유효한 의미가 있다.

성노동자들은 정치적 발언을 위해 비싼 대가를 치르곤 한다. 2004년 경찰의 부패와 성노동자를 향한 경찰 폭력을 비판한 아르헨티나 노동조합 활동가 산드라 카브레라Sandra Cabrera는 그에 대한 보복으로 자택에서 총에 맞아 숨졌다.[70] 그 사건은 여전히 미제 사건으로 남아 있다. 2016년 인도 성노동자 노동조합의 카비타 로이Kabita Roy는 콜카타에 있는 노동조합 사무실에서 살해되었으며,[71] 2018년 1월 브라질에서는 세 명의 저명한 성노동자 활동가들이 살해되었다.[72] 2011년 페루에서는 범죄조직이 이주민 성노동자 노동조합의 대표를 살해했다. 이에 살해된 활동가의 동료였던 성노동자 안젤라 빌론 부스타만테Angela Villón Bustamante는 "성노동자 조직은 마피아의 경제적 이익을 위해 존재하지 않는다"라고 선언했다.[73]

정치적 발언의 비싼 대가가 성노동자들 사이에 고르게 분배되는 것은 아니다. 불안정한 이주민 신분, 추방 및 경찰 폭력에 대한 두려움, 자녀 양육권을 상실할 가능성 등은 이주민·원주민 노동자들, 불안정한 주거권을 가진 이들, 부모들(특히 엄마들)이 단체를 조직하거나 권리를 주장할 때, (안정적인 장기 임대권을 확보하고 있으며 여권·시민권을 소지한 아이가 없는 성노동자들보다) 더 높은 위험을 감수해야 한다는 것을 뜻한다. 시스젠더 성노동자들은 트랜스젠더 성노동자들보다, 백인 성노동자들은 유색인 성노동자들보다 이러한 위험으로부터 비교적 안전하다.

하지만 안전한 성노동자들에게조차 '우리 스스로 말할 수 있다'는 것을 증명하는 일은 대단히 어렵다. '매춘 논쟁'은 실제로 성을 판매하는 사람보다 기사의 헤드라인을 작성하고 첨부될 사진을 선택하는 미디어 스태프나, 사업계획 신청서를 처리하는 지방정부 공무원 등 눈에 보이지 않는 행위자들에 의해 훨씬 더 많이 유발된다. 심지어 가장 특권을 누리는 성노동자들도 공개적으로 알려질 위험 때문에 온라인 익명성을 정치적 발언을 위한 필수적인 수단으로 활용한다. 그러나 이러한 익명성은 우리를 사악한 '성산업 로비스트'로 깎아내리는 데 활용된다. 성노동자들이 익명으로 대중, 동료 성노동자, 고객들을 만날 수 있는 웹사이트들도 급속히 사라지고 있다. 이 책이 만들어지는 동안에도, 도널드 트럼프Donald Trump 미국 대통령은 노동자들의 사생활과 정치적 발언뿐만 아니라 안전과 생존에 참담한 영향을 끼칠 수 있는 성노동자 온라인 소통 금지 법안에 서명했다.⁺

우리는 지금 우리가 어디에 서 있는지를 고민하면서, 또한 매춘부들이 직접 쓴 매춘에 관한 책을 당신이 들고 있을 것이라는 만족감을 느끼면서 이 책을 쓴다. 불행히도 주변에서 이러한 고민과 만족감을 접하기는 매우 어려운 상황이다. 하지만 성노동의 전문가는 기자도 정치인도 경찰도 아닌, 바로 성노동자 자신이다. 우리는 범죄화, 강간, 폭행, 배우자의 학대, 임신중지, 정

⁺ 2018년 4월 11일, 각각 미국 하원과 상원 법안으로 제정된 온라인 성 인신매매와의 전쟁법(Fight Online Sex Trafficking Act, FOSTA)과 성 인신매매 방지법(Stop Enabling Sex Traffickers Act, SESTA)은 성매매를 직접 알선하거나 '고의로 도와주고 지원하고 촉진하는 사이트'를 처벌하는 내용을 담고 있다. 이 법은 성산업 광고뿐만 아니라 단체조직 및 지원 분야 등을 포괄할 정도로 제재의 폭이 광범위하다. 이 글을 쓸 당시, 안전한 고객과 위험한 고객의 정보[블랙리스트]를 성노동자들에게 제공했던 백페이지(backpage.com) 등 여러 주요한 광고 플랫폼들이 폐쇄되었다. 자세한 내용은 survivorsagainstsesta.org/documentation 참조.

신질환, 약물[+] 사용, 인식론적 폭력epistemic violence[++]에 대한 우리의 경험을 조직화와 글쓰기에 활용하고자 했다. 또한 성노동자들의 상호 부조 공간, 성노동자 집단의 해방을 위한 활동 공간 등 성노동자들이 형성해온 공간에 대한 깊은 관심을 토대로 우리가 발전시켜온 지식을 제공하고자 했다. 우리는 친구로서 이 책을 함께 썼고, 성노동자 운동의 요구가 가시화될 수 있도록 노력했다.

케냐 티카의 총기 난사범은 2010년 체포되었다. 그는 "17명을 죽였으니 아직 83명이 남았다"라고 하면서 매춘부 100명을 죽일 때까지 살인을 멈추지 않을 것이라고 고백했다.[74] 그가 붙잡히지 않았던 위험천만한 시기에도 티카의 성노동자 아이샤Aisha는 동료들과 함께 거리시위를 벌이면서 "우리가 스스로를 성노동자라 부른다는 걸 사람들이 알았으면 좋겠다. 그 일은 우리 가족의

[+] 역주. 약물(drug)은 통상 '마약류'로 분류되는 항정신성 의약품, 마약, 대마 등을 의미한다. '마약(마비시키는 약)'은 마약류의 한 종류이나, 한국에서 마약은 주로 의료용 목적과 상관없이 해로운 효과를 내는 '마약(악마의 약)'의 의미로 쓰이는 경향이 있다. 그러나 마약은 인류 역사에서 의료용, 제의용, 오락용 등 다양한 목적으로 사용되어왔으며, 일상적으로 해로운 약과 그렇지 않은 약의 경계는 그리 명확하지 않다. 약국에서 쉽게 처방되는 약도 남용하면 마약이 되고, 마약도 그 용법을 정확히 지키면 치료에 필요한 좋은 약이 된다. 법률적, 의학적 용어를 써야 하거나 부정적 느낌을 드러내는 맥락이 아닌 경우, 주로 '약물'로 옮겼다.

[++] 푸코(Foucault)에 이어 스피박(Spivak)은 피억압자들이 자신에게 강제된 억압자의 개념 및 언어를 가지고 어떻게 세계를 이해하고 묘사하는지를 설명하기 위해 '인식론적 폭력'이라는 용어를 사용한다. 그녀는 주로 식민화된 주체에 대해 이야기했지만, 그녀의 관점은 성노동자와 여성에게도 보편적으로 적용될 수 있다. G.C. Spivak, 'Can the Subaltern Speak?' in Nelson, C. and Grossberg, L. (eds), *Marxism and the Interpretation of Culture*, Chicago: University of Illinois Press, 1988, 271–313. 그리고 M. Fricker, 'Epistemic Justice as a Condition of Political Freedom?' *Synthese* 190:7 (2013), 1317–32 참조.

밥줄이다"라고 외쳤다. 이런 압도적인 무력감 앞에서도 그들은 밝은 빨간색 티셔츠를 입고 큰소리로 대중 앞에 자신들이 성노동자임을 최초로 공개했다.[75] 그 시위에 참여한 한 성노동자는 다음과 같이 말했다. "사회는 우리가 엄연히 존재한다는 사실을 깨달아야 한다. 우리의 존재를 되돌릴 순 없다."[76]

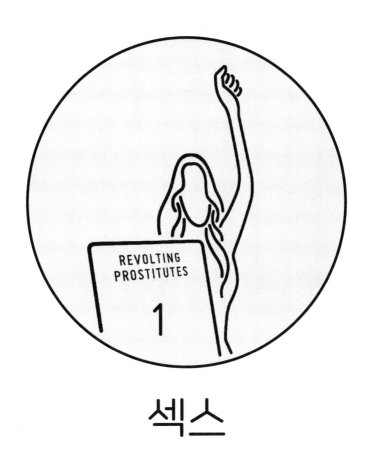

섹스

우리는 섹스에 대해 불안해한다. 우리 여성들에게 섹스는 기쁨이나 친밀감을 나누는 자리이기도 하지만, 트라우마의 자리, 불안한 타협의 자리이기도 하다. 성노동에 대한 페미니스트들의 논의는 흔히 '섹스 긍정주의자'와 '섹스 부정주의자' 사이의 다툼처럼 보인다. 이 장에서는 그 이유를 살필 것이다. 우리는 저 구도에서 한자리를 차지하는 데는 별 관심이 없다. 그 대신, 우리는 모든 여성들이 '섹스 양가주의sex-ambivalent자'가 될 권리가 있음을 주장할 것이다. 성노동자에 대한 증오는 섹스에 대한 아주 오래된 여성혐오적 관념에 뿌리를 두고 있다. 혐오에 대한 이런 본능적인 반응을 탐구하는 것은 형법을 비롯해 매춘과 관련한 모든 현상을 이해하는 중요한 출발점이다.

섹스는 나쁜 것인가?

사람들은 성노동의 성적인 부분에 집착한다. 섹스에 대한 불안은 신체적 타락, 그리고 타락의 매개체로서 성노동자들이 퍼뜨리는 위험에 대한 관념들 속에서 나타난다. 가령 매춘부는 쇠락, 죽음을 부르는 질병의 전파자로 인식되고,[1] 사회에서 제거되어야 할 부패물이거나(19세기의 어떤 프랑스 의사는 '정액 배출구'라는 표현을 썼다) 오염, 질병, 죽음의 원천으로 상상된다.[2] 매춘부를 의미하는 스페인어 'puta'와 영어의 'putrid'(부패하는, 썩는, 악취가 나는)는 그 어원이 유사하다.* 성에 대한 또 다른 선입견은 섹스하는 것(또는 섹스를 너무 많이 하거나 부적절한 사람과 부적절한 동기로 섹스하는 것

등 잘못된 방식으로 하는 섹스)이 일종의 손실을 가져온다는 것이다. 섹스에 대한 모순된 생각들, 본능적인 위협감과 손실감은 멀리사지라 그랜트Melissa Gira Grant가 명명한 '상상 속 매춘부'를 형상화하고 성노동자를 문화적으로 재현하는 데 밀접한 영향을 준다.[3]

이런 관념들의 연관성이 명백하게 드러났던 시기가 있다. 빅토리아 시대의 사람들은 '처녀성의 상실'이 곧 매독으로 인한 파멸과 암울한 죽음으로 이어진다고 생각했다. 완전히 망가져 파괴자로 변신한 여성이 다시 깨어나 질병을 퍼뜨린다고 여겼다. 처녀성의 상실이 타인의 정신적 쇠약을 촉발한다는 믿음도 있었다. 예를 들어, 1870년 윌리엄 액튼William Acton이라는 기자는 매춘부들이 성적 욕구를 충족시킬 뿐만 아니라 이를 유발하며, 가만 놔두면 생기지 않을 사악한 생각과 욕구를 부추기는 "사악한 열망의 장관"이라는 기사를 썼다.[4] 1779년 제임스 길레이James Gillray의 〈창녀의 마지막 교대 시간The Whore's Last Shift〉에 그려진 매춘부의 모습은 이렇다. 지저분한 방 안에서 머리를 높게 올리고 짙게 화장한 나체의 매춘부가 더러운 (그리고 어설픈 상징인) 하얀 드레스를 깨진 요강에 넣고 손으로 빨고 있는 비참한 모습이다.

매춘부를 상상하는 데서 드러나는 태도는 특정 신체 부위를 둘러싼 익숙한 역설에서도 확인할 수 있다. 성노동에 대한 태도

✤   대부분의 로망어에서 '매춘부'는 putain(프랑스어), puttana(이탈리아어)처럼 puta(스페인어)가 변형된 형태로 나타난다. 이는 (악취가 나는, 썩는 등의 의미로 사용되는 영어 putrid처럼) 라틴어 putida를 연상시키며, 성노동자를 하수구, 배수구와 결부시키는 유럽의 오랜 인습을 반영한다. D. Hopkins, 'Latin and Late Latin 'Puta "Concubine, Sexual Sleeping Partner" and Old French Pute', *Romance Notes* 45:1 (2004), 3-10.

와 마찬가지로, 가부장제 사회에서 질은 못생기고, 늘어지고, 냄새나고, 더럽고, 감염을 일으킬 수 있지만, 섹시하고, 신비롭고, 감질나게 한다는 식의 양가적인 태도가 확립되어 있다. 질의 유혹은 위협적이라는 통념도 있다. 자신의 페니스가 다른 남자의 흔적이나 '페니스를 갉아먹는 이빨gnashing teeth'을 마주칠 위험이 있기 때문이다. 동시에 질은 성적 성숙을 위해 '침입'되어야 할 순종적인 신체 부위로 간주된다. 삽입 성행위를 예속적인 것이라고 보았던 페미니스트들의 오랜 인식은 질이 근본적으로 위태롭고 측은한 곳이라는 생각을 강화했다.[5]

19세기 전염병법은 어떤 매춘부라도 전염병이 의심된다면 경찰이 강제로 검사경을 통해 그 매춘부의 골반 검사를 할 수 있도록 허용했다. 지금도 사용되는 이 검사경은 실험용 흑인 노예 여성을 사서 산부인과 감염 예방제를 개발한 의사의 발명품이다.[6] 1893년 영국 런던의 케사르 롬브로소Cesare Lombroso는 매춘부와 여성 노동자, 그리고 당시 '원시적'이라고 묘사됐던 모든 유색인종 여성 등 소위 '위험한 계급'의 여성 신체를 연구했다. 그는 매춘부의 비정상적 행위가 비정상적 신체를 만든다는 확신에 사로잡혀 매춘부는 음모가 빨리 자라고, 클리토리스가 비대해지고, 음순과 질이 영구적으로 확장된다는 주장을 펼쳤다.[7] 그에게 사회적·도덕적 타락은 신체에 또렷이 각인되는 것이었다.

1880년대 한 소설에서는 성노동자를 "썩어가는 살로 가득 찬 샵"에 비유하면서, 다음과 같이 썼다. "마치 길가에 버려진 채 부패한 시체의 가스에서 추출한 독이 그녀의 얼굴에 피어올라 썩어버린 것 같았다."[8] 그 소설 속에서 매춘부의 몸은 순결한 이들을 오염시킨다. "그녀는 사방팔방으로 오물과 불결한 것을 퍼나른다. 그녀는 피임도 하지 않은 채 살금살금 움직이면서 젊은이들의 절반을 오염시킨다."[9]

제2차 세계대전 시기에는 질병이 들끓는 매춘부가 적의 비밀 생체 무기라고 여기는 망상이 퍼져나갔다. 그 당시의 포스터들은 부비트랩, 장전된 총, '술집의 저격수', 추축국 요원, 연합군의 적, 히틀러의 친구 등 각종 위험한 것들과 매춘부를 조심해야 한다고 경고하는 슬로건 위에 붉은 입술 사이에 담배를 물고, 딱 붙는 옷을 입고, 사악한 미소를 짓는 전형적인 팜므파탈 모습의 매춘부를 그려냈다.[10]

성애화된 신체에 부여된 이중 잣대의 문제는 퀴어나 젠더 비순응자들에게 똑같이 적용된다. 트랜스 여성들은 늘 그들의 '생물학적' 지위에 대한 질문을 받는다. 그러한 질문은 그들이 어떤 성기를 가지고 있는지에 대한 광적인 집착을 드러낸다. 이와 동시에 트랜스 여성은 끊임없이 공공으로부터 괴롭힘의 표적이 된다. 그녀의 모습이 트랜스젠더처럼 '읽히는' 순간, 그녀는 성폭력을 저지르기 위해 화장실에 무단침입한 혐의를 받는 남성처럼 위협적으로 느껴진다.[11] 반대로 만약 그녀가 시스젠더로 패싱된다면, 그녀는 누군가를 불시에 자신과 섹스하도록 '함정에 빠뜨리는' 위험한 사람으로 간주된다.[+]

[+] 트랜스 여성 성판매자들에게는 이러한 적대감이 과중하게 투여된다. 필리핀 성노동자 제니퍼 로드(Jennifer Laude)가 미군 해병에게 살해된 사건에서 가해자의 형량은 '트랜스 패닉 방어(trans panic defence)'라는 이유로 27년이 감형되었다. 가해자는 로드의 성기를 발견하자 '강간당한' 것 같은 느낌이 들었다면서 자신은 그녀에게 사기를 당

역사적으로 게이 역시 불신의 렌즈를 통해 인식되어왔다. 퀴어 이론가인 리오 버사니Leo Bersani는 게이들이 오랫동안 매춘부들과 비슷한 형태의 두려움을 유발해왔다고 주장한다. 가령, 게이들은 점잖은 남성들을 부도덕하게 만들거나 파괴할 수 있는 사람으로 인식되곤 한다. HIV에 대한 위기의식은 이러한 동성애혐오적 공포심을 더욱 악화시켜왔다. 어느 HIV 연구자는 전염병의 확산을 다음과 같이 묘사하기도 했다. "이 사람(게이)들은 하룻밤에 20~30번씩 섹스를 한다. ⋯⋯ 한 남자가 항문에서 항문으로 옮겨가면서 마치 모기처럼 자기 음경의 감염 세포들을 하룻밤 사이에 퍼뜨린다."[12] 게이들에 대한 이런 악의적이고 맹목적인 두려움은 지금도 유지되고 있다. 2017년 UN에는 "소도미스트와 동성애 선동" 반대를 외치는 기독교 혐오 단체가 초청되었고, 최근 한 페미니스트 작가는 HIV 양성 판정을 받은 성노동자 남성을 '에이즈를 퍼뜨리는' 사람으로 표현한 바 있다.[13]

매춘은 도덕적 결핍과 연결된다. 1910년, 미국의 지방검사 에드윈 심Edwin Sim은 "성매매 피해자 여성들은 어쩔 수 없이 부도덕한 삶을 살도록 강제된다"라고 썼다.[14] 성노동자가 되는 것이 '부도덕한 삶'을 사는 것이라고 여겼던 이러한 신념은 이후에도 지속되었다. 조지 부시George W. Bush 행정부 시절, 미국 국무부 반성매매 조직 운영을 주도했던 마크 라곤Mark Lagon은 2009년 "성판

한 '피해자'라고 배심원들에게 호소했다. M. Talusan, 'Jennifer Laude's death would've caused an outcry – if she wasn't transgender', *Guardian*, 28 July 2015, theguardian.com.

매 여성들은 '끔찍하고 부도덕한 삶'을 살아가지만, '선택의 여지가 없을 수도 있기 때문에' 그들에게 '과실'이 있다고 볼 수는 없다"라고 썼다.[15]

2000년대에는 '벨 드 쥬르Belle de Jour[낮에만 일하는 창녀라는 뜻]'라는 필명의 에스코트escort 성노동자의 블로그인 〈런던 콜걸의 다이어리Diary of a London Call Girl〉가 대박을 터뜨리면서 책 출판과 TV쇼 출연으로 이어졌다.✦ 그런데 2009년에 이 블로그의 필자가 연구원인 브룩 마그난티Brooke Magnanti인 것으로 밝혀지자, 기자들은 과거 롬브로소가 그랬듯 그녀의 신체에서 도덕적 상실의 표지들을 읽으려고 애썼다. "나는 내가 무엇을 찾고 있는지 전혀 알지 못한 채 …… 그녀의 눈이 죽어 있는지, 입가에 약간 어둡고 냉담한 모습을 보이는지 등 [마그난티의] 얼굴을 면밀히 조사했다."[16] 잘못된 섹스의 방식으로 분류되는 성노동은 눈의 생기 같은 것들을 빼앗는 어떤 행위로 여겨졌다. 기자들이 그녀의 상실을 멋대로 상상해내는 과정에서 마그난티는 위협적이고 무정한 여자로 변모했다.

성노동이 성적 과잉으로 치부됨으로써 매춘부는 '타자'로 묘사되는 손실을 감수해야 한다. 반면, '좋은' 여성은 처녀든 아니든

✦   역주. 에스코트(escort)나 콜걸(call girl)은 전화나 인터넷을 통해 거리 성노동자나 집결지 성노동자보다 덜 노출되는 방식으로 고객을 만나는 성노동자를 말한다. 이들은 혼자 일하기도 하고 누군가에게 고용되기도 하지만, 특정한 업소 내에서 일하는 대신 고객과 합의된 거의 모든 곳에서 만남을 갖는다. 이와 유사하게 한국에서는 인터넷을 통해 사전에 조건(성판매자의 나이, 외모, 서비스 내용, 화대 등)을 합의하고 그에 따라 성적 만남을 갖는 성노동의 형태를 흔히 '조건만남'이라고 부른다.

간에 피부색, 계급, 그리고 '적당한' 성적 조신함이라는 기준을 충족했는지에 따라 정의된다. 19세기 말에서 20세기 초까지 벌어진 여성 참정권 운동은 여성의 명예와 신체 그리고 국가의 명예와 신체 정치 사이의 연관성을 드러낸 바 있다. 식민지 인도 여성을 '대변해' 반성매매 운동에 참여했던 영국 여성 참정권 운동가들은 영국 여성의 참정권 행사가 "왕정 국민국가[인도]를 정화한다"는 사례를 만들기 위해, 자신들의 운동을 매춘에 대항하는 노력과 밀접하게 연계했다.[17]

섹스의 남발이 사람들(특히 여성)을 변화시키고 타락시킨다는 생각은 매춘에 대한 현대 페미니스트들의 사고에서도 나타난다. 체포된 성노동자들을 위해 미국 애리조나에서 매춘부 선도 프로그램을 진행하고 있는 도미니크 로세포위츠Dominique Roe-Sepowitz는 "당신이 일단 매춘을 했다면, 다시는 매춘을 해선 안 된다. 당신의 신체 부위에 다른 이의 신체 부위를 닿게 하고, 당신 주변에 수많은 체액을 묻게 하고, 기이하고 이상한 일을 하는 것은 관계 및 성행위에 대한 당신의 생각을 정말로 망쳐버린다"라고 주장했다.[18] 이 프로그램에 참여하는 성노동자들은 성판매는 물론, 파트너와의 섹스까지 자제해야 했다.[19]

18세기, 19세기, 심지어 20세기에도 매춘을 향한 이보다 더 가혹한 반응이 흔했다. 세계 각지의 수녀회에서는 매춘부, 비혼모 등 여타 사회를 불안하게 만드는 섹슈얼리티를 행하는 소위 '타락한 여성'을 위해 작업실과 세탁소를 운영했다.[20] '막달레나 세탁소Magdalene laundries'**라 불렸던 그곳들의 형편은 좋게 봐도 원시적인 수준이었고 대부분은 잔혹했다. 혼외 섹스라는 '도덕적 범죄'를 저지른 여성들은 20세기에도 재판 없이 평생 수감되었다. 수많은 여성과 그 자녀들은 방치되거나 과한 노동에 시달리다 죽었으며, 묘비 없는 무덤에 묻혔다. 아일랜드의 투암에서는 1925년부터 1961년까지 796명의 아이들이 비밀리에 정화조에 묻히는 일도 있었다.[21] 아일랜드의 마지막 막달레나 세탁소는 1996년에야 문을 닫았다.

막달레나 세탁소를 운영하던 아일랜드 수녀들은 그 이후에도 사라지지 않았다.[22] 그들은 아일랜드 성노동 범죄화 운동의 주요 세력이 된 반성매매 단체인 루하마를 설립하고, 현재는 그 작업을 페미니즘의 언어로 설파하고 있다.[23] 기독교 자선 단체인 선한 셰퍼드 자매Good Shepherd Sisters와 자선의 성모 자매Sisters of Our Lady of Charity는 막달레나 세탁소에서 일어난 학대를 기록하고 설명하려는 생존자들의 노력을 방해하고 생존자 보상계획에 참여하기를 거부하면서 그 장소에서 보란 듯 모금 활동을 벌이고 있다.[24] 이러한 종교적 관행은 2016년 아일랜드에서 시행된 페미니즘 매춘 정책과 직접적으로 연결된 것처럼 보인다(제7장 참조).[25]

제2차 세계대전 당시의 공중보건 포스터를 '페미니스트' 반성매매 단체가 재사용하고, 어느 저명한 반성매매 활동가가 성노동자 권리 옹호자들에게 "HIV 감염자의 구덩이에서 부패"할 수

++ 역주. 카톨릭 교회가 후원했던 여성 수용시설. 예수 그리스도에 감화해 회개했던 막달라 마리아의 이름을 딴 이 시설은 교회의 관점에서 타락하거나 타락할 소지가 있는 여성들을 감금해 노역을 시키고 갱생하는 것을 목표로 만들어졌다. 수용된 여성들과 그 자녀들은 임금을 받지 않고 안식일도 없이 매일 병원, 호텔 등에서 온 세탁물을 처리하는 고된 노동에 시달렸다.

도 있다는 말을 했던 것처럼, '매춘부의 신체가 성적 매개를 통해 파멸을 전파한다'는 비유는 진보적이라고 여겨지는 공간 안에서도 끊임없이 되풀이되고 있다.[26] 성노동자들은 그러한 말들이 자기 주장을 정당화하기 위해 성노동자의 몸을 대상화하는 굴욕적인 의례이며, 여성혐오적 경멸로 가득 차 있는 말임을 알고 있다. 하지만 우리가 우리 자신을 방어하려고 할 때마다 그 저항은 반성매매 페미니스트들을 분노케 한다. 그들은 우리가 성산업을 사랑하며, 남성들에게 성을 판매하는 것을 좋아하고, 타락하려 하며, 다른 여성들을 증오한다는 증거로 우리의 '끈질김'을 붙잡고 늘어진다.

예컨대, 영국에서 가장 인기 있는 온라인 육아 게시판인 맘스넷Mumsnet의 한 글쓴이가 맘스넷 회원들에게 하는 이야기를 보면 이러한 모습이 잘 나타난다.

> 너희 창녀들은 남성을 괴롭히고, 여성을 해치며, 우리 남편들을 빼앗고, 질병을 퍼뜨리고, 이 사회와 도덕에 끊임없이 위협을 가한다. 잡년slut들이 몸을 팔아 돈을 버는 상황에서 어떻게 여성이 지성인으로 평가받을 수 있을까? …… 네가 하는 짓이 역겨운 건 생각하지 않고, 남자들이 네 체면을 짓밟는다고? 불쾌하고 악랄하다.[27]

노르웨이의 학자, 세실리 호이거드와 리브 핀스타드는 성노동자의 질을 "불특정 남성들이 정액을 배출하는 쓰레기통"이라고 표현했다.[28] 어떤 온라인 토론에서는 페미니스트들이 성노동자에게 다음과 같이 묻기도 했다.

> 당신의 직장과 질 사이에 있는 섬유벽 상태는 어떤가요? 탈장
> 의 기미는 없나요? 실금의 문제는 없나요? 조절이 안 되지는
> 않나요? 당신이 조금만 더 나이가 들면, 뭔가 새어 나오거나
> 터져나오기 시작할 겁니다. 당신은 오르가슴을 느낄 수 있나
> 요? 혹시 악몽을 꾸고 있나요?[29]

이러한 질문이나 언급은 분명 자매애와는 거리가 멀어 보인
다. 성노동자를 화장실, 몰지성, 고깃덩어리, 개, 로봇에 비유하
는 것이 성노동자의 존엄성을 지키는 것보다 훨씬 더 중요한 일
인 듯 말하는 태도가 성노동자들을 안심시키거나 위로하는 데 도
움을 줄 리 없다.[30] 하지만 페미니스트들은 우리를 '일회용 삽입
면허'를 사서 쓸 수 있는 '사물' 정도로 묘사한다.[31] 그들은 우리의
'구멍'과 우리에게 묻었을 '정액'을 우스꽝스럽게 언급하면서, 페
미니즘 정책에 대한 논쟁은 '진실을 파악할 수 있는' 자신들에게
맡겨두고, 우리는 '빨고 박는' 일에만 충실하라고 말한다.[32] 성노
동자들은 언제나 섹스와 연관되어 인식되며, 섹스와 연관된 것들
은 언제나 뒷전으로 밀려날 수 있는 것들로 여겨진다.

조 도제마Jo Doezema는 다음과 같이 썼다.

> 포르노그래피에 대한 반향이 만만치 않다. 매춘부는 무언가
> 결핍되어 있을 뿐만 아니라 …… 그 자체로 결핍이다. (이 부류
> 의) 페미니스트들은 성노동자들이 유해한 물질과 단어를 취하

거나 내뱉지 않도록 그들이 (입을 다물고 다리를 꼬아) 구멍을 닫고 있기를 간절히 원한다.[33]

물론 페미니스트들은 우리를 대놓고 '구멍'이라고 부르기보다 더욱 교묘한 방식으로 험담을 일삼는다. 이러한 반응은 빅토리아 시대의 사람들이 '적절한' 여성성을 갖추고 성적 금욕을 행하도록 매춘부를 규율하는 방식과 상당히 유사하다. 성노동자를 업신여기는 글들은 종종 패션, 쇼핑, 셀카 등 여성적으로 코드화된 '사소한' 관행들을 성노동자와 연결시키고, 성노동자의 '권능 강화'에 대한 논의를 조롱하는 내용으로 채워진다.[34] 성매매를 페미니즘의 관점에서 반대한다는 어떤 기자가 '작은 치마'를 걸치고 '갈보처럼 차려입은' 젊은 여성들은 진지한 대우를 받을 자격이 없다는 글을 올렸던 것처럼 말이다.[35] 하지만 이렇게 외모로 여성을 차별하는 행위는 아주 손쉬운 여성혐오다. 그리고 이는 특정한 여성성을 드러내는 여성이 어리석고 천박하고 열등한 사람이라는 편견에 근거한다. 여성의 경박함에 초점을 맞추는 인식은 매춘부들이 사치품과 섹스에 사로잡힌 나머지 넘치는 여성성에서 이탈해 타락했다고 묘사한 20세기 이전의 서술과 맞닿아 있다. 반성매매 페미니스트들은 이와 같은 관점에서 성노동자를 정치적 이해력이 전혀 없는 존재로 이해하곤 한다.[36] (아마 이 책의 비평자들 중에도, 우리가 "성산업이 신발 쇼핑을 하는 데 유리하게끔 '권능을 강화'한다"라는 주장을 했다고 우기는 사람이 있을 것이다.)

이상의 논의에서 섹스는 의미 있는 관계를 맺기 위해 은밀히 공유되는 것, 본질적으로 매우 특별해서 판매할 수 없는 것으로 여겨진다. 이러한 관점은 섹스가 여성에게 매우 불안한 것이므로, 반드시 감정적인 연결을 통해 통제되고 정당화되어야 한다는 것을 암시한다. 실제로 어떤 영페미니스트는 '가벼운 성 문화' 때문에 다른 영페미니스트들이 성노동을 조금씩 받아들이고 있음을 못마땅해하면서, "아마 섹스가 어떤 식으로든 본질적으로 감정과 연결되어 있다거나 필연적으로 친밀한 사이에서 이루어지는 행위라고 믿는 것이 정숙한 척하는 사람들이나 가질 법한 오래된 생각으로 받아들여지고 있다"라며 푸념한다.[37] 섹스를 오락적이고, 가볍게, 어떤 면에서는 '의미 없는' 것이라고 여기는 사람은 정말로 많다. 사람들은 서로 다른 삶의 맥락과 시간을 지니고 있고, 따라서 섹스의 의미와 목적은 사람마다 매우 다양하게 나타난다. 섹스가 본질적이라는 인식은 여성에게 언제나 특수한 방식으로 영향을 미친다. '너무 가벼운' 섹스를 즐기는 여성은 무언가 결핍된 사람으로 비친다.+ 성판매 남성들에게 이러한 영향이 없다는 점은 우연이 아니다. 남성들은 자신의 '본질적 자아'가 훼손될 위험을 그리 크게 느끼지 않은 채 가볍고, 무의미하고, 거래될 수 있는 섹스를 할 수 있는 것처럼 여겨진다.++

+　스톡홀름매춘부단체(Stockholm Prostitution Unit)의 일원인 제이 레비(Jay Levy)는 "트라우마는 성노동자가 되기 위한 전제조건"이라면서 다음과 같이 말한다. "강간을 당하고, 당신 안에서 무언가가 파괴된다면, 당신은 그때 비로소 성판매를 시작할 수 있을 것이다." Jay Levy, *Criminalising the Purchase of Sex: Lessons from Sweden*, Oxford, UK: Routledge, 2015, 70 참조.

++　남성 성노동자들에게는 여성혐오적인 성적 기준이 적용되지 않는 대신, 고객이나 국가 행위자들에 의한 동성애혐오적 폭력이 큰 영향을 미친다. 남성을 상대로 성을 판매하는 남성들은 전 세계적으로 낙인의 대상이 되고 범죄화되어 있지만, 그들의 경험은 글

영국에서는 여전히 '성매매 업소에서 구조된' 여성들을 수녀들에게 보내고 있다.[38] 여성의 '존엄성 회복'을 위해 극도로 타락한 여성들을 극도로 정숙한 여성들에게 보내고 있는 것이다. 성매매에서 '돌아선' 여성들은 21세기에도 어쩔 수 없이 전통적으로 '여성스러운' 업무, 즉 의류 제조를 포함한 제빵, 양초 만들기, 보석 세공 등을 배운다.[39] 이 과정에서 생산된 보석은 아이러니하게도 종종 순결의 모티브와 연결된다.[40]

섹스는 좋은 것인가?

섹스가 상실과 위협, 신체 기능의 저하로 표상되고 있는 상황에서 일부 성노동자들과 그 옹호자들이 섹스의 가치를 강조하는 것은 그리 놀랄 만한 일은 아니다. 그들은 성노동이 섹스이며, 섹스는 실제로 좋은 것이라는 데 동의한다. 그와 동시에, 그들은 전통적으로 올바르지 않고 타락했다고 여겨지는 섹스, 가령 퀴어의 섹스나 연인이 아닌 사람과 행하는 여성들의 섹스를 상업적인

로벌 반성매매 운동에서는 좀처럼 눈에 띄지 않는다. 케냐의 성노동자 활동가 존 마텐게(John Mathenge)는 성노동자 운동이 남성 성노동자들을 기피하는 것에 대해 이렇게 말한다. "남성 성노동자들은 마치 존재하지도 않았던 것처럼 침묵 속에서 죽어가고 있었다. 우리는 매달 장례를 치른다. 우리는 1주일 사이 네 명의 남성 성노동자들을 땅에 묻었다. 10대 후반에서 20대 초반 즈음으로 보이는, 나보다 어린 사람들을 묻었는데, 나도 저렇게 죽게 될까 하는 의문이 들었다. …… 침묵은 우리를 죽이고 있다. …… 성노동자 공동체여, 남성 성노동자들에게도 관심을 달라." C.A. Mgbako, *To Live Freely in This World: Sex Worker Activism in Africa*, New York: NYU Press, 2016, 146.

섹스와 함께 배치한다. 또한 신체적·도덕적 타락을 '잘못된 방식의 섹스'와 연관 짓는 서사에 대항해, 성적 즐거움은 개인적·사회적 선善이라고 주장한다. 성노동이 성노동자에게 모험적이고 흥미로운 일이며, 성취감을 준다는 말도 덧붙인다.

이러한 정치는 성노동 이외의 분야에서도 친숙하다. 예를 들어, 임신중지 권리 옹호자인 지니 러들로Jeannie Ludlow는 프로-초이스⁺ 옹호자들 내에서 '임신중지 서사 간의 위계'와 '우리가 말할 수 없는 것'의 범주가 존재한다고 지적한다.[41]

우리가 병원에서 경험하는 것과 이 경험을 공적으로 이야기하는 것 사이에는 정치적·사회적으로 구성된 격차가 존재한다. 내 임신중지 경험에 대한 이야기를 통해 이러한 차이를 느끼게 된 후, 나는 임신중지가 부분적으로 정치적 필요에 의해 구성된다는 것을 깨달았다. 하지만 어느 동료 학자가 힐난했듯 "상대방에게 빌미를 제공"할 것 같은 두려움 때문에 나는 이 격차를 없애는 게 꺼려졌다.[42]

이러한 '방어적 입장'은 강간으로 인한 임신의 경우처럼 '대단히 마땅한 자격을 갖춘' 것으로 치부되는 임신중지 서사만을

⁺   역주. 태아의 생명권 보호를 옹호하는 프로-라이프 입장과 반대로 임산부가 아기를 원치 않을 때 의도적으로 임신중지를 선택할 자유가 있어야 한다는 입장. 그러나 이러한 입장은 태아의 생명권을 여성의 선택권과 대립시킴으로써 태아와 임산부 여성과의 관계, 이를 둘러싼 사회적 조건 등의 문제를 임산부 여성 개인의 문제로 치환한다는 비판이 있다.

강조하는 결과로 이어진다. 예를 들어, 우리는 비탄과 후회로 점철된 반反임신중지 서사에 저항해 임신중지를 "내 생애에서 가장 행복한 날"로 묘사하는 페미니스트들의 글을 보기도 한다.[43] 이와 유사하게, 우리는 "나는 섹스를 사랑한다. 너무나 사랑한다"라고 주장하는 성노동자들을 발견하곤 한다.[44] 이와 다른 이야기를 하는 성노동자들은 자신의 서사가 "성노동을 반대하는 사람들에게 탄약을 주는 것"이라는 말을 듣게 될 것을 두려워한다.[45]

'섹스 긍정주의' 옹호론은 2000년대 초, 조지 부시 행정부 시절, 블로그의 등장과 함께 확산되었다. 미국의 부시 행정부는 피임, 성교육, 젊은 LGBTQ, 성 건강 등에 관한 해로운 정책들을 만화와 함께 퍼뜨리고 있었다. 이에 대항해 자유주의자 및 페미니스트 블로거들은 섹스와 성 건강에 관한 중립적인 정보, 쾌락, 자위, 퀴어 섹스, 혼외정사 등에 대한 방어 논리를 개발하는 데 집중하기 시작했다. 블로그 기술의 접근성과 매력도가 향상되면서 사람들은 섹스와 쾌락에 대한 이야기를 더욱 공개적으로 나눌 수 있게 되었다. 그 결과, 성노동에 몸담았던 많은 저자들은 (사용하기에 너무 복잡하지 않은) 프로-섹스pro-sex적이고 프로-플레저pro-pleasure적인 블로그 문화에 심취하게 되었다.

이러한 섹스 긍정주의 담론은 '에로 전문가Erotic Professional'라고 불리는 인물을 만들어내는 데 일조했다. 에로 전문가는 성노동자 운동에서 많이 이야기되고 가시화되는 캐릭터 중 하나로, 그들은 스스로를 금전적 보상과 관계없이 직업적 '소명'에 응하는 여성으로 위치시킨다.

에로 전문가는 경제적인 강제력을 과소평가하는 대신 쾌락과 욕망을 강조하면서 상업적인 섹스를 사회적으로 용인될 수 있는, 대가 없는 성생활과 유사한 모습으로 만들고자 노력한다. 가령, 한 에스코트 성노동자는 인터뷰에서 다음과 같이 말했다.

> 다른 매춘부들은 돈을 벌기 위해서라면 무엇이든 할 것이다. 하지만 나는 아니다. …… 나는 되도록이면 돈 생각을 하지 않으려고 노력한다. …… 나는 아주 다정한 사람이다. …… 마지막까지도 돈을 받을 생각은 하지 않는다. 선불금을 요구하지도 않는다. 왜냐하면 나와 함께 가는 남자들은 항상 좋은 사람들이기 때문이다. …… 나는 섹스를 좋아한다. 싫어했다면 이 일을 계속하지 않았을 것이다. 결국 나는 내가 좋아하는 일을 하면서도 돈을 버는 방법을 찾았다.[46]

에로 전문가는 도미네트릭스dominatrix[+]이거나 '애인' 역할을 수행하면서 삽입섹스를 부차적으로 여기고 웬만하면 행하지 않는 사람들이다.

돈을 내고 하는 섹스와 오락적인 섹스 사이의 구분을 흐리는 에로 전문가의 이야기는 고객을 대상으로 한 마케팅에 이미 많이

[+]   역주. 섹스에서 주도권·통제권을 쥔 성노동자 여성을 지칭하는 단어. BDSM 플레이에서 '도미네트릭스'는 주도적·지배적인 역할을 맡은 여성을 뜻하며, 상대방은 도미네트릭스에게 언어적·신체적 굴욕이나 고통을 당하는 행위를 요구할 수 있다. 성노동 현장에서는 주로 프로-돔(pro-domme)이라는 용어가 쓰이며, 한국에서는 금전적 대가가 오가는 BDSM 플레이를 '유플'이라 부르기도 한다. 비상업적인 관계에서는 펨돔(femdom)이란 용어를 더 많이 사용한다.

활용되어왔고, 성노동자들 역시 이를 쉽게 활용한다. 성노동자에게 진정 억누르기 어려운 성욕을 일으키고 있는 대상이 고객 자신이라고 믿게 하는 것만큼 그들을 지속적으로 유인하는 방법은 드물다. 한가하고 호색한 주부, ("나는 아주 다정한 사람이다. …… 나는 섹스를 좋아한다"라던 성노동자처럼) 진짜 같은 '여자친구', 강하고 무서운 도미네트릭스 등의 역할은 고객을 유혹하고 감동시키기 위해 디자인된, 사회적 입맛에 딱 맞는 판타지 캐릭터들이다.

섹스 긍정주의 정치는 성노동자의 이익과 고객의 이익이 일치된다는 착각을 불러일으킨다. 양자 모두 에로틱한 경험을 누리기 위해, 친밀감을 느끼기 위해, 뜨거운 섹스를 즐기기 위해 거기에 있는 것이라고 포장된다. 하지만 성노동자에게 진짜로 필요한 것들(안전, 보수, 협상력)을 고려한다면, 성노동자와 고객이 조화롭게 사랑을 나누고, 성노동자 여성이 고객 남성처럼 그 만남에 성적으로 몰입하고 있다는 착각은 망가질 것이다.

이러한 레토릭을 통해 사람들의 초점은 고객의 욕구와 즐거움으로 쉽게 옮아간다. 가령, 섹스 긍정주의와 성노동자의 권리에 관한 1997년 캐럴 퀸Carol Queen의 영향력 있는 에세이는 성노동을 "성적으로 너그러운 삶"으로 묘사하면서 "남자에게 섹스 긍정주의적인 매춘부가 필요한 이유"라는, 하나도 궁금하지 않은 부제를 달아놓았다.[47]

성노동자 레이철 워턴Rachel Wotton과 두 장애인 고객의 관계를 담은 다큐멘터리 〈스칼렛 로드Scarlet Road〉(2011)에서는 이러한 접근의 정점을 찍는다. 레이철을 옹호하는 이들은 성노동자와 성구매자를 거의 구별하지 않은 채, 고객들의 성적 권리에만 집중한다. 레이철 역시 다큐멘터리의 예고편에서 "내 직업이 항상 쾌락을 수반한다는 사실이 마음에 든다"라고 밝히면서 "성적 표현의 권리가 있다고 생각한다"라는 말로 끝을 맺는다. 하지만 이 말이 성노동자의 성적 표현이 아니라 '고객'의 성적 표현을 의미하는 말이었다는 사실은 생략되었다.[48]

이런 생략은 유해하다. 노동자의 이익은 고객의 이익과 일치하지 않는다. 결국 노동자는 돈을 벌기 위해 그곳에 있으며, 이러한 경제적 긴박함은 오락적인 성을 즐기고 싶은 고객의 이해와는 물질적으로 다르다.[+] 이를 간과하는 것은 현장에 있는 노동자들의 물질적 필요를 충분히 다루지 못하는 정치로 이어진다.

성노동자로서, 우리는 쾌락이나 자유, 또는 권력을 지나치게 강조하고 싶은 열망에 공감한다. 동물이나 고깃덩어리라는 오명을 쓰는 것보다는 이런 이야기를 하는 게 우리에게 훨씬 더 기분 좋은 일일 수 있다.

그러나 자신의 직업을 사랑하는 환상 속 페르소나와 노동 현장에서 인권 유린을 바로잡기 위해 정책적 개입을 요구하는 활동가의 이해관계 사이에는 분명한 갈등이 존재한다. 자신의 노동조건에 만족한다는 걸 고객들에게 각인시키고, 동시에 고객들의 부적절한 행태를 드러내고 문제를 제기하는 것은 하나의 페르소나로는 도저히 해내기 어려운 일이다.

[+] 그러나 나중에 다루게 되겠지만, 성노동자와 고객은 서로와의 만남을 위해 경찰의 단속을 피하는 데 공통의 이해관계를 가지게 되므로, 성노동 범죄화의 상황에서 그들의 이해관계는 겹치기도 한다.

성노동자들이 스스로를 '최상위'나 '고급'이라는 말로 마케팅할 때마다 기자들은 이를 있는 그대로 해석해 그들의 목소리가 대표성이 없고 특권화되어 있다고 평가절하한다.[49] '미스트리스Mistress'나 '도미나Domina'[++] 같은 호칭은 노동 현장에서 우리가 수행하는 성역할이 성노동자 권리 운동 정치 안에서 우리의 위치와 똑같을 것이라는 착각을 대중에게 심어주기도 한다.[+++] 이는 우리의 정치가 오로지 섹스로서만 소비되고 있음을 시사한다. 성노동자 로리 어도러블Lori Adorable은 이에 대해 "우리가 지하감옥 밖에서도 그 안에 있는 것 같은 역할을 계속한다면, 우리는 기본적인 노동권뿐만 아니라 노동 그 자체마저 제거당한 채 남겨질 것이다"라고 비판했다.[50]

이러한 정치는 '우리가 말할 수 없는 것'의 목록 안에 성노동을 싫어하는 성노동자들의 관점을 집어넣는다. 사회적 용인을 위해 투쟁하는 에로 전문가에게 불행한 모습의 성노동자들은 어떠한 대가를 치르더라도 막아야 할, 용납될 수 없는 '타자'일 뿐이다. 섹스가 트라우마를 유발한다는 생각은, 반사적으로 반성매매 정치를 고작 '조신함'에 경도된 것으로 격하하려는 반응을 촉발한다.[++++] 한 운동가는 성노동자들이 트라우마에 대해 이야기하는

++   역주. '미스트리스'와 '도미나'는 여주인을 뜻하는 여성명사로, 성관계나 BDSM 플레이 시 상대방을 완벽히 자신의 통제 아래 두고자 하는 여성을 뜻한다.

+++   최근에 화제가 되었던 일례로, '베드포드 대(對) 캐나다' 사건의 고소인이자 도미네트릭스 성노동자 테리 장 베드포드(Terri-Jean Bedford)는 법정에 가죽옷을 입고 출두해 BDSM 장비를 휘두르면서 '정부를 채찍질하기(흥분시키기)' 위해 스티븐 하퍼(Stephen Harper) 수상이 자신을 고용했다는 농담을 던졌다.

++++   기자인 로리 페니(Laurie Penny)는 [반성매매 정치가 대리인을 고용하는 성노동

것을 보고 다음과 같이 반응한 바 있다.

> 나는 피해자가 아니다. 고객들은 내게 피해를 주지 않는다. 만
> 약 당신들이 강제로 일하는 성노동자가 아니라 독립적인 성
> 노동자라면, 아마도 당신들은 다른 종류의 일자리를 고민해야
> 할 것 같다. 남자들을 그렇게나 깊이 원망하는데 어떻게 성노
> 동이 건강해질 수 있을까? …… 당신들은 성노동을 해서는 안
> 된다!! '건강한' 성노동은 당신들의 권능이 강화되길 바란다.[51]

어떤 성노동자 활동가는 많은 사람들이 성노동 과정에서 강
간을 당한다는 전직 성노동자들의 주장에 냉담하게 반응한다.
"다시 한번 생각해보라. 나는 그런 일을 겪어본 적이 없다. …… 만
약 당신이 자기 자신을 사랑하고 다른 사람에게 사랑받을 자격이
있다고 믿는다면, 당신이 성노동자가 되기로 마음먹은 이후에도
아마 괜찮을 것이다. 하지만 그렇지 않다면, 당신은 아마 곤경에
처할 것이다."[52] 여느 피해자 비난의 정치에서와 마찬가지로, 이
런 식의 정치는 해로울 뿐만 아니라, 성폭력의 가능성을 무시하
고 개인이 마음먹기에 따라 '무엇이든 할 수 있다'고 믿어버리는
잘못을 범하고 있다.

캐럴 퀸은 앞서 언급한 자신의 섹스 긍정주의적인 에세이에

과 현대판 노예제도인 성 인신매매를 구분하지 않고 둘의 섹스에 대한 부분만 문제 삼는
다고 비판하면서] '부르주아의 도덕적 당혹감을 유발'하는 것은 언제나 섹스에 대한 것
이었다고 언급했다. L. Penny, 'The most harmful effects of prostitution are caused
by its criminality', *New Statesman*, 13 December 2012, newstatesman.com.

서 성노동이 즐겁지 않은 이들을 대놓고 배제한다. "나는 그런 창녀들의 경험을 포괄할 생각이 없다. …… 섹스에 긍정적이지 않은 사람들, 성차별적이고 섹스 부정적인 문화에 길들어 부정적인 기대를 행동으로 내비치는 사람들 말이다."[53] 퀸은 성노동자들의 불만족이 그들의 '무지몽매함' 때문에 생긴 잘못이라고 여기는 듯하다. 그러나 불안정하고 가난한 삶을 살고 있거나, 범죄화와 경찰 폭력의 위험에 처해 있거나, 관리자에게 착취를 당하거나, 협상력이 부족한 성노동자들이 특별히 '섹스 긍정주의적'인 태도를 갖게 될 것 같지는 않다. 이러한 조건들은 성노동자의 계몽과 관련한 개인의 기능적 문제가 아니라 구조적인 문제이기 때문이다.

어떤 활동가들은 성적 권능감을 지닌 매춘부들을 방어하는 데 혈안이 된 나머지, 성산업이 학대의 장소가 될 수 있다는 것을 무시하거나 심지어 부정하기까지 한다. 그리고 이는 곧바로 인신 공격으로 발전하곤 한다. 예컨대 소위 '매춘 생존자들'의 '비극적 포르노'를 글로 담는다고 평가받던 북아메리카의 한 성노동자 블로거는 "지난 몇 년 혹은 몇십 년 동안, 그들[섹스 긍정주의적 활동가들]의 거짓 눈물[인신공격]로 인해 내 피해의 증거들이 모두 씻겨 내려갈 정도였다"라고 증언했다.[+]

[+]   M. McNeill, 'The Head of a Pin', *The Honest Courtesan*, 6 March 2017, maggiemcneill.wordpress.com.과 M. McNeill(@maggie_mcneill), Twitter, 6:12pm, 30 March 2016 참조. 맥닐은 트위터에 다음과 같은 글을 남겼다. "친애하는 '인신매매 피해자' soi-dismant에게: 만약 아래와 같이 행동했더라면 당신의 이야기에 훨씬 더 믿음이 갔을 것이다. 1)가능한 모든 증거가 사라질 때까지 수십 년을 침묵하고 있지 않았더라면, 2)경찰 보고서 같은 자료들, '인신매매자'로 추정되는 사람의 이름, 주소 등을 확인할 수 있는 '그 어떤 것이라도' 당신이 가지고 있었더라면, 3)그 사건 이후 얼마나 오랜 시간

강간을 부정하는 생각은 비양심적이며, 페미니즘의 지향과는 완전히 상반된다. 성산업 내에서 착취당하거나 피해를 보고 있는 사람들은 성노동자 권리 운동의 주요 관심 대상이 되어야 하지만, 위와 같은 정치는 오히려 그들을 적극적으로 밀어낸다. 전직 성노동자이자 생존자인 레이철 모랜Rachel Moran은 "나의 진실은 그들의 생각에 들어맞지 않았기에 침묵되어야만 했다"라며 그러한 공격으로 상처를 받았던 경험을 술회하기도 했다.[54]

섹스 긍정주의적인 성노동 정치는 이를 옹호하는 에로 전문가들뿐만 아니라, 성노동 범죄화를 추진하는 감금 페미니스트들에게도 유용하다. 이들 집단은 성노동자들이 처한 물질적 조건들을 얼버무리는 데에서 이해관계가 일치한다. 그 문제를 제기하는 것은 에로 전문가들이 만들어놓은 망상과 자기 방어적 정체성에 방해가 된다. 반면 섹스가 지니는 '의미'를 두고 논쟁하는 것은 성노동자들이 노동 현장 내에서 권력과 자원에 접근할 수 있는지에 대한 실용적이고 세밀한 질문들을 은폐하므로, 감금 페미니스트들에게 유용하다. 만약 이 질문들이 제대로 탐구된다면, 범죄화가 성노동자들의 삶을 개선시킬 수 없다는 사실이 불가피하게 드러날 것이다.

두 집단은 이 논쟁을 (성노동을 즐기고 비범죄화를 지지하는) '행

이 지났든, 당신이 일상생활을 누릴 수 있게 되었을 때 그 믿을 수 없을 정도로 심각한 범죄를 실제로 조사하기 시작했더라면, 4)아래 IRL에서 확인할 수 있듯이, 실제 유사 범죄들의 구체적인 모습은 두드러질 정도로 차이가 나타나는데, 당신 이야기의 주요 세부사항들이 다른 '성매매' 서사들과 실질적으로 차이가 있다면. https://maggiemcneill.files. wordpress.com/2012/04/mind-witness-testimony.pdf. 사랑하는 매기가."

복한 창녀' 대 (성산업 안에서의 피해 경험 때문에 범죄화를 지지하는) '탈성매매 여성'의 단순한 이항대립 구도로 표현하곤 한다. 예를 들어, 반성매매 페미니스트이자 연극 제작자인 그레이스 다이아스Grace Dyas는 이 이 논쟁을 다음과 같이 특징짓는다.

> 탈성매매자의 관점에서는 매일 자신과 여성들에게 가해지는 해악에 주목한다. 반대쪽에서는 자신이 그 일을 즐기고 있는지를 주목한다. …… 정작 성노동에 종사하는 많은 여성은 그곳에 있고 싶어하지 않지만, …… 다른 사람들이 "우리도 여기에 있다. 우리는 이걸 즐기고 있다"라고 말한다.[55]

피해와 강압을 경험했으나 상업적인 섹스를 범죄화하는 것이 곧바로 자신이 생각하는 정의를 충족시키지 못한다고 생각하는 매춘부들은 다이아스에게는 인식되지 않는다. 다이아스는 성노동자들이 범죄화에 동의하지 않는 구체적인 이유를 인식하려고 하지 않고, 거기에 동의하지 않는 것을 그저 그들이 '[성노동을] 즐기기' 때문이라고 여긴다.

이와 유사하게, 반성매매 활동가 줄리 빈델Julie Bindel은 비범죄화를 지지하는 생존자Survivors for Decrim라는 단체를 겨냥해 "자신의 명분을 찾기 위해 폐지론자[+]의 언어에 가담해 매춘에 찬성하는 로비 단체"라고 표현한 바 있다. 이에 해당 단체의 대표는 "우

[+] 역주. 폐지론(abolistionism)은 노예제도를 종식하기 위한 운동 또는 사상적 흐름을 일컫는다.

리는 현재 또는 과거에 성을 판매하거나 거래한 사람들, 폭력이나 트라우마에서 살아남은 사람들, 성판매자들이 어떻게 안전할 수 있을지에 대해 당신과 다른 관점을 가진 사람들이다. 이건 매춘에 찬성하거나 가담하는 것이 아니다"라고 대응했다. 그러자 빈델은 "당신은 자신을 생존자라고 표현하지만, 당신은 생존자가 아니다. …… 당신은 의도적으로 대중을 호도하고 있다"라며 반박했다.[56] 이 말은 '정당한' 생존자가 되려면 성산업을 둘러싼 특정한 정치에 동의해야 한다는 것을 뜻하는 것처럼 보인다. 이처럼 상업적 섹스의 비범죄화를 지지하는 사람들은 '정당하지 않은' 생존자로 묘사된다.

반성매매 페미니스트들에게 비범죄화를 옹호하는 생존자들은 존재할 수 없거나 존재해서는 안 되는 존재들이다. 성노동을 통해 비참해지고 폭력에 시달리며 착취를 당했던 경험이 있지만 여전히 그 일을 계속하는 사람들은, 프로-섹스 정치 때문에 성노동자 운동에서 밀려나 정치적 상실감에 빠진 사람들로 여겨지거나, 탈성매매자 혹은 곧 탈성매매할 사람들만이 유일하고 정당한 생존자라고 주장하는 감금 페미니스트들에 의해 비가시화(혹은 전략적으로 부인)된다. 캐나다의 매춘부이자 작가인 세라 만Sarah Mann이 주장하듯, "불행한 창녀들은 자신의 경험을 무시하는 진영과 자신의 권리를 무시하는 진영 사이에서 자신의 정치적 대변인을 찾고 있다".[57]

성판매를 즐거운 섹슈얼리티로 보는 생각은 대다수 매춘부들의 경험과 완전히 상충되지만, 우리는 성적 행위에 주목하는게 전혀 불필요하다고 주장하지 않는다(다음 장의 마지막 부분에서는 성노동을 섹스로 이해하는 것과 성노동을 노동으로 이해하는 것 사이의 긴장이 더욱 분명하게 드러날 것이다). 성노동자 플루마 수마크의 글처럼 말이다.

> 매춘의 성적인 본질을 파악하는 것은 매춘을 이해하는 데 필수적이다. 어떻게 그렇지 않을 수 있겠는가? …… 친밀성, 섹스, 섹슈얼리티는 우리 안의 깊은 두려움뿐만 아니라, 상처 또한 불러일으킨다. …… 그 문제를 풀어내기엔 매춘은 때때로 너무 고통스러운 현실의 모습을 우리에게 보여준다. 문제를 풀려고 할 때마다 우리는 그것이 직면한 현실임을 자각하기 때문에 고통스럽다. 섹스와 친밀성 실천은 모두 우리 자신과의 투쟁이다.[58]

성노동자 운동에서 섹스 긍정주의를 비판하는 것은 섹스를 부차적으로 여겨서가 아니다. 우리는 (나쁜 것이든 좋은 것이든) 경험의 다양성을 존중하고 노동권에 대한 논의를 묻어버리지 않는 방식으로 성판매자들의 성적 경험을 얼마든지 탐문할 수 있다.

성노동을 섹스로만 사유하는 것은 어떤 성폭력에서 살아남은 어느 생존자들인가와 상관없이 모든 성노동자들이 실제적·상상적 트라우마를 겪고 있다고 여기도록 유도한다. 독일 성매매 업소에 관한 세라 디텀Sarah Ditum의 기사를 보면, 성노동자인 조시Josie가 고객이 바이브레이터로 폭행을 가할 것에 대비해 마취 크림을 가지고 다닌다는 이유로 그녀가 매일 트라우마를 경험하고 있다고 서술한다. 디텀은 그 글에서 "여성을 비인간화하고 우리

영혼을 갈아없애는 제도인 매춘을 통해 우리는 더 쉽게 겁탈당하고, 더 쉽게 이용되며, 더 쉽게 죽임을 당한다"라고 주장한다.[59] 여기서 '우리'라는 단어가 사용되는 것은 성노동자의 경험이 모든 여성과 공유될 수 있다고 여겨진다는 것을 암시한다(물론, 그 역은 성립하지 않는다. '여성의 해방'은 매춘부의 해방과 항상 연결되지 않는다).[60] 디텀은 너무나 열성적으로 자신의 느낌을 바이브레이터 이야기와 결부시키려고 하지만, 정작 그 성노동자가 자신의 노동 현장이 범죄화되는 것을 바랐는지, 않았는지는 고민하지 않는다.

페미니스트 작가인 글로리아 스타이넘Gloria Steinem의 글도 이와 유사하다. "정복자인 남성 시청자들을 위해 멍들고 무릎 꿇린 채 쇠사슬에 묶이고 성기를 전시하는 자신의 모습을 우리가 볼 때마다 …… 우리의 영혼은 조금씩 파괴된다."[61] 이 글에서 스타이넘은 두 가지 관점, 즉 관찰자로서의 스타이넘("우리가 볼 때마다 우리의 영혼은 조금씩 파괴된다")과 수행자로서의 스타이넘("쇠사슬에 묶이고 성기를 전시하는 자신의 모습") 사이를 오간다. 성노동자를 어떤 상징으로 소비함으로써 반성매매 운동가들은 자신을 성노동자와 동일하게 여기게 되며, 노동권에 대한 세밀한 질문보다 대표성에 대한 질문을 되풀이하게 한다. 이에 대해 멀리사 지라 그랜트는 다음과 같이 언급한 바 있다.

포르노 속 여성의 이미지는 '모든 여성'을 대변하는 것처럼 비치는 반면, 포르노 속에서 실제 연기하는 여성은 '모든 여성'과 본질적으로 다른 사람으로 이해된다. 따라서 '포르노 속 여성의 이미지로부터 여성을 지켜내는 일'은 (일부 페미니스트들에게) 더욱 일반적인 정치적 의제로 이해되는 반면, 포르노에 출연하는 여성의 노동권은 그보다 주변부의 것으로 여겨진다.[62]

성노동자들은 그들이 겪은 나쁜 경험을 노동권 침해나 성적 학대로 묘사할 수도 있고, 직장에서의 재수 없는 날 따위로 표현할 수도 있다. 하지만 비매춘부 페미니스트들이 성노동자들의 돈벌이를 범죄화하기 위해 대중을 결집시킬 요량으로 그들의 증언을 단순한 상징처럼 소비해서는 안 된다. 성노동자들은 지금 성산업의 노동조건을 가장 잘 아는 전문가들이다. 탈성매매 여성이나 비매춘부 페미니스트의 시각이 중심이 되어 성노동자의 목소리가 부속품처럼 취급되는 상황에서 성노동자들은 좌절감을 느낄 수밖에 없다.

매춘부와 비매춘부, 그리고 현직 성노동자와 전직 성노동자 사이에는 단지 정체성이 아니라 성을 판매하고 거래하는 것을 둘러싼 '물질적 조건'에서 근본적인 차이가 있다. 실제로 이 논쟁에 참여하는 이들 가운데 현재 돈을 벌기 위해 섹스를 하는 사람은 일부에 불과하고, 그 외의 사람들은 성노동을 하지 않는다. 비매춘부와 탈성매매 여성들이 이 논쟁에서 어떤 이해관계를 가지고 있든, 아직 남아서 성을 판매하고 있는 성노동자들을 두고 왈가왈부하는 것은 정당하다고 볼 수 없다.

불편한 진실은 이것이다. 오늘 밤이나 내일, 어쩌면 가까운 미래에 성판매자들에게 또다시 위험이 닥치리라는 사실이다. 그럼에도 불구하고, 성노동은 많은 사람에게 생존을 위한 유일한 수단으로 남아 있다. 불행한 성노동자들은 매춘을 성적 지향 정도로 보는 편안한 환상을 교란시키고 불편한 진실을 유포하고 있지만, '행복한 창녀'와 '탈성매매 여성'이라는 정치 사이에 그들의 공간은 존재하지 않는다. 그들 대부분은 경제적 필요에 의해 고귀한 탈출보다는 당장의 생존을 선택하도록 강요당하고 있으며, 자유주의적이고 감금주의적인 해결책으로는 이 자본주의가 마술처럼 사라지지 않는다는 것을 끊임없이 상기시킨다. 다른 대안을 허용하지 않는 이 세계에서, 성노동은 섹스일 수도 있고, 동시에 노동이기도 하다. 하지만 노동이 무엇인지 이해하는 것은 말처럼 그리 쉽지가 않다.

노동

내 백인 친구 중 몇몇이 힘을 갖기 위해 매춘을 한다고 말하는
걸 들었다. 글쎄, 흑인 여성들은 돈을 갖기 위해 매춘을 한다고.

—글로리아 로켓Gloria Lockett[1]

매춘은 생산적이지 않다. 성매매의 유일한 '생산물'은 남성의
오르가슴뿐이다. 매춘은 생산적이지 않으며, '노동'도 아니다.

—샤론 호지슨Sharon Hodgson, 노동당 하원의원[2]

우리에게 부불노동을 시키기 위해 자본은 가사노동이 자연스
럽고, 피할 수 없으며, 심지어 성취감을 느낄 수 있는 활동이
라는 것을 납득시켜야만 했다. 그 결과, 임금이 지불되지 않는
가사노동의 조건으로 인해 가사노동은 노동이 아니라는 일반
적인 인식이 강화되었고, 이는 (사회적으로 놀림거리가 되는
부엌과 침실에서의 사적인 다툼을 제외한) 가사노동 문제에
저항하는 여성의 투쟁을 가로막는 가장 강력한 무기가 되어왔
다. 이에 따라 투쟁의 주역들은 점차 사라지고, 우리는 투쟁하
는 노동자가 아닌 잔소리하는 계집애들nagging bitches처럼 비치
게 된다.

—실비아 페데리치Silvia Federici,

《가사노동에 대한 임금Wages Against Housework》

노동은 좋은 것인가?

사회적으로 노동은 우리 삶의 의미, 지위, 정체성에 핵심적
인 영향을 주는 것으로 과대평가된다. 동시에 우리는 형편없는

직장, 임금 하락과 싸우고, 돈을 벌기 위해 매일 행하는 일이 우리의 삶과 공동체에 실질적으로 가치 있는 일이 아니라는 합리적 의심과 씨름한다. 그리고 우리는 대부분 더 높은 자리에 있는 사람들의 이익을 창출하는 데 기여한다. 이런 혼란스러운 맥락들 속에서, 내가 좋아하는 일을 한다는 것은 출세를 향한 큰 포부와 함께 자기 스스로를 통제할 수 있다는 환상에 기대는 것, 사무실 내에서 권력을 쥐는 꿈을 꾸는 것 등을 의미하며, 이는 현실적으로 자신의 계급을 드러내는 주요한 지표가 된다. 잡지에 나오는 여성들의 인터뷰를 보면, 그들은 예외 없이 아침형 인간이다. 그들은 단순히 사무실을 청소하기 위해서가 아니라, 사무실을 직접 움직이기 위해 이른 아침부터 움직인다. 사람들은 그들의 행복이 그들의 생산성과 그들의 좋은 삶의 드러내는 모습들(고급 체육관, 미소 짓는 개인 비서, 건축 회사 같은 건물, 싱싱한 꽃 등)에 연결되어 있다는 도덕적 교훈을 얻는다. 그들이 우리에게 보여주는 것은 이것이다. 노동은 좋은 것이라고.

에로 전문가들과 반성매매 운동가들은 노동이 좋은 것이라는 가정을 공유한다. 제1장에서 살펴보았듯, 에로 전문가들은 자기가 소유한 전문적 기술, 장비, 재능을 강조하면서 자신이 전문가이며 경제적 성취를 이루었다는 이미지를 구축한다. 그들의 서사에는 고소득, 넉넉한 여가, 질 좋은 교육, 내 집 마련 등 성공을 의미하는 고위층의 상징들이 등장한다. 명품과 과시적인 소비의 맥락에 자신을 위치시키는 것은 일종의 광고 전략이다. 부유한 고객들의 수준에 맞는 자신들의 전문적인 섹스(혹은 '관계')에 고액을 지불하는 것이 합리적이라는 신호를 보내기 때문이다.

장애인 고객에 대한 생각은 에로 전문가들이 지지하는 성노동의 정치학에서 섹스 긍정주의만큼 중요한 위치를 점한다. 장애인 고객은 에로 전문가들에게 다른 남성 고객들보다 더 자격 있는 고객의 모습으로 전형화된다. 장애인이 육욕을 채우기보다 주로 친밀감과 유대감을 필요로 한다는 생각은 성노동자를 물리치료사, 장애인 권리 옹호자처럼 돋보이게 만들고 부드러운 모습으로 묘사함으로써 성노동의 정당성을 승인하고, 이를 전문화하며 신성시하는 데 기여한다. 이때 에로 전문가는 자신의 노동을 통해 진정한 쾌락뿐만 아니라, 사회적 가치 또한 획득할 수 있는 사람으로 변모한다. 탈성애화되고 위협적이지 않으며, (육욕이 아닌 친밀감과 유대감을 갈망하는) 자격 있는 고객으로 묘사되는 남성을 누가 거절한단 말인가? 하지만 이러한 시선은 장애인에 대한 시혜적이고 차별적인 태도를 드러낸다. 성노동자의 권리가 노동의 사회적 가치보다 안전할 권리와 더 밀접하게 다루어져야 한다는 관점에서도, 앞서의 생각은 성노동자 권리에 대한 접근으로 부적절하다.

장애인 고객에 대한 판타지와 왜곡을 통해 에로 전문가는 누구에게 어떤 자격이 있는지에 대한 주류의 관념을 유지시킨다. 그들은 품위 있는 일이 존중과 보상을 받을 만한 자격이 있다는 데 동의한다. 다만 그들은 돈을 많이 벌고, BDSM을 행하는 직업적 소명에 응하며, 자격이 있는 장애인 고객에게 치료적 관점으로 접근하는 자신의 일이 품위 있는 일에 포함될 수 있도록, 즉 품위 있는 일이 무엇인지에 대한 집합적 이해를 확장하려 한다. 이러한 맥락에서 에로 전문가들은 종종 성산업이 다른 어떤 직업보다 훨씬 더 낮다는 주장을 정치적으로 표출한다. 하지만 이러한 주장은 성노동자 권리 운동의 목적과 요구를 불분명하게 한다. 우리가 처한 상황이 이미 완벽하다면, 개선하기 위해 노력해야 할 문제는 과연 무엇이란 말인가?

어떤 의미에서 반성매매 페미니스트들은 에로 전문가들에게 암묵적으로 동의하는 것처럼 보인다. 그들 역시 성노동이 노동인가에 대한 문제를 주로 성노동이 좋은 노동인가에 대한 문제 위에서 논쟁해야 한다고 생각하기 때문이다. 다른 점이라면 상업적 섹스가 '좋은 노동'의 범주에 들어갈 수 있다는 데 동의하지 않는다는 것뿐이다. 그들에게 노동은 일반적으로 노동자가 성취감을 느끼고, 착취적이지 않으며, 즐길 수 있는 무언가로 규정된다. 이러한 규범에 맞지 않는 사례는 노동이 아닌 증거로 취급된다. "이것은 노동이 아니라, 착취다"라는 말이 우리에게 후렴처럼 반복되는 것은 바로 이 때문이다.[3] 이는 스웨덴의 한 페미니스트 정책 입안자가 기자에게 꺼낸 이야기에서도 드러난다. "성노동이라고 말하지 마세요. 그건 노동이라고 하기에 너무 끔찍해요."[4] 여기서 끔찍함은 노동과 정반대의 위치에 배치된다. '만약 매춘이 끔찍하다면, 그것은 노동이 될 수 없다'는 식으로.

반성매매 페미니스트들, 심지어 정책 입안자들도 돈을 받지 않고 고객들과 성관계를 맺을 수 있는지 성노동자들에게 따진다. 여기서 노동은 돈을 받지 않아도 추구할 수 있고 개인적 성취감을 느끼게 하는 어떤 것으로 끊임없이 재소환된다.[5] 실제로 반성매매 옹호 조직들에 퍼져 있는 무급 인턴십의 유행을 보면, 이러한 이해가 그들 운동 안에 이미 내재되어 있는 것처럼 보인다. 수

백만 달러 규모의 주요 반성매매 단체 중 하나인 이퀄리티나우 Equality Now는 8~10주짜리 인턴에 지원한 이들을 '주거 지원도 없이' 무급으로 고용한다.[6] 사실 이런 광경은 매우 흔하다. 루하마는 유급으로 대우해야 할 업무에 수많은 자원봉사자들을 동원한다. 2017년, 영국의 어느 노예폐지운동 자선 단체는 무급 인턴 광고를 냈다는 이유로 국영 언론의 맹비난을 받은 적이 있다.[7] 2013년, 아일랜드 반성매매 NGO 연대체인 홍등을 끄라Turn Off the Red Light 역시 최저임금도 주지 않는 인턴 모집 광고를 낸 바 있다. 이러한 무급 및 저임금 인턴십의 결과, 매춘 관련 캠페인 및 정책 의제를 설정하는 여성 분야에서 경력을 쌓는 사람 중에는 뉴욕과 런던에서 풀타임 무급 업무를 수행할 여력이 있는 여성들밖에 남지 않았다. 이러한 맥락을 고려한다면, 반성매매 운동에서 전반적으로 노동과 돈의 관계를 다소 추상적으로 파악하는 것은 그리 놀라운 일이 아니다.

　　유명 언론인들처럼 협상의 범위가 넓은 사람들은 노동을 긍정적으로 생각할 수도 있을 것이다. 그러나 이러한 인식은 대다수의 여성 노동자와 일부 노동자들의 현실을 반영하지 못한다.✦ 노동자들은 대부분 직장에서 불공평한 상황을 겪고 있으며, 원칙상 그들은 무급으로 일하지 않는다. 노동은 빈번히 지독한 상황

✦　성희롱과 인종차별은 아직도 언론계에 만연하며, 고위층 기자들은 그들보다 어린 기자들과 주변화된 기자들, 가령 여성, 유색인종, 노동자 계급, 장애인 기자들에게 아이디어와 기사를 훔치는 것으로 악명이 높다. 여기에 동참하지 않거나 문제를 제기하더라도, 그 일을 할 사람은 넘친다는 말을 (명시적이든 암묵적이든) 듣게 될 신입 기자들에게 언론인이라는 직업의 위상은 오히려 불리하게 작용할 수 있다.

에 직면한다. 특히 보수가 낮고 품위 없는 일로 보이는 노동은 더욱 그렇다. 하지만 작금의 이런 상황이 보편적이기 때문에 어쩔 수 없이 받아들여야 한다고 말할 수는 없다. 노동이 일반적으로 좋은 것인 양 말하거나 이 기준에 맞지 않는 경험을 가진 노동자들의 요구를 우리의 분석에서 배제하는 것 또한 유용하지 않다.

여성들이 종사하는 다른 직장과 마찬가지로 성노동 현장에서도 '여성의 노동'은 성차별적으로 폄하되고, 노동자의 감정노동과 실제적인 노력은 은폐됨으로써, 매춘은 언제든 삽입을 허용할 수 있는 직업으로 축소된다. 실제로 '매춘은 노동이 아니다'라는 인식을 관철하기 위해 사람들이 이용하는 핵심 아이디어 중 하나는 성노동자를 단순히 구멍이라고 여기는 생각, 즉 성노동자는 기꺼이 자신에 대한 구매 동의서를 내놓는다는 생각이다. 영국의 어느 페미니스트는 "여성에게 성을 구매하는 남성들은 자신이 구매한 시간 동안 여성의 몸을 이용해 자신이 원하는 모든 것을 할 수 있다는 전제하에 성을 산다"라는 글을 썼다.[8] 일면 고개를 끄덕일 수 있는 말인지도 모르겠으나, 자세히 들여다보면 이와 같은 논평은 성노동자들에 대한 반감을 그대로 유지시키는 말이다. 육체라는 상품 대신 시간과 서비스를 판매하는 마사지 치료사에 대해 사람들은 '구매한 시간 동안 여성의 몸을 이용해 고객이 원하는 모든 것을 할 수 있다'는 전제하에 이들이 서비스를 판매한다고 보지 않으며, 오히려 마사지 치료사에게 그런 말을 한다면 분명 소름 끼치는 짓으로 여길 것이다. 하지만 유독 성노동자에게만 저런 말을 할 수 있다는 것은 성판매 여성이 자신의 모든 신체 영역을 포기할 것이라는 믿음, 성노동자에게 폭력을 행하는 사람들과 스스로를 성노동자의 옹호자라고 상상하는 사람들에 의해 공유되고 상호 강화되는 그 믿음이 얼마나 뿌리 깊은지를 보여준다.

이는 여성혐오적이고 터무니없는 주장이다. 성산업에서 흔히 사용되는 약어, 이를테면 'OWO(oral without, 콘돔 없는 구강성교)'처럼 성노동자가 올린 광고나 고객이 남긴 리뷰에 자주 등장하는 용어만 봐도 그렇다. 이런 용어는 성노동자가 고객에게 허용하는 어떤 경계가 있음을 보여주는 양자 간 공유된 기대shared expectation의 증거다. 돈으로 몸의 주인을 바꿀 수 있고 자기 몸의 경계가 고객에 의해 허물어진다면, 왜 굳이 이런 광고들과 리뷰들에서 특정한 곳에서만 통용되는 저런 성산업 은어를 써가며 (미아는 콘돔을 착용한 구강성교 서비스를 판매하고, 제이드는 'OWO'를 요구하고 있다는) 세부사항을 전달하기 위해 애쓰는 걸까? 그런 동의서가 실제로 '구매'되었다면, 콘돔 사용과 관련한 미아와 제이드의 세부적인 고려사항들은 제시될 이유가 없었을 것이다.

마사지 치료사가 서비스를 판매하면서도 자신의 몸에 대한 '권리'를 주는 것은 아니므로 그녀에게 구강성교를 강요하는 것은 성폭행이 되는 것처럼, 성노동자 또한 '고객이 구매한 시간 동안 그가 원하는 모든 것을 할 수 있도록' 자신의 신체에 대한 권리를 판매하는 것은 아니기 때문에 그녀에게 콘돔 없이 성관계를 하도록 강요하는 것은 강간이 된다. 배우들이 러브신을 연기하는 것과 카메라가 멈춘 후에도 상대방이 가슴을 더듬는 것 또는 영화 제작자가 트레일러에서 '안마'를 해달라고 강요하는 것 사이의 차이를 알고 있듯이, 성노동자들 역시 그것을 알고 있다. 포스트 와인스틴⁺ 시대에 우리가 만약 성노동자들의 안전을 심각하게 우려한다면, 영화배우들이 (직장 안팎에서 벌어지는) 폭력으로서의 성 접촉과 그렇지 않은 성 접촉을 구별하는 능력이 있다고 여기는 것만큼 성노동자들도 그럴 능력이 있다는 믿음을 확장해야 한다.

강간과 폭력을 구별할 수 있는 사람이라면, 현금과 맞교환해 자기 경계에 대한 통제권 및 신체에 대한 권리를 넘겨주는 구매 동의서를 성노동과 똑같은 것으로 이해해선 안 된다. 성노동자인 니키타Nikita가 2017년 영국 국제엠네스티 연례회의에서 말했던 것처럼 "강간당했다고 말했을 때 나를 믿는다는 것은, 강간당하지 않았다고 말했을 때도 나를 믿는다는 것이다".[9]

삽입하는 것은 본디 지배하는 행위이고 반대로 삽입당하는 것은 복종하는 행위라고 간주하는 문화 속에 우리는 살고 있다. 이는 성노동자들에 대한 홀대가 이미 자연스러운 모습이 되어버렸다는 걸 의미한다. 만약 성판매자가 삽입을 통해 일차적인 비하를 겪었다고 여겨지면, 이후 페미니즘의 이름으로 쓰레기통, 육변기, 정액받이, 구멍, 대형 인형 같은 추가적인 비하가 이어진다. 이 과정에서 여성혐오적 담론은 활발히 재생산되고 영속화될 뿐만 아니라, 그 자체로 사실인 양 유포된다.

성노동자들은 자신의 적들에게 무기를 쥐여줄까봐 나쁜 노

⁺ 역주. 미국 할리우드의 영화 제작자인 하비 와인스틴(Harvey Weinstein)을 말하는 것으로, 2017년 《뉴욕타임스》에 의해 지난 30년간 저지른 성추행 전력이 드러나 이후 많은 여성 배우들의 미투 운동(#MeToo)을 촉발했다.

동조건을 솔직하게 드러내길 두려워한다. 노동에 대한 불평이 역설적으로 '진짜 노동자'가 아니라는 '정당화'의 근거가 되기 때문이다.[10] 어느 저명한 영국 페미니스트는 이런 농담을 던졌다. "여러 개의 페니스가 당신에게 쑤셔 들어오는 직업을 상상해본 적이 있는가? ...... 그 일을 오래 하면 할수록[나이가 들수록] 잠재 수익은 감소하지만, 그럼에도 성노동자들은 모든 일에는 몰입할 가치가 있다고 말한다!"[11] 이 농담 속에서 성노동자는 성차별적이고 나이 차별적인 일을 하고 있을 때조차 그 일을 노동이라 '오인'하고 있는 사람으로 상상된다. 그러나 같은 논리로 직장 내 성차별과 나이 차별의 대상이 되는 사람이 노동자의 범주에서 배제되어야 한다면, 나이 든 여성 노동자 대부분은 노동자 범주에서 배제되어야 할 것이다. 나이가 들수록 성별 소득격차는 증가하기 때문이다.[12] 직장 내에서 억압과 착취를 당하지 않는 사람만이 '진짜' 노동자라면, 노동자의 권리를 위한 '모든' 조직화의 노력은 불필요해지고 만다.

어떤 노동자들은 운 좋게 적당한 월급을 받고, 자기 일에 의미를 부여하며, 자율권을 보장받겠지만, 우리 대부분은 직장에서 착취의 날카로움을 직접적으로 느끼며 일한다. 내가 받은 팁을 상사가 가로채기도 하고, 배우자의 생일이나 할아버지의 장례식 때 억지로 일터에 나가기도 한다. 왜 하루 일과 끝에 항상 15분의 무급 근무 시간이 추가되는지, 출퇴근을 위해 자신이 얼마나 많은 시간을 허비하고 있으며, 왜 이 높은 비용은 보상받지 못하는지 분개할 수도 있다. 노동자는 일터에 나가려고 비용을 지불하지만, 일터에선 그 이익을 흡수한다. 여기서 중요한 건, 모든 임금노동이 착취적이라는 사실이다. 자본주의 경제에서 자본가는 노동을 통한 상품을 팔아서 번 돈보다 더 적은 대가를 노동자에게 지불함으로써 이윤을 얻는다. 이런 상황에서 성노동을 포함한 모든 노동이 일반적으로 좋은 것처럼 이야기하는 건 타당하지 않다.

노동은 나쁜 것인가?

스코틀랜드 정부 장관은 자신을 만나기 위해 비를 헤치고 의회 건물에 나타난 작은 성노동자 단체의 사람들에게 왜 매춘에 종사하게 되었는지를 간략하게 답해달라고 부탁했다. 우리는 탁자에 둘러앉아 이야기를 했다. 여러 자녀를 둔 어느 싱글맘은 가족을 부양하기 위해 성노동을 시작했다고 답했고, 또 다른 싱글맘은 성노동이 미등록 이주자인 자신에게 허용된 몇 안 되는 일 중 하나라고 말했다. 세 번째 싱글맘은 트랜스젠더로 커밍아웃하고 트랜지션을 시작한 후 번듯한 직업을 잃었다고 설명했다. 한 남성 성노동자는 자신이 직장에서 동성애혐오를 겪었다고 털어 놨다.

장관은 그다지 감흥이 없어 보였다. 그녀는 우리가 '돈을 벌기 위해' 성판매를 시작한 것 같다고 정리했다. 그녀의 어조에는 우리의 대답을 약간 믿을 수 없다는 뉘앙스뿐 아니라 돈을 벌기 위해 성을 판다는 것이 다분히 속물적으로 보인다는 뉘앙스가 깃들어 있었다. 그녀는 약물을 사용하는 성노동자들을 우리의 이야기와 비교하며 물었다. "그들이 경제적인 이유로 매춘을 하는 건 아니잖아요, 안 그래요?"

당연히 약물을 사용하는 성노동자들도 명백히 경제적인 이유, 가령 주택이나 약물같이 그들에게 필요한 걸 살 돈을 얻기 위해, 또는 이런 것들을 직접 거래하기 위해 성노동을 한다. 이어지는 장관의 질문에 즉각적으로 답하느라 다들 정신이 없었던 탓에 이 중요한 지점은 묻혀버리고 말았다.

사람들은 돈을 벌기 위해 성을 판다. 이 단순한 사실은 종종 누락되고 잊히고 묵인된다. 노동의 동기가 병리화되어 있을 정도로 성노동자에 대한 낙인이 깊기 때문이다. 모든 이의 일상을 지배하는, 이 평범하고 공공연한 동기로 성노동자 역시 그 이상하고 끔찍하게 여겨지는 일을 한다는 사실을 사람들은 상상하지 못한다(약물을 사용하는 성노동자에 대해서는 더욱 그렇다).* 돈이 중요하다는 생각은 정치적 목적을 위해 의도적으로 은폐되기도 한다. 만약 어느 우파 정치인이 성노동으로 넉넉한 수입을 보장받을 수 있다는 사실은 쉬쉬하고, 매춘이 '지하 범죄조직'에 의해 운영된다는 말만 강조할 경우, 매춘, 빈곤, 정부 정책의 연결고리에 대한 까다로운 질문들은 밀려나고, 범죄에 강경한 입장을 가진 포퓰리즘적 접근들이 반성매매적 조치들과 엮여버린다. 실제로 텍사스

✢　19세기 프랑스 의사인 루이 피오(Louis Fiaux)는 자신의 연구에서 매춘부는 "유아적 심리 상태를 보이며, 어린 야만인처럼 부주의하고, …… 동물적 본성에서 벗어나지 못한 원시인의 뇌처럼 텅 비어 있음" 등의 특징을 보인다고 묘사했다. C. Bernheimer, *Figures of Ill Repute: Representing Prostitution in Nineteenth-century France*, Cambridge, MA: Harvard University Press, 1989, 211–12.

주는 미국에서 포주, 인신매매자, 범죄조직 처벌 범위를 가장 폭넓게 규정하는 법률을 가지고 있는 곳이지만, 주 의회는 아동 복지 시스템의 부족과 실패를 해결할 수 있는 프로그램을 마련하기는커녕, 인신매매 피해자들을 위한 서비스 제공에도 여전히 실패하고 있다.[13]

친숙하고 일상적인 필요에 의해 움직이는 존재가 아니라, 합리적인 결정을 내릴 수 없는 존재로 성노동자를 병리화하는 시각은 비참한 결과를 초래한다. 2013년 스웨덴 가정법원은 성노동자이자 젊은 어머니인 재스민Jasmine이 자신에게 가장 좋은 게 무엇인지 알지 못하는 사람이라고 판결했다. 살아가는 데 지장이 없는 소득을 제공하면서도 아이들을 풀타임으로 돌볼 수 있는 유연한 직업으로 성노동을 인정하는 대신, 이를 '스스로를 해치는' 일이라고 본 것이다.[14] 판사는 그녀가 자신을 해치는 일을 하고 있다는 이유로 자식을 키울 수 없다고 판단하고, 전남편이 폭력적이라는 그녀의 경고를 묵살했다. 결국 양육권은 그녀의 전남편에게 돌아갔다. 이후 전남편은 아이들을 만나러 온 그녀를 칼로 찔러 죽였다.

재스민의 요구에 국가가 끔찍하고 부당한 반응을 보였던 결정적인 이유는 성노동을 행하는 평범하고 물질적인 유인을 인정하지 않으려는 태도 때문이었다. 성노동자는 합리적인 결정을 내리지 않으며 내릴 수도 없다는 믿음은 성노동자를 페미니즘의 유토피아로 이끌기는커녕 강압적이고 징벌적인 '교화'의 길로 인도한다.

매춘의 실용적·경제적 동기를 과소평가하는 생각은 반성매매 페미니스트들의 깊은 고민의 짐을 덜어준다. 일례로, 캐서린 맥키넌은 "구매자가 사라지면 판매자, 즉 인신매매자들도 사라질 것이다"라고 단언한 바 있다.[15] '성판매자'를 '인신매매자'로 보는 이러한 잘못된 인식은 성판매자들이 경제적 유인 때문에 움직일 수 있다는 사실을 지워버리고, 사람들을 형법에만 매달리게 만든다. 하지만 그들의 실용적·경제적 욕구는 형법을 통해 성매매를 근절하려는 노력으로는 해소되지 않는다. 돈이 필요하기 때문에 사람들이 거리로 나선다는 사실을 망각하는 순간, 우리는 그들의 수입을 대체할 방법이 무엇인지, 혹은 그들이 필사적으로 그 수입을 메우려고 할 때 무엇이 그들의 안전에 영향을 미치는지 더 이상 고민하지 않게 된다.[16]

매춘에 대한 논의에서 금전적인 문제를 제외해버리면 성노동자들은 특이하고 손상된 모습으로만 보이게 된다. 어느 학자가 썼듯이, "매춘부들의 어린 시절은 독특할 것이라는 관념에는 길고 불행한 역사가 있다. '매춘부의 정신병리학'에 대한 남성들의 신화는 끈질기게 반복"되어왔으며, 21세기에 이르러 이 신화는 페미니즘이라는 허울까지 쓰게 됐다.[17] 그 결과, 성노동자는 자신에게 유익한 게 무엇인지 판단할 능력이 없고, 어린 시절의 트라우마를 그대로 표출하는 사람으로 치부된다. 가령, 반성매매 활동가 캣 벤야드Kat Banyard는 "유년 시절 성적 학대를 겪은 사람들이 보통 경계선*을 설정하는 데 어려움을 겪는 것으로 보아" 성노동

---

*   역주. 심리학에서 경계선(boundary)은 가족 구성원들 사이에서 누가 어떻게 참여하는지를 규정하는 일종의 규칙이다. 경계선이 너무 경직되거나 명확한 경우, 가족원들은

자 역시 아동 성폭력의 과거가 있다고 여기는 게 "합당하다"라고 주장한다.[18] 매춘 생존자들은 그들의 삶을 병리화하려는 이런 시도들에 내몰려왔다. 그러나 로리 어도러블이 밝혔듯, 경계선 설정의 어려움은 "영구적 '손상'이나 트라우마 재현 충동 때문이 아니라, 아동 성폭력 생존자 대부분이 가족의 돌봄을 잘 받지 못했기 때문에 일어나는 것이다".[19] 다시 말해, 학대를 일삼는 가정에서 자란 사람은 가족에게 돌아가지 않으려는 강렬한 욕구를 지니고 있으며, 이를 해소하기 위한 전략으로 성을 판매하기도 한다. 이 욕구는 물질적인 것이지 결코 병리적인 것이 아니다.

영국 내무부의 연구에 따르면, "여성들이 매춘에 종사하는 주요한 이유는 경제적 필요성이다".[20] 연구자인 줄리아 라이트Julia Laite는 다음과 같이 부연한다. "19세기 후반에 진행된 여러 연구들에 의하면, 영국 성판매 여성 가운데 절반 이상은 가사도우미 일을 했던 사람이었고, 이들 다수는 자진해서 성판매를 그만둘 생각이 없었다."[21] 라이트는 1920년대 어느 성노동자가 자신을 체포하려는 경찰관에게 했던 말도 덧붙인다. "내가 이 일을 그만두면 당신은 내게 뭘 해줄 수 있는가? 고작 2파운드밖에 안 주는 세탁소에서 일하란 말인가? 여기서는 쉽게 20파운드를 벌 수 있는데?"[22] 이러한 관점은 성노동자 니키 로버츠Nickie Roberts가 1980년대 썼던 글에서도 확인된다.

지나치게 독립적인 태도로 서로를 대한다. 반면, 경계선이 너무 밀착되거나 모호한 경우, 가족원 개인의 정체성 구분이 모호해지고 가족 전체의 소속감이 강해져 각자의 자율성이 침해받는다.

쥐꼬리 같은 월급을 받기 위해 너저분한 공장에서 일했던 건 내 평생 가장 치욕스럽고 착취적인 경험이었다. …… 나는 직업을 가진 중산층 사람들이 하는 일과 구별될 수 있는, 노동자 계급만의 일을 설명할 새로운 용어가 있어야 한다고 생각한다. 내가 꿈꿀 수 있는 일이라곤 힘들고 단조로운 일들뿐이다. 이런 노동은 끔찍하고 절망적이다. 끼니를 때우기에도 부족하며, 부도덕하다. 하지만 이전에도 말했듯, 사람들은 노동자 계급 여성들이 이 모든 일을 알아서 거부할 것이라 기대한다. …… 화장실 청소 같은 일들도 많은데, 왜 아무것도 하지 않고 스트리퍼 따위의 일을 하느냐고 물어보는 중산층 페미니스트들의 말에 내가 왜 참고 있어야 하는가? 남의 똥을 치우는 게 뭐 그리 해방적인 일인가?[23]

경제적 필요성이라는 관점에서 바라볼 때, 성노동을 행하는 금전적 이유는 부도덕하고 비굴한 것이 아니라 더러운 세상에서 살아남기 위한 합리적인 생존 전략으로 재소환된다. 몇몇 연구자들이 지적하듯, 여성들은 "남성들에 비해 실업, 불완전고용, 저임금에 처할 가능성이 더 높다". 이러한 현실적 어려움 앞에서 "매춘은 다른 직업보다 더 매력적인 선택지가 될 수 있다".[24]

남아프리카공화국의 성노동자 두두 들라미니Dudu Dlamini는 이렇게 말한다.

나는 케이프타운에서 빌어먹을 집들을 청소하는 일을 했다. 여러 집을 돌면서 수많은 빨래를 했다. 단지 잠잘 곳을 마련하기 위해, 한 그릇이라도 먹기 위해, 담배 한 개비조차 포기한 채 아침 일찍 일어나 창문을 열고, 청소하고, 요리하고, 아이들 아침밥을 준비하고, 등교를 시키고, 옷을 다리곤 했다. 결국 나는 그 일을 그만두었다.[25]

연립주택에서 성을 판매하는 어느 영국의 이주 여성도 "성노동이 더 낫다. 보수도 좋고 돈도 제때 들어온다. 청소부 일을 할 땐 정말 힘들고 월급도 적었다. 여전히 청소부인 척하며 다녀야 하는 처지지만, 그래도 청소부가 되고 싶진 않다"라고 했다.[26]

인종과 장애는 성노동 인구통계학의 핵심 변수다. 플루마 수마크는 유색인종 사람들에게 다음과 같이 말한다. "매춘은 당신이 바닥을 쳤을 때 하는 일이 아니다. 매춘은 당신이 빚을 지지 않기 위해, 가라앉기보다 헤엄치기 위해, 사라지기보다 저항하기 위해 하는 일이다."[27] 뉴질랜드 마오리족의 어떤 여성도 이렇게 말한다.

내 몸으로는 1주일에 40시간을 일할 수가 없어 넉넉히 벌 수 있는 직장을 구하지 못한다. 나는 일을 하다 장애를 얻었다. 나와 내 딸처럼 장애가 있는 사람들을 돌보지 않는 이 사회가 나를 이렇게 만들었다. …… 성노동자가 되면, 내가 일할 수 있을 때 일하고, 그렇지 않을 때 쉴 수 있다. …… 나는 딸을 돌보는 데 더 많은 시간을 쏟을 수 있다.[28]

다른 주변화된 집단과 마찬가지로 성소수자 역시 성노동자

내에서 그 비율이 높다.✝ 동성애혐오와 트랜스혐오가 만연한 사회에서 가정과 사회 전반에 나타나는 차별, 배척, 학대가 그들을 더 불안정하고 취약하게 만들기 때문이다. 이때, 매춘은 빈곤에서 벗어날 수 있는 실행 가능한 대안 중 하나다. 우리는 자주 트랜스 여성들이 정규직 취업에 실패하는 것을 목격한다. 높은 학교 중퇴율, 가족의 지원 부족, (젠더 확정 치료를 위한 경제적 지원을 포함한) 적절한 의료 서비스에 접근하는 데의 어려움으로 인해 그들은 가난, 질병, 홈리스의 위험에 처한다. 실제로 런던 홈리스 청년 4명 중 1명은 성소수자이며, 그들 중 70퍼센트는 가족에게 쫓겨난 사람들이다.[29]

형법으로 성판매를 막기는 매우 어렵다. 범죄화는 성판매를 위험하게 만들 뿐이며, 국가는 성판매 및 성매매에 필요한 인간 역량을 물리적으로 억제할 방법이 없다. 직업 훈련을 받지 못하고, 자격증이나 장비를 갖추지 못한, 정말 가진 것 없는 사람들에게 매춘은 지속 가능한 생존 전략이다. 거리에 나가 고객을 기다리는 데 선행학습이 필요한 것도 아니다.✝✝ 생계를 위한 성노동은

✝　"시스젠더 여성 중 성노동자가 차지하는 비중은 트랜스젠더 중 성노동자가 차지하는 비중보다 작다. 이러한 사실은 사회 내에서 트랜스젠더의 주변화된 지위를 드러낸다. 사람들의 깊은 편견은 성소수자가 교육에 접근하는 것을 막을 뿐만 아니라, 생계수단 및 주택을 마련하는 데도 영향을 미친다. 낙인과 제도화된 차별은 사회정의 및 사회적 지원 서비스에 대한 접근 또한 가로막는다." Amnesty International, 'Amnesty International policy on state obligations to respect, protect and fulfil the human rights of sex workers', POL 30/4062/2016, 26 May 2016, amnesty.org, 5-6.

✝✝　많은 성노동자들은 거리 성노동을 선택했을 때 얻을 수 있는 이점들, 가령 공동체 의식이나 동지애를 느낄 수 있고, 유연하게 일할 수 있다는 점을 언급한다. 거리 성노동은 그 어떤 형태의 성노동보다 진입 장벽이 낮다. 예를 들어, 약물 사용, 정신건강, 돌봄의

아마도 위험하고 춥고 무섭겠지만, 굶주리고 집 없고 약물에 빠져 다른 선택지가 없는 이들에게 이것은 최후의 수단이 될 수 있다. 곤궁에 빠진 사람들이 택할 수 있는 일종의 '안전망'인 셈이다. 성노동이 끈질긴 생명력을 가지는 이유가 바로 여기에 있다.

어떤 반성매매 활동가들은 자본주의에 대한 광범위한 비판의 연장선상에서 성산업에 우려를 표한다. 구체적으로 줄리 빈델은 "왜 좌파는 여성의 몸을 사고팔 때에만 자유시장을 옹호하는가?"라고 묻는다.[30] 이 질문은 좌파의 논리를 오해하고 왜곡하고 있다. 실제로 좌파가 옹호하는 건 [자유시장의 철폐가 아니라] 고용주와 노동자 사이에 존재하는 힘의 불균형을 바로잡기 위한 '노동권'이다. 자본주의 사회에서는 우리가 무엇을 범죄화하더라도 시장은 여전히 자본주의의 원리로 돌아간다. 성매매의 범죄화와 비범죄화 가운데 하나를 선택해야 할 때도, 자유시장에 지배되지 않을 선택권은 우리에게 주어지지 않는다. 마약의 사용, 판매, 유통이 대부분 범죄화되어 있는 미국을 보라. 줄리 빈델의 분석을 따르자면, 범죄화를 하는 것이 자본주의적 시장에 반하는 조치라는 논리인데, 그렇다면 마약 범죄화 조치가 공산주의나 사회주의에 기초하고 있다는 말인가? 미국의 마약 시장은 선물경제gift economy⁺의 방식으로 작동하는가?

책임 등으로 인해 반복되는 업무에 충실할 수 없고, 미리 계획된 교대근무가 어려워졌을 때, 우리는 거리 성노동으로 일을 이어나갈 수 있다. 일할 공간을 마련하거나 전문 장비(BDSM용 키트, 클럽에서 입을 복장 등)를 구입할 필요도 없다. 그래서 홈리스 등 개인적 재난을 극복할 여력이 없는 사람들이 거리 성노동을 선택하는 경우가 많다.

⁺　역주. 등가교환이라는 자본주의 시장 경제의 틀에서 벗어나 대가 없는 증여, 나눔,

미국의 마약 시장이 여과 없이 드러내고 있는 것처럼, 자본주의는 범죄화된 시장에서 가장 가혹하게 작동한다. 범죄화된 시장에는 규정도 없고, 노동자의 권리도 없기 때문이다. 성매매가 범죄화되면, 성판매자들은 노동법의 보호를 받을 수 없다. 이것이 노동자의 권리를 지지하는 좌파들이 성노동 비범죄화를 지지할 수밖에 없는 이유다.

주변화된 집단에서 매춘이 더욱 성행한다는 사실은 그들이 약탈을 일삼는 이방인이라는 근거로 활용되곤 한다. 그러나 실상 이와 같은 사실은 정상이라고 여겨지는 것들과 주류 사회의 구조적 실패를 드러내는 것이며, 이는 사람들을 매우 불편하게 만든다. 하지만 사람들은 그 불편함의 원인을, 그것을 초래한 경제적 불평등에서 찾기보다 매춘에서 찾으려 하며, 경제적 불평등을 전혀 다른 문제로 파악한다. 구걸을 하거나 거리 생활을 하는 사람들에게 벌금을 물리고, 임시 거처의 입구를 막기 위해 '홈리스 방지 스파이크'를 설치하는 등 홈리스에게 취하는 징벌적 대응에서도 이와 비슷한 역학관계를 확인할 수 있다. 영국 옥스퍼드의 한 시의원은 이런 대응의 근본적 이유를 다음과 같이 노골적으로 확인시켜준 바 있다. "나는 홈리스들한테 가서 '당신은 망신거리예요'라고 말해주고 싶다. 이런 말을 하는 게 별 소용은 없겠지만, 그들은 [이 도시를] 더 존중할 필요가 있다."[31] 홈리스와 거리 성노동자를 향한 반응에서 공통점을 찾는 건 그리 어려운 일이 아니다. 수많은 정책 입안자들이 안전도를 높이고 빈곤을 줄이는 대

공유에 의해 작동하는 경제 체계.

신, 거리 성노동의 '가시성'을 줄이는 걸 성공의 주요 지표로 강조한다. 거리에서 잠을 자거나 성을 파는 모습이 더 많이 드러날수록 홈리스나 성판매자들을 향한 사람들의 분노는 더 커진다.

매춘을 노동이라고 말하는 것은 그것이 좋은 노동이라거나 그것을 비판하지 말아야 한다는 뜻이 아니다. 가난이나 저임금 노동에서 벗어나기만 하면 된다는 기준은 사람들에게, 특히 해방을 목표로 운동하고 있는 사람들에게는 끔찍할 정도로 낮은 기준이다. 성을 팔거나 거래하는 사람들은 세계에서 가장 힘없는 사람들 중 하나이며, 그들은 종종 최악의 일자리로 내몰린다. 성노동이 필요한 자원을 얻는 하나의 방편이라는 사실을 반성매매 활동가들이 심각하게 받아들여야 하는 이유다. 하지만 정작 반성매매 활동가들은 "내가 들어서 아는데, 나쁜 직장을 잃는 건 괜찮아"라고 말하면서 실직을 대수롭지 않게 일축해버린다.[32] 이런 말은 일자리를 잃는 것이 우리가 사회 변화를 이루는 방법이라는 이야기로 들린다. 반성매매 페미니스트인 메간 머피Meghan Murphy는 또 이렇게 말한다. "사람들이 일자리를 잃기 때문에 석유산업을 중지해선 안 된다고? 고작 실직 때문에 해로운 관행을 옹호하는 건 진보의 모습과는 거리가 멀다."[33] 이런 주장을 하는 사람들은 무언가를 빼앗음으로써 '사회 변화'가 가능하다고 상상한다(물론 석유 노동자, 은행원, 핵물리학자 같은 사람들이 사회의 밑바닥에 있지는 않으므로, 이런 직업과 성노동을 직접적으로 비교하기는 어렵다). 그러나 상대적으로 소수인 사람들이 그들의 생존 수단을 잃지 않도록 경각심을 가져야 하는 건 마땅한 일이다. 1980년대 영국의 광부들도 광업이 가장 훌륭한 직업이라는 신념으로 시위를 벌인 것은 아니었다.+ 광산을 한 번 빼앗기기 시작하면 결국 대처Thatcher 정부에 의해 지역사회가 절망적 빈곤에 빠질 것이라 예견했기 때문이다. 그 예상이 실제로 맞아떨어졌던 것처럼 성노동자들의 우려도 현실이 될 가능성이 높다. 만약 '성을 판매하지 않고도' 필요한 자원을 얻을 수 있는 기회가 보장된다면, 성산업 폐지에 반대할 성노동자들은 거의 없을 것이다.

하지만 어느 노동당 정치인은 성노동자가 이미 '적은' 수입을 거둔다는 점을 들면서 수입을 거기서 더 줄이는 게 그리 심각한 문제는 아니라는 주장을 펼치기도 한다.++ 수입이 적은 사람들에게 월급을 더 줄이는 것은 그들의 미래를 불안정하게 만들 뿐이다. 노동조건이 좋지 않은 노동자에게 필요한 것은 노동권이지

+ 역주. 1980년대 에너지원이 석탄에서 석유로 옮겨감에 따라, 영국의 마거릿 대처 총리는 탄광의 구조조정을 골자로 하는 정책을 시행했고, 광부 노동조합은 이에 반발하는 시위를 벌였다. 광산 폐업 정책의 결과, 탄광이 있던 도시들은 범죄율이 가장 높은 가난한 도시로 전락했다.

++ 2012년 성구매 범죄화를 시도했던 스코틀랜드 노동당 소속 정치인 로다 그랜트 (Rhoda Grant)는 소득 감소와 그로 인한 빈곤을 우려하는 성노동자들의 비난에 직면했다. 그녀는 성노동자의 평균 수입이 고객 1명당 약 37파운드[약 5만 원]이라는 연구 결과를 인용하면서, 성노동이 고수익 직종이라는 신화를 불식시키는 듯했다. 하지만 실상 그녀의 말은 성노동자들의 수입이 이미 '낮은' 수준이므로 그것을 줄이는 건 별로 심각한 문제가 아니며, 20분에서 1시간 정도 일하고 고객당 37파운드를 버는 것이 당시 시급 6.19파운드[약 9,000원]의 최저임금을 받는 여성들에 비해 분명 적은 게 아니라는 내용이었다(그녀가 인용한 연구에서 주목했던 영국 빈민 지역의 극도로 주변화된 여성들은 아마 최저임금조차 벌기 어려운 사람이었을 것이다). 1년에 6만 7,000파운드 [약 1억 원]를 버는 그랜트의 돈, 가난, 노동에 대한 협소한 접근 방식은 경제와 성산업을 대하는 감금 페미니스트들의 사고를 전형적으로 답습하고 있다. R. Grant, 'Proposed Criminalisation of the Purchase of Sex (Scotland) Bill (2): Summary of Consulation Responses', Scottish Parliament, 2013, www.parliament.scot 참조.

임금의 하락이 아니다.

　외부인들은 성을 파는 게 끔찍한 일이라 생각하곤 한다. 물론 많은 성노동자들 역시 이런 생각에 동의한다. 그러나 성노동자들은 그것을 섹스의 문제가 아니라 노동의 문제로 여길 가능성이 높다. 생각해보라. 노동자들의 파업은 월급을 포기하고 버틸 수 있는 능력에 따라 성패가 좌우된다. 돈이 바닥날수록 파업을 중단하고픈 유혹은 증가하기 마련이다. 어떤 협상에서든, 강력한 힘을 가진 쪽은 협상장을 박차고 나갈 능력을 많이 가진 쪽이다. 이러한 욕구의 비대칭성은 성노동 문제에서도 확인할 수 있다. 반성매매 페미니스트들이 항상 지적하듯, 어떤 남성도 반드시 성을 살 필요는 없다. 그들의 말마따나 섹스는 본디 오락적인 활동이기 때문이다. 하지만 성노동자들은 그것을 필요로 한다. 두두들라미니의 고백처럼 말이다. "이 모든 것은 돈 때문이다. …… 아이들과 뭘 먹어야 할까? 아이들은 지금 배가 고프다고 한다. 당장 현금이 필요하다. …… 이런 생각이 들었다. '살아남을 것이다. 돈을 벌어서 돌아올 것이다. 아이들을 키워낼 것이다.'"[34] 이런 상황에서 고객은 수요가 아니라 '공급'이다. 성노동자들에게 고객은 삶을 유지하는 데 공급되어야 할 자원이다.

　성노동자들은 종종 인터넷 커뮤니티를 통해 지역 내 에스코트 불매운동을 벌이고 요금을 내리라고 강요하는 고객들을 목격하곤 한다. 고객들이야 성매매를 안 하면 그만이니, 오래 버티지 못하는 성노동자들이 자신들의 요구에 굴복할 가능성이 높다는 것을 고객들은 잘 알고 있다. 정말로 성판매자는 성구매자보다 성매매를 필요로 하는 정도가 훨씬 더 크다. 이러한 사실은 성노동자를 취약하게 만든다. 에스코트 성노동자들과 마찬가지로 거리 성노동자 역시 경찰의 엄중 단속으로 영업을 하지 못하는 절망적인 상황에 빠지면, 더 이상 고객의 부당한 요구를 거절하기 어려워진다. 이때 맺는 '타협'은 경찰 단속을 피하려는 고객의 요구에 성노동자들이 그대로 따라주는 것이 되어버린다. 가령, 단속에 걸리지 않기 위해 한밤중 불 꺼진 공원에서 관계를 맺길 원하는 고객은 성노동자가 자신의 요구를 들어주지 않을 때 그냥 뒤돌아 가버리면 그만이다.

많은 사람이 성판매자가 아닌 성구매자만을 처벌하는 노르딕 모델에 환호한다. 하지만 노르딕 모델을 포함해 성노동자의 일거리를 줄이고자 하는 모든 운동과 정책은 성노동자에게 열악해질 수입 및 노동조건이 불러올 적자를 떠안으라고만 강요할 뿐이다. 세계산업노동자동맹Industrial Workers of the World, IWW 소속의 어떤 성노동자는 다음과 같이 말한다.

> 얼마나 쉽고, 안전하고, 즐겁게 일할 수 있는지가 지금 그 일을 통해 생존할 수 있는가와 직접적으로 연관이 있다는 것을 알게 되었다. …… 나를 함부로 대하는 모든 고객을 즉각 거부하는 게 나를 더 안전하게 만들 수는 있지만, 내가 감내할 수 있는 기준을 정할 수 있는 일터는 한정되어 있다. 만약 내가 몇 주 동안 급여를 받지 못한다면, 나는 평소 설정한 기준보다 더 위험해 보이는 고객을 맞이해야 한다.[35]

사람들은 이런 성노동자들의 이야기를 남성 성구매에 대한 모종의 '권리'를 옹호하는 것으로 오해하는 경우가 많다. 하지만 1970년대 '가사노동에 대한 임금 지불 운동Wages For Housework'에서 드러나는 바와 같이, 어떤 일을 '노동'으로 명명하는 것은 자신만의 용어를 가지고 그것을 거부하는 중요한 첫걸음이 된다. 1975년, 마르크스주의 페미니즘 이론가인 실비아 페데리치가 언급했듯, "가사노동에 임금을 요구한다는 말은 우리가 돈을 받고 그 일을 계속할 것이라는 의미가 아니다. 이 말의 뜻은 정확히 그 반대다. 가사노동에 돈을 달라고 말하는 것은 가사노동 거부를 향한 첫걸음이다. 임금을 요구하면 우리의 노동이 가시화되기 때문이다. 이것은 가사노동을 거부하기 위한 가장 필수적인 조건이다."[36] 어떤 활동을 '노동'으로 명명하는 것은 가사노동에 대한 임금 지불 운동을 비롯해 페미니스트들이 활용한 주요 전략이었다. 사회학자 앨리 혹실드Arlie Hochschild의 '감정노동emotional labour' 같은 용어에서부터 언론인 수잔 모샤트Susan Maushart의 '아내노동wifework', 소피 루이스Sophie Lewis의 '대리모노동surrogacy labour'과 '임신노동gestational labour'에 관한 이론적 작업에 이르기까지, 젠더화된 노동의 비가시적·자연적 구조에 이름을 붙이는 작업은 우리가 어떻게 집합적으로 위와 같은 노동을 거부하고 또한 재정립할 수 있는지를 사유하는 출발점이다.

어떤 직업이 나쁘다는 말은 그것이 '진짜 직업'이 아니라는 의미가 아니다. '성노동은 노동'이라는 성노동자들의 주장은 권리가 필요하다는 뜻이다. 우리는 노동이 좋은 것, 재미있는 것이라거나 심지어 해롭지 않다고 말하려는 것이 아니며, 노동이 본질적인 가치를 지니고 있다고 말하려는 것도 아니다. 마찬가지로,

우리의 노동을 노동권의 관점에서 파악하려는 노력이 노동 그 자체에 대한 무조건적인 지지를 함의하는 것도 아니다. 자본주의를 옹호하려는 것도, 더 크고 수익성 있는 성산업을 옹호하려는 것도 아니다. 볼리비아의 전국매춘여성해방조직ONAEM의 활동가 율리 페레스는 이렇게 말한다. "사람들은 우리 단체가 볼리비아에 매춘을 확대하려 한다고 생각한다. …… 사실 우리가 원하는 것은 그 반대다. 우리가 꿈꾸는 이상세계는 여성들을 이 일로 끌어들이는 경제적 절박함에서 자유로운 세계다."[37]

매춘이 무엇인지 해명하는 일은 성노동자들의 몫이 아니다. 처벌받지 않고 생계를 꾸려나갈 자격이 있다는 것을 주장하기 위해 성노동자들이 성산업 방어에 나서도록 해선 안 된다. 직장에서 안전을 보장받기 위해 자신의 노동이 사회 내에서 고유한 가치를 지니고 있다는 것을 자꾸만 증명하도록 해선 안 된다. 더 나은 사회로 나아가는 것, 다시 말해 더 많은 사람의 노동이 더 가치 있는 것으로 폭넓게 인정받는 것, 필요에 따라 자원을 공유하는 것 등은 성매매 범죄화를 통해 이룰 수 없다. 주변화된 사람들의 물질적 필요와 생존 전략을 사소하게 취급하는 방식으로도 이룰 수 없다. 성노동자들이 요구하는 건 직장에서 고군분투하는 자신들의 능력을 인정해주는 것, 그리고 자신들을 노동자로 여겨주는 것이다. 이를 이루기 위해 성노동자들이 자기 직업을 좋아해야 할 필요는 없다.

국경

성노동자 권리 옹호자들은 종종 성노동이 '인신매매'와 다르다고 주장한다. 이런 주장은 양자를 구분하기 위한 레토릭으로 쓰인다. '우리는 인신매매에 대해 논할 필요가 없다. 그건 성노동과 전혀 다른 범주의 이야기다'라는 식으로 말이다. 우리는 이렇게 주장하고 싶지 않다. 현실은 이보다 훨씬 더 복잡하고 중요하기 때문이다.

인신매매는 당연히 진보주의자들이 우려하는 주제다. 권력, 돈, 안전 등에 대한 전 세계적 불평등의 문제를 인신매매가 드러내기 때문이다. 성노동자에 대한 권리 보장에 공감하는 동시에 성 인신매매 문제를 심각하게 여기는 것은 정당한 태도다.

두 단어가 같은 말로 보일 정도로, 성 인신매매sex trafficking는 인신매매human trafficking의 반복인 것처럼 표현된다. 이 연결고리가 대중들의 마음속에 강하게 자리잡고 있다는 걸 감안하면, 독자들은 아마 이 장에서 국경보다 상업적 섹스를 더 중점적으로 다루길 바랄지도 모르겠다. 하지만 이러한 생각은, 성산업으로 유입되는 인신매매가 수없이 벌어지는 광범위한 미등록 이주umdocumented migration+의 과정에서 나타난 한 가지 증상에 불과하다라는 사실을 간과한다. 상업적 섹스는 이주의 문제를 다루지 않

+ '미등록 이주'는 서류 절차 없이 국경을 넘는 사람들을 의미한다. 한편, 합법적인 경로를 통해 이주했지만, 비자 허용 기간을 초과하거나 실직 등의 이유로 시간이 지남에 따라 미등록자 또는 불안정한 등록자가 되는 경우를 지칭할 때에는 '불안정 이주(irregular migration)'라는 표현을 사용했다['undocumented migration'은 보통 '불법체류'나 '불법이주'로 번역되지만, 이러한 용어는 미등록 이주민을 범죄자처럼 대우하는 이주민 혐오적이고 반인권적인 문화를 반영한다].

고서는 제대로 이해하기 어렵다. 성산업, 세차장, 호텔, 혹은 영국 링컨셔 지방의 추운 양배추밭 같은 곳에서 일하고 착취당하는 대부분의 사람들은 개인적 문제가 아닌, 국가에 의해 야기된 구조적 문제의 희생양이다.

'인신매매'란 용어는 명확하게 정의되지 않는 경우가 많아서 사람들은 같은 단어를 다른 의미로 쓰곤 한다. 상업적 섹스에만 한정했을 때, 일부 사람들은 인신매매를 매춘이나 타국 성산업으로의 이주를 뜻하는 말로 사용한다. 어떤 이들은 제3자(금전적인 대가를 바라지 않는 친구나 친척 포함)의 도움을 통한 타국 성산업으로의 이주를 지칭하기도 하고, 어떤 이들은 미등록 이주의 과정에서 빚을 진 사람, 또는 그 빚을 성노동을 통해 갚으려는 사람을 가리키기 위해 사용한다. 인신매매는 때때로 관리자의 이익을 위해 성을 판매하는 사람, 혹은 이주민 신분과 관계없이 학대가 일어나는 모든 성산업 내 노동 현장을 의미하기도 하지만, 어떤 때에는 납치와 강간을 뜻하기도 한다.

문제나 해결 방안에 대해 사람들이 합의하기 어려울 때, 논쟁이 벌어지는 상황을 구체적으로 파악하는 것은 그것을 이해하는 데 도움이 된다. 인신매매는 흔히 모든 사람이 동의하는 '초당파적인' 주제인 것처럼 여겨진다. 이주 문제 연구자인 브리짓 앤더슨Bridget Anderson과 루트비카 안드리야세비치Rutvica Andrijasevic가 밝혔듯, 인신매매와 관련한 기존 입장에 비판적이라는 말은 "노예제도에 찬성한다거나 모성애와 애플파이에 반대한다고 말하는 것처럼 이상해보인다. 인신매매는 마치 우리 모두를 하나로 묶는 주제인 것처럼 여겨진다".[1] 하지만 구체적인 내용을 자세히 들여다보면, 그 이면의 정치적 허점들이 드러난다. 실제로 모두가 인신매매라는 주제에 같은 의견을 가지는 것은 아니다.

정부, NGO, 기업 모두 '반인신매매' 명목의 정책 및 활동에 필요한 자금을 지원하고 있다. 영국 법률에서는 '인신매매'를 "'누군가를 착취하기 위해' 물리력 행사, 사기, 강요의 방법으로 또는 '일정 금액을 지불'한 대가로 누군가의 이주를 주선하거나 촉진하는 행위"로 정의한다.[2] 여기서 '착취'는 "'노예화, 예속, 강요·강제된 노동', 장기 적출 또는 일반적인 매춘 행위"로 정의된다. 이 말은 성매매 업소에서 일할 수 있도록 누군가의 이주를 주선하는 행위는 매춘이 범죄화된 나라에서 인신매매 범죄로 간주될 수 있다는 뜻이다. 반면, 미국 법률은 '성 인신매매'를 "상업적 섹스의 의도가 있는 자를 채용·은닉·수송·공급·인수하는 행위"라고 규정한다. 이 정의를 자세히 살펴보면, '성 인신매매'라는 용어가 반드시 부정적인 특성을 수반할 필요는 없다는 걸 알 수 있다.[3] 가령, '은닉'은 성노동자 동료를 잠시 자신의 집에 머물게 하는 선의를 포함할 수도 있기 때문이다. 몇몇 회사들은 공급망 내 인신매매 행위를 감시하는 등 반인신매매 활동을 진행해야 할 법적 의무를 갖는다. 바디샵Body Shop, 올세인트AllSaints 같은 소매업체들은 여기서 더 나아가 수익의 일부를 반인신매매 활동에 투자해 인지도를 쌓기도 한다. 각국 정부는 무역 거래 및 외교적 방법뿐만 아니라 입법(예: 영국의 2015년 현대판 노예방지법)을 통해서도 인신매매에 대응하고 있다.✢

✢   미국 국무부가 매년 발표하고 있는 '인신매매(trafficking in persons)' 보고서는

반인신매매 활동을 벌이는 대부분의 NGO들은 대체로 인권적 관점, 감금 페미니즘적 관점, 기독교적 관점으로 이 문제에 접근한다. 물론 둘 이상의 관점이 섞여 있는 단체도 있지만, 이 세가지 기준은 단체들의 접근 방식을 분류하는 데 가장 유용한 틀을 제공한다. 인권적 관점에서 접근하는 NGO들은 보통 뉴스 헤드라인을 장식하기 어려운, 상대적으로 따분한 활동들을 진행한다. 예컨대, 그들은 콩고민주공화국의 코발트 채굴, 태국 연안의 어업, 미국 내 이주노동자들과 관련된 이슈를 다룬다.[4] 기독교적이고 감금 페미니즘적 성향의 NGO들은 매춘 내 인신매매에 초점을 맞추는 경향이 있다. 그들은 '성 인신매매 근절'을 위해 형법을 동원해 상업적 섹스를 폐지한다는 동일한 목표를 공유한다.

이런 단체에 소속된 직원들은 대부분 부유하지 않고, 평균 수입으로 살아간다. 일부 풀뿌리 반인신매매 단체의 활동가들은 성노동 활동가들처럼 생계를 위해 고군분투하기도 한다. 하지만 활동가 개인이 느끼지 못할지라도, 반인신매매를 명목으로 진행되는 반성매매 활동에는 엄청난 자금이 투입된다. 2012년 미국의 36개 대형 반성매매, 반인신매매 단체(다수의 소규모 기관은 계산에서 제외됨)의 총예산은 12억 달러[약 1조 3,000억 원]에 육박했으

각국이 인신매매 문제에 얼마나 잘 대처하고 있는지 미국의 관점에서 순위를 매겨놓는다. 몇 년 동안 낮은 순위에 머문 국가는 무역 제재를 당할 수 있다. 예를 들어, 쿠바, 이란 같은 나라는 이 문제를 어떻게 다루고 있는지에 대한 자료가 부족함에도 불구하고, 미국의 불쾌함을 표출하기 위한 의도로 낮은 순위를 받곤 한다. Alliance To End Slavery & Trafficking, 'Rankings Undermine Credibility of TIP Report: Malaysia, Burma and Qatar Upgrades Unjustified', press release, 28 June 2017, endslaveryandtrafficking.org 참조.

며, 미국 연방정부는 반인신매매 활동에 연간 12억~15억 달러[약 1조 3,000억~1조 7,000억 원]의 예산을 추가로 책정한 바 있다.[5] 이 돈은 피해자들을 지원하는 데 쓰이기보다 주로 반인신매매 캠페인에 쓰였다. 2014년 미국에서 인신매매 피해자들을 위해 마련된 쉼터는 고작 1,000여 명밖에 수용할 수 없는 수준이었다[6](반면, 성노동자 권리 운동 단체들의 2013년 예산은 '모든 국가를 합쳐도' 1,000만 달러[약 110억 원]에 불과했다).[7]

괴물스러움과 순결함

감금 페미니스트들은 고객과 포주를 처벌해 매춘이 폐지되면, 성매매가 이루어지지 않아 여성에 대한 인신매매가 사라질 것이라고 믿는다. 스웨덴의 부총리 역시 이렇게 말한 바 있다. "매춘과 인신매매 사이에 분명한 연결고리가 있다는 사실은 아주 명백하다. …… 매춘이 존재하지 않는다면, 여성에 대한 인신매매 역시 존재하지 않을 것이다."[8] 이러한 관점에서 매춘은 ('지위가 낮은', 착취적인, 저임금인 노동을 포함한) 다른 노동에 비해 본질적으로 더 끔찍한 노동이며, 형법을 통해 매춘을 폐지하려는 시도는 그 자체로 가치 있는 것으로 평가된다. 이런 견해를 고수하는 사람들은 성노동자 권리를 옹호하는 것이 곧 인신매매를 옹호하는 것과 마찬가지라고 본다.

이들의 이야기 속에서 인신매매는 선과 악, 괴물스러움과 순결함 사이의 대결로 비치고, 사슬, 포승줄, 수갑 등 노예화를 연상시키는 고압적인 이미지와 '비도덕적인' '흉악한' '악랄한' '부정한' 등의 수식어들로 채워진다.[9] 여기서 '악'은 정도를 벗어난 상업적 섹스, 그리고 범죄자, 포주, 인신매매자처럼 변태적이고 인종화된, '나쁜 행위자'들에 의해 추동되는 것으로 그려진다. 이 경찰관의 말에서도 이러한 생각을 엿볼 수 있다. "우리는 포주와 인신매매자를 모두 감옥에 처넣을 것이다. …… 그러면 문제는 해결될 것이다."[10] 근대 반인신매매 캠페인에서도 흑인 남성이 그림자처럼 나타나 백인 소녀 뒤에서 입을 틀어막고 포로로 붙잡는 모습의 이미지가 빈번히 등장한다.[11]

1970년대 '핌프 코스튬pimp costume' 같은 파티용 의상은 흑인 남성성에 대한 인종차별주의적 희화화를 조장하는 계기가 되었고, 미 사법 당국은 '고릴라 핌프gorilla pimp'+ 같은 용어를 대놓고 사용하면서 인신매매를 랩 음악과 연관시켰다.[12] 공포영화를 연상시키는 이런 캠페인들은 여전히 현재진행형이다. 성폭력이 일어났다고 알려진 무시무시한 장소에 관광객을 데리고 가는 '성 인신매매 버스 투어' 캠페인이 있는가 하면,[13] 나체 여성을 정육점 고기처럼 표현한 종이에 '인식 개선' 샌드위치를 포장해 판매하는 캠페인도 있다.[14] 그 포장지에는 '육류'라는 라벨과 함께 전통적으로 섹시하다고 여겨질 법한 나체의 여성이 플라스틱 용기에 담겨 랩으로 싸여 있는 모습이 그려져 있다.[15]

인신매매자의 괴물스러운 이미지와는 반대로, 피해자에게는 '여성스러움'이 강조되곤 한다. 이러한 이미지에 따라 어린 여성

+ 역주. 자신이 관리하는 매춘부에게 물리적 폭력을 행하는 포주를 일컫는 은어.

들은 갈래머리를 하거나 리본을 달고 테디베어 인형을 든 사춘기 이전 소녀의 모습으로 연출된다. 이 전형적인 이미지는 근대에서 19세기 사이, 반인신매매 활동가들이 가지고 있던 '순결'에 대한 집착을 드러낸다. 당시의 경찰과 NGO 단체들이 선택적으로 언급했던 용어들을 보아도 그 집착을 확인할 수 있다. '잃어버린 순결' '순결 지키기' '순결할 자유' '순결 유지 도전' '위험에 처한 순결' '순결 회복하기' '순결 구출하기' '판매용 순결'.[16]

페미니스트라면 응당 어린 여성들에 대한 외설적 관심에 호소하는 '순결' 집착증에 비판적이어야 한다. 이 어린 여성들과는 달리, 성소수자, 흑인, 자발적 매춘부들은 순결한 사람의 범주에서 빈번히 제외되고, 그로 인해 이들이 입은 피해는 피해로 인정받지 못한다. 젊은 흑인 남성이 누군가에게 지원을 받는 경우는 그가 체포되는 경우보다 훨씬 드문 것처럼 말이다. 실제로 (사슬과 포승줄보다 훨씬 더 복잡한 현실을 살아가는) 가출 청소년, 홈리스 청소년에 대한 지원은 미국 의회가 재승인한 2015년 '인신매매 피해자를 위한 정의법Justice for Victims of Trafficking Act'에 포함된 적이 없다.[17] 반인신매매의 입장에서 자발적 매춘부는 피해보상을 받을 자격이 주어지지 않는다. 자발적 매춘부는 아무리 큰 피해를 입었다 해도, '진정한' 인신매매 피해자라면 순결해야 한다는 기준을 도저히 충족시킬 수 없기 때문이다.[18]

'납치'에 대한 대응으로 '영웅의 구출'을 강조하는 서사도 있다. 크게 흥행했던 액션 영화 〈테이큰〉(2008)에서는 파리에서 휴가를 보내던 도중 알바니아계 성 인신매매자들에게 납치된 딸을 구출하는 영웅(리암 니슨Liam Neeson 분)이 등장한다. 〈테이큰〉

은 아무런 맥락도 없이 인신매매를 그저 악으로 묘사하고, 누구든 어디에서나 납치당할 수 있는 것처럼 표현하는데, 이는 반인신매매 운동의 모습을 그대로 답습하는 것이다. 할리우드와 정부 정책 사이의 유착을 강조하기라도 하듯, 미국 법전은 문자 그대로 '영웅'이라는 표현을 사용하고 있다. 영웅법(HERO Act, Human Exploitation Rescue Operations Act, 인간착취구출작전법의 약자)은 인신매매에 대항하기 위해 퇴역군인을 훈련할 수 있도록 이민세관집행국ICE의 자금 지원을 명시한 법이다[19](〈테이큰〉에서도 리암 니슨은 전직 CIA 요원이었고, 그 기술로 딸을 구해내는 것으로 나온다). 반인신매매 NGO 단체인 프리덤챌린지Freedom Challenge 또한 홈페이지에 비슷한 서사의 글을 게시한 바 있다.

침대로 기어들어가 좋아하는 이불로 몸을 감쌌다. …… 홀로 깊은 잠에 들고 달콤한 꿈에 빠졌다. 갑자기 옆방에서 바스락거리는 소리가 들려 잠이 번쩍 깼다. …… 차가운 바닥을 발끝으로만 디디며 소리 나게 방문을 열었다. 머리 위로 포대가 덮였다. 그리곤 어디론가 끌려갔다.[20]

어떤 단체의 대변인은 기자들에게, 덤벙대다가 "거리에서 도둑맞는" 사람들은 인신매매자들의 범행 대상이 될 "가능성이 매우 크며", 납치되지 않으려면 단체로 모여 있으라고 경고하기도 했다.[21] 이케아IKEA에서 자식들이 인신매매자들에게 유괴될까봐 불안하다는 어느 여성의 글은 소셜미디어에 10만 회 이상 공유되었다[22](이 모든 이야기들은 19세기 백인 노예 공포의 최신판이다. 1899년

기독교여성절제회Women's Christian Temperance Union의 한 선교사는 "이 나라에 노예무역이 성행하고 있으며, 요즘엔 흑인들이 아니라 13, 14, 16, 17세 정도의 백인 소녀들이 우리의 품과 주일학교, 교회 밖으로 끌려나가고 있다"라고 한 바 있다).[23] 그럴듯한 말로 치장되어 공유되고 있는 어떤 영상에서는, 소녀들이 거리에서 낯선 사람들에게 붙잡혀 밴 안으로 사라지는 장면이 묘사된다.[24]

〈테이큰〉은 곳곳에서 인신매매자들의 국적을 반복적으로 부각시킨다. 이 영화가 흥행에 성공하자, 주연 배우 리암 니슨은 미국의 부모들을 안심시키기 위해 알바니아 인신매매 조직에 유괴당하는 일은 벌어지지 않으니 아이들이 파리로 수학여행을 가도 괜찮다는 성명을 발표해야 했다.[25] 역사학자 마리아 러디Maria Luddy가 지적하듯, 예나 지금이나 '외국인'이라는 말은 언제나 '백인 거래 노예상을 상징하는 국제적인 인물'로 상상되는 것이다.[26]

국경의 역할

거리에서 유괴되어 타국에 끌려온 사람들의 수는 그리 많지 않다. 영국의 반노예제도위원회의 보고서에 의하면, 그런 납치 사건은 매우 드물게 일어난다. 기꺼이 3만 파운드를 지불하고 국경을 넘으려는 사람들이 넘쳐나는데, 굳이 누군가를 납치해서 무료로 월경 서비스를 제공할 이유가 없기 때문이다.[27] 열악한 상황에 놓인 수많은 사람들이 이주를 시도한다. 하지만 합법적 절차 없이 이주한 이들에게 보장되는 권리란 거의 없는 까닭에 그들은 재차 끔찍한 착취의 굴레로 떨어지고 만다. 열악한 상황의 사람들이 이주를 희망한다는 사실을 인식하는 것은 그들을 비난하기 위해서가 아니라, 그들이 놓인 상황을 개선하려면 합법적 권리가 보장되는 이주가 반드시 허용되어야 한다는 점을 알리기 위해서 필요한 일이다. 그 밖의 다른 방법('음란한 사슬', '사악한 악당' 같은 묘사)은 쓸데없는 곳에 주의를 분산시키고, 최악의 경우 '합법적 권리를 보장받는 이주'를 가로막는 입법으로 문제를 더욱 악화시킬 수 있다.

당신은 이런 이야기가 인신매매보다 밀입국에 더 가까운 주제이며, 이 둘은 서로 다르다고 생각할지도 모른다. '밀입국people smuggling'은 밀입국업자에게 돈을 주고 국경을 넘는 걸 뜻하는 반면, '인신매매human trafficking'는 영국법상 강제노동이나 착취의 목적으로 물리력 행사, 사기, 강요를 통해 누군가를 이주시키는 것을 뜻하기 때문이다. 양자를 별개로 생각하는 게 어쩌면 당연해 보이기도 하지만, 이 사이에 명확한 구분은 없다. 둘은 같은 시스템에서 나타난 두 개의 결과일 뿐이다.

자세히 설명하자면 이렇다. 국경을 넘으려는 사람들이 밀입국업자에게 막대한 빚을 지는 일은 다반사다. 여기까진 분명히 밀입국의 문제이다. 그런데 일단 여정이 시작되면, 이주민들은 자신의 부채가 늘어났다는 사실, 혹은 빚을 갚기 위해 도착 후 진행하려 했던 일이 합의된 내용과 다르다는 사실을 깨닫는다. 갑자기 상황은 걷잡을 수 없이 흘러가고, 그들은 갚아야 할 빚보다 더 많은 돈을 벌 수 있을 것이라는 작은 희망을 안은 채 빚에 허덕이는 자신을 발견하게 된다. 밀입국은 이렇게 인신매매가 된다.

기존의 인신매매 담론은 이런 상황에 빠진 사람들을 돕는 데 실패해왔다. 왜냐하면 이들을 '이주를 시도하는 사람'이 아니라, 납치되고 구속된 사람으로서 대해왔기 때문이다. 이러한 태도는 불규칙한 이주 경로를 사전에 차단하고 미등록 이주자들을 본국으로 추방해 그들을 '구조'하려는 시도로 이어진다. 인신매매 피해자들이 가장 원치 않는 방식으로 말이다. 그들이 당장은 착취적인 일터에 놓여 있더라도, 빚을 갚지 못한 채 본국으로 추방되는 것은 그들에겐 최악의 선택지다. 가장 이상적인 건 현재 체류하고 있는 나라에서 다른 직업을 갖거나 현 직장의 노동조건을 개선하는 것일 테지만, 이게 어렵다면 차라리 그 형편없는 일터에 그냥 남아 있는 편이 더 낫다.

반인신매매 활동가들과 NGO, 정부는 인신매매를 납치와 유사한 개념으로 간주함으로써 안전한 이주에 대한 요구를 폭넓게 고민하지 않는다. 이들의 눈에 인신매매를 당한 사람들은 자신의 의지와 상관없이 강제로 국경을 넘어온 사람들이므로, 자발적으로 이주를 시도하려는 사람들이야 위법한 존재가 되든 말든 이들의 관심 밖에 있으며, 따라서 이주민들의 안전을 위해 합법적인 이주 경로를 제공해야 한다는 결론을 내릴 필요가 없다. 밀입국은 비교적 덜 취약한 이주민들, 가령 밀입국업자에게 선불금을 줄 여력이 있거나 이미 목적지에 정착한 가족 또는 공동체가 있는 사람들이 주로 경험한다. 반면, 인신매매는 밀입국업자에게 빚을 져야 하거나 체류할 국가에 그 어떤 공동체도 없는, 더 취약한 여건의 이주민들에게 주로 일어난다. 납치와 쇠사슬을 떠올리는 반인신매매 담론에서는 두 집단 모두 자발적으로 이주를 선택한 사람들이라는 사실을 잘 이해하지 못한다.

우리의 입장은 누구의 삶도 '불법'이어서는 안 된다는 것이다. 사람들은 여행하고 국경을 넘고 그들이 원하는 곳에서 거주하고 일할 권리를 보장받아야 한다. 도입부에서 언급했듯이, 국경 통제는 인종적 지배 및 배제의 식민주의적 논리와 함께 19세기 말에 등장한 비교적 최근의 발명품이다(미국의 잔혹한 이민 관리 경찰인 이민세관집행국은 2003년 창설된, 국경 통제의 현대적 형태일 뿐이다. 이런 식의 국경 통제는 과거에도 수차례 반복되어왔으며, 1930년대에는 이민귀화서비스Immigration and Naturalization Services라는 기관이 그 역할을 수행했다). 21세기의 대규모 이주 현상은 기후변화, 빈곤, 전쟁 등 인재의 결과이며, 재난이 일어난 곳에선 심각한 불평등이 재생산된다. 북반구 국가들은 기후변화에 무거운 책임이 있지만, 그것이 초래한 혼돈으로부터 도망쳐 나온 사람들을 막기 위해 너무나 가볍게 문을 걸어 잠그고, 유럽이라는 요새 끄트머리에 내몰린 절망적인 가족들을 눈보라 치는 텐트에서 지내도록 내버려둔다. 이주민 권리 운동을 조직했던 하르샤 왈리아Harsha Walia가 지적했듯, "역사는 인간 사회의 혼종성과 변화에 대한 열망을 드러내지만, 오늘날의 이주 현실은 대부분 부자와 빈자, 북반구와 남반구, 백인과 비백인 사이의 불평등한 관계를 드러낸다".28

모든 사람이 안전하고 합법적으로 이주하고, 살아가고, 노동할 수 있는 체계를 만들기 위해 그리 대단하거나 급진적인 변화가 필요한 것은 아니다. 이미 이주해 일하고 있는 사람들이 있다는 현실, 우리 사회가 그들의 안전과 권리를 우선시해야 한다는 현실을 심각하게 받아들이기만 하면 된다. 몇몇 언론인들과 정책 입안자들은 이주민의 증가가 사회의 전반적인 임금 수준을 떨어뜨린다고 설파한다. 하지만 노동권을 주장할 수 없는 미등록 이주민들을 직장 내 착취로부터 매우 취약한 상황에 빠뜨리는 지금의 체계야말로, 노동자를 저임금에 마음껏 부려먹을 수 있도록 조장함으로써 전체적인 임금 수준을 떨어뜨리는 데 일조하고 있다. 저임금과 직장 내 착취의 문제는 노동권을 가지지 못한 미등록 이주민을 끊임없이 양산하는 이주 제한 정책이 아니라, 노동자 조직과 노동법을 통해 해결해야 한다.

그러나 북반구 국가들은 모든 인간의 삶이 소중하다는 전제에서 출발하는 대신, 남반구 주민들의 이주를 어렵게 하는 가혹한 이민법 제정에만 골몰한다. 이주민을 불법적인 존재로 만드는 것으로는 이주에 대한 갈망과 필요를 없애지 못하며, 이주를 오히려 위험하고 어렵게 함으로써 그들을 더욱 취약한 상태로 내몬다. 징벌적 제도는 이주를 계획하는 일부 사람들을 단념케 할 수는 있지만, 이주를 행하고 있는 모든 사람을 최악의 조건으로 이끌 수도 있다. 사람들이 그토록 이주를 원하는 근본적인 원인, 가령 식민지 시대뿐만 아니라 현대까지도 지속되는 수탈 및 제국주의적 폭력으로 심화된 국가 간 불평등 같은 구조적 원인을 고민하지 않고 국경 경비에만 수십억 달러를 쓰는 상황은 문제를 극도로 악화시킬 따름이다.

국경제도가 실제로 어떻게 작동하고 있는지 사유하는 것은 이 일련의 체계들이 유발하는 잔인함을 이해하는 데 도움이 된다. 다시 말하건대, 국경은 사람들을 취약하게 만들고 그 취약함으로 인해 폭력에 시달리는 사람들이 더욱 힘들어진다는 이 중요한 문제에 우선 집중하기 위해, 상업적 섹스에 대한 논의는 잠시 미뤄두도록 하겠다.

프랑스 시민이 프랑스 여권을 만드는 데에는 100유로가 채 들지 않는다. 프랑스 여권을 소지하고 있다는 것은, 터키에서 EU 가입국인 그리스로 가는 페리호 티켓을 20유로 미만에 살 수 있다는 것을 의미한다. 합법적으로 여행할 수 있는 이들은 밀입국업자의 도움을 받지 않고도 저렴하고, 안전하게 이동할 수 있다. 반면, 터키에서 소말리아 여권을 소지하고 페리호에 탑승할 자격을 갖추지 못해 친구가 사는 EU 가입국으로 가지 못하는 사람들을 생각해보자. 친구에게 가려면 이들은 밀입국업자에게 돈을 내야 한다. 밀입국이 심각한 범죄로 여겨지는 상황에서 국경을 넘는 건 밀입국업자에게도 위험한 일이지만, 이주하려는 사람들의 요구가 워낙 절박하기 때문에 지불금은 높을 수밖에 없다. 이때 미등록 신분인 이들은 안전하지 않은 초만원 페리호에 한 번 타려고 수천 유로를 내야 할 수도 있다.[29]

이러한 광경은 미국과 멕시코 국경에서도 목격할 수 있다. 1994년 북미자유무역협정NAFTA이 체결되자 멕시코의 식량 가격이 상승했다. 농업 종사자 200만 명이 강제로 땅을 빼앗겨 빈곤층으로 전락하고, 멕시코 인구의 4분의 1은 끼니마저 제때 해결할 수 없는 상황이 되었다.[30] 같은 기간 동안, 국경 순찰은 삼엄해지고 무장은 강화되어 미등록 신분의 사람들은 국경을 넘기가 더욱 어려워졌다(1992년, 미국 국경 순찰대는 남부 국경에만 3,555명의 순찰대원을 배치했고, 2009년에는 그 수가 2만 명 이상으로 늘어났다).[31] 이러한 상황에서도 배고픔과 가난에서 탈출하고, 가족들을 가난에서 구하기 위해 돈을 벌고자 끊임없이 월경을 시도하는 사람들이 있다.

날이 갈수록 심해지는 국경의 요새화와 사람들의 이주 욕구가 충돌했을 때 벌어질 상황은 뻔하다. 이주 문제 연구자인 나심 마지디Nassim Majidi와 사가리카 다두 브라운Saagarika Dadu-Brown은 "국경 폐쇄 및 통제의 결과, 밀입국 비용이 상승해 밀수업자들이 이득을 볼 것"이라고 예측하면서 국경 통제 강화가 '새로운 이주민-밀입국자 관계'를 만들고 있다고 분석했다.[32] 실제로 1990년대 초부터 지금까지 국경 순찰대가 미국 쪽 국경에서 발견한 시신은 약 6,000구에 달하며, 사막에서 발견되지 않은 시신들이 있다는 것을 감안하면 희생자들의 수는 그 2배에 달할 것으로 추정된다.[33] 이에 미국 접경 지역의 이주민 권리 단체 공동위원장인 이사벨 가르시아Isabel Garcia는 "전쟁 지역처럼 우리가 유해 식별 작업을 돕게 될 것이라곤 상상하지도 못했는데, 여기서 그 일을 하고 있다니"라며 안타까워했다.[34] 미국 국토안보부는 국경 통제가 강화됨에 따라 이주민들이 밀입국업자를 고용하는 데 드는 비용은 크게 증가했으나, 밀입국업자 서비스를 이용하는 이주민 비율은 줄어들기는커녕 45퍼센트에서 95퍼센트까지 증가했다고 보고했다.[35] 국경을 넘는 것이 불가능해질수록 이주민들은 밀입국업자의 품에 합법적으로 떠넘겨지고, 지불해야 할 돈은 점점 더 많아진다. 문화인류학자 사무엘 마르티네스Samuel Martinez가 밝혔듯, "더 높고 긴 장벽, 국경 순찰대의 경계 강화, 이민 신청의 행정적 어려움으로 인해 이주민들이 밀수업자의 손아귀에서 놀아나게 되었다는 사실을 우리는 10년 전부터 이미 알고 있었다".[36] 이러한 패턴은 전 세계 국경에서 똑같이 반복되고 있다. 국제노동기구ILO는 네팔에서 30세 미만 여성의 이주를 금지하는 조치가 "무면허 이주 중개업자들을 양산"하는 결과로 이어져 오히려 여성들을 비참한 상황으로 이끌었던 사례를 지적한 바 있다.[37]

이러한 역학관계를 이해하는 데 미등록 이주 문제보다 우리에게 더 친숙한 사례가 있다. 바로 임신중지 문제다. 임신중지가 범죄화되면, 임신중지를 시도하려는 여성들은 (이타적인 소수가 있을지 모르겠으나, 대다수는 비양심적인) 뒷골목 임신중지 시술자를 찾는다.[38] 프로-초이스 운동에서는 위험하고 부주의한 불법 임신중지 시술을 해주는 대가로 과도한 비용을 청구하는 사람들을 강력히 비난하곤 하지만, 우리는 이 나쁜 인물들이 갑자기 튀어나온 뜬금없는 악당이 아니라는 걸 잘 알고 있다.+ 임신중지 범죄화는 비양심적인 임신중지 시장을 존속시키는 '직접적인 원인'이다. 그들을 폐업시킬 수 있는 정책적 해결책은 '엄중 단속' 같은 단순한 방법이 아니라, 안전하고 합법적이며 무상으로 제공되는 임신중지 서비스뿐이다. 실제로 무료 임신중지 서비스를 이용할 수 있는 영국, 캐나다 등에서는 은밀히 이루어지는 위험한 임신중지

+ 예를 들어, 아이린 카먼(Irin Carmon)은 미국 펜실베이니아에서 적어도 한 명 이상의 여성을 죽음으로 이끈 커밋 고스넬(Kermit Gosnell) 박사의 악명 높은 임신중지 관행이 "임신중지 방지법으로 인해 미국 내 많은 유명 병원들이 문을 닫으면서 생긴 직접적인 결과"라고 설득력 있게 주장해왔다. 이는 여성들, 특히 저소득층 여성들이 합법적으로 임신중지가 허용된 기간을 넘기기 전에 갈 수 있는 지역에 있고, 접근하기 쉽고, 저렴한 병원이 없다는 것을 의미하며, 이러한 현실이 그들을 (위험하고 질문에 답하지도 않으며 돈을 벌기 위해 뒤늦은 불법 임신중지 시술도 마다하지 않는) 고스넬의 품으로 밀어넣었던 것이다. I. Carmon, 'There is no Gosnell coverup', *Salon*, 12 April 2013, salon.com 참조.

시술에 사람들이 굳이 돈을 쓰지 않는다. 이와 마찬가지로, 합법적으로 국경을 넘을 수 있는 사람들은 밀입국업자에게 굳이 돈을 주고 국경을 넘으려 하지 않을 것이다. 불법 임신중지 시술자들처럼 밀입국업자들도 예측 불가능한 악당은 아니기 때문이다. 미등록 이주의 범죄화야말로 밀입국 시장을 유지하는 직접적인 원인이다.

　미등록 이주를 시도하는 사람들은 많은 경우, 밀입국업자에게 진 빚을 목적지 국가에서 번 돈으로 갚겠다는 약속을 한다. 이런 일은 다반사다. 가난이나 전쟁을 피해 이주로 내몰린 사람들이 목돈을 미리 마련하기는 거의 불가능한 탓이다. 반복하지만, 미등록 이주의 범죄화는 여러 해악이 번져나갈 수 있는 여건을 직접적으로 생산한다. 밀입국업자는 말 그대로 법 밖에서 활동하는 사람이니 그들의 도움을 받은 이주민은 국경을 넘는 순간부터 이미 법을 위반한 사람이 되고, 따라서 밀입국업자가 약속을 어기거나 조건을 변경했을 때 법적인 구제를 받을 방법이 없다. 이러한 상황은 이주민이 더 이상 이주를 돌이킬 방법이 없고 부당하더라도 새로운 조건을 받아들여야만 하는 시점, 가령 이동하는 경로상에 있거나 목적지 국가에 도착하자마자 발생하곤 한다.

　미등록 이주민이 밀입국업자 조직으로부터 완전히 독립되어 일할 수 있는 최상의 시나리오가 실현된다고 해도, 합법적 이주민 지위가 없는 그들은 고용주의 착취와 학대에 몹시 취약할 수밖에 없다. 그들은 노동법의 보호를 받지 못한다. 재판을 청구하거나 직장 내 학대를 바로잡기 위해 주 당국에 모습을 드러내는 일은 추방으로 이어질 뿐이다. 유럽 내 미등록 이주민을 변호하는 NGO 네트워크인 국제미등록이주협력플랫폼PICUM, Platform for International Cooperation on Undocumented Migrants은 이렇게 이야기한다.

> 미등록 이주민의 활동은 비공식 부문에 한정되기 때문에 그들은 고용 계약 없이 일하곤 한다. 이는 그들이 법정에서 자신의 노동 관계를 증명해야 할 때 상당한 어려움이 뒤따른다는 것을 의미한다. 고용 계약이 체결되었을 때조차 그들의 불안정한 지위 탓에 계약의 법적 효력과 강제력이 발생하지 않는 경우도 빈번하다. …… 미등록 노동자가 폭력이나 노동 착취를 당했다고 신고하면 경찰은 그들을 보호하고 사건을 재판에 회부하기는커녕 체포하고 추방한다.[39]

유럽 내 이주노동자 착취에 대항하는 NGO인 노동착취에 주목하라Focus on Labour Exploitation, FLEX(이하 FLEX)는 다음과 같은 점에 주목한다. "이민 당국에 대한 공포는 미등록 노동자들의 신고를 막는 큰 걸림돌이다. …… 경찰이나 이민 당국에 신고하겠다는 위협은 비양심적인 고용주들이 폭력적인 상황에서도 노동자들을 붙잡아놓기 위해 일상적으로 사용하는 방법이다."[40] FLEX는 세탁소에서 무급 노동을 강요받는 두 미등록 이주민의 사례를 인용한다. 그들의 고용주는 급여를 주지 않는 대신, 거주 허가에 필요한 비용을 내겠다고 약속했다. "하지만 그는 약속을 지키지 않았고, 두 사람이 이를 문제 삼는다면 경찰에 신고하겠다고 도리어 협박을 했다. …… 두 사람은 너무 두려운 나머지 노동 감독관에게도 그 상황을 알리지 못했다."[41] 라틴여성인권단체Latin American

Women's Rights Service의 카롤리나 고타르도Carolina Gottardo는 "고용주에게 미등록 신분임이 드러난 여성들은 노동 착취의 손쉬운 희생양이 된다"라고 지적한다.[42] 이런 사례들을 언급하는 것은 성 인신매매의 문제를 회피하기 위해서가 아니며, 성 인신매매를 포함한 미등록 이주민들에 대한 착취를 생산하는 데 관여하는 광범위한 국가 주도 시스템을 제대로 이해할 필요가 있기 때문이다.

이러한 역학관계의 또 다른 일례로, 고용주가 이주노동자의 비자 발급을 통제하는 상황을 살펴보자. 압둘 아자드Abdul Azad는 보수가 좋은 어느 식당에서 일하기로 약속하고, 영국에 오기 위해 빚을 졌다. 하지만 영국에 도착하자마자 그는 외딴 시골 호텔에 고립된 채 매우 누추한 환경에서 무급으로 일하게 되리라는 걸 깨달았다. 그는 불법으로 입국하지는 않았지만, 비자를 연장하려면 고용주의 도움이 필요했고, 고용주를 경찰에 신고하면 호텔에 갇힌 다른 남자들과 함께 빚도 갚지 못한 채 추방될지도 모른다는 두려움이 있었다. 고용주는 "컴퓨터에 복사된 비자 파일을 보여주면서 이렇게 말하곤 했다. '여기에 너희 이름이 적혀 있다. 나는 언제든지 너희들의 비자 보증을 취소할 수 있다. 이것이 나의 권력이다.'"[43] 아자드의 두려움은 틀리지 않았다. 이 사건이 경찰에 알려지면서 고용주는 감옥에 들어갔지만, 아자드 역시 본국으로 추방되고 말았다.[44]

미국과 영국에서 가사노동자의 비자는 일반적으로 고용주 한 명에게 묶여 있다. 그 결과, 미국에 들어오는 이주 가사노동자의 무려 80퍼센트는 계약 위반을 경험했고, 78퍼센트는 고용주에게 불만을 토로했을 때 강제추방시키겠다는 위협을 들어야 했다.[45] 영국 테리사 메이Theresa May 총리가 내무장관을 역임했던 2012년에 도입된 소위 '묶인 비자tied visa' 정책의 효과는 지금도 분명하게 드러나고 있다. 2012년 이후 묶인 비자를 소지하고 영국에 들어온 이주 가사노동자들은 고용주를 변경할 수 있는 이전의 비자를 가진 사람들보다 2배 더 가까이 신체적 학대를 경험한 것으로 알려졌다.[46] 이전에 비해 오히려 이주 가사노동자들이 저임금, 폭행, 과잉노동에 시달릴 가능성은 더 높아지고, 바닥에서 자거나 고용주에게 여권을 압수당하는 일도 더 늘어나게 된 것이다.[47] 이는 징벌적 이민법의 해악을 보여주는 단면이다.

그러나 수많은 주류 인신매매 담론들에서 이주민과 성판매자를 향한 학대는 국가의 행위 및 정치적 선택과는 무관한 개별적 악당들의 독립적인 소행인 것처럼 묘사된다. 이런 담론들은 국가의 역할을 은폐할 뿐만 아니라, 국가의 잘못에 면죄부를 부여하기도 한다. 예를 들어, 어느 페미니스트 비평가는 성매매에 대한 글에서 "[성매매] 범죄화는 여성을 강간하고 때리지 않는다. 그렇게 하는 건 남성들이지"라고 이야기한다.[48] 이 말에 따르면 그 어떤 제도 개혁도 무의미해진다. 왜냐하면 여성들을 취약하게 만드는 건 오로지 남성들이기 때문이다. 이민법, 경찰, 또는 추방당할 수 있다는 지속적인 공포에 시달리지 않아도 되는 여성들에게 이 말은 사실처럼 보일 수도 있을 것이다. 하지만 묶인 비자 정책의 결과가 어떠했는지를 생각해보면, 이민법을 포함한 사법적 접근이 이주민과 성판매자를 취약하고 불리한 조건으로 내모는 데 상당한 영향을 미쳐왔음을 부인할 수 없다.

미등록 이주노동자들이 열악한 노동환경 개선을 요구했을

때, 그들에게 돌아오는 어려움은 추방에 그치지 않는다. 그들은 발견되는 즉시 형사처벌을 받게 된다. 영국에서 '불법 노동'으로 유죄가 선고된 사람은 51주 이하의 징역이나 제한 없는 벌금형에 처해지며, 그간 벌어왔던 수입이 '범죄 수익금'이라는 명목으로 몰수될 수도 있다.[49] 이러한 상황은 미등록 노동자들이 정부 당국에 품고 있는 두려움을 심화시켜 설령 학대를 받더라도 신고를 할 수 없게 만든다. 결국, 이와 같은 법규는 미등록 노동자들을 취약하게 만들고 그들을 더 착취적인 노동환경으로 밀어넣어 극도로 불안정하고 다루기 편한 노동자들을 공급할 수 있도록 조장한다. 국경 통제의 이러한 모습은 시민 생활의 새로운 영역으로도 침투하고 있다. 조만간 부동산 소유주들은 임대차 계약 전에 세입자의 신분을 점검할 수 있게 될 것이다. 미등록 이주민들의 은행계좌를 동결하거나 폐쇄하는 법안이 발의되었고, '적대적 환경' 개선이라는 노골적 정책의 일환으로 영국 내 의료 및 교육 서비스를 이용할 때 서류 확인 절차를 거쳐야 하는 정책이 도입되었기 때문이다(이주민 권리 단체들은 법적 소송 등을 동원해 이 문제에 거세게 저항하고 있다).[+] 영국은 노동자 착취를 막는 데 쓰이는 것보다 훨씬 더 많은 자원을 이민 규제에 허비하고 있다. 브리짓 앤더

+ 역주. 2012년 보수-자민당 연합에 의해 발표된 '적대적 환경' 정책은 체류 허가를 받지 않은 사람들에게 불이익을 주어 그들을 쫓아낼 목적으로 고안된 영국 내무부의 행정 및 입법 조치다. 이 정책은 비인도적이고 비효과적일 뿐만 아니라 외국인혐오를 조장한다는 비판을 받았고, 2018년 '윈드러시 스캔들(Windrush Scandal)'로 인해 내무장관과 영국 정부의 사죄 및 배상 약속이 이어지면서 더 큰 논란이 되었다. 하지만 적대적 환경 정책은 여전히 유지되고 있고, 이 정책으로 인한 후속 대처와 파장 역시 현재진행형이다.

슨Bridget Anderson에 의하면, "2009년, 국가최저임금위원회는 93명의 감사관을, 악덕고용주 인허가 심사국Gangmasters Licensing Authority, GLA(착취당하는 취약 노동자를 보호하는 기관)은 25명의 심사관을 두고 있다. …… [반면] 영국 국경관리국이 제안했던 지방이민 담당팀의 배정 인원은 …… 무려 7,500명이다."[50]

이것이 바로 상업적 섹스가 빈번하게 일어나는 원인이다. 미등록 이주민이나 불안정한 등록 이주민들은 강제추방 가능성, 일회적 처분 가능성, 불안정성이 상존하는 징벌적·국가강제적 하부구조 안에 유폐되어 있다. 식당, 공사장, 대마 농장, 네일숍, 성매매 업소 등 어디에서 일하는지와 상관없이 그들은 모든 직장에서 억류·수감·추방될 위험을 안고 산다. 그 어떤 직장에서도 그들은 노동권을 주장할 수 없다. 심지어 월세 계약을 하거나 병원 진료를 받는 일이 가로막힐 수도 있다. 이 모든 상황은 유일하게 자신을 도와주는 밀입국업자나 부도덕한 고용주 같은 이들에게 미등록 이주민들이 더욱 의존하게끔 만든다. 그런 사람들에 의해 미등록 이주민들이 성노동을 강요당하거나, 착취적·학대적인 노동조건 속에서 자발적으로 성노동을 택하게 되는 것은 놀라운 일이 아니다.

영국에서 일하고 있는 한 태국 여성의 경험은 앞서 언급된 복잡한 상황의 일부를 구체적으로 보여준다. 그녀는 영국에 들어가기 위해 많은 빚을 졌던 경험, 형편없는 노동조건 속에서 일했던 경험, 지금은 적은 월급을 주는 식당에서 일하면서 많은 월급을 주는 성노동을 병행하고 있고 이제는 빚을 모두 청산했다는 경험을 풀어놓았다.

태국에서의 가난한 삶을 피해 나는 영국에 왔다. …… 이곳에 오기 위해 계약을 했고, 총 2만 2,000파운드의 빚을 졌다. …… 나는 다른 태국 여성 세 명과 함께 일과 숙식을 같은 곳(성매매 업소)에서 해결하면서 하루 24시간 내내 머물렀다. 우리는 가족들에게 송금할 200파운드를 뺀 나머지를 모두 그녀(밀입국 업자)에게 보냈지만, 그녀는 우리를 보살피지 않았다. …… 우리가 가진 거라곤 하루 1개씩 주어지는 달걀과 목욕용 세정액이 들어있는 샴푸 병뿐이었다. 나는 8개월 만에 빚을 다 갚고 자유를 얻었다. 지금은 여기(성매매 업소)에서도 일하고 식당에서도 일한다. 아무래도 식당 일은 평판이 좋으니, 여기 일보다는 나은 것 같다. 여기 일은 월급이 높아도 평판이 좋지 않다. 지금은 별 문제가 없지만, 언젠가 출입국사무소에서 찾아와 나를 태국으로 추방시킬 수도 있기 때문에 두렵다.[51]

같은 인터뷰에서 어떤 브라질 여성은 만약 자신이 합법적인 이주민이었더라면, 성노동이 아닌 다른 일을 했을 것이라고 설명했다. "스페인에서 함께 일했던 여성이 날 여기로 데려오는 바람에 영국까지 오게 됐다. …… 그녀 역시 브라질인이었다. 그녀는 영국에서 일하는 게 훨씬 낫다며 나를 설득했고, 때마침 나도 돈이 필요했다. …… 만약 내 지위가 합법적이었더라면, 다른 직업을 알아봤을 것이다."[52] 스페인에서 일한 경험이 있는 또 다른 이주 여성은 성노동을 처벌하지 않는 것만으로는 미등록 노동자가 국가로부터 안전할 수 없다고 지적한다. "나는 (영국보다) 스페인에 있을 때 더 안전하다고 느꼈다. 내 생각에 유일한 방법은 성매매 업소 일을 합법화하는 길뿐인데, 왠지 그 방법으로도 충분치 않을 것 같다. 나는 불법체류자라서 성매매업소에서도 일할 수 없기 때문이다."[53]

이민법 제약으로 야기되는 문제는 이들의 서사에서 끊임없이 반복된다. 한 여성은 인터뷰어들에게 "태국인들은 영국 비자를 받기가 너무 어렵다. 만약 당신이 일자리를 찾아 영국에 들어와야 한다면, 이런 시스템과 사람들을 이용해야 할 텐데, 그건 매우 위험한 일이다"라고 털어놨다.[54] 다른 누군가는 이렇게 덧붙였다. "여성들은 더 나은 삶을 꿈꾸며 해외로 나가지만, 정말 나쁘게도 어떤 사람들은 이 여성들에게 돈을 뜯어낸다. 하지만 더 안타까운 건 여기에 들어오는 방법이 그것뿐이라는 것이다. ······ 내무부는 비자 발급을 확대해야 한다. 당신이 불법체류자인 이상, 이곳에서의 삶은 고단할 수밖에 없다!"[55] 이 인터뷰를 진행한 닉 마이Nick Mai는 다음과 같이 주장했다.

성산업에서 일하고 있든 다른 산업에서 일하고 있든, 인터뷰 참여자들이 등록자격을 획득하고 유지하는 데 드는 어려움과 착취에 대한 취약성 사이에는 직접적인 상관관계가 있었다. ······ **이주민의 신분**은 영국 성산업 내 **이주노동자들에게 착취에 대한 취약성을 초래하는 가장 중요한 단일 요인이다**(강조는 저자들의 것이다).[56]

그러나 인신매매가 논의되는 방식은 착취가 이런 시스템과는 무관하게 독립적으로 일어나는 것처럼 보이게끔 만든다. 예를 들어, 2018년 독일 경찰이 독일 성매매 업소에 태국 여성들을 공급하던 조직을 '일망타진'했다는 뉴스가 보도된 적이 있다.[57] 이에 어느 영국 반성매매 페미니스트는 "이것이 바로 매춘 합법화의 문제점이다. 수요가 공급을 앞지르면, 인신매매의 위험이 커진다"라고 질타했다.[58] 태국 언론은 문제의 여성들이 이주를 희망하고 있었고, 도착하자마자 성판매를 하게 될 것이라는 걸 알고 있었다고 보도했다. 보도에 따르면, 그 여성들은 독일로 밀입국하는 대가로 돈을 지불했으나, 그들이 일하게 될 직장의 월급과 노동조건에 대한 정보는 거짓이었다.[59] 불시단속이 벌어진 이후, 독일 당국은 가혹한 상황에 놓인 그 미등록 이주민들이 허가된 비자 없이 일했다는 이유로 기소 여부를 고민해야 했다.[60]

앞서 언급된 영국의 어느 페미니스트처럼 매춘의 존재가 여러 가지 문제를 유발하고 있다는 것을 폭로하려면 반대로 성노동자를 취약하게 만드는 물질적 요건은 드러나지 않게 감추어야 한다. 하지만 유럽의 국경체제는 밀입국을 원하는 어려운 처지의 사람들이 막대한 비용을 부담하도록 조장하고, 국가의 감시망에 걸려드는 순간 기소될 수 있다는 불안감을 유발해 노동권의 보호를 받을 수 없게 만든다. 이 두 가지 요소가 복합적으로 작용해 고용주가 그들을 부당하게 착취할 수 있는 상황을 만든다. 우리가 이러한 측면을 부각하는 것은 그들의 비극을 과소평가하려는 것이 아니고, 그들이 처한 상황을 이해하는 데 감금주의적 '반인신매매' 관점이 부적절하다는 것을 강조하기 위해서다. 그러한 접근은 미등록 이주민의 처지를 어렵게 만드는 국경의 기능을 적극적으로 감추고, 그들에 대한 추방 및 기소를 당연한 것처럼 보이게 함으로써 문제를 더욱 심화시킬 뿐이다. 태국 여성들을 독일 성매매 업소에 공급하던 조직을 단속했던 이 사건은, 실제로 상업적 섹스에 대한 공포 때문에 영국 내의 논평가들의 관심을 끌었다. 하지만 인신매매를 방지하기 위한 불시단속을 한 것이니 '잘했다'는 평만 확산되었고, 놀랍게도 단속된 여성들에게 무슨 일이 일어났는지 신경 쓰는 사람은 아무도 없었다. 그 여성들이 언제든 기소될 수 있고 불가피하게 추방당할 수 있다는 사실은 당연시되어 드러나지도 않게 된 것이다. 이에 대해 난디타 샤르마Nandita Sharma는 다음과 같이 분석했다.

> 반인신매매 정책은 가장 취약한 처지에 놓인 이주민들에게 유독 큰 피해를 준다. 사람들의 관심을 이러한 국가적 관행 밖으로 돌림으로써, …… 반인신매매 옹호자들은 '인신매매자'에게 '강력히 대처'하는 법질서를 세우는 데 우리가 더 많은 에너지를 쏟도록 만든다. 과잉된 이민·국경 통제를 문제로 여기지 않고, 그것을 정치의 테두리 밖으로 밀어낸다는 점에서 반인신매매적 조치들은 **이데올로기적**이다(강조는 저자들의 것이다).[61]

반인신매매 이데올로기는 이주민들을 빚더미에 앉히고, 노동자가 보호되지 않는 지하경제로 내모는 국가 시스템으로 인한 착취의 문제를 파헤치는 대신, 어느 악한 인물에게서 그것을 찾아내려고 애쓴다. 미국 텍사스 휴스턴의 어느 반인신매매 단체가 설립한 '현대판 노예 박물관' 사례를 보아도 그렇다. 그곳에선 노예를 재산처럼 부리던 시절 미국 북부에서 사용되었던 족쇄를 하이힐 옆에 전시했다. 그 하이힐에 달린 제목은 '현대판 족쇄'였고, 거기에는 이와 같은 설명이 달려 있었다.

> 이 신발은 사법 당국이 라스팔마스Las Palmas라는 술집을 단속하던 중 발견되었다. 그곳의 여성들은 매출을 올리기 위해 이런 신발과 옷을 강제로 착용해야 했다. 이런 종류의 의복은 여성들이 업소의 자산인 것처럼 보이게 만드는 현대판 족쇄와 다름없다.[62]

그 하이힐은 시내 어디를 나가도 구할 수 있는 평범한 신발이었다. 그것을 두고 "현대판 족쇄와 다름없다"라고 주장하는 것은 터무니없는 망상에 불과하다. 하이힐을 족쇄에 비유하는 것은, 인종정의의 주창자 로빈 메이너드Robyn Maynard가 "검은 피부를 가진 모든 미국인에게 여전히 살아 숨 쉬고 있는 공포"라고 표현했던 노예 재산제chattel slavery[+]의 실제 역사를 하찮은 사건으로 폄훼해버린다.[63] 또한 이러한 망상은 경찰에게서 달아나기 위해 그 신발을 벗어던지는 여성이 있다는 사실을 감춘다.

그 신발은 '사법 당국의 술집 단속' 과정에서 발견되었다. 하지만 반인신매매 활동가들은 문제의 핵심을 경찰[사법 당국]과 범죄화[술집 단속]에서부터 규명하기보다 평범한 신발을 '족쇄'로 포장하는 전략을 내세움으로써, 대중의 관심을 국가구조라는 현실

[+] 역주. 노예를 주인의 개인 재산으로 취급해 상품처럼 매매할 수 있도록 허용하는 제도.

이 아닌 족쇄를 채우는 괴물이라는 허상으로 옮겨가게 만든다.

백인 죄의식+과 '신(新)노예무역'

인신매매에 대한 불안은 언제나 백인 민족주의와 깊이 연루되어왔다. 백인 여성의 신체는 국가적 신체 통치에 의해 매춘으로부터 위협받는 몸에서 이주로부터 위협받는 몸으로 대체되어왔다. 이러한 현상은 19세기 후반 '백인 노예'를 둘러싼 우려, 즉 영국 및 미국의 반인신매매 활동가 사이에 엄습했던, 백인 여성들이 흑인·유대인 남성들의 꼬임에 넘어가 강제 매춘을 하도록 끌려간다는 공포에서 그대로 드러난다. 이러한 공포는 급속한 도시 성장, 집을 나와 일거리를 찾기 위해 도시로 이주한 여성의 증가, 경제적 자립에 대한 여성들의 우려 등이 '인종적 뒤섞임'에 반대하는 인종차별주의자, 백인우월주의자들의 두려움과 결합되어 나타났다.

연구자인 조 도제마는 "'순결이 훼손된' 백인 노예의 이미지는 곧 '미국 시골 지역 순결성의 실제적·상상적 손실'을 상징한다"라고 분석했다.[64] 노동자이자 활동가였던 제인 애덤스Jane Addams는 1909년 그의 저술에서 "이 정도의 여성들이 갑자기 가정

+   역주. white guilt, 인종차별에 대해 백인 개인 또는 집단이 가지고 있는 죄책감을 일컫는다. 하지만 이러한 죄의식은 주로 백인 자유주의자들이 자신을 인종주의와 무관한 온정적인 인물로서 드러내고 자축하기 위해 동원되는 허위의식이며, 백인 지배 질서를 공고히 하는 수단에 불과하다는 비판을 받기도 한다.

의 보호에서 벗어나 도시에 방치된 채 거리를 활보하고 이방인의 지붕 아래서 일하게 놔두는 건 문명 이래 처음 겪는 일이다"라고 서술했다.[65] 역사가들은 당시 기자들이 "실제 같은 포르노 오락거리를 독자에게 제공하기 위해" 백인 노예 르포를 숨 가쁘게 투고했다는 사실을 알린 바 있다.[66] 까무잡잡한 남성이 백인을 유혹해 순결을 파괴한다는 이 명백한 인종차별적 환상 속에서 1905년 미국은 최초로 눈에 띄는 반인신매매 입법인 맨법Mann Act을 통과시켰다. 표면상으로는 강제 매춘에 반대하는 이 법안은 백인 여성과의 낭만적인 관계를 맺는 흑인 남성도 범죄자로 규정했다.[67] 영국은 1885~1912년에 '여성들의 이주를 감시하고 제한하는 조항'이 포함된 백인 노예 관련 법을 시행했다.[68]

그 기원을 감안했을 때, 반인신매매 정책이 주로 반이민 정책과 반매춘 정책의 모습으로 나타난 건 그리 놀랍지 않다. 두 정책 모두 이중으로 구속된 채 불공평하게 범죄화되고 추방되는 미등록 이주민과 이주 성노동자를 돕기는커녕 그들에게 피해를 주고 있다. 액션에이드 아시아ActionAid Asia의 압히짓 다스굽타Abhijit Dasgupta는 다음과 같이 부연한다.

반인신매매 조치들은 국제 이주자, 특히 빈곤과 세계화의 영향으로 국경을 넘으려는 여성들을 막기 위해 활용된다. 각국 정부는 수백만 명의 여성들이 수십억 달러 규모의 성산업으로 인신매매되고 있다고 주장하지만, 유엔난민기구UNHCR 등은 이민 통제가 강화됨에 따라 중개인에게 돈을 내는 방법만이 유일한 이주의 통로가 되었음을 지적해왔다.[69]

이주민에 대한 인종차별주의적 공포는 식민주의로 혜택을 보려는 국가 정치와 결코 동떨어져 있지 않지만, 지난 25년 동안 그 공포는 이와 별개로 점점 더 커져왔다. 운동가들은 의도적으로 인종차별주의를 고조시키곤 했다. EU 탈퇴를 두고 2016년 영국에서 실시된 브렉시트Brexit 국민투표에서 "국경 근처의 부랑자들" 같은 표현들이 눈에 띄게 나타난 것이 그 일례다.[70] 2017년 영국 보수당의 한 선거 전략가는 트위터에 이렇게 밝혔다. "2005년 나는 토리당의 운동원이었다. 우리는 반이민 감정을 고취하기 위해 부지런히 활동했다. [당시 노동당 당수였던] 고든 브라운Gordon Brown을 비롯한 어느 누구도 이주민이 우리나라에서 일자리를 얻고 혜택을 누리고 있다는 거짓말에 이의를 제기하지 않았다."[71] 같은 해 제1야당의 내각 여성평등부 장관이었던 노동당의 세라 챔피언Sarah Champion은 이렇게 말했다. "파키스탄 출신의 영국 남성들이 백인 여성들을 강간하고 착취하는 일들이 영국에서 벌어지고 있다. 그렇다. 내가 한 말이다. 이런 말을 하면 인종차별주의자가 되는 것인가, 아니면 단지 이 끔찍한 문제를 제기할 준비가 되었음을 보여주는 것인가?"[72] 실제로, 늘어나는 외국인혐오와 인종차별주의적 불안은 단지 몇몇 글귀나 타블로이드 신문, 선거 전략에서뿐만 아니라 철조망 같은 것으로도 구체적으로 드러난다. 지리학자 리스 존스Reece Jones에 의하면, "1990년 말까지만 해도 국경에 장벽이나 울타리를 세운 나라는 15개국밖에 없었지만, 2016년 초에는 거의 70개국으로 늘어났다."[73]

대서양 노예무역 및 노예 재산제의 역사는 '과거의 노예제도보다 오늘날의 인신매매가 더 나쁘다'는 식의 주장과 함께 현대 인신매매 담론에서 자주 언급되곤 한다. 예를 들어, 정치인과 경찰은 입을 모아 "오늘날에는 역사상 과거 어느 시점보다도 많은 노예가 존재한다"라는 이야기를 하고 있고, 영국의 어느 전직 장관은 "이제 우리는 아프리카인이 아니라 동유럽 소녀들을 고문하고 공포에 떨게 하는 새로운 노예무역을 마주하고 있다"라고 주장한다.[74] 2015년에는 이탈리아 총리였던 마테오 렌치Matteo Renzi가 "인신매매자는 21세기의 노예무역상이다"라고 표현한 바 있으며,[75] 바티칸 교황청은 매춘을 비롯한 "현대판 노예제"는 "아프리카에서 자행된 …… 노예제도보다 더 나쁘다"라는 성명을 냈다.[76] 영국 경찰청의 한 고위 간부는 "18, 19세기에 자행되었던 강제 목화 재배와 설탕 재배도 …… 오늘날 피해자들이 겪고 있는 상황만큼 열악하진 않았을 것이다"라고 발언했다.[77]

　　워싱턴, 런던, 에든버러, 그리고 UN 본부 소재지인 뉴욕을 포함한 전 세계의 정치인들과 정책 입안자들을 대상으로 2012년에 발간된 반인신매매 기록물에는 이런 내용이 실렸다. "1809년 노예 1명의 몸값은 3만 달러였다. 2009년 노예 1명의 몸값은 고작 90달러에 불과하다."[78] '노예제도'는 국가가 만들고 시행하고 보호했던 특정한 사회제도를 지칭하는 용어로, 오늘날의 '인신매매'와 결코 유사한 개념이 아니다. 그런데도 백인들은 멋대로 노예 재산제의 역사를 끌고 와서 레토릭으로 활용하는 매우 비겁한 짓을 저지르고 있다. 사실 미국 노예 재산제의 가장 가까운 직계 자손은 매춘이 아니라 교정 시스템이다. "노예제도 또는 강제 노역제도는 **당사자가 정당하게 유죄판결을 받은 범죄에 대한 처벌이 아니면** 연방 정부에 속하는 그 어떤 장소에서도 존재할 수 없다(강조는 저자들의 것이다)"라고 명시한 권리장전 수정헌법 제13조를 볼 때, 노예제도는 여전히 폐지되지 않은 채 범죄에 대한 처벌의 한 형태로 미국연방헌법을 통해 분명히 유지되고 있다.[79]

수정헌법 제13조는 단순히 사라져가는 과거의 흔적으로만 나타나지 않는다. 2016년 수감노동자 조직위원회Workers Organizing Committee는 교도소 노역 시스템 내 수감자 처우를 비판하는 성명을 발표한 바 있다.

교도관들은 우리의 일거수일투족을 감시하고, 자신이 원하는 방식대로 지정된 임무를 수행하지 않으면 우리에게 벌을 내린다. 그들은 이제 채찍 대신 후추 스프레이를 사용하지만, 그 밖의 수많은 학대, 가령 격리하고 자세를 규율하고 옷을 벗기고 우리 몸을 동물처럼 수색하는 행태는 여전히 지속되고 있다.[80]

현재 미국 교도소에는 1850년 노예로 끌려온 사람들보다 더 많은 흑인들이 수감되어 있다.[81] 단속과 감금을 확대해 '노예제도를 종식'해야 한다는 생각이 얼마나 허황된 것인지 확인할 수 있는 대목이다.

영국과 북아메리카의 백인들은 노예무역의 잔재들을 꼼꼼히 따져보려는 노력을 게을리해왔다. 역사학자 닉 드레이퍼Nick Draper는 "우리는 폐지에 대해서만 기억한다. …… 만약 아무나 붙잡고 영국 노예제도를 설명해보라고 하면, 대부분은 반사적으로 윌버포스Wilberforce[+]의 노예제 폐지를 언급할 것이다. 그 이전에 존속해온 200년 동안의 노예제도는 어디론가 사라져버렸다. 우리는 이

걸 떠올리려고 하지도 않는다"라고 비판했다.[82] 관료들과 운동가들은 현대판 인신매매와 과거 노예 재산제를 엮어버리는 레토릭을 통해 단순하고 정의로운 분노를 앞세워 불법 이주를 겨냥한 징벌적 정책들을 교묘히 감춰올 수 있었다.

이와 함께 비백인들은 기소당하거나 그보다 못한 처지에 놓이는 게 마땅한, '현대판 노예상'처럼 인식되기 시작했다. 그들의 의사와는 상관없이 본국으로 반송되는 유색인종 '인간 화물'은 '인도주의적 추방'으로 포장되고, '국경 침입' 같은 인종차별적 비유들은 가해자의 악행에 대한 집단적 공포에 힘입어 진보적이라는 평가를 듣는다. 이런 단속과 추방의 분위기 속에서 유럽 국가들은 반노예 운동의 역사를 되풀이하고 재소환함으로써 스스로를 희생자와 영웅으로 위치시킨다. 당연하게도 이런 유럽 국가들의 행동은 막대한 해악을 끼친다. 예를 들어, 밀입국 선박을 몰수하고 파괴하는 정책은 밀입국업자에게 이주민들을 눈에 잘 안 띄고 항해하기 부적합한 배로 실어나르도록 유도해 '구조'는커녕 사망자만 늘리는 결과를 낳는다.[83] 많은 이들을 죽음으로 내몬다는 명백한 증거가 있음에도 불구하고, 이 정책은 수년 동안 유지되었다.[84] 더군다나 21세기판 '노예상' 이야기들이 부각되면서 백인들은 과거사에 대해 반성할 필요가 없게 되었다. 이탈리아 총리였던 렌치는 심지어 유럽 국가들이 "죄의식에서 벗어나야 한다"면서 이주민을 환대하는 그 어떤 '도덕적 책무'도 거부한다는

✛　역주. 1807년 노예무역을 금지하는 법안을 통과시키며 영국 노예제도 폐지를 주도한 인물.

글을 쓰기도 했다.[85] 결국 이탈리아 정부는 이주민 문제의 '해결책'이랍시고 질병이 들끓어 위험이 상존하는 리비아의 교도소에 이주민들을 감금·수용할 수 있도록 자금을 지원했다.[86] 이런 상황에 대해 로빈 메이너드는 다음과 같이 평했다.

> 노예제도와 관련한 용어를 탈취함으로써 자신을 '폐지론자'로 지칭하고 다니는 반성매매 활동가들은 …… 노예제의 잔재로 인해 가장 큰 피해를 입은 사람들의 처지를 더욱 악화시키고 있다. 흑인들은 미국 전역에서 문자 그대로 생존을 위해 싸우고 있는데, 한쪽에선 흑인들을 향한 만행을 무시하거나 조장하고, 다른 한쪽에선 자신들이 매춘 폐지의 사명을 잇는 정당한 계승자라고 주장하는 대다수 백인 보수 운동 단체들이 도대체 무슨 목표로 어떤 활동을 벌이고 있는지 시급히 검토할 필요가 있다.[87]

'현대판 노예제도'로부터 사람들을 구해내려는 투쟁은 구체적으로 어떤 모습으로 현장에 나타날까? 2017년 영국 노스요크셔의 경찰은 기자들과의 대화에서 성노예들은 스스로 "성판매를 할 준비가 되어 있으며, 그것이 아무런 문제도 없다고 믿는다. …… 우리는 그들이 인신매매의 피해자라는 걸 깨달을 수 있도록 교육해야 한다"라고 말하면서 자신들이 '성노예' 구출을 위해 분투하고 있으니 국민들도 신고에 동참해줄 것을 요청했다.[88] 하지만 인신매매 피해자라는 사실을 "교육"하는 것이 "성판매를 할 준비가 되어 있으며, 그것이 아무런 문제도 없다고 믿는" 여성들에게 어떤 특별한 이득을 줄 수 있는지는 아직 밝혀진 바가 없다. 잉글랜드와 웨일스에서의 '교육'이란, '인도주의적' 강제추방을 앞둔 45일간의 (이조차도 제대로 지켜지지 않는) '유예기간'을 의미할 뿐이다.⁺

미국 알래스카주에서는 2012년 매춘을 '성 인신매매'로 재규정한 법이 통과되었다. 이 법이 시행된 지 2년 동안 기소된 사람은 '통상적인 매춘 함정수사'에 걸린 성노동자 딱 두 명뿐이었다. 그중 한 명은 "그녀가 스스로의 매춘 행위에 '참여하고 도움을 주었다'는 혐의가 씌워져 자기 자신에 대한 성 인신매매라는 죄목으로 기소되었다". 다른 한 명은 "동료 성노동자 한 명, 손님으로 위장한 경찰 한 명과 함께 (쓰리섬을 행하는 조건으로) 예약을 잡고 다른 성노동자들과 공간을 함께 사용하는 …… 성 인신매매의 중죄를 수차례 저질렀다는 혐의로 기소되었다". 법 시행 5년 동안 알래스카주에서 강요, 사기, 폭력 등 인신매매와 관련 있다고 생각되는 혐의로 기소되거나 유죄를 선고받은 사람은 단 한 명도 없었다. 그 법은 오로지 성노동자와 그 가족, 그리고 일터의 부동산 소유주에게만 적용되었던 것이다.[89]

⁺ "'피해가 확인된 이들'을 숙소, 상담, 전문가 조언, 변론 등이 제공되는 곳으로 '보내는' 지원 기간이 14일에서 45일로 연장되었다." UK Home Office and Sarah Newton MP, 'Modern slavery victims to receive longer period of support', 26 October 2017, www.gov.uk. 영국의 이주민 법률지원 프로젝트(Migrant Legal Project) 소속 변호사인 마크 셰퍼드(Mark Shepherd)는 "자신이 당한 인신매매에 대해 그 어떤 조치도 받지 못하고 …… 베트남으로 추방되는 수많은 아이들을 소년원에서 목격하고 있다"라며 한탄했다. M. McClenaghan, 'UK condemned for deporting survivors of trafficking back to Vietnam', *Guardian*, 20 December 2016, theguardian.com.

2016년 아일랜드 경찰은 루마니아 성노동자 네 명을 체포했다. 경찰은 이 여성들이 비록 인신매매를 당하긴 했지만, 성노동자들이 안전을 확보하기 위해 보통 활용하는 방식인 한 공간을 여러 사람과 나눠 쓰는 행위가 '범죄'에 해당된다는 사실을 고려하지 않은 채, 성매매 공간을 유지해왔다고 기소 이유를 밝혔다. 법정에서 이 여성들은 루마니아에 있는 가족들에게 돈을 보내기 위해 성판매를 시작했다고 진술했고, 경찰은 "그 어린 소녀 네 명이 다수의 남성들에게 성 서비스를 제공했다는 혐의를 완전히 인정했다"라고 밝혔다[90](경찰이 언급한 '어린 소녀 네 명'의 실제 나이는 21세에서 30세 사이였다). 또한 경찰은 "탐욕스러운 집주인을 만나는 바람에, 그들은 350유로짜리 아파트를 700유로에 임대해야 했다. 이런 걸 보면 그들이 많은 사람들에게 이용당하고 학대받고 있었다는 사실이 확인된다"라는 말도 덧붙였다. 이후, 경찰은 그 여성들에게 5,000유로를 떼갔고, 법원은 추가로 벌금 200유로를 부과했다.[91] 그 돈을 다 가져가면서 어떻게 아파트 임대료가 비싸서 입은 피해를 해결하겠다는 건지 알 수 없지만, 불시단속을 당해 기소되고 가진 돈을 '반인신매매'라는 명목으로 빼앗기느니 차라리 비싼 아파트에서 일하는 게 이 여성들에게 훨씬 더 나을 것이라는 건 확실하다.

반인신매매 정책은 마치 국경 관리 정책처럼 보인다. 2015년 캐나다에서는 안마방에 대한 반인신매매 불시단속으로 11명의 여성이 추방되었다.[92] 이주 여성 성노동자인 미Mi는 캐나다 구치소에서 2개월 동안 구금되었던 상황을 이렇게 묘사했다. "그들은 전화기를 빼앗고 친구와 가족들에게 연락하지 못하게 했다. 그들은 나를 보호해야 한다고 말하면서 나를 놔주지 않았다. 그들은 내 친구들과 고객들을 위험하고 나쁜 사람들로 여겼다. 나를 이 사슬에서 빼내기 위해 친구들이 빚을 지는 것조차 그들은 허락하지 않았다." 미가 추방된 이후에도 캐나다 출입국사무소 직원들은 그녀가 캐나다로 이주할 때부터 가지고 왔던 돈을 포함한 약 1만 달러를 빼앗고는 돌려주지 않았다.

8일 동안 구금되었던 또 다른 이주민인 패니Fanny는 "경찰은 우리 같은 비백인 노동자만 단속하는 게 분명했다. 백인 여성들도 같은 호텔에서 함께 일했지만, 경찰은 그들을 괴롭히기는커녕 말도 걸지 않았다"라며 당시 경찰의 모습을 회상했다.[93]

2016년 10월, 런던 경찰은 소호와 차이나타운의 안마방들을 급습해 17명의 여성을 체포하고 고발했다.[94] 영국의 북부 도시 볼턴에서는 '인신매매와 현대판 노예제도 엄중 단속'으로 인해 스스로를 성노동자라고 밝힌 루마니아 여성 두 명이 체포됐다. 한 현지 기자에 의하면, "출입국관리소 직원들은 이 두 여성에게 합법적인 직업을 구할 것을 공식적으로 지시했으며, …… 30일 이내에 새 직업을 구하지 못하면 체포되거나 추방될 수 있다고 공지했다". 그 여성들의 부동산 소유주들에게는 그녀들을 강제로 퇴거시키라는 명령이 내려졌다.[95] 북아일랜드에서는 서류를 조작하고 밀입국한 망명 신청자 두 명(둘 다 홈리스고, 한 명은 17세였다)이 인신매매에 가담한 죄로 기소되었다.[96]

국제반노예제연대Anti-Slavery International의 마이클 도트리지 Michael Dottridge 전 대표는 영국 장관이 '인신매매 중단'을 위해 프랑스-영국의 국경지대 칼레에서 이주민들이 머무는 기초 시설인 대규모 난민 수용소를 철거해야 한다고 경찰에게 제안하는 걸 여러 차례 들은 적이 있다고 밝혔다.[97] 스코틀랜드 경찰은 반인신매매 활동의 하나로 100명이 넘는 사람들의 입국을 거부했다는 보도자료를 내면서, 글래스고에서 매춘부로 일했던 어느 루마니아 여성의 사례를 언급했다. BBC 보도에 따르면 이 여성은 "2017년 5월에는 글래스고에서, 7월에는 리버풀에서 입국을 거부당하고, 최근에는 스코틀랜드에 가기 위해 북아일랜드 벨파스트 부두에 머무르다가 결국 루마니아로 강제송환"된 것으로 알려졌다.[98] 그 보도에 등장한 또 다른 루마니아 여성도 경찰에게 성노동자라는 사실이 알려지면서 입국이 거부된 것으로 전해졌다. 그녀의 정체가 드러나게 된 건, 어느 고객이 스코틀랜드 폴커크의 한 아파트에서 그녀를 포함한 성노동자 두 명을 칼로 위협하고 인질극을 벌였던 대단히 충격적인 사건 때문이었다. 고객은 그들을 강간하고, 함께 있었던 루치아나Luciana를 살해했다. 이 사건이 벌어지자 출입국관리소 단속반은 인도주의적 반인신매매 조치라는 이유를 들먹이며 그녀를 국경 지역에 구금하고 추방해버렸다.[99] 이런 사례는 책 한 권에 다 담을 수 없을 정도로 수없이 많다.

전 세계 모든 나라의 국경에서 성노동자들은 악당이자 피해자로 취급받고 있다. 미국 국토안보부는 스파이, 나치, 테러리스트와 함께 10년 이내 성판매 경험이 있는 모든 사람의 입국을 공식적으로 금하고 있다.[100] 미국의 국경지대는 위험천만한 무법지대이며, 출입국항에 억류된 사람들은 거의 아무런 권리도 보장받지 못한다. 영장은 물론, 심지어 합리적 근거도 없이 휴대폰과 노트북 비밀번호를 요구하고, 그 안의 내용을 뒤지고, 데이터를 복사하더라도 법적으로 아무 문제가 되지 않는다.

어떤 이유로든 미국에 들어오고자 하는 성노동자들은 몇 시간 또는 며칠 동안 심문을 받고 억류되어 송환될 각오를 해야 한다. 트럼프 대통령 취임 이후 이런 경향은 더욱 짙어졌다. 내 친구들을 포함해 우리 사회의 수많은 사람이 입국심사대에 가로막혀 짧으면 12시간, 길면 48시간 동안 음식, 휴식, 치료를 거부당했던 경험이 있으며, 그로 인한 트라우마가 있다. 공항의 공공구역에서 그들을 의자에 앉혀 수갑이나 족쇄를 채우기도 했으며, 과도하고 공격적인 몸수색을 하고, 일부러 위생용품을 늦게 지급하면서 그들을 모욕했다. 출입국관리소 직원들은 조사 과정을 촬영하거나 녹화하지 않으며, 이들 중 상당수는 성노동자들에게 10년 동안 미국에서 죄를 짓지 않겠다는 동의서를 받고 이에 서명하라고 강요하는 등의 불법적인 방법을 동원하기도 한다.[+]

인신매매와의 전쟁이 벌어지고 있는 시대, 위선적인 행태들은 날이 갈수록 뻔뻔히 자행되고 있다. 미국 관세국경보호청 Customs and Border Protection은 그 직원들이 이주 성노동자들을 심문하는 과정에서 에스코트 장면을 찍은 채증 사진과 나체 사진을 제시하며 성노동자들을 조롱하는 동안, 성 인신매매를 "중범죄"라고 비난하고, 인신매매 위협으로부터 국가를 보호하는 "임무"의 "중요성과 적실성"을 의기양양하게 과시하는 직원 모집 광고를

[+] 캐나다 토론토의 성노동자 단체인 매기스(Maggie's)는 〈성노동자가 국경을 안전하게 넘기 위한 방법〉이라는 문서를 제작해 성노동자들이 미국 입국 시 주의해야 할 사항을 자세히 소개하고 있다. 그 내용은 매기스 홈페이지(maggiestoronto.ca)의 '노동자를 위한 자료' 섹션에서 확인할 수 있다.

웹사이트에 게시했다.[101] 미국의 법률 입안자들 역시 성 인신매매의 비극에 대해 시적인 말을 늘어놓으며 매춘을 하게 된 사람들의 인권이 위협받고 있다고 호소하곤 하지만, 정작 전·현직 성노동자들이 2012년 워싱턴에서 열린 국제에이즈회의에 참석해 인권 활동을 벌이려고 했을 때 이를 가로막았던 여행금지 조치를 해제하기 위해 그들이 한 일은 아무것도 없었다. 그들은 또한 성노동자들이 미국 국경에서 억류되어 경험하는 참담하고 충격적인 관행을 바꾸려고 나서지 않는다. 그 대신 그들은 안전을 확대한다는 명분으로 (합쳐서 세스타-포스타SESTA-FOSTA로 부르는) 온라인 성 인신매매와의 전쟁 법안Fight Online Sex Trafficking과 성 인신매매자 조력 방지 법안Stop Enabling Sex Traffickers을 제정해 성노동자들이 강간범으로부터 자신을 보호하거나 안락한 공간을 마련하는 데 필요한 인터넷 공간을 사용할 수 없도록 만든다.

이런 잔인한 행태들은 우연한, 예외적 일탈이 아니다. 인신매매 방지, 억제 및 처벌에 관한 유엔 협약UN Protocol to Prevent, Suppress and Punish Trafficking in Persons 역시 인권에 관한 새로운 협약이라기보다 초국가적인 조직범죄 방지 협약Convention Against Transnational Organised Crime의 후속판에 불과하다.[102] '범죄화'만 다루고 있을 뿐, 주변화된 사람들을 치유하고 그들의 피해를 줄이는 데에는 무관심하기 때문이다. 도트리지가 지적했듯, 이 협약에 따라 국가들이 의무적으로 행해야 할 조치는 오로지 법 집행과 관련한 것들이다. 주변화된 사람들을 보호하기 위한 조치는 거의 없거나 선택사항일 뿐이다.[103] 이 협약이 서명국에 새롭게 권고한 것이 있다면, "필요한 경우, 인신매매 피해자가 일시적 또는 영구적으로 영토 안에 머물 수 있도록 허용하는 조치"를 채택할지 "고려"해보라는 것 정도다.[104] 나머지는 이전과 다름없이 "인신매매를 방지하고 탐지하는 데 필요한 국경 통제를 …… 강화해야 한다"라고 언급하면서 서명국에 국경 통제를 강화할 것을 주문하거나, "과도하고 불합리한 지연 없이" 피해자를 서둘러 "본국으로 송환"시키라는 훨씬 더 엄격한 내용을 담고 있다.[105]

'배를 돌려보내라turn back the boats'라는 캠페인과 함께 인신매매와 관련한 용어들을 동원하는 타블로이드 신문과 백인우월주의자 같은 극우파의 눈에 이러한 사실은 전혀 보이지 않는다. 캐나다의 어느 백인 민족주의자는 2017년 이탈리아로 건너가, 프랑스 극우 단체가 주동한 이주민 입국에 반대하는 직접행동에 참가해 "인신매매 결사반대"라는 현수막을 휘둘렀으며,[106] 케이티 홉킨스Katie Hopkins라는 영국의 칼럼니스트는 대놓고 자신들이 파시스트 청년 조직이라 밝히는 단체를 "NGO 인신매매자들의 문제를 조명"한다는 이유로 칭찬하기도 했다.[107] 표현 방식은 비록 자극적이만, 극우파의 견해는 인신매매에 대한 주류의 인식, 심지어 페미니스트들의 인식과도 상당한 유사점이 있다. EU 국경관리기관 프론텍스Frontex의 대표는 지중해에서 NGO들이 이주민을 구출하는 행위가 인신매매자를 양산한다고 주장해왔다[108](실제로 유럽 전역의 국제구호 활동가들은 이주를 돕기 위해 만들어진 반인신매매 법규 위반으로 점점 더 많이 기소되고 있다).[109] 반성매매 페미니스트 활동가들은 때때로 극우파가 제작한 유럽 난민들의 성폭력 르포를 공유하기도 하며, 그들 중 어떤 활동가는 유럽 국가들이 "여성과 아이들을 수용하되, 더러운 남성들은 들어오지 못하게 집에 두어야 한다"라고 논평했다.[110] 독일의 저명한 반성매매 페미니스트 알리스 슈바르처Alice Schwarzer는 인종화된 '포주와 인신매매자'의 이미지를 유포하면서 비백인 이주 남성들을 성폭력과 연결하는 발언을 남겼다[111](슈바르처는 쾰른에서 벌어진 강간 사건 70~80퍼센트가 터키인들의 소행이라는 경찰관의 말을 확인도 없이 인용하기도 했다).[112] 진보적이라고 자처하는 정치인들은 추방 반대 운동을 벌이고 있는 성노동자들에 대해 이렇게 말했다. "만약 지금 있는 국가에서 권리를 가질 수 없는 사람이라면 추방되어야 한다. 이 여성들은 인신매매를 통해 그 국가에 들어온다. 당신은 이런 것을 지지할 수 있는가?"[113]

극우 정치인들은 반인신매매 의제를 실천에 옮기기 위해 열을 낸다. 도널드 트럼프 미국 대통령은 인신매매를 "전염병"으로 묘사하고,[114] 테리사 메이 영국 총리는 내무부 장관 시절 통과시킨 2015년 '현대판 노예방지법'을 자신의 대표 이미지 및 치적으로 삼는다.[115] 물론 인신매매라는 용어를 이렇게 무비판적으로 사용하기 위해서는 이에 따른 여러 모순을 이치에 맞게 보이도록 만드는 이념적 작업, 즉 반이민 정책이 우리가 이야기하는 인신매매를 어떻게 유발하는지 숨기고, 그런 정책을 추진하는 반이민 입장의 정치인들이 버젓이 반인신매매 영웅으로 행세할 수 있도록 만드는 작업이 필요하다.

무엇을 해야 하는가?

이 주제에 대해 감금 페미니스트와 성노동자 페미니스트 사이의 토론이 어렵다는 사실은 그리 놀랄 만한 일이 아니다. 양자는 해결책뿐만 아니라 중요하다고 여기는 '문제'에 대해서도 의견이 다르다. 감금 페미니스트들에게 중요한 문제는 인신매매를 일으키는 상업적 섹스인 반면, 성노동자들에게 중요한 문제는 이동권과 노동권 박탈자를 양산하는 국경이다. 제안하는 해결책도 서로 다르다. 감금 페미니스트들은 경찰에 더 많은 권한을 부여하고 형법을 통해 상업적 섹스를 규제하길 염원한다. 하지만 성노동자들은 미등록 이주민들을 음지로 몰아넣고 그들이 안전하고 온당하게 대우받을 권리를 원천적으로 차단하는 이민 규제와 군사화된 국경체제를 해체하는 것, 다시 말해 경찰의 공권력을 빼앗아 이주민과 노동자에게 나눠주는 것이 해결책이라고 생각한다.

그러나 우리는 성노동자 권리 운동에 대해서도 비판적으로 접근할 필요가 있다고 생각한다. 성노동자 권리 옹호자들은 흔히 성노동과 인신매매가 어떤 경우에도 동일하지 않으며 완전히 다른 현상이라고 방어하곤 한다. 나라를 불문하고 성매매를 범죄화해야 한다는 모든 주장은 매춘이 언제나 인신매매와 결부된다는 것을 전제로 옹호되고 실행되기 때문이다. 성노동자의 동료, 연인, 부동산 소유주, 포주를 체포하는 일은 그들이 범죄자라는 근거로 '정당화'되며, 성노동자를 체포하는 일은 그들이 구조되어야 한다는 이유로 '정당화'된다. 하지만 성노동자를 온갖 구설에 휘말리게 하는 인신매매 프레임 그 자체를 문제 삼기보다, 이런 단속들이 정당하지 않다는 걸 필사적으로 언론과 대중에게 납득시키려는 노력은 결국 다른 범주의 말을 같은 범주인 것처럼 혼동하는 주장으로 이어지곤 한다. 물론 '성노동이 인신매매가 아니다'라는 성노동자들의 주장은 '이런 단속들이 정당치 않다'는 의미이지만, 이 의미가 제대로 전달되기 위해서는 되도록 '국경'제도로 인해 벌어지는 문제를 더욱 명료하게 지목할 필요가 있다. '이런 문제들은 우리가 겪는 문제가 아니다' 혹은 '이런 사람들은 우리 운동의 관심사가 아니다'라는 식의 발언은 착취당하고 학대받는 조건에서 일하는 사람들의 존재를 부인하는 결과로 이어질 수 있으며, 그들의 권리를 '성노동자의 권리' 밖으로 밀어내버린다. 목표만 일치한다면 감금 페미니즘의 '불시단속 및 구출' 전략마저 은연중에 승인해버리는 결과를 낳기도 한다.

'성노동은 인신매매가 아니다'라는 말은, 이주를 시도하는 주요 맥락이나 이민 통제가 이주민들의 노동권과 안전에 미치는 영향 등을 소거한 채, 인신매매를 불가해한 악으로만 인식하는 반인신매매 활동가들의 오류를 그대로 답습한다. 성노동과 인신매매가 완전히 다르다는 이 단순한 주장은, 이주와 성산업이 교차하는 지점에서의 착취를 증언하거나 경험할 수 없는 합법 체류 성노동자만을 변호한다. 또한 현대 반인신매매 정책이 간혹 의도한 효과를 얻진 못하더라도 대부분은 맞아떨어진다는 느낌을 주기도 한다. 실제로 감금주의적 반인신매매 정책이 그것이 의도한 성과를 거두지 못한다는 건 사실이 아니다. 초국적 감산복합체 prison industrial complex[+]의 사례에서도 확인할 수 있듯이, 감금주의 정책은 본래 의도된 방식에 따라 제대로 작동되고 있다. 이주 성노동 프로젝트Migrant Sex Work Project라는 단체 역시 "그것이 의도적이고 효과적인 시스템"이라는 데 동의한다.[116] 국경을 순찰하고 이주민을 투옥하는 데 막대한 자금이 민간기업과 정부 사이에 오가는 과정에서 이민·국경 통제는 남반구 지역에서의 노동력과 자원 착취, 북반구 지역에서의 미등록 이주노동자 및 불안정 이주노동자 착취를 유지하는 데 결정적인 역할을 하고 있다.

성노동자 운동을 공격할 요량으로 인신매매가 자주 활용되는 탓에 사람들은 손쉽게 그와 관련한 논의 자체를 차단하는 전략을 선택한다. 이때 성노동이 인신매매와 다르다는 주장은 인신매매에 대한 언급을 회피하려는 방편으로 활용되어왔다. 그러나 더 이상 성노동자들이 인신매매와 관련한 논쟁을 반기지 않을 이유가 없다. 오히려 성노동자 권리 운동은 적극적인 분석과 논쟁을 통해 국경 관리 당국이 어떻게 이주민들을 착취와 폭력에 더욱 취약한 존재로 만드는지 알리는 계기를 마련해야 한다.

각국의 국경선과 이를 둘러싼 강압적 구조는 이제 너무나 자연스러워져 국경 없는 세계를 상상하기 어려울 정도다. 미등록 이주자들이 '위법'한 존재라는 사실은 그들에 대한 투옥, 추방 등 국가의 징벌적 조치가 정당하다는 인식을 유포한다. 우리가 도입

✛   역주. 교도소 운영을 수익 모델로 삼는 감옥과 대규모 민간 산업체들의 상호 의존 체제를 일컫는 말. 1980년대 양극화와 빈곤으로 인해 범죄율이 증가하면서 급증한 수형 인구를 수용하고자 미국에는 수많은 민영 교도소가 설립되었으며, 이후 민간 교정기업은 효율성과 수익률을 높이기 위해 수형자를 노동에 동원해왔다. 주변화된 사람들에 대한 범죄화는 사회적으로 교도소 내 노동력을 지속적으로 충당하기 위한 방편이기도 했다.

부에서 국경 통제를 역사화하고자 한 것, 다시 말해 국경 통제의 현대사를 돌이켜보고 그것이 자연적이거나 불가피한 것이 아니라는 걸 확인하고자 했던 것은 바로 이 때문이다. 이주를 선택하는 이들의 인권과 안전을 최우선으로 고려하는 이주 정책을 상술하는 건 이 책의 범위를 벗어난다. 하지만 이주를 제한하려는 시도가 일터에서의 착취 및 학대에서부터 바다와 사막에서의 사망에 이르기까지 끔찍한 해악을 끼치고 있다는 사실은 분명히 전달되어야 한다. 공정한 재분배가 가능하다면, 세계 최고의 부자들에게는 한 줌도 안 되는 재산으로도 이주민을 비롯한 모든 사람이 존엄성을 지키며 안전하게 살 수 있는 여건을 충분히 제공할 수 있다. 이를 이룰 때까지 우리는 가족 및 사회로부터 사람들을 떼어내 수년 동안 수용소에 구금하는 이주 관리 당국에 맞서 적극적으로 싸워야 한다.

이주 성노동자를 보호하려면 모든 이주민을 보호해야 한다. 이주 성노동자는 낙인화된 이주민의 전형이다. 국경은 이들을 가로막기 위해 고안된 '발명품'이다. 성노동자 연대가 없으면 이주민 연대도 없고, 이주민 연대가 없으면 성노동자 연대도 없다. 두 투쟁은 상호 불가분의 관계에 있다.

REVOLTING
PROSTITUTES

4

빅토리아 시대의 유물

영국

부분 범죄화: 거리 성노동처럼 가장 눈에 띄는 몇몇 성산업을 불법화하는 법제화 모델. 영국의 잉글랜드, 스코틀랜드, 웨일스에서 섹스를 직접 사고파는 행위는 합법이지만, 그 밖의 호객행위, 커브 크롤링kerb-crawling,[+] 동료와 함께 운영하는 실내 성매매, 성매매 알선 등은 모두 불법이다.[++]

[+] 역주. 차로 주변의 도로경계석(커브)을 따라 서행한다는 뜻으로, 도로변에서 천천히 차를 몰며 매춘부를 찾는 행위.

[++] 2015년 성구매를 범죄화한 영국 북아일랜드의 사례는 제6장에서 다루어진다. 스웨덴 모델 법제화를 시도한 다른 나라들처럼 북아일랜드 역시 이전까지는 '부분 범죄화' 제도를 갖추고 있었다. 실제로 고객에 대한 처벌 조항을 제외하곤 북아일랜드의 모습은 이 장에서 다루는 나라들의 모습과 크게 다르지 않았다.

크리스마스가 얼마 남지 않은 2006년, 영국의 작은 도시 입스위치에 살고 있는 성노동자들은 두려움에 떨고 있었다. 몇 주 전, 두 명의 여성 성노동자가 숨진 채 발견되었지만, 범인이 검거되지 않은 까닭이다. 입스위치의 지역뉴스 제작진은 인적이 드문 조용한 도로변에서 고객을 기다리고 있던 소수의 성노동자들 중 폴라 클레넬Paula Clennell이라는 젊은 여성에게 인터뷰를 요청했다. 아직 살인범이 잡히지 않았는데 왜 거리에서 목숨을 걸고 위험을 자초하느냐는 질문에 그녀는 "일을 해야 하니까요. 나는 돈이 필요해요"라고 답했다.[1]

당시 성매매를 시작한 지 얼마 되지 않았던 폴라는 20대 때부터 세 아이의 엄마였다. 아이들이 죽은 후 우울증을 이겨내지 못해 헤로인을 복용해왔던 그녀는 약물 의존도가 높아져 2006년 겨울에는 약물을 얻기 위해 하루에 약 500파운드를 벌어야 하는 신세였다.[2] 이와 비슷한 상황에 놓인 수많은 사람이 그렇듯, 폴라에게 그 많은 돈을 벌 수 있는 유일한 길은 성매매뿐이었다. 그녀의 친구는 영국법상 합법적이고 더 안전한 실내 에스코트 성노동을 해보길 권유했지만, 폴라에게 에스코트 성노동은 동료의 수와 수입을 고려했을 때 비현실적인 대안이었다. 거리 성노동은 불법이긴 해도 그녀가 원할 때마다 고객을 만나고 즉시 현금을 받아 집에 돌아갈 수 있었다. 결국 거리 성노동을 택한 폴라에겐 수입을 나눌 동료도, 관리자도 없었다.

뉴스가 보도된 지 며칠 후, 폴라는 실종되었다. 크리스마스 당일, 그녀의 시체는 다른 여성의 시체 4구와 함께 발견되었다. 그 후, 범인이었던 스티브 라이트Steve Wright는 5건의 살인 혐의로

유죄판결을 받았다.[3]

9년 후 어느 뉴스에 다리아 피온코Daria Pionko가 웃고 있는 사진이 보도되었다. 다리아는 뉴스 보도 열 달 전 폴란드에서 영국으로 온 21세 이주민이었다. 다리아의 어머니인 리디아Lydia는 그녀가 남을 돕는 걸 좋아하는 착하고 명랑한 소녀였다고 회상했다.[4] 크리스마스를 불과 며칠 앞둔 2015년, 다리아는 리즈시 홀벡에서 80파운드를 훔치려던 젊은 남성, 루이스 피에르Lewis Pierre의 발에 차여 사망했다. 그녀의 시체는 거리 성노동 동료이자 동거인이었던 카롤리나Karolina에 의해 발견되었다.

당시 다리아는 홀벡의 성매매 '관리구역'에서 일하고 있었다. 그곳은 영국에서 유일하게 체포의 위험 없이 거리 성노동자와 고객의 만남이 허용된 곳이다(영국의 다른 지역에서 성노동자가 공공장소에서 고객을 기다릴 경우, '호객행위'나 '매춘의 의도로 배회'한다는 명목하에 기소될 수 있다. 고객 역시 커브 크롤링 혐의로 기소될 수 있다).

다리아는 피에르의 강요에 못 이겨 관리구역을 벗어날 수밖에 없었다. 홀벡 관리구역은 성노동자가 체포의 위험 없이 고객을 만날 수는 있어도 섹스까지 허용된 곳은 아니기 때문이다. 그들은 관리구역에서 나와 비밀스럽게 일을 치를 수 있는 어두운 골목이나 울창한 산속으로 들어가야 했다. 다른 성노동자들 역시 이런 식으로 체포의 위험을 무릅쓰고 고객을 만난다. 잘 드러나지 않는 공간에 있으니, 당연히 폭력에 노출될 위험 역시 감수해야 한다. 관리구역을 걸어나가는 두 사람의 모습이 찍힌 CCTV 카메라에 피에르가 다시 나타났을 때, 그의 스틸캡 신발에는 피가 묻어 있었다.[5]

이런 끔찍한 이야기들이 나올 때마다 성구매 남성은 잔혹하고 매춘부는 일회용으로 소모된다는 식의 반응이 쉽게 나타난다.[6] 물론 이런 주제의 이야기는 낯선 사람과 함께 자동차나 호텔에 발을 들여놓아야 하는 성노동자뿐만 아니라, 성노동자가 아닌 사람에게도 강한 여운을 남긴다. 남성의 폭력을 부각해 사건을 이해하려는 접근은, 스스로를 남성 폭력의 생존자라 여기는 다수의 비매춘 여성들이 매춘부의 경험에 공감적·담론적으로 빠져들게 만든다. 여기서 유발되는 공감은 분명 환영할 만한 정서다. 하지만 그러한 접근은 자칫 폴라와 다리아, 더 나아가 매춘부 전체의 구체적인 삶의 경험을 지우고, 끝내는 '모든 여성'의 이미지를 단순화시킬 위험이 있다. 베스 리치Beth Richie가 주장하듯, '모든 여성everywoman'이 피해자·생존자라는 말은 1970년대 남성 폭력의 전염성을 환기하고자 초기 페미니즘 운동 일각에서 활용했던 전략적 수사였다.[7] 그런데 시간이 지나면서 이 말은 '기본값의 여성default woman'이 있다는 생각으로 기울게 되었고, 이 '기본값의 여성' 안에는 당연하게도 약물 사용자나 성노동자가 배제되었다. 국가 폭력의 생존자도 여기에 포함되지 않았다. 폴라와 다리아의 삶은 처벌의 위협이 상존하는 구체적 현실 속에서 형성된 것이었으며, 매 순간 자신을 위험에 빠뜨리도록 설계된 국가 시스템에서 이 젊은 여성들의 행동은 오히려 합리적인 것이었다.

언론들은 국가가 어떻게 폴라, 다리아 같은 여성들을 위험에 빠뜨리는지 질문하는 대신, 그 여성들에게 불만을 가진 이웃 주민들의 생각을 전달하려고 애썼다.[+] 영국에서 성판매가 법적으로 범죄가 아니라는 사실은 경찰, 주민, 기자가 성노동자를 친근한 이웃으로 여기거나 그들과 똑같이 슬픔을 느낄 줄 아는 사람으로 여기도록 만드는 데 거의 도움이 되지 않는다. 성노동자에 대한 공감적 인식은 냉담한 반응들에 쉽게 가려진다. 영국 월트셔의 마이크 베일Mike Veale 경찰서장은 매춘부의 신고는 다른 피해자들의 신고보다 심각하게 다루어지지 않는다고 고백했다. "만약 성기나 항문에 트라우마가 있는 6살짜리 소녀가 있다면, 당신은 내가 그 소녀를 믿길 바라겠죠. 하지만 만약 술에 취한 매춘부가 부실채권 사건을 신고한다면, 당신은 이에 대해 더 신중하게 판단하려고 할 겁니다."[8]

이러한 인식은 만연해 있다. 입스위치에서 살인사건이 일어나고 몇 년이 지난 후, 어떤 기자는 이렇게 말했다. "입스위치에서 살해된 여자들은, 그 어이없는 피씨PC한 용어로 굳이 말하자면, '성산업'에 종사하지 않았다. 그들은 약쟁이들이었다. …… '입스위치, 아니면 다른 지역에서 그런 여자들의 중독 치료를 제공할 여유가 있나요?' 이러한 질문에 나는 납세자로서 이렇게 답할 것이다. '아, 뭐, 음. 좋은 질문이네요.'"[9] 실제로 입스위치 살인사건

+ 입스위치 살인사건의 희생자 이웃 중 한 명은 BBC 다큐멘터리가 그 여성들을 순진한 희생자라고 표현했던 것을 두고 "내 기억과는 많이 다르다. 거절에도 아랑곳하지 않고 집에 가고 있는 내게 다가와 될 대로 되라는 식으로 강매를 하려고 하고 욕설을 내뱉는 성노동자들을 주기적으로 목격했다. '20파운드에 오럴섹스 진짜 잘해드릴게요'라는 제안에 곤란했던 기억도 난다. …… 아가씨 다섯 명이 '일거리를 찾기 위해' 50미터 정도 줄지어 서 있는 걸 보았다"라고 말하면서, 살인사건 이전부터 자신이 그들 때문에 개인적으로 곤란했다고 회고했다. M. Brain and G. Lawrence, '"Five Daughters" – messages for Neighbourhood Watch on street prostitution and drugs', *Propertibazar*, 2010, propertibazar.com.

과 이들의 질문은 성노동자에 대한 증오, 그들을 사회적으로 방치해왔다는 집합적 죄책감이 밀접하게 연결되면서 잔인한 수사적 표현을 공적 영역에 유독 악랄한 방식으로 들여놓았다. 또 다른 기자는 입스위치 사건의 희생자들을 "마약에 중독된 더러운 거리의 창녀들"이라고 불렀으며, "우리는 더러운 애들과 그들에 대한 살인에 책임을 느끼지 않는다. 사회를 탓할 것도 없다. ……교살로 인한 죽음은 그 직업에서 마땅히 감수해야 할 위험일 뿐이다"라고 이야기하면서 희생자들에 대한 애도가 과하다는 생각을 굽히지 않았다.[10]

그렇다면 누구를, 무엇을 탓해야 하는가? 왜 폴라와 그 동료들은 고객을 교대로 데려올 수 있는 공용 아파트를 이용하는 대신, 홀로 차를 타고 멀리 이동하려 했을까? 왜 그녀는 아주 적은 비용으로도 안전한 마약 대체재를 제공받을 수 있는 국립보건원을 놔두고, 하루에 500파운드를 지불하면서 마약을 구해야 했을까? 그녀는 왜 더 지속 가능한 지원 서비스가 아니라, 거리에서 유통되는 헤로인을 통해 자신의 트라우마를 다스리려 노력해야 했을까? 그토록 간절히 바라던 자애로운 부모가 되기 위해 지원을 받는 대신, 왜 폴라는 우울증과 심각한 빈곤에 빠지게 되었을까? 이런 고통스러운 질문은 다리아에게도 해당된다. 이미 다리아가 살해되기 몇 달 전부터 홀벡 관리구역에 대해 우려스러운 이야기들이 흘러나오고 있었다. "가장 위험한 시간에 정작 성노동자들은 관리구역에서 멀리 떨어져 있다."[11] 폴라와 다리아 같은 여성들은 자신들의 요구가 기본적인 안전 및 자원을 보장해달라는 것 같은 아주 최소한의 요구였기 때문에 사회가 이를 충족

해줄 것이라 기대해왔다. 하지만 사회가 그들의 안전을 중요하게 여길 것이라는 기대는 지금 사회가 혁명적으로 변화하지 않는 한 불가능하다. 그들의 요구는 너무도 과한 것이었다.

저급함과 고급함

이주, 약물 등 영국의 다른 이슈들과 마찬가지로 계급은 성노동의 출현 및 계층화 방식에 지대한 영향을 미친다. 매춘법은 유구한 계급구조로부터 생산되었으나, 이 법은 예의범절, 품위, 조신함 같은 가치가 상업적 섹스에 적합한 방식으로 재구성되는 성산업을 통해 거꾸로 계급구조를 재생산하기도 한다.[12] 매춘법은 (자동차 안에서 이루어지는 콘돔을 사용하지 않는 오럴섹스부터 수업료를 벌기 위한 슈가베이비sugar-baby+까지) 넓은 스펙트럼을 가진 성매매 중 인정할 수 있는 것과 인정할 수 없는 것을 가르고, 좀더 정숙하거나 눈에 띄지 않는 성매매에 어느 정도의 예외를 허용해야 하는지를 판단한다.

엄밀히 말해 법적 문제에 휘말리지 않고 영국에서 성판매를 할 수 있는 유일한 방법은 혼자 실내에서 일하는 것뿐이다(이주민의 경우 관련 서류를 갖추어야 한다). '엘리트' 또는 '고급' 같은 수식어는 많은 경우 이런 요구 조건을 충족한 사람들에게만 부여된다.

+ 역주. 로맨틱·섹슈얼한 관계를 맺는 대가로 현금, 현물 또는 기타 금전적·물질적 이익을 취하는 사람.

이런 수식어는 성노동자의 실제 사회경제적 계급과 거의 관련이 없는 광고용 표현이지만, 그들이 성노동의 위계 내에서 어디에 위치하고 있는지를 드러낸다.**

거리, 화려한 홍등가처럼 좀더 노출된 공간에 있는 성노동자들은 대부분 '저급'하거나 부도덕하고 골칫거리인 존재로 인식된다. 이러한 공간은 성노동자들이 피해와 착취를 당하기 쉬운 곳처럼 여겨지기 때문에 더 엄격한 치안유지가 필요하다는 간편한 정당화의 근거를 제공하기도 한다. 거리에서 호객을 하고, 커브 크롤링을 하고, 성노동자들을 관리하며, 그룹 또는 짝으로 성노동을 하는 등의 행위는 성노동을 '알선'하거나 '조장'하는 행위와 함께 모두 범죄화되어 있다. 법을 위반한 성노동자는 영국 사회라는 직물을 더럽히는 당혹스러운 얼룩이자 그들을 신경 쓰는 모든 이들에게 끔찍하고 눈에 띄는 부담이 된다는 누명이 덧씌워진다. 대표적인 예로, 영국 리즈시 홀벡 관리구역의 철폐를 추구하는 주민 단체인 우리 눈을 지켜줘Save Our Eyes는 성노동자 여성들이 실제로 폭력을 당하지 않을까 하는 우려보다 공공장소에서 '거의 옷을 걸치지 않은' 여성들이 끼칠 문제에 훨씬 더 많은 관심을 기울인다.[13]

++ "이런 수식어에는 (흑인 성노동자로서) 우리가 동등하게 대우받지 않는다는 생각이 반영되어 있다. 이는 흑인의 '게토화'를 …… 반영하기도 한다. 바로 이것이 우리가 얼마나 고학력자이고, 어떤 언어를 구사하고 있으며, 얼마나 덜 흑인스러운지 강조하는 마케팅을 지속하는 이유다. …… 이런 마케팅을 하지 않으면 내가 다른 동료들보다 '고급'이 아닌 것처럼 보이기 때문이다." Amber Ashton, 다음에서 인용, A. Tierney, 'What Happens When Sex Workers Put Women of Color First', *Vice*, 12 January 2018, vice.com.

성노동자에 대한 경찰의 엄격한 단속을 유도하기 어려운 곳에서는 성난 주민들이 지역사회를 '정화'한다는 명목으로 자경단을 꾸려 폭력을 행사하기도 한다. 1990년대 중반, 거리 성노동에 반대하던 영국 버밍엄시 발살히스Balsall Heath 지역의 주민들은 야구방망이와 개를 동원해 성노동자들을 괴롭히고 신체적 위협을 가했다. 창문은 부서지고, 성노동자들은 지역주민회에서 강제로 축출되었다.[14] 자경단원들은 심지어 한 성노동자의 편지함에 불을 붙인 폭죽을 넣고, 그녀의 집에 공기총을 발사하기도 했다.[15]

거리 성노동자들이 대중의 노골적인 불만을 견디고 있는 동안, 영국에서 대부분의 성노동은 성노동자와 고객의 집, 임대계약 아파트, 호텔 등의 실내에서 이루어지고 있다. 그러나 매춘을 섹스뿐만 아니라 이에 수반하는 모든 행위를 포괄하는 것으로 광범위하게 규정하는 제도 아래에선 성노동자가 합법의 테두리 안에 머무르는 것이 거의 불가능해진다. 가령, 성매매 시작 전 그것을 지원하고 홍보하는 등의 성매매 '조장' 행위는 원래 규제 대상이 아니었다.[16] 하지만 2013년 영국 런던의 소호에서 경찰들이 성노동자가 일하는 아파트를 단속하려고 들이닥쳤을 때, 경찰이 정의한 성매매 조장 행위에는 구직자에게 전화를 걸어 아파트에서 함께 일하자고 권유하는 행위까지 포함되어 있었다.[17] 다른 성노동자에게 쓰리섬 참여를 주선하는 것 또한 성매매의 '원인을 제공'하거나 성매매를 '조장'하는 것으로 비칠 수 있게 되었다. 성노동자들끼리 다른 시간에 출근하면서 서로 마주치는 일이 없다 해도 둘 이상의 매춘부들이 공동으로 운영하는 건물이라면 무조건 '성매매 업소'로 간주되어 규제될 수 있다.[18] 법규 위반으로 벌어질 일들(특히 퇴거와 양육권 상실)에 대한 지속적인 두려움은 성산업에 종사하며 성을 파는 모든 사람에게 선제적인 징계 효과를 낳는다. 처벌을 피하기 위해 법을 지키거나, 그럴 수 없다면 자신의 위법 행위가 절대 발각되지 않도록 숨죽여 일하는 수밖에 없다.

복잡하고 시대착오적인 법이 유지되고 있는 상황에서 성노동자들은 자주 혼란에 휩싸인다. 치안유지의 행태가 모호한 탓에, 구체적인 정보를 모르는 많은 사람들은 성노동자의 일이 어떤 방식으로든 불법이어야 한다고 단순하게 생각하게 된다. 자신이 범죄자로 취급받을 수도 있다는 생각은 인권과 노동권에 대한 성노동자의 자기 인식에도 큰 영향을 미친다. 이는 직장에서 자신의 권리 행사를 거의 불가능하게 만들 뿐만 아니라, 고객, 고용주, 경찰, 그리고 폭력적인 가해자의 학대에 저항할 힘을 갖지 못하게 만든다. 실제로, 활동가인 니키 애덤스Niki Adams는 조직폭력배들이 런던 성매매 업소에서 저질렀던 강도 현장에서 "가해자들이 피해 여성들을 향해 너희가 경찰서에 갈 수 없다는 걸 알고 있다고 뻔뻔스럽게 말했던 사건"을 폭로하기도 했다.[19]

이러한 상황은 안전 및 개인 안보를 위협할 뿐만 아니라 침묵으로 가득 찬 문화를 만든다. 위법 행위가 적발될 경우 그 결과가 참혹하기 때문에 공적 공간에서 발언할 수 있는 성노동자들은 극히 일부에 불과하다. 사람들은 (이 책의 저자들을 포함한) 그 일부의 사람들이 특권을 누리고 있으므로 성노동자를 대표할 수 없는 '고급' 성노동을 하는 특별한 성노동자라고 비난하지만, 정작 그들이 지적하는 성노동 내 위계구조는 물질적 차원에서 단 한 번도 적절히 탐구된 적이 없다.[20] 주류 강단에 서서 공적으로 말할 수 있는 기회가 주어진 성노동 정치 내 일부 집단은 대부분 대도시에 살고, 높은 몸값을 받으며, 더 많은 자원에 접근할 수 있고, 범죄화의 해악으로부터 가장 덜 시달리는 사람들일 것이라는 이야기는 사실이다. 하지만 여기에서 분석을 멈추는 건 게으른 짓이다. '왜' 우리는 이 사람들의 목소리만 들어왔던 것일까? 도대체 어떤 구조가 다른 사람들의 입을 막고 있었던 것일까?[21] 계급이 태초부터 존재해왔던 것은 아니듯이, 대부분의 성노동자를 침묵시키고 불안정하게 하고 취약하게 만드는 사회적 메커니즘 역시 자연적이거나 근본적이지 않다.

성노동자 페미니스트들은 표현의 '검열 및 규제'에 대한 페미니스트들의 논쟁을 씁쓸하게 지켜보고 있다. 성노동자들의 삶에서 '검열 및 규제'란 단순한 은유가 아니기 때문이다.

약물 사용 성노동자와의 전쟁

2005년 입스위치에서 스티브 라이트에게 살해된 다섯 명의 여성들, 폴라, 아넬리Anneli, 젬마Gemma, 타니아Tania, 아네트Annette는 모두 의존적인 약물 사용자였다.[22] 그들이 사망한 것이 '약쟁이' 였던 그들 개인의 책임이라거나, 그들의 무기력증과 자기 파괴적 성향이 필연적으로 불가피하게 그들을 죽음에 이르게 했다고 보지 않더라도, 수십 년 동안 언론을 통해 수없이 제기된 구체적 사항들은 재차 언급되어야 한다. 그것은 약물, 그리고 약물을 사용하는 사람들의 삶을 규제하는 법률이 어떻게 이 여성들을 거리로 나오게 했는지, 왜 그들이 스티브 라이트의 공격에 그토록 취약했는지와 밀접한 관련이 있기 때문이다. '마약과의 전쟁'을 종식시키는 일은 성노동자들의 권리와 직결된 문제다.

영국에서 범죄화된 절대다수의 성노동자(특히 실외에서 일하는 성노동자)들은 약물에 의존했던 경험이 있다.[+] 성노동과 약물 사용이라는 두 상황 사이의 가장 중요한 연결고리는 돈이다. 알다시피 약물은 비싸다. 많은 경우 성판매는 그들에게 필요한 약물을 구할 수 있는 유일한 수단이며, 약물 의존도는 노동 동기 및 강도를 좌우한다.[23]

약물을 사용하는 성노동자는 마약 범죄화 및 매춘 범죄화가 노리는 공동의 표적이며, 두 정책의 효과 역시 유사하다. 이들에게 마약 범죄화는 경찰의 이목을 끌고 체포될 확률을 더욱 높일 뿐만 아니라, 그들을 위법한 존재로 만들어 더욱 위험한 상황에 빠뜨린다. 호객행위를 규제하는 법률과 마찬가지로, 공공장소 내 약물 사용자를 체포 또는 해산하도록 지시하는 법률은 이들을 더욱 음지로 내몰고 위험한 방식의 약물 사용, 특히 주사형 약물같이 신속하고 부작용이 큰 약물 사용을 조장할 수 있다.[++] 현지 마

[+]   영국 브리스틀의 거리 성노동자들을 대상으로 한 조사에 따르면, 이들의 96%가 약물이나 알코올에 의존하고 있으며, 60%는 주사형 약물을 사용하고 있는 것으로 나타났다. 이들이 가장 많이 사용하는 불법 약물은 헤로인과 크랙 코카인이었다. N. Jeal and C. Salisbury, 'A health needs assessment of street-based prostitutes: cross-sectional survey', *Journal of Public Health* 26:2 (2004), 147–51 참조.

[++]   "약물 사용이 대부분 범죄화되어 있는 상황에서 주사기, 주삿바늘 등 약물 관련 용품은 약물을 사용했다는 증거로 활용되며, 경찰에게 발각될 경우 압수되거나 파괴되곤 한다. 이러한 상황은 약물을 안전하고 위생적으로 사용할 수 없게 만들고, 살균 소독된

약상의 체포는(이 마약상들 또한 마약을 빈번히 사용하므로) 사람들이 낯선 공급처에서 약물을 구입하도록 만들고 약물 거래 과정에 대한 충분한 정보 없이 결정을 내리게끔 유도한다. 돈을 벌기 위해 의심스러운 고객을 만나는 건 마약상에게도 도박에 가까운 일이다. 그래서 그들은 약물에 다른 상표를 붙이거나 약물에 다른 물질을 섞고, 효능을 알 수 없는 금지된 물질을 사용하기도 한다. 돈이 부족한 판매자든 안전한 약물이 부족한 구매자든, 이들의 부족함은 스스로를 위험에 빠뜨리고 그 부족함이 커질수록 무릅써야 할 위험은 점점 더 커진다. 가난 또는 금단 현상을 피하려는 욕구가 사람들의 행동에 강력한 영향을 미치는 것이다.

성노동자들과 마찬가지로, 약물을 사용하는 사람들 또한 그들이 마련한 최소한의 안전 조치를 경찰이 파괴하는 상황을 맞이한다.✚ 먹고살 길이 막막해 집단을 이루어 서로를 보살피는 성노동자들도 깨끗하고 살균 소독된 장비를 가지고 다니는 약물 사용자들과 마찬가지로 체포되기 십상이다. 이처럼 성노동자와 약

주사형 용품을 소지하려는 약물 사용자들의 동기를 감소시킨다. 또한 약물 사용자들이 성급하게 주사를 놓거나 주삿바늘을 공유할 가능성을 증가시켜 과잉 투여의 위험을 부추기고 HIV와 간염 등 혈액 매개 감염병의 전파를 예방하기 어렵게 한다." International Network of People who Use Drugs, 'Consensus Statement on Drug Use Under Prohibition – Human Rights, Health, and the Law', 2015, 18.

✚   1980년대 영국 에든버러 경찰이 마약 단속을 통해 주사 장비들을 압수한 결과, 약물 사용자 집단의 주삿바늘 사용량은 감소했고, 주삿바늘을 공유하는 사람들은 더욱 늘어났다. 결국 에이즈 위기가 맹위를 떨치며 도시의 약물 사용자들을 할퀴고 지나갔을 때, 수백 명의 사람이 목숨을 잃었고, 에든버러에는 '유럽의 에이즈 수도'라는 오명이 붙었다. L. Hunt, 'Aids taking heavy toll of city's drug users: Edinburgh feels impact of HIV', *Independent*, 5 August 1994, independent.co.uk.

물 사용자 모두 언론, 법정, 의료, 사회복지 서비스, 고용 등에서 중첩된 차별을 겪는다.[24] 약물 사용 성노동자들은 이중 혐의로 체포되는 걸 피하는 과정에서 2007년 런던에서 살해된 보니 바렛Bonnie Barratt처럼 폭력에 극도로 취약해진다. 보니의 동료들은 그녀처럼 성 서비스를 판매하는 동시에 약물을 사용하는 사람들이었다. 보니가 죽기 전, 그녀의 동료들은 한 고객이 거칠고 폭력적으로 행동하는 모습을 발견했지만, 그를 고발하거나 도움을 청할 생각을 하지 못했다. 거기엔 충분한 이유가 있다. 살해되기 전 보니에게는 30번 이상 체포된 전과가 있었기 때문이다.[25]

약물 사용자와 성노동자, 두 집단 모두 정치인들의 관심 밖에 있으며, 심지어 진보적인 인사들조차 이들을 위해 마약 규제법과 성노동 규제법을 개정하려는 의지가 없다. 비평가들은 약물과 성매매를 다룰 때 매춘과 약물 사용의 구조적 맥락을 조사하기보다 포주와 마약상 같은 악당을 소환하는 편을 택한다(섹스나 헤로인의 해악을 지적하는 건 그나마 낫다). 구조적 맥락을 검토한다는 것은 이 문제가 개별 악당들의 문제가 아니라 국가가 사회적으로 가장 취약한 두 집단에 어떤 영향을 주는지 그것에 대해 답한다는 뜻이다. 앞서 언급했듯이, 약물을 사용하는 많은 사람들은 돈을 벌기 위해 성 서비스를 판매하고, 성노동자들은 범죄화로 인해 악화되는 트라우마에서 벗어나기 위해 종종 약물을 사용한다. 약물 사용과 성노동 사이의 이러한 상호 연관성을 고려한다는 것은 약물 사용자 및 성판매자들도 주어진 환경에 반응하는 이성적·합리적 행위자라는 사실을 인정한다는 것이다.

이러한 관점은 기존의 통념에 반한다. 우리가 일상에서 사용하는 말만 보아도 이런 관점과 얼마나 거리가 있는지 알 수 있다. 이성적인 사람들은 대개 'sober(술에 취하지 않은, 냉철한)', 'clear-headed(맑은 머리의, 명석한)' 등의 표현과 함께 약물을 사용하지 않는 사람이라는 느낌의 단어들로 묘사된다. 그럼에도 불구하고 약물을 사용하는 성노동자들이 열악한 조건에서 살아남기 위해 최선을 다하는 사람들이라고 인식시키는 일이 필요하다. 이러한 인식을 통해 대중은 그들을 흠결이 있는 패배자가 아니라, 그들을 가로막는 사회에 대항하기 위해 크고 작은 방법을 사용하는 사람이라고 생각할 수 있게 된다. 그리고 약물을 안전하게 주사할 수 있는 시설, 위생적인 주삿바늘, 안전한 성매매 집결지, 낮은 임대료의 주택, 빈곤 퇴치 등 그들의 안전을 위한 크고 작은 변화를 탐색하는 데 도움을 준다.✛ 지금과 정반대로, 만약 사람들이 아편 성분의 진통제 처방전을 받을 수 있다면, 그들은 약물을 구입하기 위해 거리에서 오랜 시간 서성이는 대신, 건강 관리 및 기타 서비스를 제공해주는 기관과 연결되어 안전하게 약물을 사용할 수 있는 지식 및 자원을 제공받을 수 있을 것이다.[26]

약물 사용에 의한 폐해를 줄이기 위해 헤로인, 주삿바늘, 그리고 이를 안전히 사용할 수 있는 장소를 제공해야 한다는 것이 다소 충격적인 이야기로 들릴지도 모른다. 하지만 그들이 피할 수도 있었던 죽음을 맞고 있다는 사실보다 더 충격적인 이야기

✛   90개 이상의 독립된 시설과 개별적인 수백만 건의 유사 아편 진통제 주입에 관한 수십 년간의 기록에 따르면, 감독이 실시되고 있는 전 세계의 모든 주사 시설에서 약물 과다 투여로 사망한 사람은 단 한 명도 없었다. P. Gregoire, 'Why Does Australia Still Have Only One Supervised Injecting Room?', *Vice*, 26 January 2016, vice.com.

는 없다. 마약과의 전쟁은 실패한 정책이다. 그로 인해 영국 내 성노동자와 약물 사용자들은 매주 목숨을 잃고 있다. 스코틀랜드의 소도시 던디에서는 안전하지 못한 약물 사용으로 인해 2018년 초기 한 달 동안 12명이 목숨을 잃었다.[27] 현재 영국의 약물 정책은 '사회 정화'의 일환으로 추진되고 있다.

약물에 대한 논쟁도 성노동에 대한 논쟁처럼 부조리하게 진행된다. 모든 약물 사용이 끔찍한 짓으로만 그려질 때, 약물의 해악과 이를 줄이기 위한 행동이 별개라는 사실은 축소되거나 은폐되고 심지어 사실과는 정반대로 받아들여지기도 한다. 본드는 대마초보다 위험한 물질이지만, 영국에서 공원 내 대마초 흡연자는 본드 흡입자보다 훨씬 더 엄격한 법적 제재를 받는다. 합법적인 대마초를 구매할 수 있게 하는 것이 대마초 흡연자와 본드 흡입자 모두에게 더 나을 수 있다. 인조 대마초인 스파이스spice는 천연 대마초보다 중독성이 강하며, 심각한 신체 손상 및 사망을 일으킬 수 있는 위험한 약물이다. 스파이스가 개발되어 널리 퍼지게 된 계기는 대마초 불법화였다. 새로운 화합물이 발명되는 속도를 법률이 도저히 따라갈 수 없다는 일시적 허점을 스파이스 개발자들이 악용한 것이다. 범죄화 조치로 벌어진 흡사 두더지 게임 같은 현상은 약물 구매자와 판매자가 법보다 앞서 위험한 실험을 행하고 위험한 물질을 구하게끔 유도한다.

중·상류층이 코카인, 엑스터시, 대마초, 케타민, LSD 등을 마음껏 즐기는 동안, 하류층의 약물 사용 성노동자들은 더 취약해지고 더 강한 통제를 받는다.[28] 사회적 위치와 상관없이 모든 약물 사용자가 반反마약 조치로부터 일정 정도 영향을 받는다는 점을 감안할 때, 중산층 약물 사용자들이 주변화된 사람들과 연대하지 않는다는 사실은 유독 실망스럽다.[29] 어쩌면 누군가는 대부분 허브와 다름없는 대마초 한 묶음을 사기 위해 바가지를 쓰거나, 나이트클럽에서 진짜 엑스터시인지 알 수도 없는 알약을 왕창 털어넣는 친구를 보면서 극심한 공포감에 시달릴지도 모른다. 누군가의 파트너는 싸구려 물질이 섞인 코카인 때문에 밤새 부작용으로 고생했을 수도 있다. 어떤 나라에서든 마약 범죄화는 약물 사용자들이 자신이 사용하는 약물이 진짜인지 가짜인지 확신하기 어렵게 만든다.

흔히 대마초, 흥분제, 코카인은 헤로인, 크랙 코카인, 크리스털 필로폰에 비해 '나쁘지 않다'고 이야기되지만, '좋다', '나쁘다'의 낙인이 찍히는 대상은 약물 그 자체가 아니라 약물을 사용하는 사람들이다. 마약 금지의 역사를 보면, 특정 물질을 선호하는 '문제 있는 사람'이 '문제 있는' 물질을 만드는 것이지, 그 반대가 아니라는 점을 확인할 수 있다.[30] 악마화된 사람들과 강하게 연관된 약물은 곧 악마화된 마약으로 인식되어왔다. 실제로 영국 내 흑인들은 백인들보다 약물 사용률이 훨씬 더 낮음에도 불구하고 경찰에게 훨씬 더 많은 수색을 당하고 있으며, 약물 소지가 적발되었을 경우에는 훨씬 더 강도 높은 수사를 받는다.[31]

'규범적 시민'과 약물을 사용하는 매춘부의 차이는 주어진 환경과 그에 따른 욕구의 차이로부터 발생한다. '중독성 강한' 약물은 파티용 약물보다 어려운 삶을 감당하는 데 훨씬 더 효율적인 수단이며, 의사가 처방해준 약보다 구하기 쉽다. 또한 양자의 차이는 치안유지와 사회적 관리 사이의 차이기도 하다. 누가 표적이 되고, 누가 처벌의 대상이 되는가? 좋은 삶에 어울리지 않는 사람은 누구라고 인식되는가? 누구에게 풍요롭고 번창하는 삶이 허용되는가?

실외 성노동

영국에서 거리 성노동에 대한 범죄화 조치는 2000년대 초반 급격히 강화되었다. 신노동당 정권과 그 뒤를 이은 보수당 정권은 반사회적 행위에 관한 명령(Anti-Social Behaviour Order, ASBO, 이하 ABSO)과 그 후속 조치로 잘 알려진 새롭고 징벌적인 매춘 정책을 제정하고 유지해왔다[32](2014년, 연립정부가 ASBO를 폐지하긴 했지만, 범죄예방령Crime Prevention Injunction, CPI, 범죄행위에 관한 명령Criminal Behaviour Order, CBO, 공동체보호고시Community Protection Notice, CPN, 해산 명령 제35조 등 반사회적 행위를 규제하기 위한 다른 유사 법령이 재차 도입되었다. ASBO라는 포괄적 용어를 쓴 건, 이 용어가 계속해서 널리 통용되고 있기 때문이다).

ASBO는 소음 유발, 쓰레기 불법 투기(불법 폐기물), 공공장소에서의 마약 사용, 그래피티, 성희롱, 거리 성노동 등을 모두 규제 대상으로 삼을 수 있도록 의도적으로 광범위하고 모호하게 규정되어 있다. 일단 ASBO가 공표되면, 이를 어겼을 때 위법이 아닌 행위까지도 범죄화되어 처벌될 수 있다. 실제로 여러 지역에서 ASBO 위반으로 부당하게 처벌받는 사람들이 나타났다. 잉글랜드와 웨일스에서는 이미 1982년에 호객행위 처벌을 법적으로 폐지했음에도 불구하고, 그와 별개로 ASBO 위반 시 5년의 징역형을 선고하는 지역이 생기기 시작했다.[33] 한 여성 자선 단체가 전·현직 거리 성노동자 여성 15명을 대상으로 실시한 심층 인터뷰 보고서에 따르면, 그들 중 8명은 벌금을 미납하거나 ASBO를 위반했다는 이유로 최소 몇 주에서 최대 6개월에 이르는 보호관찰 처분을 받은 적이 있다.[34] 영국매춘부단체의 캐리 미첼Cari Mitchell이 말했듯, "사실상 ASBO는 수감되지 않아도 되는 범죄에 다시 감옥을 소환하고 있는 제도다".[35]

최근 몇 년 동안 상황은 더욱 악화되었다. 2009년 "매춘 목적의 지속적인 거리 배회"를 새롭게 범죄로 규정한 치안유지 및 범죄에 관한 법률Policing and Crime Act 제정 이후, 거리 성노동자들은 더욱 빈번히 체포당하고 있다[36](자칭 페미니스트이자 영국의 첫 여성 내무장관이 선사한 정말 멋진 선물이다!).[37] 그 후 연립정부는 2013년, 짧은 형량으로 출소하는 사람들에게 의무적인 재활 기간을 거치도록 하는 제도를 도입했다. 여성 자선 단체 활동가인 니아Nia는 이 조치를 다음과 같이 비판했다.

탈성매매를 위한 전문적인 서비스가 포함될 것 같진 않지만, (의무적인 재활) 감독 기간을 두는 조치는 여성들에게 필요한 서비스의 접근을 확대할 수도 있다. 그러나 여전히 우려스러운 것은 그 조치들이 특정 조항을 위반하거나 위법 행위를 다시 저지를 가능성이 높은 피감독 여성들을 형사사법 체계의 굴레에서 영영 벗어나지 못하게 할 위험이 있다는 점이다.[38]

영국의 성노동자 여성들은 ASBO 조항을 위반했다는 이유로 실형을 선고받고, 석방되면 '출소 후 감독을 받아야 한다'는 약속을 이행하지 않았다는 이유로 또다시 실형을 선고받는다. 지금이 정말 21세기인지 의심될 정도로 답답한 상황이다.

ASBO의 도입은 중산층이 빈곤계층을 혐오하는 것을 허용하는 새로운 시대를 활짝 열었다. ABSO는 노동자 계급을 처벌하고 핍박하는 새로운 방식을 도입했을 뿐만 아니라, '약쟁이, 창녀, 차브chav[+]'에 대한 조롱을 전 국민적 스포츠로 만들어버렸다.[39] "돈 벌려고 섹스하는 ABSO 여성들이 감옥을 빠져나간다" 같은 구호 속에서 'ABSO 여성' 등의 약칭은 사회적 망신거리를 의미하는 대명사가 되었고,[40] 정작 ASBO가 일으키는 부조리는 타블로이드 신문의 가십거리에 묻혀 종종 잊혔다. 2017년 영국의 수많은 언론은 고객의 집에 방문했다는 이유로 ASBO를 위반하고 수감된 한 여성의 사진을 게재했다. 그녀는 3개월의 징역형과 '피해자를 위한 서비스'에 충당될 벌금형을 선고받았다. 고객이 그녀에게 열쇠를 직접 건네주었고 이후 그녀를 변호하기 위해 법정에 출두했던 것을 보면, 고객에게 어떤 피해가 있었는지 도통 알 수 없지만 말이다.[41]

ASBO는 특정 지역의 자의적 규제를 허용함으로써 영국 매춘법이 은밀히 내포하고 있던 성노동자 해산 및 비가시화에 관한

[+] 역주. 어린이를 의미하는 19세기 집시 언어인 '샤비(chavi)'에서 유래된 용어로, 싸구려 보석으로 만든 장신구나 유명 브랜드를 본 딴 가짜 상품 등을 소비하고 저급한 취향 및 패션을 즐기는 사람들을 낮추어 지칭하는 말. 영국에서는 주로 교육 수준이 낮고 노동자 계급에 속하는 일탈 청소년 및 그들의 문화를 가리킨다.

내용을 대놓고 명시하고 있다. ABSO는 빈곤과 억압적인 약물 규제법하에서도 최선을 다해 살아가고 있는 노동자 계급의 여성 거리 성노동자들이 생존하고, 일하고, 생필품을 사고, 마약상을 만나고, 아이들을 키우고, 지역 보건의료 서비스를 받을 수 있는 공동체로부터 완전히 사라지길 바라고 있다.[+] 하지만 ASBO의 바람과 달리, 성노동자들이 지역사회에서 없어지는 것은 불가능하며, 해산 명령에 반하는 사람들이 나타나는 것 또한 불가피하다. 이 불가능한 요구들은 반매춘 법률이 눈에 가장 잘 띄는 성판매자들을 어떻게 '합법적으로' 죽게 내버려두는지 보여준다. 경찰들과 성노동자를 살해한 남성들이 공통적으로 '거리를 청소해야 한다'는 생각에 심취해 있는 것은 결코 우연이 아니다(실제로 '요크셔 살인마' 피터 서트클리프Peter Sutcliffe는 동생에게 "나는 그저 거리와 우리 아이들의 주변을 청소했을 뿐이야. 그건 단순한 거리 청소였어"라고 뻔뻔하게 말한 바 있다).[42] 경찰 역시 평소 성노동자 단속을 '거리 정화'로 표현하곤 하며,[43] 미국의 반매춘법은 '대청소 작전Operation Cleanup'이라고 불리기도 한다.[44] 실제로 이러한 상황은 당연하게도 여성들이 새롭고 고립되고 낯선 곳에서 일하도록 강요한다. 경찰과 성

[+] 모든 젠더의 사람들이 성을 팔고 거래한다. 그러나 성노동에 종사하는 사람들은 주로 여성이다. 이러한 현상은 경찰의 눈에 더 잘 드러나는 거리 성노동에서 더욱 두드러진다. 시스젠더 남성과 트랜스 남성 역시 거리에서 성을 판매하곤 하지만, 그들은 알려진 도로를 배회하기보다 경찰의 눈에 덜 띄는 술집 안팎 또는 데이트 앱을 통해 간헐적으로 일하는 경우가 더 많다. 여기서 알 수 있는 것은 첫째, 거리 성노동이 애초에 대부분 여성에 의해 행해지고 있다는 점, 둘째, 관련 사법제도가 대부분 여성(그리고 형법 체계가 여성으로 간주하는 사람들)을 대상으로 한다는 점이다. 따라서 이 장에서는 여성과 거리 성노동자의 연관이 높다는 점을 고려해 여성 거리 성노동자라는 용어를 사용했다.

노동자를 살해한 남성들의 이 공통된 집착은 집에서 멀리 떨어진 일터에서 오랜 시간 동안 홀로 일하는 여성을 양산하며, 그로 인해 더 치명적이고 파괴적인 결과를 불러온다.

영국 켄트주 메드웨이의 성노동자 권리 운동가인 루스 제이콥스Ruth Jacobs는 '안전한 탈출Safe Exit'이라는 작전명의 경찰 프로젝트 관련 통계를 입수한 바 있다. 그녀는 '안전'과 '탈출'이라곤 전혀 찾아볼 수 없는 그 작전에서 ASBO 위반 혐의로 수많은 사람이 체포되었음을 폭로했다. 무려 67명의 여성들이 매춘 혐의로 5년 이상의 징역형을 선고받았으며, 그중 절반은 2010년, 2011년 단 2년 동안 체포된 이들이었다.[45] 반면 타넷, 그레이브셈, 셰프웨이, 세븐옥스, 톤브리지, 몰링, 로열 턴브리지 웰스 등 켄트주의 다른 지역에서 ASBO 위반 또는 호객행위 혐의로 벌금을 내거나 기소된 여성은 5년 동안 아무도 없었다. 제이콥스는 "이런 법률들 때문에 수많은 여성이 실종되고 몇몇은 사망했다는 내부 고발자들의 이야기를 들었다. 그들이 정책의 성공 사례로 말한 여성들은 모두 죽고 없다. 정말로 끔찍한 일이다"라고 밝혔다.[46]

이렇게 사람들을 지속적으로 옥죄는 정책들은 징벌국가 내에서 다양하고 광범위하게 중첩된 여러 통제 방식과 함께 복잡한 미로처럼 얽혀 있다. 예를 들어, 실외 성노동자들은 호객행위, 거리 배회 같은 ASBO 위반 혐의 이외에도, 공공장소에서 성관계를 맺었다는 혐의로 기소될 수 있다. 또한 매춘부 주의조치prostitute cautions나 치안유지 및 범죄방지에 관한 법률 제21조나 제35조에 저촉되어 이민국 경찰들에게 체포되거나 공공주택 분양 우선권이 박탈될 수도 있다.[47] 경찰이 집행하는 일반적인 주의조치와는 달리 매춘부 주의조치는 전적으로 경찰의 재량에 따라 자의적으로 집행되며, 피고인에게 상고권조차 주어지지 않는다.[+] 강화된 공시의무Enhanced Disclosure가 적용되는 직장에 지원할 경우, ASBO 위반 경력과 매춘부 주의조치 위반 경력이 공개될 수도 있다.

범죄화는 빠져나오기 어려운 함정이다. 유죄선고, ASBO 위반, 매춘부 주의조치 등은 성노동자들이 다른 직업을 구하는 것을 방해하고 벌금을 내기 위해 빚을 지도록 조장해 결국 성판매에서 벗어날 수 없게 만든다. 때때로 수백 파운드씩 부과되는 벌금은 성노동자들에게 무거운 경제적 짐이 된다. ASBO 위반으로 징역형이나 무더기 벌금형을 받은 여성들은 양육권을 잃고, 석방후 홈리스가 되면서 다른 직업을 가질 기회가 박탈되어 다시 거리 성노동으로 밀려나고, 경찰을 피하려다가 폭력적인 상황을 맞이하게 된다.

여성 거리 성노동자에게 형사적 처벌은 신체적·법적 위험의 악순환을 낳는다. 그러나 수많은 언론이 합법화된 성산업을 향해 요란한 분노를 쏟아내게 만들었던, 성매매 관리구역을 운영한 홀벡 지역에서조차 성노동자를 범죄화하는 기조는 그대로 유지되고 있다. 홀벡에서 체포된 후 얄스우드 이주민추방센터Yarl's Wood Immigration Removal Centre에 억류된 모니카Monika는 기자에게 다음

[+]   영국 왕립검찰청에서 제공하는 '일반적인 경찰의 주의조치' 규정에 따르면, 법정에서 주의조치에 대한 재판이 진행되었을 때 유죄의 증거가 충분하게 확보되어야 하고, 피고인은 유죄를 인정해야 한다. 그러나 '매춘부 주의조치'에는 이러한 요구 조건이 없다. Crown Prosecution Service legal guidances, 'Cautioning and Diversion' and 'Prostitution and Exploitation of Prostitution', 다음에서 확인 가능, cps.gov.uk.

과 같이 털어놓았다. "마치 감옥에 갇힌 기분이다. …… 모든 문이 잠겨 있다. 더 이상 내가 일을 할 수 없다는 사실을 인정하기 어렵다. …… 지금 내게 무슨 일이 벌어지고 있는지 잘 모르겠다. 내가 점점 미쳐가고 있는 것 같다."[48]

영국 동부의 레드브릿지에서는 지역사회 주민들이 경찰들에게 거리 성노동자를 '단속하라'는 압력을 넣자 체포 및 주의조치 건수가 급격히 증가했다. 눈에 드러나는 매춘은 감소하는 듯했고, 성노동자를 제외한 지역사회 주민들은 이러한 상황을 반겼다. 한편, 그 일이 있기 불과 3주 전 레드브릿지로 이주해온 마리아나 포파Mariana Popa라는 젊은 여성이 있었다. 그녀 자신과 어린 자식을 부양해야 했던 그녀의 또 다른 수입은 웨이트리스로 일하며 받는 아주 적은 액수의 현금뿐이었다. 그녀는 걸어서 고작 몇 분 거리에 있는 일포드에서 성노동을 했다. 2013년 10월 29일 늦은 저녁, 어떤 남성이 마리아나에게 접근해 칼로 그녀의 가슴을 찔렀다. 그녀는 필사적으로 도움을 청하며 비틀비틀 동네 치킨집으로 들어갔지만, 부상이 이미 너무 심각해 결국 숨지고 말았다.

그곳에서 아웃리치 서비스를 진행하고 있던 모니카 압달라Monica Abdala는 기자들에게 이렇게 토로했다. "경찰의 작전은 전혀 도움이 되지 않는다. …… 여성들을 뿔뿔이 흩어지게 하고, 더욱 힘들게 일하도록 만들었다. 이 때문에 여성들은 카메라가 없는 골목으로 숨어들어야 한다."[49] 이 지역에서는 경찰을 피해 문자 그대로 차 뒤에 숨거나 더 빨리 도망치기 위해 신발을 도로변에 벗어두고 달아나는 여성들의 모습이 종종 목격된다.[50] 범죄화는 마리아나를 살인범으로부터 더 취약한 방식으로 일하게 만들었다. 사건 당일 밤, 포파는 경찰에게 세 번이나 구두 훈계와 주의 조치를 받았다.[51] 불과 며칠 전에도 호객행위로 인해 벌금을 선고받았던 그녀는 이를 충당하기 위해 일을 해야 했다(그 시각, 같은 지역에서 일하던 또 다른 성노동자 여성은 총 1,350파운드의 벌금형을 선고받았다).[52] 그녀가 다른 사람들보다 더 늦게까지, 더 은밀하게 일해야만 했던 이유는 명백하다. 필사적으로 경찰의 눈을 피해야 했고, 생계유지와 비싼 벌금을 내는 데 필요한 돈을 벌어야 했기 때문이다.

당시 잉글랜드와 웨일스에서 매춘과 관련된 경찰 단속을 이끌었던 크리스 아미트Chris Armitt 부서장은 포파의 죽음에 대해 다음과 같이 말했다. "강력하고 공공연한 경찰의 공권력 행사가 일어나는 곳에서 오히려 성노동자에 대한 폭력 사건이 증가한다는 사실을 목도하고 있다."[53] 하지만 레드브릿지 경찰청은 아미트의 실용주의적 관점에 동조하지도 않았고, 신경 쓰지도 않았다. 포파가 사망한 도시에서는 계속 거리 성노동자들을 매우 공격적으로 단속했다. 그 지역의 경찰들은 매춘부 주의조치를 런던에서 가장 많이 남발하고, 그것을 소셜 미디어에 자랑하기까지 했다.[54] 이로 인한 해악은 분명하다. 아미트는 "이 문제에서 벗어나기 위해 기존의 방법을 고수하지 않을 것이다"라고 밝혔다. 왜냐하면 "그건 아무런 효과도 없었으니까".[55]

성노동자에 대한 경찰 및 지역 주민들의 적개심은 날이 갈수록 커지고 있다. 포파가 살해된 지 몇 주 후, 해당 지역 내 몇몇 주민들은 다른 이주 성노동자를 공격했다. 피해자가 병원에 입원할 정도로 심한 폭력이 자행되었으나, 가해자들에겐 아무런 벌금도

부과되지 않았다.[56]

실내 성노동

혼자서 하는 실내 성판매는 영국에서 합법이다. 영국 콜린데일에 사는 55세 성노동자인 리브카 홀덴Rivka Holden은 고객이 자신을 찾아오는 '인콜in-call(성노동자가 선택한 장소에서 만나는 사전 예약 방식)'을 더 선호했다. 영국 스케그네스 출신의 에스코트 성노동자이자, 두 아이의 엄마인 레누타 하이데맥Lenuta Haidemac은 아이들이 있는 집에서 일할 수 없었다. 그녀는 고객의 집이나 호텔에 찾아가는 '아웃콜out-call'을 선호했다. 두 사람 모두 남성들에 의해 무참히 살해되었고, 그 남성들에겐 장기 징역형이 선고되었다. 평소 잭 더 리퍼Jack the Ripper[+]를 동경하던 하이데맥의 살해범은 그녀를 흉기로 찌르고 목을 조른 후 그녀의 몸에 '잭'이라는 글자를 남겼다.[57] 홀덴을 살해한 남자 역시 그녀를 때리고 흉기로 찌르고 목을 졸랐다. 그는 이후 친구와의 전화 통화에서 "내가 사람 하나를 죽였는데 …… 사람이 아니라 창녀였다"라고 고백했다.[58]

살인마들에게 성노동자는 늘 좋은 희생양이었다. 상업적 섹스를 둘러싼 법규들은 희생자들이 혼자 있을 것이라는 합리적 확신을 너무 쉽게 심어준다. 하이데맥과 홀덴이 상상을 초월할 정

[+]　역주. 1888년 8월 7일부터 11월 10일까지 영국 런던 화이트채플에서 다섯 명 이상의 매춘부를 잔인한 수법으로 살해했으나 끝내 검거되지 않은 연쇄살인범의 별칭.

도로 끔찍한 죽음을 겪었다는 사실도 그렇지만, 만약 그들이 동료와 일터를 공유할 수 있었다면 상황이 달라질 수 있었을 것이라는 안타까움은 우리를 몹시 고통스럽게 만든다.

상해를 입히거나 죽일 수도 있는 낯선 사람과 단둘이 있는 것보다 짝을 짓거나 작은 그룹으로 함께 일하는 것이 많은 성노동자에게 당연히 훨씬 더 안전하다. 반성매매 활동가들은 성노동자들이 합법적으로 짝을 지어 일하길 바라는 것은 그만큼 매춘이 본질적으로 위험하고 정도에서 벗어난 일이라는 것을 보여준다고 설명하지만, 다른 직업에서도 홀로 일하는 상황이 위험할 수 있다는 사실은 굳이 부연할 필요가 없다.[59] 1986년 부동산 중개업자 수지 램플로Suzy Lamplugh가 살해된 이후, 부동산 중개업자들 사이에선 웬만하면 혼자 다니지 말고, 그러지 못할 경우 '친구'에게 자신의 행방을 추적할 수 있게 하라는 조언이 돌았다.[60] 왕립 간호대학도 헬스케어 업종의 노동자들에게 비슷한 권고를 했고, 영국사회복지사협회British Association of Social Workers 역시 그랬다.[61] 영국 최대 노동조합 중 하나인 유니슨Unison은 홀로 일하는 노동자들이 폭력에 취약하므로 집단을 이루어 일할 수 있도록 허용해야 한다고 강조했다.[62] 정확히 이와 같은 이유로 성노동자 역시 작은 집단을 이루어 같은 건물에서 함께 일하는 걸 선호한다.✦ 이런 협

✦ 혹자는 성노동자들의 공간 공유를 옹호하는 것이 '피해자에 대한 책임 전가(victim-blaming)'의 근거가 될 수 있다고 주장한다. 함께 일하지 않고 혼자 일하기로 '선택'했다면 안전을 위한 예방조치를 취했어야 하거늘 피해를 당한 성노동자들은 아무런 조치를 하지 않았다는 의미로 비칠 수 있기 때문이다. 만약 이들이 모든 여성 노동자들은 의무적으로 혼자 일해야 한다는 법을 제정해야 한다고 주장했다면, 더욱 설득력을 얻었

업 방식엔 하나의 침실을 교대로 사용하면서 손님이 없는 다른 성노동자가 눈에 띄지 않는 가까운 방에 기거하는 방식도 포함된다. 성노동자인 클레어 핀치Claire Finch는 다음과 같이 말한다. "나에게 중요한 건 안전이다. 혼자서 일하면 안전하지 않다. 하지만 둘이 함께 있으면, 당신은 든든한 지원과 동료애를 함께 얻을 수 있다."[63]

그러나 핀치도 알고 있듯, 둘 이상의 성노동자 간 결합을 '성매매 업소'로 간주하는 영국에서 노동 공간을 공유하는 것은 불법이다. 이러한 법률은 단속 당시 또는 당일, 성노동자가 고객을 응대하고 있었는지 여부나 사람들 사이의 권력관계와는 상관없이 그저 성노동자들이 한 공간을 쓰기만 하면 적용된다. 즉, 이 법률은 관리자들을 처벌하는 데 쓰일 수도 있지만, 한 공간을 공유하고 있는 두 명의 성노동자를 처벌하는 데에도 활용될 수 있다. 40대 여성이었던 핀치와 그 동료들은 그들의 결합이 동등한 권력과 상호 안전하에 이루어졌다는 사실을 당당히 소명했다. 그럼에도 불구하고 '20명이나 되는 경찰'들은 핀치의 현관문을 부수고 들이닥쳐 그녀의 집을 수색하고, 현금, 노트북, 전화기를 압수

을지도 모른다. 하지만 이들의 주장에 의하면, 가정방문 시 동료와 동행하는 사회복지사들도 어떠한 이유로든 홀로 일하는 동료 사회복지사들에게 암묵적으로 피해를 전가하는 것이 된다. 폭력을 회피해야 한다는 명목으로 누구도 성노동자들의 행동을 함부로 바꾸려고 해선 안 된다는 생각, 그리고 성노동자들의 기본적 안전 조치에 대한 국가의 범죄화 정책이 대단히 해롭다는 생각은 완벽히 양립 가능하다. 어떤 사람들은 짝이나 집단을 이루어 밤늦게 귀가하는 여성들의 태도를 아니꼽게 본다. 하지만 어두운 밤 친구와의 귀가를 원천적으로 범죄화하려는 의도가 아니라면, 이들의 입장은 체포당할 위험 없이 나름의 안전 조치를 취하고자 하는 성노동자들에게 쓸데없는 부담만 안길 뿐이다.

해갔다.

이는 아주 일상적으로 벌어지는 일이다. 2015년 스코틀랜드의 정치인 진 어쿼트Jean Urquhart는 공간을 공유하는 성노동자들을 처벌하기 위해 성매매 업소 운영 혐의로 체포와 기소가 끊임없이 자행되고 있다는 증거를 스코틀랜드 의회에 제출했다. 어쿼트는 그 자료에서 다음과 같이 주장했다.

안전하고 좋은 삶을 위해 협업하는 소규모 여성 집단들이 스코틀랜드에서 성매매 업소 운영 혐의로 계속 체포와 기소를 당하고 있다. 2013년 11월, 2013년 12월, 2014년 3월, 2014년 4월, 2014년 5월, 2014년 10월, 2015년 2월, 2015년 5월에는 애버딘에서 여성들이 성매매 업소 운영 혐의로 체포·기소되어 유죄판결을 받은 바 있다. 2013년 5월 페이즐리에서는 함께 일했다는 이유로 여성들이 기소되었고, 2013년 11월 글래스고에서는 성매매 업소 급습으로 다섯 명의 여성이 체포되어 법정에 섰다. 이 여성들 모두 포주나 관리자가 아니라 성노동 당사자였다는 점을 고려하면, 안전하게 일하기 위한 이유 이외에 아파트를 공동으로 임대한 다른 까닭이 있을 리 없다.[64]

성노동자들의 공유 일터가 얼마나 '갑작스럽게' 급습당할지는 지역 경찰들의 결정에 달려 있다. 어쿼트는 애버딘 인근 지역에서 유독 공격적인 공권력 집행이 있었다고 강조했다. 성노동자들이 정보를 공유하는 온라인 사이트는 최근 몇 년 동안 애버딘에서 일하는 성노동자들에 대한 우려로 떠들썩했다. 성노동자들은 애버딘에서 일하고 있는 다른 성노동자들에게 혼자 있어야 한다고 경고했다.[+] 그렇지 않으면 체포되기 때문이다. 이는 중요한 조언이었다. 성매매 업소 운영으로 기소되면 인생을 망치기 십상이며, 이주민이거나 양육자일 경우엔 더욱 위험하기 때문이다. 제시카 맥그라Jessica McGraa 역시 이 조언을 새겨들었던 것 같다. 2016년 2월, 그녀가 애버딘에서 홀로 일하다가 진상 고객 때문에 불안에 떨고 있을 때, 그녀가 부른 건 경찰이 아닌 친구였다. 도시 내 공격적인 공권력 집행을 경계했기 때문이었다(어머니, 성노동자, 흑인 여성으로서 맥그라는 자신이 경찰에게 제대로 대우받지 못할 것이라 가정할 만한 여러 이유가 있었다). 결국 그 고객은 그녀를 강간한 뒤 살해했다.[65]

2013년, 레나타Renata K.와 안나Anna W.는 영국 리즈에서 성판매를 하고 있었다. 그들은 관리자에게 착취당하고 있었고 그 직장에서 벗어나길 원했다.[66] 결국 그들은 그곳을 떠나 다른 동료 한 명과 같이 브래드포드에 있는 아파트에서 영업을 시작하고 수입을 공유했다. 그곳에서 그들은 서로를 동등하고 친근하게 대하며 지냈다. 그러나 그곳 역시 경찰의 아파트 급습을 피해가지 못했다. 경찰은 현장에서 발견한 672파운드를 압수하고, 그들을 체포했다. 판사, 심지어 검사까지도 레나타와 안나의 재판에서(다른 여성은 재판 전에 폴란드로 도주했다) 그들의 일터가 '비공식 협동조합'으로 운영되어왔다는 데 동조했다.[67] 그럼에도 불구하고 레나타

[+]   이 책에서는 성노동자들의 사생활을 보호하기 위해 해당 온라인 사이트를 공개하지 않았다.

와 안나는 성매매 업소 운영 혐의로 유죄판결을 받았다.

2017년 8월, 루마니아의 성노동자 세 명이 영국 웨스트 미들 랜드에서 일터를 공유했다는 혐의로 체포되기 전, 2017년 7월 영국 스윈던 경찰은 다른 루마니아 여성 세 명을 잡기 위해 공유 아파트를 급습했다.[68] 경찰은 이후의 상황을 전하며 소셜 미디어에 글을 게시했다.

> 세 여성 모두 어덜트웍스adultworks라는 웹사이트를 통해 온라 인으로 성노동을 광고해왔다. …… 그 여성들은 인신매매나 강 제노동에 의한 범죄는 없었다고 이야기한 것으로 드러났다. 그들은 성노동에 매우 개방적이었으며, 어덜트웍스에 올라간 프로필은 자신들이 직접 작성한 것이라고 인정했다. …… 그들 은 영국에선 루마니아에서보다 더 많은 돈을 벌 수 있기 때문 에 자신들의 자유의지로 성노동을 한다고 밝혔다.[69]

지역 신문은 "3명의 여성이 모두 성매매 업소를 운영해 체포 되었으며" 추방되었다고 보도했다.[70] 스윈던 경찰은 "이제 그 여성들은 고객으로부터 멀리 떨어져 안전해졌으며 더 이상 거리 성 노동의 위험에 노출되지 않아도 된다"라며 해당 사건이 "매우 긍정적인 결과"로 이어졌다고 자찬했다.[71] 이러한 반응은 체포되고 돈을 빼앗기고 이주민 수용소로 끌려가 동료나 연인에게 작별인 사도 하지 못한 채 추방당하는 것보다 성노동자를 안전하게 이끄 는 방법이 있다는 사실을 상상하기 어렵게 만든다.

2017년 런던경찰청은 (무장강도 감시망에 포착된) 성매매 업소를 운영한 것으로 보이는 용의자들에게 다음과 같은 경고를 남겼다. "지금 이곳에 있는 여성은 향후 이곳에서 다시 발견된다면 모두 체포될 것입니다."[72] 이러한 위협은 노동자와 관리자를 구분하지 않는다. 경찰과 검찰조차 불시단속은 조직폭력배의 우두머리는커녕 관리자를 목표로 삼거나 수색하는 게 아니라는 것을 잘 알고 있으며, 그들은 이런 사실을 법정이나 소셜 미디어에서 공개적으로 인정하기도 한다. 그들이 목표로 삼고 체포하는 건 성노동자들뿐이다.

'성매매 업소 운영'은 성노동자를 쉽게 처벌할 수 있도록 불필요하게 포괄적으로 정의되어 있다. 성매매 업소는 법적으로 "돈이 지불되든 않든 한 명 이상의 여성이 성행위를 제공"하거나 "음란한 동성애 성행위를 목적으로 사용되는" 모든 장소를 포함한다.[73] 다시 말해, 두 동거인이 '비상업적인' 캐주얼 섹스⁺를 나누는 공유 아파트 역시 이론적으로는 영국 법률에 의해 성매매 업소로 간주될 수 있다. 물론 현실에서 이 법은 섹스클럽 불시단속 이외에, 다른 캐주얼 섹스를 범죄화하는 데 잘 활용되지는 않는다.⁺⁺ 하지만 안타깝게도, 영국의 주류 페미니즘 운동은 성노동자를 보호하기 위해서가 아니라, 캐주얼 섹스를 나누는 사람들에 대한 낙인이 해롭다는 이유로 캐주얼 섹스에 대한 언급만을 법에

⁺   역주. 원나잇을 비롯해 깊은 감정적 교류(로맨스)가 수반되지 않은 성관계.

⁺⁺   2013년부터 영국 에든버러 경찰은 상업적 성매매 업소와 비상업적 캐주얼 섹스를 위한 남성 만남 장소인 '사우나' 여러 곳을 불시단속해 폐쇄한 바 있다. A. Fogg, 'Why are Edinburgh's seamier saunas under attack?' *Guardian*, 24 October 2013, theguardian.com 참조.

서 삭제하려고 노력한다.

결국 이 법을 통해 경찰이 단속하고자 하는 대상은 원나잇을 하는 사람들이 아니라, 성노동을 하는 사람들이다. 성노동을 실내에서 하더라도, 실내에서 그냥 이성애 섹스를 하는 사람들보다 성노동자가 훨씬 더 문란해 보이는 까닭이다. 에어비앤비Airbnb를 통해 자신의 작은 아파트를 성노동자들이 사용했다는 사실을 알게 된 집주인의 반응을 상상해보라. 에어비앤비의 집주인들은 일반적으로 사람들이 그들의 집에서 성관계를 갖는다는 사실을 어느 정도 감안하고 있음에도 불구하고, 성노동자들이 그곳을 사용하는 것에 대해서는 유독 '트라우마'적인 반응을 일으킨다. 이러한 반응들을 통해 상업적 섹스는 다른 섹스와는 달리 특이하고 두려운 것으로 인식된다.

경찰이 금전 거래가 오가는 섹스에 집중하는 좀더 세속적인 이유는 따로 있다. 그것은 바로 경찰이 단속을 통해 성노동자의 현금 및 자산을 몰수할 수 있기 때문이다. 2002년 제정된 범죄수익금에 관한 법률Proceeds of Crime Act에 따르면, 영국 경찰은 범죄행위의 결과라고 '의심되는' 자산을 몰수할 수 있는 권한을 가지고 있다.+ 설령 범죄 사실이 입증되지 않더라도, 압수된 자산이 합법적으로 취득되었다는 것을 법적으로 증명하는 건 용의자의 몫이다. 물론 성노동 같은 현금 기반 사업에서 이를 증명하기란 거

+ 미국인들은 이 법이 미국의 민간자산 몰수법과 유사하다는 것을 눈치챌 것이다. 이 법은 성노동자들의 막대한 돈을 몰수하기 위해 악용되기도 한다. E. Nolan Brown, 'Sex Work and Civil Asset Forfeiture Increasingly Go Hand in Hand', *Reason*, 28 August 2015, reason.com 참조.

의 불가능하다.[74] 경찰청과 검찰청은 몰수된 게 무엇이든 그것의 50퍼센트를 각각 가져갈 수 있어 경찰이 이 권한을 광범위하게 행사하는 데 상당한 동기를 부여한다.[75] 성노동자의 안전을 위한 자선 단체인 어글리머그스National Ugly Mugs의 전 대표 앨릭스 페이스브라이스Alex Feis-Bryce가 지적했듯, 이런 상황에서 경찰이 (현금을 거래하는) 비무장의 성판매 여성들을 목표로 하는 것은 전문 범죄조직을 쫓는 것보다 훨씬 더 유혹적일 수밖에 없다.[76]

그 결과, 불시단속 과정에서 경찰이 성노동자의 돈을 훔치는 행태가 빈번히 벌어지고 있으며, 성노동자에게 압수하는 금액은 80파운드에 그치지 않는다. 2016년 10월, 경찰이 런던 소호와 차이나타운에 있는 안마방을 급습해 17명의 여성을 강제추방센터에 보낸 사건에서도 경찰은 무려 3만 5,000파운드[약 5,200만 원]를 강탈해갔다.[77] 경찰은 심지어 성노동자들의 개인 사물함에 든 돈까지 몽땅 털어갔다.[78] 성노동자인 제니스Janice 역시 불시단속으로 1만 3,000파운드[약 2,000만 원]를 압수당했으며, 무죄판결을 받은 이후에도 그 돈을 되돌려 받지 못했다. 그녀는 다음과 같이 토로했다. "그들은 심지어 내 집까지 빼앗으려고 했다. 평생을 고생했는데 남은 게 아무것도 없다. 더 이상 젊은 나이도 아니어서 앞으로 어떻게 살아야 할지 막막하다. 내 인생이 완전히 뒤바뀌었다."[79] 이렇게 반성매매 정책은 합법화된 절도 행각을 불러일으킨다.

성매매 업소 운영을 규제하는 법은 이미 붙잡힌(체포되거나 기소된) 사람뿐만 아니라 앞으로 붙잡힐 것을 걱정하는 모든 성노동자들에게 해를 끼친다. 그 두려움은 사람들의 행동을 바꾸고,

경찰이 형사처벌을 위협의 수단으로 활용할 수 있게 만든다. 예를 들어, 폭력 사건을 신고한 어느 피해 성노동자가 지역 경찰서에서 다음과 같은 이야기를 들어야 했던 것처럼 말이다. "나한테 이런 말을 계속하면, 당신이 퇴거당할 수 있다는 걸 알고 있습니까?"[80] 어떤 젊은 여성이 자신을 스토킹하던 남성을 신고하기 위해 경찰서에 방문했으나, 경찰이 오히려 그녀를 성매매 업소 운영 혐의로 조사했던 사건도 있었다. 그녀가 1주일에 한 번씩 자신의 아파트에서 2인조 성매매를 한다는 광고를 했다는 것이 이유였다.

성노동 범죄화는 경찰에게 성노동자를 마음대로 통제할 수 있는 권한을 부여하고, 동시에 성노동자가 약탈자에게 착취당하기 쉬운 환경을 조성한다. 우리 역시 고객임을 자처하는 사람들에게 "예쁜아, 그럼 혼자 일해?"라고 묻는 전화를 받아보았고, 그 순간 도박을 해야 했다. '혹시 그가 강도나 폭행의 대상을 찾고 있는 것은 아닐까? 그러면 친구랑 함께 일하고 있다고 말하고 예약을 미뤄야 하나?'와 '그가 성매매 업소 운영 단속하려고 탐색 중인 경찰은 아닐까? 그러면 나 혼자 일한다고 확실하게 이야기한 후 예약을 미뤄야 하나?' 사이에서.

우리가 동료 성노동자들을 통해 수없이 지켜봐왔듯, 성노동자 두 명이 한 공간에서 협업을 할 경우, 경찰에 신고하겠다고 위협하며 말도 안 되는 임대료를 받아 챙기고, 대놓고 돈을 뜯어내는 집주인 앞에서 그들은 한없이 무력하기만 하다. 이런 약점을 두 성노동자를 폭행하거나 재판을 회피할 때 사용할 수 있는 수단으로 여기게 되면, 성노동자는 이에 거의 대항할 수 없다. 몇 년 전, 런던의 성노동자 두 명(이들을 릴리와 제인이라고 부르겠다)은 폭력 사건을 겪고 큰 충격을 받은 후 안전을 위해 한 아파트에서 함께 일하고 있었다. 릴리와 제인이 모두 일하고 있던 시간, 릴리의 고객이 폭력적으로 돌변했다. 제인은 릴리를 돕기 위해 그녀의 방으로 들어갔으나, 고객은 움츠러들기는커녕 더욱 자신감에 차서 그들에게 외쳤다. "너희는 날 경찰에 신고할 수 없을 걸. 여자가 둘이나 있잖아. 여긴 성매매 업소야! 내가 너희들을 경찰에 신고하겠어!" 이는 성매매 업소 운영 규제법이 남성에게 더 큰 권력을 쥐여주는 모습을 보여준 전형적인 사례다.

협업이 이루어지는 일터의 모든 성노동자들은 형사처벌의 위험을 무릅쓴다. 그러나 성매매 업소, 안마방, 거리, 사우나, 에스코트 성노동 알선 업소 등에서 중개인이나 관리자와 함께 일하는 성노동자는 처벌되지 않는다. 위법에 따른 책임은 성노동자를 모집하고 알선한 업주에게 전가되기 때문이다. 이러한 상황은 안전하길 원하는 성노동자들이 일터 내에 관리자를 두고 있는 성매매 업소나 안마방에 취업하는 것을 선호하게 만든다. 성노동 유형을 구분하지 않는 성매매 업소 운영 규제법은 결국 성노동자를 관리자의 품으로 이끈다. 이에 따라 관리자들은 성노동자의 수입을 통해 더 큰 이익을 얻는다. 관리자 역시 형사처벌의 위험을 감수해야 하는 탓에 더욱 노골적으로 수익을 가로채기도 한다.

프리랜서 성노동자로 살아가기란 여간 어려운 게 아니다. 양육자, 부모, 학생 신분의 성노동자인 경우, 전화·이메일 응대, 웹사이트 운영, 광고 홍보, 예약금 수금, 공간 임대, 장비 공유, 청소 등 성노동에 필요한 물질적 조건들을 마련할 수 있는 업주에게 소득의 일정 부분을 떼어주는 것이 합리적인 대안이 될 수 있다. 프리랜서는 개인의 자유시간과 사적인 공간을 양보해야 하지만, 업소에 들어가면 1주일에 한두 번씩 교대근무를 하고 퇴근하자마자 일을 뒤로하고 여가를 즐길 수도 있다.

업주에게 고용되어 일하는 성노동자는 형사처벌의 대상이 아니지만, 그 직장은 여전히 불법이다. 범죄화된 직장에는 고용감독관, 인력개발부서, 법적 계약서, 건강 및 안전 조사원이 존재하지 않으므로, 노동조건이 열악하더라도 이를 개선하기 위해 성노동자가 동원할 수 있는 자원은 극히 제한적이다. 만약 성노동자가 특정 고객에게 서비스를 제공하지 않겠다고 말하면, 고용주는 그녀를 해고하겠다고 협박할 가능성이 높다. 업주들은 콘돔같은 물건을 쓰지 못하게 하거나, 성노동자에게 폭언을 가하고, 임의로 월급을 주지 않거나, 긴 교대근무를 강요하고, 성희롱을 일삼을 수도 있으며, 위급 상황에 정작 전화를 받지 않거나, 그들이 필요한 순간에 방에 들어오지 않는 등 기본적인 안전 제공의 책무를 게을리할 수도 있다. 이런 상황에서 성노동자들에게 주어진 선택지는 단 두 가지다. 아무것도 하지 않고 당하거나 처벌되더라도 경찰에 소장을 제출하거나.

이런 상황에서 경제적으로 어려운 성노동자는 어떤 선택을 내려야 할지 난감하기 마련이다. 만약 경찰을 부른다면, 일터엔 불시단속이 닥칠 것이고, 직장이 폐쇄되고, 자신을 비롯한 성노동자들은 직장을 잃고 아마도 추방될 것이다. 불시단속은 성노동자의 돈, 소지품, 약물 등이 압수될 위험을 내포하기도 한다. 관리자와 업주는 자신이 고용한 성노동자들에게 경찰에 성폭력 신고를 하지 말 것을 경고하고, 강간범을 고소하게 되면 여기 있는 모든 사람이 실직할 거라고 겁을 준다. 성노동자 가운데 대부분은 돈이 필요해서 성노동을 한다. 따라서 그들에게 수입 보전이냐, 악덕 업주나 강간범에게 책임을 묻느냐 둘 중 하나를 고르라고 하면, 당연히 수입 보전을 위해 더 나쁜 조건을 감내하는 걸 선택하게 된다. 배우자에게 경제적으로 의존하고 있는 가정폭력 생존자들이 신고를 받고 출동한 경찰로부터 가해자를 보호하려 애쓰듯이 성노동자 역시 그들을 착취하는 사람들을 보호하기 위해 애쓴다. 여러 풀뿌리 페미니즘 단체들이 지적했듯, 경찰의 강압적인 단속은 폭력의 생존자들에게 하등 이로울 것이 없다.

성매매 알선 규제법 아래에서 피해자는 폭력적인 관리자에게 저항하기 더욱 어려워진다. 하지만 성판매 비범죄화(혹은 성구매도 비범죄화해야 한다는 입장)를 지지하는 사람들은 여전히 제3자에 대한 처벌을 요구한다. 제3자가 성매매에 참여하는 것은 윤리적 직관에서 나쁜 행위, 즉 근본적으로 착취적인 행위로 치부되기 때문이다.

그러나 이러한 생각은 성노동자가 매일같이 살아가는 일상의 현실을 고려하지 않는다. 이메일을 주고받거나 예약 일정을 잡는 데 도움을 주는 배우자 및 동료, 성매매 업소에서 팁을 받고 전화 응대를 하는 접수원, 동료가 아프거나 다쳤을 때 자신의 아파트를 잠시 빌려주는 성노동자 모두 성매매 알선 규제법 내에서 처벌의 대상이다. 이러한 상황은 애초에 폭력이 벌어질 것을 예비하고 있다. 예를 들어, 당신의 일터가 무장 괴한들에게 강도를 당한다면, 당신은 아마도 다른 사람들이 위험에 빠질 것이 두려워 경찰에 신고하는 것을 주저하게 될 것이다.

영국 본머스의 어느 성매매 업소에서 주 2일 청소 노동을 하던 17세의 크리스티 노먼Christy Norman은 쓰러진 고객에게 심폐소생술을 시도하고 구급차를 불러 응급처치를 도왔다. 하지만 구급대원들과 함께 도착한 경찰은 노먼을 성매매 업소 운영 혐의로 체포하고 기소했다.[81] 그녀의 명백한 선의에도 불구하고 유죄판결이 선고된 그 지역에서 이후 어떤 성노동자와 성매매 업소 종사자가 위급한 상황에서 관계 당국을 부르려 할지 의문이다.

앞서 언급한 이유로 많은 성노동자가 독립적인 일보다는 조직적으로 관리되는 성노동을 적극적으로 선호한다. 또한 이들은 업주와의 고용관계 자체가 범죄화되는 것보다 업주와의 고용관계 내에서 더 강한 권한을 부여받는 것을 선호한다. 대개 노동자들이 직장을 옮기기보다 다니고 있는 직장의 노동환경이 개선되길 더 원하는 것과 마찬가지이다. 이는 많은 노동조합들의 보편적인 요구이기도 하다. 페미니즘 운동 역시 직장 내 성희롱을 신고했다는 이유로 여성들이 일자리를 잃는 걸 반기지 않으며, 이를 승리가 아니라 해악으로 인식한다. 그러나 성노동자들의 피해 신고가 그들의 '일자리 상실'로 이어지는 상황이 성노동자의 일터를 범죄화하는 정책 때문에 조장된다는 사실은 페미니스트들에게 좀처럼 고려되지 않는다.

관리자 등의 제3자를 처벌하는 것이 사람들에게 아무리 감정적으로 큰 만족을 안겨줄지라도, 실제적으로 좋은 결과는 나타나지 않는다. 실제로 범죄화 정책은 폭력을 저지르는 사람들에게 직접적인 억제력이 없다. 전직 비밀경찰이었던 닐 우즈Neil Woods

는 마약과의 전쟁이 실패한 원인을 분석하면서 마약상을 제거하려는 노력이 더 많은 폭력을 초래한다고 말한다.

해가 거듭될수록 범죄자들을 소탕하는 데 점점 더 능숙해지는 경찰에 맞서기 위해 마약조직이 활용하는 가장 효과적인 방법은 잠재적 제보자들을 더 많이 협박하고 위협하는 것이다. 사람들의 신고를 막는 가장 효율적인 방법은 그들이 공포를 느끼게 하는 것이기 때문이다. 결국 내가 하고 있는 경찰 임무의 직접적인 영향으로 조직폭력배들은 점점 더 교묘해졌다. ……이런 현상은 흡사 과거의 군비 경쟁을 보는 것 같다.[82]

마약 범죄화 정책으로 인해 경찰의 정보원뿐만 아니라 우연히 경찰을 부른 사람들까지 살해되는 사건이 벌어지면서 비교적 손쉬운 약물 거래 방식인 '소규모 자영업mom-and-pop'은 돈을 버는 데만 혈안이 된 조직으로 대체되면서 빠르게 사라졌다.

이와 같은 현상은 성산업 내에서도 똑같이 일어난다. 성노동자 광고 플랫폼인 에스코트아일랜드Escort-Ireland는 오랫동안 에스코트 성노동자들에게 부당 행위를 일삼고, 잠재적 경쟁자들에게 사이버 공격을 자행했다는 의혹으로 유명한 곳이다. 이 플랫폼이 에스코트 성노동 광고 분야에서 독점적인 위치에 오를 수 있었던 건, 과거 경찰이 에스코트 성노동 신문 광고를 단속한 이후부터였다.[83] 성노동자들이 바라는 노동형태를 무시하고 파괴하면서 매춘 근절을 시도하는 금지주의가 성노동자에 대한 무자비한 착취를 조장한 것이다.

다른 대안 찾기

이러한 문제에도 불구하고, ASBO 위반, 벌금형, 징역형 부과에서부터 성매매 업소 불시단속에 이르기까지 영국 내 성노동 범죄화에 맞서 싸우는 성노동자를 향한 연대는 여전히 불안정하다. 가령, 어느 페미니스트 논자는 성노동 정책에 대한 토론에 끼어들어 다음과 같이 주장한 바 있다. "'현재' 영국은 (성노동이) 비범죄화되어 있는 상황이다. 이것이 (성노동자에게) 해악을 끼친다면, 우린 이를 어떻게 더 나은 방향으로 확장해나가야 할까?"[84](그녀와는 다르게 성노동자들은 주로 비범죄화가 아니라 범죄화의 단점을 이야기하곤 한다. 그녀의 주장을 살펴보면, 지금 범죄화가 존재한다는 사실을 굳이 설명해야 할 정도로 페미니즘 내에 새롭고 심각한 이데올로기의 전환이 일어난 것 같다.) 영국 경찰서장 회의에서 성매매 업소 불시단속에 대한 새로운 지침 및 거리 성노동 규제를 중단하는 법규를 발표했을 때, 이에 반대하는 사람들 중에는 반성매매 페미니스트들이 포함되어 있었다.[85]

저런 유형의 페미니스트들은 관련 용어도 제대로 숙지하지 못하고 토론에 참여하는 경향이 있다. 스웨덴 모델을 '비범죄화'라고 부르거나 '비범죄화'와 '합법화'를 상호 교환적 개념으로 간주하는 건 물론이거니와, 팽팽한 논쟁이 벌어졌던 영국 앰네스티 연례회의에서는 '완전 범죄화' 정책을 시행하는 미국을 '스웨덴 모델'의 사례로 소개한 적도 있다(제6장 참조).[86] 이러한 언행이 의도적이든 그렇지 않든, 이러한 정치는 범죄화된 여성들을 냉혹한 환경으로 내몬다. 페미니스트들조차 제대로 명명하지 못하는 사안에 대해 페미니즘 운동이 어떻게 제대로 맞서 싸울 수 있단 말인가.

실제로, 수많은 반성매매 페미니스트들은 특정한 형태의 범죄화를 적극적으로 지지한다. 주류 페미니즘 운동에 몸담았던 상당수의 페미니스트들은 성판매 여성들에 대해 ASBO의 지속적인 적용을 권고하는 어느 하원의원 모임의 보고서뿐만 아니라 호객 행위 처벌을 그대로 유지하는 (2014년 스코틀랜드 노동당 소속의) 로다 그랜트의 입법안에도 지지를 보낸 바 있다.[87] 성구매와 성판매를 모두 불법화하자고 제안했던 스코틀랜드의 정치인 트리시 고드먼Trish Godman은 페미니스트 콘퍼런스에서 큰 환대를 받기도 했다.[88] 반성매매 페미니스트들은 고객을 처벌하는 데 너무 집중한 나머지, 어느 입법안이든 성구매자 범죄화를 포함하고 있다면 이를 지지하기에 바쁘다. 그 입법안이 성노동자들을 위해 어떤 구체적 개선점을 담고 있는지 확인하지도 않은 채 말이다.

일부 페미니스트들은 영국 성매매 업소 운영 규제법의 광범위한 시행으로 인해 성노동자들이 체포되는 것이 '더 큰 이익을 위해 필요'한 일이라고 믿으면서도 그들이 겪는 '부수적 피해'에 진심으로 슬퍼한다. 성노동자를 연민하는 이런 페미니스트들과는 달리, 성노동자를 혐오하는 이들은 성노동자를 체포해가는 징벌국가의 행태가 자신의 가려운 곳을 긁어준다고 생각한다(실제로 이런 생각을 가진 어떤 여성이 한 성노동자에게 "11살 아이 한 명을 구하기 위해 당신 같은 인간 여럿의 목숨이 필요하다면, …… 나는 솔직히 그걸 맞바꿀 의향이 있다"라고 또렷이 이야기했던 적도 있다).[89] 주로 영국에서 활동하는 어느 반성매매 페미니스트 단체는 '불법 성매매 업소를 색출하는 방법'이라는 가이드를 게시하기도 했다.[90] 자신들이 제공한 가이드로 인해 성노동자가 겪게 될 체포, 기소, 재산 탈취, 추방 등에 대해선 관심이 없었던 모양이다. 페미니스트와 연계해 진행된 영국 글래스고의 '성노동자 지원 서비스'는 성노동자 체포가 매춘 종사 여성들에게 도움이 될 수 있다는 주장을 폈다. 이 서비스의 담당자는 기자에게 다음과 같이 말했다. "우리는 매춘부들이 탈성매매를 원한다고, 혹은 모든 정보를 경찰에게 넘기겠다고 말할 때까지 마냥 기다리지 않는다. …… 우리는 그들과 연결되기 위해 무엇이든 하려고 노력한다. 그 노력 안에는 지원 시스템에 성노동자가 들어갈 수 있도록 그들을 고발하는 행위가 포함될 수도 있다."[91]

2016년 영국 리즈에서 성매매 업소 불시단속이 실시된 이후, 어떤 경찰은 기자들에게 이번 단속의 목적은 "취약한 사람들을 보호하기 위한 것이다. …… 성노동자들은 자신이 이용당한다고 생각하지 않지만, 실제론 그렇지 않다는 걸 그들에게 알려주는 것 역시 우리의 임무다"라고 말했다. 당시 성노동자들은 경찰에게 자신들이 이동의 자유가 있으며, 여권과 주택을 소유하고 있는 이주노동자임을 호소했으나, 그들에겐 곧바로 퇴거 조치와 추방 명령이 내려졌다.[92] 불시단속의 이런 명백한 폐해에도 불구하고 주류 페미니스트들과 반인신매매 활동가들은 아무런 문제 제기도 한 적이 없으며, 오로지 성노동자들만이 홀로 맞서 시위를 벌였다. 영국의 성노동자 지지 및 저항운동Sex Worker Advocacy and Resistance Movement, SWARM의 어느 활동가는 이렇게 털어놨다. "불시단속은 폭력이며 학대다. 하지만 늘 그래왔듯 이주 성노동자들이 체포되거나 퇴거되고 추방될 때 반성매매 페미니스트들의 지지는 어디에서도 찾아볼 수 없었다."[93]

스윈던 사건 이후, 성노동자들은 루마니아 여성들의 추방을 막기 위한 단체를 조직했다.[94] 대부분의 반성매매 페미니스트들은 이에 대해 아무런 언급도 하지 않았지만, 일부 사람들은 체포된 루마니아 여성들이 포주일 것이라고 추측했다.[95] 업소에 성노동자는 아무도 없고 관리자만 셋이 있었을 것이라는 생각, 더 나아가 온라인에서 직접 성 서비스 광고를 하는 20대 이주 여성들이 모두 다 관리자일 것이라는 생각 자체가 정말로 터무니없다. 젠더 연구자인 앨리슨 핍스가 지적한 바와 같이, 이러한 현상은 "사람들이 얼마나 자신들이 못마땅하게 여기는 이들과 연대하지 않으려고 노력하는지"를 잘 보여준다.[96]

어떤 지향을 가지고 있든, 페미니즘 정치에 관심을 둔 거의 모든 사람은 성판매자가 체포되길 원하지 않는다고 주장한다. 그렇다면 성매매 업소 운영 규제법 시행으로 인해 성노동자들이 체포되고 있는 현재의 상황을 반성매매 페미니스트 대부분은 부끄러워해야 한다. 그들이 추진하고 있는 법제화 모델이 위와 같은 법을 유지하고 심지어 확대하는 데 기여하고 있다(제6장 참조). 일부 페미니스트들이 성노동자 여성의 복지보다 다른 것에 더 신경 쓰고 있다는 이 불편한 진실은 좌파 페미니스트들을 매우 답답하게 만든다. 성노동자들이 좌절감을 느끼면서도 끝까지 범죄화 정책의 악영향을 드러내기 위해 노력하는 동안 그들은 자신의 귀를 틀어막고 성노동자의 말을 들으려 하지 않는다.

스코틀랜드, 잉글랜드, 웨일스에 있는 성노동자들의 상황은 점점 더 악화되고 있다. 엄격한 마약법, 양극화의 심화, 이주민을 겨냥한 가혹한 정책들은 상업적 섹스를 목표로 한 범죄화 정책들과 다층적·복합적으로 결합되고 있으며, 감금 페미니즘은 성노동자 여성들의 연대를 와해시키고 있다. 우리는 다음 장에서 다른 지역의 성노동자들을 살펴보면서 형법의 존재 및 그 부재가 어떻게 성판매자들의 경험에 영향을 미치는지 탐구하고자 한다.

감옥국가

미국, 남아프리카공화국, 케냐

완전 범죄화: 성노동자, 고객, 제3자(관리자, 운전기사, 부동산 소유주 등)가 모두 범죄화되어 있는 법제화 모델. 우간다, 러시아, 이란, 파키스탄, 중국 등이 이 모델을 따르고 있다.

난 매춘부를 노렸다. …… 눈에 띄지 않고 접근하기 쉬운 사람
들이니까. 나는 그들이 실종된 이후에도 신고 접수가 늦거나,
아예 신고조차 되지 않는다는 걸 알고 있었다. 그래서 나는 얼
마든지 죽여도 붙잡힐 걱정 없이 매춘부를 노렸다.

—게리 리지웨이Gary Ridgway, 《그린 리버 킬러Green River Killer》[+]

이념의 배틀그라운드

어쩌면 이 책의 독자들은 대부분의 사람이 매춘부, 고객, 그
리고 성매매와 관련된 모든 사람을 처벌할 수 있는 완전 범죄화
가 잔인하고, 허술하고, 부당한 제도라는 데 동의할 것이라 생각
할지도 모른다. 하지만 사람들은 여전히 성판매 행위가 성노동자
의 비폭력적 생존 전략이라는 사실을 잘 알지 못한다. 성노동자
가 범죄자로 분류되는 사회에서 성노동자와 경찰은 자동적으로
대립적인 위치에 서게 된다. 이로 인해 성판매는 훨씬 더 위험해
지고, (비록 짧은 징역형일지라도) 처벌을 받게 된 성노동자의 인생
은 망가지며, 위법 사실은 범죄 기록에 남아 취업을 가로막고, 역

[+]   리지웨이는 1980년대와 1990년대 미국 시애틀 인근에서 최소 48명 이상의 성인
여성과 소녀들을 살해한 미국 역사상 가장 유명한 연쇄살인범이다. 그가 노렸던 여성들
은 대부분 성노동자들이었지만, 모두가 그런 것은 아니었다. 씁쓸하게도 그는 자신의 살
인이 그들에 대한 법 집행의 연장선이라고 생각했다. 그는 2001년 체포된 이후 경찰들에
게 "내가 매춘부들을 죽여줌으로써 당신들에게 호의를 베푼 것이다. …… 이곳에 있는 너
희들은 매춘부들을 통제할 수 없겠지만, 나는 할 수 있다"라고 말했다. S.J.A. Talvi, 'The
Truth About the Green River Killer', *Alternet*, 11 November 2003, alternet.org 참조.

설적으로 성노동자가 장기 매춘에서 빠져나올 수 없게 된다. 뉴욕에서 매춘 관련 죄목으로 2년 동안 총 7번이나 체포되었던 세라 마찬도Sarah Marchando는 다음과 같이 항변했다. "'저기요, 저 좀 취직시켜주세요!'라고 말한다고 해결되는 문제가 아니다. 왜냐하면 나는 안정적이지 않으니까. 돌아오자마자 다시 감옥으로 보내지는 상황이 이어지면, 안정을 되찾을 도리가 없다."[1]

'매춘에 대한 논의'는 주로 진보적 담론 내에서 벌어지고 있는 것처럼 보이지만, 실제로 성노동 범죄화는 여성혐오, 인종차별, 퀴어 및 병든 신체를 향한 두려움과 결부된 혐오, 증오의 감정에 기대어 논의되고 있다. 이러한 논의들은 매춘부가 처벌받아야 할 위협적인 존재라는 믿음과 결합된다. 완전 범죄화를 유지시키는 이념은 이처럼 반동적 정치에 의해 만들어지지만, 누군가는 이런 반동적 시스템에 진보의 딱지를 붙이려고 노력한다. 어느 지역 신문에서는 "프린스조지스 카운티 범죄수사팀의 콜먼Coleman 경사가 자신의 목표는 체포한 여성들을 다치게 하는 것이 아니라 돕는 것이라고 말했다"라는 기사를 보도했다.[2] 미국 애리조나의 한 경찰관은 동정적이고 '피해자 중심적'인 경찰의 새로운 시대가 열렸다고 이야기하면서 "폭력적인 포주로부터 피해자를 보호하기 위해 때때로 성노동자를 체포할 필요가 있고, 그들을 체포하는 것이 어떤 경우에는 자신의 삶을 되돌아보는 데 동기를 부여하기도 한다"라는 말을 내뱉었다.[3]

많은 반성매매 필자들은 성노동의 완전 범죄화가 종식될 것이라 확신하면서 완전 범죄화에 관한 주제를 다루려고 하지 않는 경향이 있다. 페미니즘 활동가인 줄리 빈델은 최근 출간한《매

반란의 매춘부

춘 알선: 성노동 신화 폐지하기The Pimping of Prostitution: Abolishing the Sex Work Myth》에서 두 개의 법제화 모델(하나는 노르딕 모델이고, 다른 하나는 합법화 또는 비범죄화 모델이다)을 상술한다.⁺ 그 책에서 마찬도 같은 여성들을 체포해왔던 법제화 모델은 전혀 언급되지 않는다. 이는 성노동 법제화에 대한 전쟁이 다른 법제화 모델들에 집중되어 벌어지는 현상을 나타내기도 하지만, 완전 범죄화에 대한 논의가 더 이상 이어질 필요가 없다는 세간의 인식을 반영하기도 한다.

그러나 완전 범죄화 정책은 여전히 전 세계를 지배하고 있다. 러시아, 남아프리카공화국, 미국(네바다주의 일부 지자체 제외), 중국, 케냐 등에서는 모두 매춘을 전면적으로 범죄화하고 있다.⁺⁺ 더욱 '교묘해진' 범죄화 정책으로 인해 발생한 모든 해악은 바로 이러한 무관심에서 시작된다. 무관심은 두말할 나위 없이 큰 해악을 끼친다. 마찬도를 비롯해 매년 미국에서 체포, 기소, 감금, 추방, 벌금형에 처하는 수만 명의 성노동자들(또는 성노동자로 분류되는 사람들)을 위해서라도 완전 범죄화에 대한 논의는 절실히 필요하다. "아무도 말하지 않으면, 아무도 신경 쓰지 않는다."4

⁺　빈델은 '합법화/비범죄화'와 '노르딕 모델'을 두 개의 모델로 언급했지만, 여기에서는 합법화, 비범죄화, 노르딕 모델을 서로 다른 다섯 개의 모델 중 세 개의 모델로 간주한다.

⁺⁺　역주. 한국은 2004년 시행된 성매매알선 등 행위의 처벌에 관한 법률(성매매처벌법)에 따라 성매매, 성매매 알선 등 행위, 성매매 목적의 인신매매, 성을 파는 행위를 하게 할 목적으로 다른 사람을 고용·모집하거나 성매매가 행해진다는 사실을 알고 직업을 소개·알선하는 행위, 이러한 행위가 행해지는 업소에 대한 광고 행위 등을 모두 금지하는 성노동 '완전 범죄화' 국가에 속한다.

알리샤 워커Alisha Walker와 기기 토머스GiGi Thomas는 어느 폭력적인 남성 침입자에 맞서 자신의 생명을 지키려고 노력했던 (워커의 경우엔 친구의 삶을 지키려고 노력했던) 성노동자 여성들이다.[5] 그들은 절망적인 상황과 공포 속에서 자신의 목숨을 지키기 위해 방어적 행동을 취했다는 이유로 가혹한 처벌을 받아야 했다. 자신의 안전에 대한 위협으로부터 강력한 무력을 사용할 권리를 '정당방위'를 통해 보장하는 나라에서 이 여성들에게는 유독 불공평한 이중 잣대가 적용되었다.[+] 이때 워커, 토머스의 인종과 젠더는 그들을 주변화한 이 사건과 결코 무관하지 않다(워커는 흑인 시스젠더 여성이고 토머스는 흑인 트랜스 여성이었다). 매춘 범죄화 정책은 그들의 안전권을 빼앗고, (한 번도 워커와 토머스 같은 여성들의 정의가 반영된 적이 없었던) 미국의 형사사법 제도라는 시스템 내에서 벌어지는 흑인과 트랜스 여성에 대한 부당한 대우는 그들의 자기방어권과 자유권을 빼앗고 있다.[6]

파시즘이 노골적으로 부활하고 있는 현 상황에서,[++] 엽기적

+   최근의 사례로는 미국 플로리다에 거주하는 흑인 여성, 머리사 알렉산더(Marissa Alexander)의 사례가 있다. 아무도 다친 사람 없이 폭력적인 파트너에게 경고 사격을 가한 그녀는 장기 징역형을 선고받았다. 한편, 같은 주에 사는 조지 짐머만(George Zimmerman)은 무장하지 않은 10대 흑인인 트레이본 마틴(Trayvon Martin)을 살해했지만, '정당방위'법에 따라 무죄판결을 받았다. S.R. Brown, 'Black woman's failed "Stand Your Ground" claim raises allegations of racial double standard', *New York Daily News*, 15 July 2013, nydailynews.com.

++   역주. 미국 도널드 트럼프 전 대통령은 2015년 12월, 무슬림 입국 전면 차단을 촉구했고, 2016년 대선 유세 때에는 멕시코 이주민들을 비판한 바 있다. 집권 기간 동안 그는 반이주민-반유색인종적인 정책을 펼쳤고, 네오나치, 백인 민족주의자, 프라우드 보이스(Proud Boys) 등 극단적이고 폭력적인 지지자 집단을 옹호하는 태도를 보였다. 제이

이고 무례한 언행을 반복하는 극우 정치의 왼편에 자리잡고 있다는 이유만으로 일부 자유주의자들은 스스로를 '선량한 사람'으로 착각하기 쉽다. 이 과정에서 구조적 문제는 도널드 트럼프 같은 상징적 인물로 개인화되고 병리화된 문제로 탈바꿈한다. 하지만 '형사사법 제도'의 근본적 변혁이 없이는 워커와 토머스 같은 여성들의 안전은 보장될 수 없다. 이것이 문제가 무엇인지조차 제대로 파악하지 못하고, 감금국가의 힘만 강화할 위험이 있는 자유주의자들에게 이 과제를 함부로 맡겨선 안 되는 이유다(실제로, 오바마 행정부는 경찰의 흑인 사살로 인해 촉발된 거센 시민 행동의 대응책으로 경찰서 예산에 수백만 달러를 투입했다).[7] 징벌국가의 통제는 마치 덫처럼 워커와 토머스 같은 여성들을 가두어버린다. 이런 위험한 통제 방식에 이름을 붙일 수 있어야만 비로소 우리가 그 여성들의 문제를 풀어나갈 수 있다.

감옥국가

주류 페미니즘은 빈번히 '경찰의 폭력'과 '여성에 대한 남성의 폭력'을 별개의 차원에서 생각하곤 한다[8](경찰의 폭력이 과연 페미니즘의 관심사인지도 의문이다). 성노동자 체포는 말할 것도 없고,

슨 스탠리(Jason Stanley)를 비롯한 파시즘 연구자들은 트럼프의 정치를 '파시즘적 해결책'을 선호하는 권위주의적이고 폭력적인 정치라고 비판한다. D. Matthews, 'Is Trump a fascist? 8 experts weigh in', *Vox*, 23 October 2020, vox.com 참조.

사생활 감시, 불심검문 등 치안유지의 일환으로 '정상화'된 폭력에 대해 페미니스트들은 좀처럼 관심이 없다.[9] 그 결과, 경찰의 폭력 문제는 주류 페미니스트들의 반폭력 운동의 대상에서 사라져 버렸다. 그러나 경찰의 폭력은 국가에 의한 폭력일뿐만 아니라 여성에 대한 남성의 폭력이기도 하며, 매춘 범죄화는 여성에게 자행되는 남성 폭력의 핵심적인 동인이다.

순찰 중인 경찰, 모노폴리 보드게임 속 감옥 칸,[+] TV로 방송되는 범죄 드라마(극 중에서 성노동자는 대부분 살해된다), 자동차 추격 장면을 보여주는 뉴스 등 범죄화가 익숙해진 일상 환경은 우리의 정치적 의식을 마비시킨다. 이러한 환경 속에서 범죄화의 이미지들은 그 합법성, 목적성에 대한 질문들을 가린 채 자연스러운 모습으로 나타난다. 안젤라 데이비스가 그랬듯, 감옥은 "우리의 이미지 환경에 가장 중요한 특징들 중 하나"이다.

우리를 괴롭혀왔던 수감자 구성의 불균형 문제에 대해 사유할 책임을 은폐하면서 감옥은 사회적으로 바람직하지 않은 이들을 맡겨두는 추상적 장소로서 기능한다. 이것은 감옥이 수행하는 이념적 역할이다. 감옥은 우리 사회의 문제, 특히 인종주의와 점점 더 심화되는 전 세계적 자본주의의 문제들을 심각히 여기고 이에 참여할 책임으로부터 우리를 구출한다.[10]

+　역주. 보드게임인 모노폴리의 감옥 칸을 말하는 것으로, 참가자의 말이 감옥 칸에 가게 되면 같은 수의 주사위 숫자가 나오거나 보석금을 지불해야 한다.

연구자인 베스 리치Beth Richie는 '감옥국가'를 "사람들, 특히 사회적 혜택을 받지 못하는 사람들 또는 사회적 혜택을 받지 못하는 공동체의 사람들을 통제하기 위해 사법적 힘을 동원하는 것을 뜻하는 넓은 개념"이라고 이야기한다.[11] 그녀에 의하면 감옥국가는 감옥 및 교도소의 물리적 기반시설뿐만 아니라 "감시, 치안유지, 구금, 보호관찰, 아동 보호라는 명목하의 엄격한 제한, …… 격리 및 처분 조치" 등을 포괄하는 용어다.[12]

감옥국가는 "보이시나요? 이제 사라집니다" 같은 마술 트릭을 쓴다. 감옥은 사람들을 사라지게 하고, 범죄화는 그 사람들을 눈에 띄도록 만든다. 포주는 인종화·흑인차별적 모습으로 재현되고 '노예제도'의 가해자로 부각되는 한편, 미국 노예 제산제의 중요한 물질적 유산 중 하나인 교도소 시스템은 점점 더 많은 흑인 수감자로 채워지고 있다.

경찰의 군사화 경향이 강화되면서 오늘날 미 제국의 최전방에서 벌어지는 국제적 전쟁과 국내에서 벌어지는 과잉 감금국가 정책들 사이에 직접적인 연결고리가 나타나고 있다.[13] 《뉴요커》의 보도에 따르면, "1990년대부터 미국의 지방 정부들은 군사 장비를 구입하기 위해 국토안보부로부터 약 3,400억 달러의 보조금을 받아왔다. 미국 경찰이 군사 장비에 지출한 총액은 390억 달러로 독일의 국방 예산보다 더 많다".[14] 이러한 경향은 치안유지의 역사에서도 확인할 수 있다. 영국 경찰이 치안유지를 위해 식민지 인구를 억누르려고 영국군이 개발한 전술을 참고했던 것처럼, 20세기 초 미국 경찰의 치안유지 역시 필리핀에서 잔혹하게 식민지를 지배했던 미군의 경험을 끌어왔다.[15]

지역사회에서 경찰의 모습은 마치 점령군 같다. 경찰도 스스로를 점령군이라고 느끼면서 그들과 마주치는 사람들을 적대적으로 대한다.[16] 미국에서 벌어진 흑인의 삶은 소중하다Black Lives Matter 운동을 담은 몇몇 강렬한 사진들은 이러한 현상을 시각적으로 보여준다. 미국 루이지애나 배턴루지에서 가벼운 드레스를 입은 흑인 여성 이샤 에반스Ieshia Evans가 전신 보호구를 착용한 두 명의 경찰관을 침착하게 내려다보고 있는 사진은 매우 상징적이다. 군감산복합체military and prison industrial complexes+는 에반스에게 달려드는 경찰들이 미래형 '보호구'를 착용할 수 있도록 미국 시민들의 지갑에서 수천억 달러를 뽑아먹는 대신 사회보장, 의료 및 교육 예산을 삭감하고 흑인 사회를 비극적인 상황으로 몰아가고 있다.

성노동이라는 범죄

매춘부 체포는 인종차별적이다. 그것은 언제나 인종차별적이었다. 1866년 미국 샌프란시스코 경찰은 "사실상 모두 중국인"으로 보이는 여성 137명을 체포하고, "중국 여성 300명을 추방했다"라고 자찬했다.[17] 1970년대 미국시민자유연합American Civil Liberties Union은 흑인 여성들이 매춘 관련 범죄로 체포될 확률이 백인 여성들보다 7배 더 높다고 밝혔다.[18] 이러한 모습은 구시대의 유물이 아니다. 2012년에서 2015년까지 뉴욕에서 '매춘을 목적으로 거

+ 역주. 군대, 교정 시스템, 방위산업체 사이의 상호 의존 체제.

리를 배회'한다는 죄목으로 기소된 사람 중 85퍼센트가 아프리카계 또는 라틴계 미국인이었다(이들은 뉴욕 인구의 54퍼센트에 불과하다).[++] 매춘 단속이 증가한다는 것은 유색인종 여성들에 대한 체포가 증가한다는 뜻이다. 2012년에서 2016년 사이, 뉴욕 경찰청은 안마방을 겨냥한 단속을 강화했다. 멀리사 지라 그랜트가 자세히 설명한 바 있듯이, 이 기간에 뉴욕에서 '무면허 안마시술' 또는 매춘으로 기소된 아시아인의 체포 횟수는 2,700퍼센트나 증가했다.[19] 성판매 의도가 없는 흑인 및 라틴계 여성들 역시 '달라붙는 청바지'나 '배꼽티'를 입었다는 이유만으로 체포되었다. 반면, 뉴욕 번화가에서 청바지를 입은 백인 여성들은 체포되지 않았다.[20]

인종차별의 현실은 누가 어떤 죄목으로 기소되는지를 통해 드러난다. 안드레아 리치Andrea Ritchie가 우려했듯, 흑인 여성은 백인 여성보다 "더 심각한 매춘 범죄로 기소될 가능성이 훨씬 높다".[21] 실제로 미국에서 인신매매 혐의로 투옥된 사람들 중 상당수는 체포 당시 성판매를 하고 있던 20대 흑인 여성들이다.[22] 그들 중에는 단지 성판매자와 작업 공간을 공유했다는 이유로 성 인신매매 혐의로 기소된 17세 여성도 있다. 케이트 모굴레스쿠Kate Mogulescu 변호사는 다음과 같이 묻는다. "이게 우리나라의 연방 인신매매 방지법의 목적인가? 성산업에 연루된 20세에서 24세 사

[++]   여기서 '거리 배회'는 말 그대로 공공장소에서 서 있거나 걸어다니는 행위를 의미한다. 그런 행위를 하는 사람의 '목적'을 추측하는 것은 보통 경찰의 재량에 달려 있다. A.J. Ritchie, *Invisible No More: Police Violence Against Black Women and Women of Color*, Boston, MA: Beacon Press, 2017, 150.

이의 유색인종 여성들을 기소하는 것이?"[23] 안드레아 리치는 성노동자 권리 단체인 코요테 행사의 공동 주관자였던 흑인 여성인 글로리아 로켓이 다른 여성의 돈을 소지했다는 이유로 '성매매 알선의 중범죄' 혐의로 체포된 사건을 상세히 다루면서, 인종차별은 "로켓이 성매매 알선의 중범죄로 기소될 때, 백인 여성들은 단순히 매춘 관련 경범죄 혐의로만 기소"되는 모습으로 나타난다고 주장했다.[+]

완전 범죄화의 관점에서 성판매자를 처벌해야 한다는 생각은 '품위 있는 가치'를 체득하기 위해 성노동자들이 짧지만 강렬한 충격을 받을 필요가 있다는 억제론적 입장으로 뒷받침되기도 한다(실제로 뉴욕의 한 정치인은 다음과 같이 이야기한 적이 있다. "때때로 사람들이 스스로를 도울 수 있게끔 다그칠 필요가 있다. …… 어쩌면 그들은 '잘 들어, 그걸 멈춰야 해'라는 말에 따를 수 있는 동기가 필요할지도 모른다").[24] 그러나 물질적으로 경험되는 현실에서 범죄화는 단순히 '구원의 손길' 또는 '가벼운 징계'에 그치지 않는다. '가석방 합의 위반'과 같은 혐의(매춘 관련 범죄로 체포된 이후에도 계속 성판매를 한 혐의)에는 매춘 자체로 인한 형량보다 훨씬 더 가혹한 처벌이 부과된다(예를 들어 벌금형보다 무거운 징역형이 선고되곤 한다). 징역형을 받는다는 것은 이런 의미다. 성노동자들이 아이를 갖게 되었

[+] 표면상 포주를 규제하기 위해 제정된 법률이 실제로는 성판매자들을 형사처벌하는 데 빈번히 활용되는데, 이로 인해 성노동자 조직 운동을 아니꼽게 보는 이들은 이 운동이 위장 포주들로 가득 찬 운동이라고 호도하기도 한다. 성노동자들이 맞서 싸우고 있는 부당한 현실이 거꾸로 성노동자들을 묵살하는 '정당화'의 근거로 이용되는 것이다. Ritchie, *Invisible No More*, 150.

을 때 양육권을 잃게 되거나 석방되었을 때 홈리스가 되고[++] 합법적 일자리를 갖기 위해 고군분투해야 할 가능성이 높다는 것, 공공주택 입주 같은 사회안전망에서 멀어질 수 있다는 것.[25] '매춘부'가 형사처벌 대상으로 지목되는 것 자체가 성노동자들에게 덫으로 작용하고 있는 것이다.

범죄화는 성노동자들을 '체포와 기소의 회전문' 안에서 맴돌게 한다.[26] 국가에 의해 야기된 성노동자의 취약성은 거꾸로 그들에게 주어진 영속적인 불명예를 정당화하는 근거로 활용된다. 홈리스 상태와 양육권 상실의 고통을 다스리기 위해 약물에 의존하는 성노동자들은 스스로를 혼돈 상태에 빠지길 자초한 사람들이라 여겨지는 까닭에 징벌적 규제를 받아 '마땅하다'는 비난에 쉽게 휩싸인다. 또한 매춘 단속은 소셜 미디어에 매춘 혐의로 체포된 사람들의 얼굴과 이름을 노출시키는 등 좀더 직접적인 방법을 통해 그들이 오랫동안 불명예를 안고 살아가도록 강제한다. 최근에는 미국 플로리다 경찰서에서 패스트푸드 음식점에 잠복한 경찰에게 성매매를 시도하려 했던 어느 성노동자의 신상을 공개하는 사례가 있었다. 취약한 사람들의 인권을 침해하는 다분히 폭력적인 행위였음에도 불구하고, 그녀의 실명과 사진은 가십거리가 되어 언론을 통해 널리 유포되었다.[+++]

[++] 감옥살이를 하는 동안 지불했던 집세가 사라지는 일도 있다. 자녀 양육자에게 공공주택 우선 입주권을 주는 지역에서는 양육권 상실 그 자체가 홈리스가 되는 길로 이어진다.

[+++] 이 여성의 실명이 거론되지 않은 기사를 찾을 수 없어 윤리적으로 출처를 밝히지 않았다.

2011년 이전까지 유도에 의한 반자연적 범죄crimes against nature by solicitation, CANS[27] 행위를 처벌해왔던, 만들어진 지 100년도 넘은 법률에 의해 미국 루이지애나의 일부 성노동자들은 15년 동안 성범죄자 명단에 올라가 있었다.[28] 명단 안에 있는 성노동자 중엔 흑인이나 트랜스젠더의 비율이 이상하리만큼 높았다. 자신의 이름이 범죄자 명단에 오른다는 것은 어떤 면에서 사회적 죽음을 경험하는 것과 다름없다. 범죄자들은 주택, 사회보장, 대부분의 직업, 지역사회로부터 배제된다. 가정폭력 피해자 쉼터 입주가 거부되거나, 감시 없이는 자녀들과 함께 어울려 지내지 못할 수도 있다. 교통 단속에 걸리거나 술을 사거나 은행 업무를 볼 때 제시하는 운전면허증에는 '성범죄자'라는 주홍색 글자가 크게 적히게 된다. 그들은 끔찍한 성폭력 가해자로 인식되며, 그러한 까닭에 지역사회 자경단의 표적이 되기도 한다. 미국 플로리다에 허리케인 카트리나가 닥쳤을 때, 허리케인 피해자 공공 대피소에 성범죄자를 들이지 않고 곧장 교도소에 수감시키는 일도 있었다.[29] 이 장 전반부에 언급했던 젊은 흑인 성판매 여성들처럼 '스스로를 인신매매한' 사람들을 포함해 연방법에 따라 인신매매자로 기소된 사람들은 여전히 성범죄자 명단에 올라가 있다.[30]

매춘 단속은 콘돔 소지와 사용을 어렵게 만들어 원치 않는 임신이나 HIV 감염 같은 건강상의 위험에 성노동자를 노출시킨다.[31] 뉴욕의 어떤 성노동자는 경찰관의 콘돔 단속 때문에 "한 달에 열 번, 단속 때마다 콘돔을 하수구에 버렸던" 경험을 토로한 바 있다. 미국의 또 다른 성노동자는 이렇게 말했다. "만약 콘돔을 많이 가지고 다니면, 경찰이 날 체포할 것이다. 그렇다고 콘돔을 한두 개만 가지고 다니면, 콘돔이 금방 다 떨어져서 나를 보호할 수 없게 된다. 콘돔을 가지고 다니는 게 무서워서 위험한 섹스를 얼마나 많이 했는지 모른다."[32]

안드레아 리치는 2000년대 초 뉴욕에서 성행했던 이런 관행에 대해 다음과 같이 이야기했다.

이러한 관행이 너무나 만연해서 많은 사람이 '콘돔 3개 법칙'이 있다고 믿을 정도였다. 콘돔을 3개 이상 가지고 있으면 매춘죄로 기소된다는 법칙이었다. …… 실제로는 매춘죄에 걸리지 않는 최적의 콘돔 개수 따윈 없다. 콘돔을 하나만 가지고 있어도 그것이 매춘 관련 범죄를 의도했다는 증거로 간주되어 형사고발을 당하는 사례를 나는 수차례 목격했다.[33]

글로리아 로켓 사건의 반향으로, 어느 라틴계 트랜스젠더 여성은 국회의원들에게 자신들의 사정을 털어놓았다. 친구와 함께 거리에서 체포되었을 때, "친구는 매춘 목적의 거리 배회 혐의(경범죄)로 기소되고, 자신은 콘돔 소지가 적발되어 친구에게 매춘을 알선·촉진했다는 혐의(중범죄)로 기소되었다"라는 이야기였다.[34]

기술 발전과 상업적 섹스의 확산이 맞부딪치면서 온라인에서는 성매매 단속반의 모습이 눈에 띄기 시작했다. 2010년대 미국은 성노동자 광고를 게재하는 온라인 플랫폼과의 전쟁을 벌여왔다. 크레이그리스트Craigslist부터 백페이지Backpage, 렌트보이RentBoy, 에로스Eros까지, 플랫폼 사업자들은 단속에 걸리지 않기 위해 광고 게시판을 없애거나 실제로 체포되었고 사이트가 폐쇄

됐다.[35] 렌트보이가 2015년 여름, 갑자기 오프라인으로 전환되었던 것은 사법 당국이 사무실을 급습해 경영자들을 기소했기 때문이다.[36]

성노동 광고 플랫폼 폐쇄는 성노동자들을 거리로 내몰았다. 그들이 사람들에게 잘 드러날수록 체포당하기는 더 쉬워졌고, 관리자에 대한 의존도 역시 더욱 높아졌다. 2014년 여름, 샌프란시스코 성노동자 광고 사이트이자 커뮤니티인 마이레드북MyRedBook이 폐쇄된 후 그 지역 성노동자들은 온라인에 무료 광고를 게재할 수 없게 되었고, 고객의 신원을 확인할 수 없게 되었다. 이뿐만 아니라 '진상 고객 블랙리스트'처럼 위험을 낮추는 정보를 얻을 수 있는 대규모의 커뮤니티 또한 함께 잃게 되었다.[37]

우리가 이 책을 쓰는 동안, 미국 의회에서는 성노동 광고를 게재했던 웹사이트 제공자 처벌을 확대하는 새로운 법안들이 통과되었다. 세스타-포스타(59쪽의 각주 참조할 것) 시행으로 2018년 봄, 수많은 성노동 광고 플랫폼에 대한 일제 단속이 시작되었다. 거의 하룻밤 사이에 수입원을 잃게 된 미국 안팎의 성노동자들은 경제적 파산과 함께 더욱 불안정하고 절박한 상황에 빠졌다. 세스타-포스타의 결과, 어떻게든 일자리를 찾아보려고 발버둥치는 성노동자들은 많아졌고 반대로 고객들과 성노동자의 예비 관리자들의 힘은 더 강력해졌다. 어떤 성구매자는 이러한 상황에 대해 다음과 같이 평했다. "나는 이 조치가 취미로 성구매를 하는 사람들에게 더 유리한 방향으로 작동할 것이라 확신한다. …… 성노동자들은 호객이 어려워 누구든 데려오려고 할 것이고, 이 때문에 성구매 가격은 내려갈 것이다. …… 특별한 요구(콘돔 없는 섹스 같은)를 하는 고객들이 더 이상 특별한 경우가 아닌 게 될 것이다. …… 성노동자들은 더 친절하게 행동해야 할 것이고, 고객을 거부하는 사치를 누리지도 못할 것이다."[38]

미국 전역의 성노동자들이 증언한 내용에 따르면, 예비 관리자들은 세스타-포스타의 즉각적인 여파로 인해 간절해진 성노동자들에게 문자, 전화 등 홍수처럼 연락을 쏟아내기 시작했다. 성노동자들에게 불리할 게 뻔한 일터로 끌어들이기 위해서였다. 이런 상황에 대해 한 성노동자는 다음과 같이 말했다. "문자에는 얼마 전 통과된 이 법안들을 넌지시 언급하는 내용이 언제나 들어가 있었다. '너에겐 이제 내가 필요할 걸.' 정말이지 소름 끼치는 일이다. 이 법안을 통과시킨 사람들은 아마도 자기들이 정의를 위해 싸웠다고 여길 테니까. 하지만 그들이 내 삶에 끌어들인 건 이런 것들뿐이다."[39]

또 다른 성노동자는 다음과 같이 증언했다. "백페이지 사이트 단속 이후, 거리 성노동과 홈리스 생활에서 벗어나 최근에야 간신히 최저 수준의 실내 일터로 들어갔던 우리 지역 성노동자들이 …… 탈출했던 곳으로 되돌아가는 모습을 지켜봐야만 했다. 세인트 제임스 치료소St. James Infirmary⁺는 샌프란시스코 미션 구역에 이전보다 4배 많은 거리 성노동자들이 나타났다고 보고했다. 온라인 성노동자 커뮤니티에서는 노동자들이 거리로 나간 후 확인

⁺　역주. 1999년 설립된 곳으로 다양한 젠더의 전·현직 성노동자 및 그 가족들에게 의료적 서비스를 제공하는 사회적 지원 기관이다. 성노동자들에 의해 운영되는 미국 최초의 성노동자 대상 산업안전 및 의료보건 기관이며, 엄격한 신변 보호와 함께 모든 서비스가 무상으로 제공된다.

전화를 받지 않는다는 속보가 올라오기 시작했고, 우리 내부 정보에 의하면 2018년 4월 14일 현재, 13명의 노동자가 실종되었고 2명은 사망한 것으로 확인되었다."[40]

표면상으로 착취에 맞서기 위해 제정된 법률이 오히려 착취를 부추기고 유행시킨다는 사실은 일견 역설적으로 보일 수 있으나, 자세히 살펴보면 그렇지 않다. 성노동자가 고객과 연결될 수 있는 통로를 제한하는 방식은 언제나 성노동자의 경제적 결핍을 증가시키고 그들을 더욱 취약하게 만들어왔다. 세스타-포스타에 새로운 점이 있다면, 상호 연결된 세계 속에서 미국 성노동 범죄화 정책의 효과가 타국의 성노동자들에게까지 피해를 주고 있다는 점이다. 영국의 성노동자들도 일자리를 잃게 되면서 광고를 올릴 다른 사이트나 서버를 찾아 허둥대야만 했다. 이런 법은 성노동자들을 더욱 불안정한 상황으로 빠뜨린다. 성노동자 단체들은 이에 맞서는 사람들을 돕기 위해 결과적으로 더 많은 돈과 에너지를 써야 했다.

성노동 범죄화는 경찰 단속을 피하기 위해 성노동자들이 스스로 마련한 안전책의 일부 또는 전부를 타협하도록 강요한다. 그와 동시에 그것은 폭력적인 사람들이 사회의 주변부에 있는 성노동자를 노리는 게 정당하다는 신호를 준다. 남아프리카공화국의 어느 성노동자는 이에 대해 다음과 같이 말했다.

경찰들이 우리를 단속하지 않아서 성노동하기가 편했던 시절이 있었다. 무엇이 계기가 되었는지 모르겠지만, 단속 대상이 된 후 우리는 괴롭히는 경찰들을 피해 더 어둡고 그늘진 곳으

로 옮겨가야 했다. 그때부터 우리는 고객들의 먹잇감이 되기 시작했다.[41]

경찰관이 되는 것만으로도 누군가를 괴롭히고, 학대하고, 착취하고, 강간할 수 있는 기회가 주어진다. 미국 시카고의 한 젊은 여성은 "어느 경찰관이 자신과 섹스를 하면 나를 체포하지 않겠다고 말하면서 내게 접근했다. 그래서 섹스를 했다. 하지만 그 후, 그는 약속을 어기고 수갑을 채워 나를 체포했다"[42]라고 증언했다. 또 다른 성노동자는 "새로운 남자를 만나러 갔는데, 알고 보니 경찰이 꾸민 함정수사였다. 그는 폭력적으로 내게 수갑을 채우고 나를 강간했다. 그는 나를 씻겨서 경찰서로 데려갔고, 나는 매춘 혐의로 4개월의 징역형을 선고받았다"라고 털어놨다.[43]

불법적인 공권력 남용만이 문제가 아니다. 더 큰 문제는 경찰과 매춘부의 섹스가 국가에 의해 공식적으로 승인되고 있다는 것이다. 매춘 단속 과정에서 경찰이 성노동자와 성관계를 맺는 건 미국에서 매우 일상적인 일이며, 그들은 사정을 한 이후 간편하게 성노동자들을 체포한다.+ 미국 알래스카에서는 잠복경찰과 성노동자의 성적 접촉을 금지하는 법안이 앵커리지 경찰서의 반

+   문제의 경찰 중 한 명은 이렇게 말했다. "만약 제가 오르가슴을 느꼈는지 물으신다면, 그렇다고 답하겠습니다. 이건 제 직업이에요. …… 그런 일을 하는 게 즐거운 건 아닙니다만, 저는 월급을 받고 이런 일을 하는 겁니다." 그의 주장에 의하면, 직업적으로 섹스를 하는 성노동자들은 처벌되어야 마땅하지만, 자신이 직업적으로 섹스를 하는 것은 정당하다. 'Cop: Sex With Hooker Wasn't Fun, It Was Work', *Fox News*, 22 August 2008, foxnews.com 참조.

대에 부딪치기도 했다. 성노동자와 사전에 성적인 접촉이 없으면 경찰이 매춘 행위를 입증하기 어렵다는 이유에서였다.[44] 하지만 섹스를 하면 체포된다는 걸 미리 알면서도 그 섹스에 동의할 성노동자가 어디 있겠는가.

매춘방지법은 진보적일 수 있는가?

미국 버지니아주 헨리코카운티의 여자 교도소는 간이침대 200개를 추가 주문해야 할 정도로 수감자가 넘쳐난다. 그곳의 여성들은 복도 및 공용 공간의 바닥과 꽉 들어찬 감방 속 2층 침대에서 잠을 잔다. 이처럼 수감자가 급증한 이유는 최근 이 지역에서 매춘 및 인신매매에 대한 공격적인 조치로 인해 장기 여성 수감자들이 많아졌기 때문이다.[45]

앞서 지적한 바와 같이, 반성매매 단속은 진보적인 것처럼 호도되고 있다. 성노동자 체포는 다른 목적을 달성하기 위해 이용되곤 한다. 일례로 어느 정책 입안자는 기자에게 만약 경찰이 체포와 기소라는 '영향력'을 사용하지 않는다면 경찰이 인신매매 용의자로 지목한 사람의 증언을 강요할 방법이 없기 때문에 매춘부를 체포할 필요가 있다고 말했다.[46] 이퀄리티나우라는 페미니스트 단체의 뉴욕 대표인 로렌 허시Lauren Hersh 또한 성판매자를 체포하는 것이 '윤리적 딜레마와 인권침해 가능성'에 대한 고민거리를 안겨줄 수도 있지만, 여러 가지 면에서 유용하다고 주장하면서 다음과 같은 장점을 내세웠다. "그것은 구속된 성매매 피해자와 검사 사이에 신뢰감을 유지하는 데 더 유리할 수 있다."[47]

국가에 의한 반인신매매 조치들은 언제나 누군가를 체포하는 것에서부터 시작된다. 미국 언론은 체포가 곧 '구조'인 것처럼 보도하면서 성매매 종사자를 체포하는 행위가 진보적일 뿐만 아니라 매우 인도적인 것처럼 포장해왔다.[48] 이런 인신매매 대응책에 반대하는 사람은 거의 없었다.

체포는 붙잡힌 이들에게 심각한 정신적 충격을 유발한다. 일곱 차례 체포된 경험이 있는 실리아Celia는 이렇게 증언했다.

불시단속은 끔찍하고 추악하다. 경찰들은 문을 부수고, …… 총을 꺼낸 채 들어온다! 처음에는 놀랍고 당황스러웠다. 그들은 법을 통해 무엇이든 할 수 있지만, 우리는 그들이 뭘 할지 알 수가 없다. …… 너무 끔찍하다. 그들이 화가 나면 옷도 걸치지 못한다. 홀복을 입은 우리를 그냥 데려가기도 한다. …… 사람이라면 절대 그 공포에서 벗어날 수 없다. 그 두려움은 결코 사라지지 않는다. 경찰들은 이를 의도적으로 유발한다.[49]

다섯 차례 체포되었던 릴리Lily는 이렇게 말했다. "총을 차고 제복을 입은 경찰들이 너무 무서웠다. 그들은 우리에게 아무 말도 하지 않았다. 그들은 체포 과정에서 우리를 범죄자 취급했고 너무 공포스러웠다."[50]

아야 그루버Aya Gruber, 에이미 코헨Amy Cohen, 케이트 모굴레스쿠는 미국 형사사법 체계가 그들이 '형벌복지penal welfare'라고 지칭하는 형태로 옮아가고 있다고 분석한다.[51] 형벌복지는 "형사 재판소를 통해 사회복지 사업과 혜택을 제공하는, 최근 확산되고 있는 관행"으로 "'대형 교도소'라는 용어가 익숙해지고, 범죄에 대한 강경 대응 및 깨진 유리창 법칙⁺이 대중의 신뢰를 잃어가고 있는 이 시대에, 견고하게 자리잡은 사법 기관들이 지속적으로 기능할 수 있도록 한다."[52] 안전대피소법Safe Harbour law은 형벌복지의 대표적인 예이다. 그 법은 성판매 미성년자들을 구속해 형사사법 체계 안으로 밀어넣은 후, 의무적인 사회복지 프로그램을 부여한다. 연구자들은 이러한 잦은 체포 관행이 사법 체계가 표면적으로 해결하려고 했던 그 문제를 확대시키며, 불안정을 조성하고 생존을 위한 청소년의 성판매를 영속화한다고 지적한다.[53]

뉴욕의 인신매매 법원⁺⁺은 형벌복지의 또 다른 예다. 인신매매 법원의 지지자들은 매춘 혐의로 체포된 사람을 인신매매 피해자로 간주하면서 사회복지 사업이 진보적으로 진화한 형태라고 주장한다. 그럼에도 불구하고 인신매매 법원은 여성을 체포하는 것을 멈추지 않는다(빨간 우산 프로젝트Red Umbrella Project의 보고서에 의하면 인신매매 법원 피고인의 98퍼센트 이상이 시스젠더 및 트랜스 여성

⁺　역주. 깨진 유리창 하나를 놔두면 그 주변 다른 곳의 유리창도 모두 깨질 수 있다는 이론으로, 사소한 무질서를 방치하면 더 큰 범죄로 확산될 가능성이 높다는 것이다.

⁺⁺　역주. 체포된 성노동자 여성들을 보호한다는 명목으로 설립된 매춘 사건 전문 법원. 인신매매 법원의 판사들은 체포된 성노동자들이 트라우마 치료 및 상담을 받을 수 있도록 명령하고, 상담 프로그램에 참여한 후 다시 체포되지 않은 사람들에 한해 기소를 취하할 수 있다. 판사의 명령에 따르지 않는 성노동자는 감옥에 가야 한다. 인신매매 법원에서는 또한 성노동자가 성산업으로 되돌아가는 것을 막기 위해 판사가 공판 전 구류를 인가할 수 있다. 이에 모굴레스쿠는 인신매매 법원이 형사적 개입을 사회복지제도로 재포장하고 있다고 비판한다. 'Should Prostitution Be a Crime?', *The New York Times Magazine*, 5 May 2016, nytimes.com 참조.

이었다).[54] 그곳에선 매춘 혐의로 기소되더라도, 형사상 유죄판결을 받는 대신 사회복지 프로그램 이수 처분을 받을 수 있다. 하지만 뉴욕 브루클린 인신매매 법원에서 호객행위로 기소된 사람의 94퍼센트, 매춘으로 기소된 사람의 70퍼센트는 흑인 여성이었으며,[55] 이민국 직원들이 추방할 사람을 찾기 위해 인신매매 법원에 나타나는 경악스러운 일도 벌어진다. 매춘 혐의로 유죄판결을 받은 이주민을 즉시 추방할 수 있도록 만드는 이러한 관행은 미국 전역에서 일상적으로 행해지고 있으며, 인도주의의 명목하에 매춘부를 체포하고 있다는 법원의 주장을 무색하게 한다.[56]

만약 어떤 피고인에게 마약 전과가 있다면, 그 사람은 교도소 생활과 별 차이가 없는 수개월짜리 입원 약물 치료 프로그램 이수 명령을 선고받기 전까지 판결을 기다리며 감옥에서 몇 주를 보내야 한다.[57] 복잡한 사건에 연루된 사람들은 공판 이전에도 구금될 수 있다. 이때 '많은 사람이 보석금을 낼 여유가 없다'는 말은 사건이 다루어지길 기다리는 동안 많은 사람이 뉴욕의 악명 높은 리커스아일랜드Rikers Island 교도소에 갇혀 있어야 한다는 것을 의미한다. 피고에게 주어진 형식적인 피해자라는 지위와 법원의 존재 목적이 판결, 규제, 처벌을 부과하는 것이라는 사실은 필연적으로 충돌할 수밖에 없다. 실제로 한 검사는 어느 젊은 여성의 사회복지 프로그램 이수 선고에 반대하며 이렇게 발언했다.

그녀는 여러 주에서 매춘 혐의로 수차례 체포되었습니다. 분명 그녀는 피해자입니다. …… 하지만 그녀는 체포 횟수가 너무 많습니다. 그래서 …… 저는 그녀가 풍기문란 선고를 받고 복역 기간을 마치면, 캘리포니아로 돌아갈 수 있다고 말했습니다. 그리고 …… 이번이 마지막(구속)이었으면 좋겠다고 이야기했습니다. 왜냐하면 저는 사람들이 이런 생각을 가지고 퀸스에 찾아오길 원치 않기 때문입니다. "와, 너는 퀸스에서 관대한 선고를 받았구나."[58]

'피고인을 위한다'는 이유로 피고인이 추방되거나 투옥되는 경우도 있다. 어느 검사는 피고인 여성을 감옥에 보내는 데 '성공'한 후, 판사에게 다음과 같이 요청했다. "F씨가 어떤 생각을 하든지 간에 저는 그녀가 전 남자친구에게 돌아가는 것을 보고 싶지 않습니다. 제 눈에 그 남자는 그녀를 착취하는 사람이고, 그에게 돌아가는 건 그녀에게 좋은 상황이 아닙니다, 판사님. 그녀가 계속 감옥에 있을 수 있도록 요청드립니다."[59]

심지어 법원을 통해 부과된 사회복지 프로그램이 피고인 여성들에게 정말 필요한 서비스를 제공하는 것도 아니다. 참여하지 않으면 재구속될 수 있다는 압박 속에서 피고인들은 당장의 필요와는 동떨어진 요가, 미술 치료, 상담 같은 서비스를 할당받곤 한다.[60] 18세가 되기 전 매춘 혐의로 뉴욕에서 체포된 적이 있었던 아이 엄마인 제나 토레스Jenna Torres는 다음과 같이 이야기했다.

법원이 제공한 치료 프로그램은 나에게 맞지 않았다. 성노동은 치료가 필요한 게 아니다. 그건 병이 아니니까. …… 나는 더 중요한 걸 하기 위해 그 시간이 정말로 필요했다. 하지만 그 프로그램은 나와 아이들의 더 좋은 환경을 만드는 데 방해가

되었고, 나는 성노동을 지속할 수 없게 되었다. …… 성노동을 그만두기만 하면 내 삶이 마법처럼 나아지기라도 하는 듯, 법원은 내 상황에 맞지 않는 선택지만을 던져주었다. 그러나 내게 성노동을 중단한다는 것은 더 이상 돈을 벌 수 없다는 걸 뜻할 뿐이었다.[61]

법원의 치료 명령으로 토레스는 대학을 중퇴해야 했다. 그녀가 두 가지 일을 모두 소화하기엔 시간이 없었기 때문이다. 성노동자가 주축이 되었던 레드업 뉴욕RedUp NYC 프로젝트는 "이런 범죄화의 굴레는 성매매를 원치 않는 사람들, 특히 의무적인 사회복지 프로그램을 이수하지 않은 사람들을 그곳에서 빠져나오기 더 어렵게 만든다"라고 밝혔다.[62]

'진보적인 완전 범죄화'란 존재하지 않는다. 인종차별적 단속, 부정부패, 성폭행 등의 폭력적 관행들은 성노동자들이 범죄자로 지목되었을 때 사법적 지원 및 보호를 거의 받지 못할 정도로 취약하다는 사실과 근본적으로 결부되어 있다. 성노동이 범죄화된 국가에서는 성노동자가 고객, 관리자, 일반 대중보다 경찰을 더 두려워할 정도로, 피해자의 약점을 노려 구타, 강간, 강탈을 서슴지 않는 경찰들의 사례가 빈번히 등장한다. 나이지리아 라고스의 한 성노동자는 "우리에겐 그 누구보다 경찰이 가장 큰 문제"라고 말하면서 이렇게 덧붙였다. "경찰들은 제복만 입으면 자신이 원하는 걸 무엇이든 할 수 있다고 생각한다."[63]

범죄화는 성노동에 종사하는 사람들이 겪는 부당한 대우를 대중들이 알아채거나 신경 쓰지 못하게 하고 성노동자에 대한 비인간화를 조장한다. 러시아의 경찰이자 살인자인 미하일 폽코프 Mikhail Popkov는 매춘부 거리 '청소' 운동의 일환으로 18년 동안 82 명의 여성을 마음껏 살해한 바 있다[64](그는 때때로 자신의 경찰차에 탄 사람을 범행 대상으로 삼을 때도 있었고, 자기가 저지른 살인을 조사하기 위해 경찰 신분으로 두 차례 소환되기도 했다).[65] 치 아다나 음바코Chi Adanna Mgbako는 한 우간다 경찰관의 횡포에 대해 다음과 같이 폭로한 바 있다. "그는 거리 성노동자들을 발가벗기고 시내를 행진하게 하는 …… 가학적이고 기괴한 스포츠를 오랫동안 만들어왔다."[66] 이와 같은 공공연하고 가시적인 학대에도 불구하고, 희생자들이 피해를 호소했을 때 그 경찰에게 취해진 조치는 다른 경찰서로의 전출이었다. 성노동자들의 보고에 의하면, 그는 여전히 임산부와 수유 여성들의 집에 쳐들어가 "그들의 머리채를 잡고 경찰서로 끌고 가서 던져버리는" 짓을 계속하고 있다. "저 사람들을 끌고 가라, 끌고 가라! 저것들은 우리 사회의 쓰레기"라고 말하며 경찰관에게 성노동자들을 체포하고 제거하라고 자극하는 군중들 앞에서 경찰에게 무참히 공격당했던 성노동자들의 이야기도 음바코는 덧붙였다.[67]

남아프리카공화국에서 자행된 아파르트헤이트의 끔찍한 제도적 잔재는 완전 범죄화 정책과 결합해 더욱 끔찍한 학대를 생산해왔다.✝ 예를 들어, 요하네스버그의 경찰들은 상습적으로 성

✝ 남아프리카공화국에서 1,000명 이상의 성노동자들을 대상으로 진행한 최근의 조사는 성노동자의 대다수(54%)가 구타, 강간, 성폭력 등을 포함한 신체적 폭력을 경험했다고 보고했다. 이들 중 55%는 경찰을 폭력의 가해자로 지목했다. NACOSA & Sex Worker Education and Advocacy Taskforce (SWEAT), 'Beginning to build the picture:

노동자의 성기에 페퍼 스프레이를 뿌리는 일을 자행해왔다.[68] 이런 폭력은 특히 남성 성노동자와 트랜스 여성을 대상으로 가해졌다. 실제로 케이프타운 경찰서에서는 어느 젊은 남성 성노동자를 체포한 후 유치장 내에 있는 남성들이 그를 성적으로 학대하도록 부추긴 사건이 있었다.[69] 이에 대해 케이프타운 법원은 경찰이 기소할 의도 없이 단순히 경찰 차량이나 유치장에서 성노동자를 학대하거나 괴롭힐 요량으로 그들을 임의 체포한 것이라고 판결했다.[70]

개별 가해자들, 심지어 아주 끔찍하고 가학적인 가해자들조차 일부의 일탈적 사례로 보기는 어렵다. 오히려 이들은 매춘부를 쓸모없는 범죄자처럼 대우하는 모든 사법 체계에서 반복적으로 나타나는 증상이다. 2015년, 경찰관 대니얼 홀츠클로Daniel Holtzclaw는 18건의 강간 혐의로 오클라호마 배심원단에 의해 유죄 판결을 받았다.[71] 사건의 피해자는 범죄 전과가 있거나 위법 행위, 특히 약물 사용 및 성노동을 행하던 저소득층의 흑인 여성들이었다. 홀츠클로는 자신과 피해자들 사이의 엄청난 권력 격차로 인해 자신이 악행의 대가를 치루지 않아도 될 것이라 믿었기 때문에 이 여성들을 목표로 삼는 데 거리낌이 없었다. 나중에 그가 붙잡힐 수 있었던 건, 전과가 없는 여성, 즉 그를 신고하는 데 두려움이 없고 그 신고가 진지하게 검토될 자격을 갖춘 여성인 제니 리곤스Jannie Ligons가 그에게 폭행을 당했기 때문이었다. 사법 체계

South Africa National survey of sex worker knowledge, experiences and behaviour', report, 15 January 2013, 다음에서 확인 가능. hivsharespace.net or sweat.org.za.

상 최소한의 정도가 작동했다는 것만이 그녀와 다른 피해자들의 차이점이었다. 이러한 모습은 홀츠클로가 유죄판결을 받은 후, 인터뷰 진행자에게 불평하며 던진 말에서 더욱 정확히 드러난다. "리곤스는 사람들이 생각하는 것처럼 그리 순결하지 않다. 그녀는 80년대에 굉장히 방탕했던 사람이다. …… 하지만 우리는 그 사실을 배심원단에게 알릴 수 없었다. 그 여자는 좋은 사커맘⁺도 아니고, 사회적으로 믿을 만한 사람도 아니다."[72]

홀츠클로는 여타의 가해자나 매춘부 살해자들과 마찬가지로, 현행 사법 체계에 의해 확증된 관념, 즉 범죄화된 몸은 취약할 수밖에 없다는 생각에 동조하는 한 사람이었을 뿐이다. 이런 사법 체계 내에서 범죄화된 여성은 범행 대상이 되기 십상이다.

규범 밖의 몸들

형사사법 체계가 신토이아 브라운Cyntoia Brown을 끔찍하게 대우했다는 사실이 리한나Rihanna와 킴 카다시안 웨스트Kim Kardashian West 등 연예인들의 관심을 끌기 시작하면서 그 사건은 2017년 잠시 헤드라인 뉴스로 다루어진 적이 있다.[73] 16세의 브라운은 성판매를 강요하는 한 남성과 폭력적인 관계를 맺고 있었다. 어느 날, 브라운은 즉석에서 한 고객을 만났고, 집에 들어가자마자 돌변해 버린 그에게 심한 협박과 폭행을 당했다. 위협을 느낀 그녀는 정

⁺　역주. 자녀 교육에 열성적인 (대개는 미국 중산층인) 여성을 지칭하는 말.

당방위로 그에게 총을 쐈다. 목숨을 지키기 위해 자신을 방어하고 정신적 충격을 입은 어린 여성이 아니라, 살인자로 치부된 그녀는 결국 50년의 징역형을 선고받았다. 리한나와 킴 카다시안이 브라운에게 일어났던 사건을 폭로하고 있을 때, 브라운은 겨우 29세였다. 그녀는 거의 15년 가까이 감옥에 갇혀 지냈다.[++]

브라운의 판례는 그런 '범죄'가 어린 나이에 행해졌을 때 대중들의 동정을 사기 쉽다는 점을 고려하면 매우 이례적이다. 감옥 폐지론 활동가인 마리아메 카바Mariame Kaba와 성노동자 인권 활동가인 브릿 슐트Brit Schulte는 16세 소녀라는 이미지와 함께 브라운에 대한 관심이 폭발한 현상에 주목하면서 다음과 같이 의문을 제기했다.

> 29세의 성인 흑인 여성은 동정하기 어려운 피해자인가? 그렇다면 왜 그런가? 완벽한 피해자만을 지지하려는 언론과 대중의 욕구에 떠밀려 트라우마 회복에 관한 문제는 빈번히 무시된다. 완벽한 피해자는 순종적이며 공격적이어선 안 된다. 그들은 마약 경험이 있거나 범죄 이력이 있어서도 안 된다. 그들은 순결하고 점잖아야 한다.[74]

카바와 슐트의 이야기에서 확인할 수 있듯이 '완벽한 피해자'가 되기 위한 요건은 흑인 여성을 안전에서 멀어지게 할 뿐만

[++] 역주. 2017년 미투 운동 시기에 브라운의 이야기가 알려지면서 그녀는 2019년 8월 주지사의 특별감형에 따라 석방됐다.

아니라, 그들을 범죄자인 것처럼 둔갑시켜버린다. (이 글을 쓰는 동안 그녀의 항소가 기각되긴 했지만) 물론 브라운의 사건은 잠시나마 전 세계적인 주목을 받았고,[75] 이 장의 초반부에 언급되었던 워커와 토머스 사건 역시 성노동자 단체 활동가들과 (마리아메 카바가 중요한 역할을 담당했던) 생존했으나 처벌된 사람Survived and Punished 이라는 광범위한 폭력 생존자 석방 운동에 의해 재조명되기도 했다.[76] 그러나 이처럼 관심을 받는 사건은 빙산의 일각에 불과하다. 살아남기 위해 발버둥 치는 사람들을 처벌하는 행태는 미국에서 매우 흔한 일이다. 경찰의 관심을 끈다는 건 더 안전해질 수 있다는 걸 뜻하기도 하지만, 어떤 사람들에게는 그만큼 더 자주 체포될 수 있다는 걸 뜻한다. 미국 애틀랜타에서 활동하는 단체인 처벌이 아닌 해결Solutions Not Punishment은 이러한 현상에 우려를 표한다. "경찰과 맞닥뜨린 트랜스젠더들은 오히려 전보다 더 위험한 상황에 빠진다. …… 심지어 우리가 위험에 처하거나 범죄자를 신고하기 위해 경찰에 도움을 요청할 때조차 안전할 수 없다는 점은 명백한 사실이다."[77] 실제로 애틀랜타에 거주하는 유색인종 트랜스 여성의 38퍼센트는 도움을 요청하기 위해 출동한 경찰에게 도리어 자신이 체포된 적이 있다고 보고했다.[78]

2016년 힐러리 클린턴Hillary Clinton의 대선 출마가 불운했던 이유 중 하나는 그녀의 남편이 통과시켰던 강력범죄 통제 및 사법 집행에 관한 법률Violent Crime Control and Law Enforcement Act(통칭 범죄법 Crime Act)을 추진하는 과정에서 좌파의 공분을 샀기 때문이었다.[79] 안타깝게도 그녀는 "최상위 포식자들에게 …… 양심의 가책도, 공감도 가질 필요가 없다. 왜 그들이 그렇게 되었는지 이야기할 수는 있겠지만, 우리는 일단 그들을 굴복시켜야 한다"라고 언급하면서 1994년 통과된 범죄법을 정당화했다.[80] 2010년대에 일어난 흑인의 삶은 소중하다 같은 운동은 대중이 경찰의 손에 죽은 사람들에 대해 문제의식을 갖도록 유도했고, 과잉 단속과 대량 투옥이 어떻게 흑인 사회에 막대한 영향을 미치는지, 어떻게 흑인의 삶을 체계적이고 지속적으로 평가절하하는지에 대한 관심을 이끌었다. 그러나 범죄법은 거리에 10만 명의 경찰들을 추가 투입시키고, 교도소에 약 100억 달러의 예산을 배정했으며, [주로 저소득층, 흑인이 투약하는] 크랙 코카인과 [주로 고소득층, 백인이 투약하는] 가루 코카인 투약에 대한 형량의 비율이 '100 대 1'인 인종차별적 정책, 그리고 대부분 흑인이거나 빈곤층인 미국인 수십만 명을 마약 혐의로 장기 투옥하는 데 기여해왔던 삼진아웃제 및 최소형량 의무부과제를 그대로 유지시켜온 법률이었다.[81]

이 법의 주요한 목적 중 하나는 경찰이 가정폭력 문제를 심각하게 받아들일 수 있도록 '체포 의무화' 정책을 강제하는 것이었다. 하지만 누가 가해자인지 피해자인지 판별하기 어려운 경우 (혹은 양쪽 당사자의 주장에 모두 공감할 수 없는 경우), 경찰은 종종 가해자와 피해자를 모두 체포하는 방식으로 대응했다. 그 결과, 여성에 대한 체포는 더욱 늘어났다. 1995년 미국 로스앤젤레스에서는 가정폭력 신고 후 체포된 여성의 수가 전에 비해 2배 증가했고, 메릴랜드주는 1992년에서 1996년 사이에 여성 체포율이 3배나 급증했으며, 새크라멘토에서는 그 증가율이 무려 91퍼센트로 치솟았다.[82] 여성 체포가 늘어난 핵심적인 이유는 자신과 아이들을 학대하는 남성으로부터 아이들을 보호하는 데 '실패'했다는 혐의로 많은 엄마들이 유죄판결을 받았기 때문이다.[83] 연구자 수전 밀러Susan Miller의 표현을 빌리자면, "구타당한 여성 피해자를 보호하기 위한 체포 정책이 …… 그들을 체포하는 데 이용되고 있다. 구타당한 여성들이 오히려 여성 범죄자가 되었다".[84] 그중 흑인과 라틴계 여성들은 불균형하게 과잉 체포되고 있다.

　미국 로스앤젤레스에서는 경찰이 폭행 가해자인 애인을 신고한 어느 젊은 흑인 트랜스 여성을 체포했던 사건이 있다. 그녀가 과거에 매춘 행위를 했다는 혐의였다.[85] 미국 시카고에 사는 젊은 흑인 여성인 티아완다 무어Tiawanda Moore 역시 애인에게 폭행을 당한 후 경찰에게 도움을 요청했으나, 도리어 경찰에게 성폭행을 당했다.[86] 무어는 그를 성폭행범으로 고소했지만, 그녀가 한때 스트리퍼였다는 이유로 그 소장은 기각되었다.[87] 이런 끔찍한 상황을 입증할 증거를 확보하기 위해 무어가 자신에 대해 이야기하는 경찰관들의 목소리를 녹음하자, 그들은 그녀를 체포해 15년의 징역형을 내릴 수 있는 '도청' 혐의로 기소해버렸다(다행히도 그녀는 무죄로 풀려났다).[88] 이러한 사법 정책은 성노동자들에게 더욱 심각한 영향을 미친다. 경찰에 가정폭력 신고를 하는 흑인 성판매 여성들은 (가정폭력 사건에 연루된 두 당사자가 모두 체포될 경우) '이중 구속'이 될 가능성이 높다.[89]

　1994년 범죄법 통과에 대해 일부 페미니스트들은 그것을 '승리'라 표현하며 환호했다. 왜냐하면 범죄법은 여성 대상 폭력을 규제하는 주요 법안인 여성 대상 폭력에 대한 법률Violence Against Women Act, VAWA을 포함하고 있었기 때문이다.[90] 2015년 페니 화이트Penny White는 《페미니스트 커런트Feminist Current》에 실린 〈'감금'/'섹스 부정주의' 페미니스트에 대한 감사장)이라는 글에서 당시 주류 페미니스트들을 여성 대상 폭력에 대한 법률 및 경찰 기구를 지지하는 집단으로 표현하면서, 1970~80년대의 페미니스트들은 "여성 대상 폭력에 대한 법률의 길을 닦은 영웅이었다. …… 이 법은 성폭력 및 가정폭력 사건을 조사하고 기소할 수 있도록 사법 당국에 16억 달러를 지원했으며, …… 우리 문화를 내가 예상했던 것보다 훨씬 더 크고, 안전하고, 자유로운 여성 공간으로 탈바꿈시켰다"라고 평가했다.[91]

이와 같은 레토릭은 경찰 및 국가 폭력의 희생자들을 지워버리는 것에 그치지 않고, 그들을 곤경에 빠뜨린다. 자유주의자 논객인 어맨다 마콧Amanda Marcotte은 〈검찰은 강간 피해자를 체포해 수사에 협조하도록 했다. 그들은 옳은 결정을 내렸다〉라는 글에서 가해자에게 유죄를 선고하기 위해서는 피해자를 체포하는 것은 물론, 검찰이 자신의 권력을 동원해 무엇이든 하는 게 납득이 된다는 주장을 해 사람들의 공분을 산 바 있다. 그는 이런 말도 덧붙였다. "우리는 무엇이 더 중요한지 결정해야 한다. 폭력을 가한 남성을 감옥에 넣는 것인가, 피해자가 제멋대로 검찰 수사 협조를 거부하도록 놔두는 것인가."[92] 이처럼 감금 페미니즘은 피해자를 보호하는 등의 다른 어떤 조치보다도 범죄자를 처벌하는 것을 가장 우선시한다.

1994년 범죄법에 관한 이런 상반된 입장들은 페미니즘 반폭력 운동 내의 갈등을 보여주기도 하지만, 여성 대상 폭력의 해결책으로 경찰을 내세우는 것에 한계가 있다는 점을 드러내기도 한다. 치안 중심의 접근 방식이 지닌 문제점을 들여다보면, 체포, 추방, 양육권 상실, 반反홈리스 정책, 마약과의 전쟁, 젠트리피케이션, 치안 및 사법 시스템 내 인종차별 등 광범위한 국가 폭력이 자행되는 구조 속에서 여성에 대한 폭력이 어떻게 일어나는지 확인할 수 있다. 비범죄화를 향한 투쟁은 그저 하나의 실천에 불과하다. 성판매자를 폭행하고 체포하고 기소하고 추방하는 경찰의 막강한 권력을 해체하려는 노력은 우리의 안전 보장을 위한 더 큰 투쟁의 일부다. 이 투쟁은 감금된 생존자들을 석방하고, 현금 보석 제도를 폐지하고, 경찰이나 교도소가 아니라 정말로 사람들을 안전하게 보호할 수 있는 시설에 투자를 요청하기 위한 싸움을 내포한다.

조직하기

범죄화의 기조가 압도적으로 관철되고 있는 이런 상황에서 단체를 조직하고 공개적인 장소에 나서는 일은 커다란 위험을 감수해야 한다는 것을 뜻한다. 모니카 존스Monica Jones의 사례가 대표적이다. 사회복지학과 학생이자, 성노동자 인권 활동가, 흑인 트랜스 여성인 존스는 2013년 미국 애리조나에서 체포됐다. 체포되기 전날, 그녀는 어느 성노동자 집회에서 현지 경찰의 징벌적 태도를 비판하는 발언을 하고, 체포 당일에는 경찰이 함정수사를 할 것이란 첩보를 다른 성노동자들에게 공개적으로 귀띔해주었다. 거리를 걷는 단순한 행위부터 일상의 모든 활동을 모두 범죄로 규정할 수 있는 광범위하고 모호한 죄목, '매춘의 징후manifesting prostitution'⁺가 있다는 혐의로 그녀는 유죄선고를 받았다. 성노동자들의 연구에 의하면, 활동가들이 종종 '트랜스젠더의 모습으로 걸어다니는 것walking while trans'⁺⁺에 대한 처벌이라 부르는 이러한 규제는 흑인 여성들에게 훨씬 더 가혹하게 적용된다.[93] 존스의 경우, 그녀의 활동, 인종, 젠더가 모두 경찰의 눈에 띄게 작용했다. 그녀 역시 자신이 체포 대상이 된 이유를 다음과 같이 밝혔다. "나는 (성노동자 체포를 비판하는 데) 거침이 없었고, 밖에서 계속 시위를 하고 있었기 때문에 …… 경찰의 표적이 되었다."[94]

성노동자 운동은 경찰의 감시망에 자주 포착된다. 2016년 미국 뉴저지에서는 어느 성노동자가 활동가 모임이 끝나자마자 체포되기도 했다. 사법 당국은 성노동자들이 스스로를 보호하기 위해 만든 조직을 감시와 처벌의 기회로 삼아왔다. 체포된 성노동자의 동료는 현지 언론을 통해 이 사건을 고발하고, 기사가 보도된 날 자수했다.

우간다에서는 성노동자 21명이 잔인하게 살해된 사건이 발생하자 44명의 성노동자 활동가들이 대책 회의를 하기 위해 호텔에 모였다.[95] 회의의 주요 의제는 살인자가 잡히기 전까지 안

⁺ 역주. 지나다니는 사람들을 멈춰 세우는 행위, 말을 거는 행위에서부터 상대가 경찰인지 물어보고 성적인 접촉을 시도하려는 행위까지 모두 규제할 수 있는 조항. FBI의 보고에 따르면, '매춘의 징후'가 보인다는 혐의로 체포된 미국인은 2011년 한 해에만 약 5만 7,000명에 달한다. upworthy.com/ever-heard-of-monica-jones-she-was-arrested-for-whats-called-manifesting-prostitution-yup 참조.

⁺⁺ 역주. '흑인의 모습으로 운전하기(driving while black)'의 트랜스젠더 버전. 거리를 포함한 공적인 공간에서 트랜스젠더, 특히 유색인종 트랜스 여성이 성노동자로 의심되어 경찰의 검문이나 심문으로 인해 빈번히 방해받거나 괴롭힘을 당하는 상황을 표현한 말.

전 정보를 공유하고, 피해 여성 중 한 명의 장례 기금을 마련하는 것이었다. 하지만 그 자리에 있던 44명의 여성들은 전원 공공생활방해죄로 체포되었고, 2주 동안 구금된 후 그들에게는 고액의 벌금이 떨어졌다.[96] 사건은 대개 이런 식으로 잊힌다. 우간다의 성노동자 단체인 인권 향상을 위한 여성 단체 네트워크Women's Organization Network for Human Rights Advocacy, WONETHA의 한 활동가는 그 후 몇 달 동안 더 과감하고 공개적인 활동을 계획했으나, "다른 여성 단체는 이 사건에 관심이 없었다"라고 털어놨다.[97]

국가가 감시하고 페미니스트들이 외면하는 열악한 상황에서도 엄격한 범죄화 정책을 추진하는 국가에서의 성노동자 운동은 수많은 풀뿌리 단체들로 활성화되고 있다. 2012년에는 수십 명의 성노동자들이 에이즈 퇴치를 위한 대통령 비상계획President's Emergency Plan for AIDS Relief, PEPFAR의 실패를 규탄하고자 에이즈 국제 확산에 관한 미국 의회의 특별 회의를 방해하는 고무적인 영상이 공유됐다. 에이즈 퇴치를 위한 대통령 비상계획은 HIV/에이즈 관련 세계 최대의 정부 자금원이지만, 수령 단체들에게 명시적으로 성노동 반대('반매춘 인증')를 표명하길 요구하고 있다.[98] 성노동자들은 무대에 난입해 빨간 우산을 펴고 "인증 철회"를 외쳤다. 샤머스 아웃로Sharmus Outlaw라는 활동가는 무대에 서서 의원들을 향해 연설했다. "나는 트랜스젠더이기 이전에, 성노동자이기 이전에, 다른 무엇이기 이전에, 인간이다."[99]

가난한 흑인 트랜스 여성이었던 아웃로는 미국 의료 체계의 실패로 인해 안타깝게도 2017년 숨을 거뒀다. 그녀에게 정말 필요했던 조직검사는 서류에 적힌 성별 표기가 '불명확하다'는 이유로 수개월 동안 지연되었다. 아웃로는 너무 빨리 세상을 떠났지만 LGBTQ, HIV 감염자, 성노동자 운동에 매우 큰 기여를 했다. 그녀와 가까운 친구였던 페넬로페 손더스Penelope Saunders는 이렇게 말했다. "아웃로는 나랑 만날 때마다 이렇게 말했다. '그 여성들은 일자리가 필요해, 일자리!'" 아웃로는 사회로부터 배제되거나 낙인찍힌 사람들과 연대하길 결코 주저하지 않았다. 그녀는 수많은 활동가에게 영감과 도움을 주었으며, 정치인들을 향해 연설할 때든 가족을 만나러 노스캐롤라이나 집에 갈 때든 인권 향상과 위해감소 정책harm reduction+에 대해 발언할 기회를 놓치지 않았다. 이동 중 도움이나 조언이 필요한 사람을 만날 경우에 대비해 그녀는 콘돔과 HIV 감염인 및 LGBTQ 권리에 관한 정보를 늘 가지고 다녔다. 수없이 체포되어 가난에 시달리고, 심지어 안전한 집조차 없는 상황에서도 그녀는 지치지 않고 이 모든 것들을 해냈다.[100]

아프리카 지역의 성노동자 운동 역시 열악한 환경 속에서도 지속되고 있다. 음바코는 "아프리카의 성노동자들이 쓰라린 고통을 참아내길 거부하고, 대륙 전체에 산불처럼 번지고 있는 성노동자 권리 운동을 촉발시켰다"라고 평가한다.[101] 실제로 아프리

+ 역주. 위해최소화 정책(harmismization)으로도 불린다. 어떤 행동 자체를 금지하기보다 그것이 일으키는 나쁜 사회적·물리적 효과를 줄이기 위해 입안된 공공보건 정책. 대표적인 위해감소 정책으로는 니들 익스체인지 프로그램, 오피오이드 대체 치료, 헤로인 보조 치료 등이 있다. 위해감소 정책은 주입형 약물 사용자와 성노동자들의 HIV 감염 위험을 실질적으로 감소시킨다고 평가된다. 이와 관련한 논문으로는 다음을 참조할 것. M. L. Rekart, 'Sex-work harm reduction' Lancet, 366:9503 (2005), 2123-34.

카에는 27개국에 걸쳐 80개의 성노동자 단체들이 존재하며, 케냐에만 30개 이상의 성노동자 단체가 활동하고 있다.[102] 케냐에는 남성 성노동자들이 주도하는, 젊은 남성 감염인을 위한 건강대안 Health Options for Young Men on HIV, AIDS and STIs, HOYMAS이라는 단체도 있다. 이 단체는 HIV/에이즈 서비스 접근권 확대를 위한 투쟁을 비롯해 게이 및 바이섹슈얼 남성과 성매매에 종사하는 남성들이 참여하는 정기적 논의의 장을 열고 있다. 이 단체의 운영자 중 한 명은 케냐 반동성애법 폐지 소송을 제기한 원고이기도 하다.[103] 남아프리카공화국 케이프타운의 성노동자 단체인 시스타즈후드 SistaazHood는 트랜스 여성 거리 성노동자의 안전을 위한 공간을 마련하고 트랜스혐오적인 경찰 폭력에 맞서고 있다. 그들의 노력 덕분에 트랜스 여성들은 체포될 경우 여경에게 몸수색을 받고 시스젠더 남성과 같은 감방을 쓰지 않을 수 있게 되었다.[104]

성노동자 운동을 조직하는 일에는 집요함과 기발함(그리고 약간의 불온함)이 필요하다. 케냐의 성노동자들은 2012년 세계 에이즈의 날을 기념해 빗자루와 걸레를 들고 병원을 청소하는 이벤트를 열었다. 성노동자들이 더 이상 '사회문제'가 아니라 사회문제를 해결하는 일원이며, 성노동자들은 의료인들의 업무에 도움을 주길 원한다는 것을 보여주기 위해 기획된 행사였다. 이 기획에 참여했던 존 매텐게 무카부루John Mathenge Mukaburu는 "우리에게 낙인을 찍는 사회와 의료인들이 감응하도록 만들고 싶었다. 우리는 당신들의 도움이 필요하며, 당신들도 우리의 도움이 필요하다는 사실을 보여주고 싶었다"라고 밝혔다.[105] 러시아의 성노동자 단체 실버로즈Silver Rose는 "썩어빠진 도덕, 사회적 편견, 자본주의, 불평등"에 반대하는 시위를 벌이며 허가 없이 메이데이 행진에 참가했다.[106] 성노동자인 이리나 마슬로바Irina Maslova는 이 단체를 설립한 배경에 대해 이렇게 설명했다. "당시에는 성노동자들에게 합법적인 조언을 해줄 수 있는 조직이 아무 곳도 없었다. 그래서 우리 여덟 명이 뭉쳐 이 국가 시스템을 무너뜨리기로 했다."[107]

성노동자에게 효과적인 조직화는 한 가지 문제에 집중하는 것이라기보다 여러 갈래로 뻗어나갈 수 있는 연대의 기반을 마련하는 일이다. 성노동자 내에서 가장 불법화되고 주변화된 이들은 성노동 범죄화 이상의 문제들을 안고 살아가기 때문이다. 케냐에서는 성노동자들이 저임금 노동자, 노점상, 홈리스, 버스 기사, 불법 거주자, 그 밖에 거리를 기반으로 살아가는 사람들을 위해 빈곤퇴치 사회운동인 번지 라 무완치Bunge la Mwananchi(인민의 의회)에 소속되어 활동하기도 한다.[108] 미국 매사추세츠에서 구걸 행위 범죄화 반대 운동과 니들 익스체인지 프로그램needle exchanges+ 법제화 투쟁을 결합해 조직화를 지속해왔던 성노동자 케이티 사이먼Caty Simon은 지역 회의에서 시내 감시 카메라 설치에 항의하며 다음과 같이 발언했다.

위해감소 정책의 활동가로서 나는 감시 카메라 설치가 노샘프

+ 역주. 주사기 공유로 인한 약물 사용자들의 감염 및 질병 확산 가능성을 줄이려는 목적으로 주삿바늘을 두 번 이상 사용할 수 없도록 지원하는 정책. 주삿바늘 교체에만 그치는 것이 아니라, 의료적 감독이 이루어지는 장소를 마련해 약물 오남용에 의한 폐해를 줄이고, 약물 사용자들에게 위생적이고 스트레스 없는 환경을 법적으로 제공하는 것을 포함한다.

턴의 불법 약물을 사용하는 빈민들에게 미칠 영향을 이야기하지 않을 수 없다. 모든 빈민에 대한 감시를 정당화하기 위해 그들은 희생양처럼 이용된다. …… 해결책은 자발적 치료와 위해감소 자원의 확대 등 명확하다. 감시 카메라 설치는 그들이 지역사회로 재통합되는 것을 방해할 뿐이다.[109]

많은 활동가들은 성노동자들의 기본적인 욕구 충족을 보장하는 데 초점을 맞추고 있다. 보니Bonnie는 미국 메릴랜드, 노던버지니아, 워싱턴 D.C.의 거리 성노동자들에게 2001년부터 끈질기게 아웃리치 서비스를 제공해왔다. 보니와 아웃로 같은 워싱턴 지역의 활동가들은 워싱턴의 매춘 없는 구역prostitution-free zone 조례를 뒤엎는 데 핵심적인 역할을 했다. 보니는 성노동자 커뮤니티 사이트인 티츠앤새스Tits and Sass에 자신의 활동을 소개했다.

나는 최근까지 사람들에게 주택을 제공해왔다. 그 일은 그만두어야 했지만, 지금은 보호소를 소개하고 그곳에 가는 교통편을 제공하거나 임시 거처, 적당한 생활공간을 마련해주는 등 내게 부탁하는 일을 뭐든지 해주고 있다. 현재 내 집은 메타돈methadone⁺ 치료소, BDSM 클럽, 이주민 성노동자 아파트, 약물 검사 진료소다. …… 어디에 있길 원하든 나는 그 사람을 내버려두고 갈 수 없다. 그 사람을 본 마지막 사람이 나라면? 만약 그들이 홈리스라는 이유로 체포된다면? 서 있는 사람들,

---

⁺ 역주. 헤로인 중독 등을 치료하기 위해 처방하는 대체 약물.

걸어다니는 사람들, 차에 올라타는 사람들을 감시해왔던 '매춘 없는 구역'을 워싱턴에서 사라지게 만드는 데 8년이 걸렸다. 그동안 얼마나 많은 사람들이 죽임을 당하고 철창에 갇혀왔던가?[110]

미국 뉴욕의 리시스트라타 상호돌봄사업기금Lysistrata Mutual Care Collective and Fund은 백페이지 사이트에서 성노동 광고 코너가 사라진 여파로 등장했다. 사이트가 막힌 후, 많은 성노동자들, 특히 빈곤의 경계에 가장 가까이 서 있는 성노동자들은 실내 직장을 찾지 못해 발이 묶였다. 리시스트라타를 통해 성노동자들은 어려운 시기를 함께 견디고 만나기 위한 기금을 공유했다.[111] 장애인이자 전직 성노동자인 새릿 프리시먼Sarit Frishman은 다음과 같이 덧붙였다. "우리 중 대부분은 안전망이 없다. 노조나 연기금 같은 것도 없다."[112]

쥐꼬리만한 예산을 고려한다면, 동료 주도 성노동자 운동은 매우 인상적이다. 자금을 마련하는 건 정말 어려운 일이지만, 열악한 환경은 새로운 영감을 불러일으키기도 한다. 성노동 완전 범죄화 국가의 활동가들은 높은 열정과 연대감으로 유명하다. 성노동자인 데이지Daisy는 우간다 활동가들의 열의에 대해 다음과 같이 묘사한 바 있다. "누군가는 오늘 체포되어 1주일 동안 유치장에 갇힐 것이다. 그러나 석방되는 날, 집에 가기 전에도 그들은 (성노동자 권리에 대해) 끊임없이 발언할 것이다. 이건 자랑스러운 일인 것 같다." 실버로즈의 활동가 마슬로바는 이렇게 말한다. "마녀로 몰려 화형에 처해질지라도, 러시아의 성노동 비범죄화가 실현될 때까지 나는 포기하지 않을 것이다."[113] 이런 대담한 저항 정신은 전 세계 성노동자 권리 운동의 특징적인 모습이다. 변화가 찾아오고 있다.

풀뿌리 조직활동가인 디온 헤이우드Deon Haywood는 비전을 가진 여성들Women With a Vision, WWAV에서 활동하고 있다. 그녀는 2008년부터 2013년까지 미국 루이지애나주에서 유도에 의한 반자연적 범죄CANS 처벌법과 성범죄자 등록제 개정을 위한 노 저스티스 NO Justice 운동에 앞장섰다. 성노동자를 성범죄자 목록에 더 이상 등록하지 않는다는 개정안이 통과된 이후에도 비전을 가진 여성들은 계속해서 집단소송을 주도했고, 그 결과 800명의 이름이 명단에서 삭제되었다. 1980년부터 성범죄자 등록부에 올라가 있던 비전을 가진 여성들의 어느 의뢰인은 당시 "나만의 자유를 맛볼 수 있었다!"라고 회고했다.[114] 헤이우드는 다음과 같이 승리의 소감을 나눴다. "나는 미국 남부가 변화하지 않을 거라고 말하는 사람들에 반대한다. 변화는 이미 일어났으니까. 작은 사람이 이길 수 없다고 말하지 말라. 작은 우리도 이겼으니까."[115]

우리는 성판매자를 혐오하는 문화에 길들어 살아왔다. 성노동 완전 범죄화의 기조가 지속적으로 성행하는 현상은 이를 뚜렷하게 반영한다. 미국의 주류 페미니즘 운동은 기존의 형법을 폐지하는 대신, 더 많은 범죄화 정책을 밀어붙이곤 한다.[116] 그러나 성노동 범죄화가 상업적인 성거래를 가로막지 못한다는 사실은 명백하다. 범죄화는 성을 판매하는 근본 원인이 필요한 자원을 얻기 위한 것이라는 사실을 고려하지 않기 때문이다.

REVOLTING
PROSTITUTES

6

인민의 집

스웨덴, 노르웨이, 아일랜드, 캐나다

스웨덴 모델: 표면상으로 성판매자를 비범죄화하는 한편, 성구매를 범죄화하고 제3자(관리자, 운전기사, 건물주 등)를 처벌하는 법제화 모델. 노르딕 모델, 성구매자법, 성구매 금지법, 비대칭적 범죄화 모델, '수요 근절End Demand', 섹스숍스라겐sexköpslagen이라는 말로도 부른다. 북아일랜드, 프랑스, 아이슬란드 등이 이 모델을 따르고 있다.

1999년 스웨덴 의회에서 섹스숍스라겐, 즉 성구매 금지법이 통과되자 페미니스트 활동가들은 열광했다. 매춘의 감소를 목표로 하되 판매자에게서 범죄화의 위협을 거둬가고, 그 대신 성산업 내 권력이 있는 고객과 포주의 자리로 그 위협을 넘겨버리는, 페미니즘적인 매춘 법안이 드디어 완성됐다고 생각했기 때문이다. 이로써 스웨덴은 전 세계의 귀감이 될 것이다! 페미니스트들은 고객의 수요와 관리자의 부당이득을 범죄화하는 것이 성노동자들을 취약하게 만드는 엄청난 힘의 불균형을 바로잡고 성산업을 위축시키는 데 어느 정도 도움이 될 것이라고 주장했다. 페미니스트 교수인 캐서린 맥키넌은 이러한 전략에 대해 다음과 같이 평했다. "섹스하기 위해 여성을 구매하려는 남성의 수요에 맞서 이 (스웨덴의) 법률은 여성은 판매되는 것, 혹은 빌려주는 것이 아니라고 말한다. 여성을 범죄화하지 않으면 여성의 지위는 높아질 것이고, 남성을 범죄화하면 남성의 특권은 줄어들 것이다."[1]

이 이론에 따르면, 여성은 자신이 처한 해로운 상황을 벗어날 수 있도록 지원을 받게 되며, 성매매 수요를 목표로 삼는 전략은 가부장적 남성을 우대하는 문화에 징계 효과를 발휘하고 남성들은 갱생 치료를 받게 될 것이다. 그렇게 되면, 시간이 지나면서 매춘으로 착취당하는 여성은 줄어들 것이고, 이런 법률을 가진 곳은 인신매매자가 더 이상 선호하지 않는 나라가 될 것이다.

매춘은 매우 상징적인 영역이다. 거기엔 권력, 여성, 민족 등 우리 사회의 고민거리들이 집약되어 있다. 페미니스트 여성들이 보기에 매춘부는 여성에게 고통과 시련을 안기는 폭력의 궁극적 상징이자, 가부장제하의 모든 여성에게 가해지는 트라우마로 재현된다.[2] 이때 고객은 모든 폭력적인 남성들을 상징하며, 여성을 향한 상습적 폭력의 화신이자 전형적인 가해자가 된다.

우리는 이러한 시각에 깊이 공감한다. 우리의 삶 역시 젠더화된 폭력과 떼려야 뗄 수 없고, 우리에게 트라우마를 안겨온 사람들을 처벌해야 한다는 정치적 충동에도 십분 공감한다. 실제로 우리는 고객의 손에 의해 빚어진 폭력이 어떤 구체적인 위험을 만들어왔는지 잘 알고 있다. 매춘을 가부장제뿐만 아니라 백인우월주의, 빈곤 차별, 식민주의가 할퀴고 간 매우 불평등한 거래의 장으로 보는 노르딕 모델 지지자들의 견해는 정당하다. 우리도 어마어마한 권력 격차를 실제로 보여주는 이들을 처벌하는 게 옳다는 느낌을 지우기 어렵다.

이러한 시각에 스칸디나비아 국가들의 사례를 첨가하면 훨씬 더 강렬한 페미니즘 칵테일이 완성된다. 수십 년 동안, 스칸디나비아 국가들은 페미니스트들의 나라인 것처럼 여겨졌다. 스웨덴 정부는 여성들이 모여 법안에 서명하는 사진을 SNS에 게재하고, 스스로를 "세계 최초의 페미니스트 정부"라고 표현해왔다.[3] 어떤 면에서 이런 식의 자기 홍보는 타당해 보이기도 한다. 스웨덴, 노르웨이, 아이슬란드, 덴마크는 여성 권리 수준을 측정하는 국제 조사에서 매번 상위권에 빠지지 않고 오르는 나라들이다. 스칸디나비아 국가들의 정책안을 지지하는 버니 샌더스Bernie Sanders나 제러미 코빈Jeremy Corbyn 등의 좌파 정치인들은 더 관대하고 공동체적인 사회민주주의 사회에 대한 상상력을 불어넣는다는 이유로 사람들에게 좋은 반응을 얻고 있다.[4] 해외의 페미니스트들은 스칸디나비아, 특히 스웨덴을 마치 가부장제가 몰락한 유

토피아인 것처럼 여기곤 한다.[5]

당연한 말이지만, 유토피아는 존재하지 않는다. 유색인종, 이주민, 트랜스젠더, 그리고 약물을 사용하는 사람들은 관대한 페미니스트 국가인 스웨덴이 늘 감시하고 체포해왔던, '스웨덴스러움'이 미치지 않는 사람들이었다.[6] 그러나 이러한 이슈들을 면밀히 따져보지 않은 사람들, 특히 스웨덴이 보육이나 임금격차의 문제를 제대로 '바로잡고 있다'고 보는 사람들에게는 스칸디나비아의 매춘법을 그 국가들의 페미니즘적 성공과 연결시키는 게 타당해 보일 수도 있다. 또한 그들은 매춘법이 성노동도 바로잡고 있다고 생각할 것이다.

'노르딕 모델'을 지지하는 많은 사람들은 젠더화된 폭력에 대한 깊은 두려움, 성산업과 사회 전반에 깔린 인종차별에 대한 분노, 노르딕 스타일의 사회가 일반적으로 미국 같은 곳보다 더 낫고, 배려 있고, 더 페미니즘적인 곳이라는 정치적 인식 등 진보주의적인 동기에 의해 움직인다. 우리는 이들이 선한 의도를 가졌다는 점을 의심하지 않는다. 그러나 매춘법은 이념적으로 너무 광범위하다. 진보적인 입장과 반동적인 입장을 모두 포함하는 넓은 정치적 갈래를 가지고 있어, 두 입장은 어떨 땐 협력하기도 하지만, 마찰을 초래하기도 한다.

게다가 제도적 차원에서 언급되는 이상적 '노르딕 모델'과 전 세계 여러 지역에서 실제로 시행되고 있는 성구매 금지 정책의 다른 버전들 사이에는 핵심적인 차이가 있다. 이러한 이념적, 제도적 혼란을 해소하는 가장 쉬운 방법은 당연하게도 성노동자의 눈을 통해 매춘법을 살펴보는 것이다.

어떻게 작동하는가?

1. 수요

이상적인 노르딕 모델의 청사진에는 구매자, 판매자, '출구' 서비스, 제3자(인신매매자 또는 포주) 등 네 가지 주요 요소가 있다. 종이 위에 구현된 이상적인 노르딕 모델에서 가장 핵심적 요소는 돈을 주고 성을 구매한 남성을 추적하는 것이다. 즉, '수요 근절'이다. 고객에 집중하는 이와 같은 전략은 노르딕 모델을 다른 형태의 범죄화 모델, 가령 케냐나 남아프리카공화국과 같은 성구매를 범죄화하는 모델과 구분 짓는다. 다른 범죄화 모델에서는 이념적으로 고객을 범죄화하는 일이 성노동자를 핍박하는 일보다 뒷전으로 밀려난다. 경찰이 고객을 체포하기 위해 혼신의 노력을 기울이는 (예를 들어, 여성 위장경찰이 존 스팅john sting[+]을 실시하는) 미국에서조차 전체 매춘 관련 체포자 중 고객의 비율은 10퍼센트에 불과하다.[7] 노르딕 매춘법의 요점은 고객을 체포하는 것이다. 고객은 사이드가 아니라 주메뉴다(물론 이 장에서 부연하겠지만, 노르딕 모델의 타깃은 실제로 그리 명확하지 않다).

우리는 성을 판매하는 사람들에 대해, 성노동을 둘러싼 법과 제도가 그들에게 어떤 영향을 미치는지에 대해, 그리고 그들에게 가해지는 위해를 어떻게 감소시킬 수 있는지에 대해 고민하고 있다. 그렇다면 우리는 고객이 범죄화됐을 때, 성판매를 하는 사람

[+]   역주. 성구매자 남성(John)을 겨냥한 위장수사.

들에게 어떤 일이 일어날지 살펴보아야 한다. 거리 성판매 여성 한 명을 떠올려보자. 그녀는 평소처럼 두 시간에 서너 명 정도의 고객을 만나 새벽 1시 전에 필요한 돈을 벌고 집에 갈 수 있을 것이라 예상할 것이다. 그러나 고객이 범죄화된 현재, 거리는 한산해졌다. 그녀는 자정 전까지 보통 두세 명 정도 만나왔던 고객을 이제 더 이상 보지 못한다. 만약 이때 약물에 취해 공격적으로 보이는 사람, 또는 다른 성노동자들이 피하라고 경고해준 번호판을 단 차에 탄 사람이 새벽 1시에 그녀에게 다가온다면 어떨까. 아직 식탁 위에 음식을 올릴 만큼 그녀가 충분히 돈을 벌지 못한 상황이라면? 고객을 만나기 어려운 상황에서 그녀는 과거에 거절했을 법한 고객조차 거부할 힘을 가지지 못하게 된다.

남성 고객이 사람들 눈에 띄기 두렵게 된 상황은 성판매 여성이 거리에서 재빨리 협상을 마친 뒤 차를 타고 으슥한 공원으로 들어가 그가 드러나지 않게 돕도록 강제한다. 아마 그는 평소 화대의 절반만 주고 콘돔 사용을 거부할지도 모른다. 만일 여성이 그날 필요한 돈을 거의 다 벌었다면, 그녀는 자신의 요구 조건을 고집하거나 그를 완강히 거부할 수도 있을 것이다. 하지만 침체된 거리에서 그녀가 할 수 있는 것이라곤 그에게 '예스'라고 말하거나 몇 시간 동안 추위에 떨다가 빈손으로 집에 돌아가는 것밖에 없다. 어쩌면 그녀는 부족한 수입을 메우기 위해 평소보다 훨씬 오래 나가 일하다가 새벽 5시에 눈 쌓인 인적 드문 길을 걸어 집으로 돌아갈 수도 있다.

성판매 여성에게 미치는 영향은 이뿐만이 아니다. 누가 지금도 여전히 돈을 주고 성을 구매하고 있는지를 살펴보라. 예전 같으면 성구매를 하고 나서 파트너의 집이나 직장으로 돌아가려고 했을 어떤 남자들은 지금은 그렇게 하면 잃을 게 너무 많다고 생각할 것이다. 성구매 혐의로 체포되면, 직장에서 망신을 당할 뿐만 아니라 결혼생활도 이어나갈 수 없으니 집에 있는 게 더 낫다고 여길 것이다. 하지만 이와 다르게 별로 잃을 게 없는 남자들도 얼마든지 있다. 성구매를 할 생각은 전혀 없지만, 언제든 성노동자를 폭행하거나 강탈할 계획을 세우고 있는 남자들이다. 성노동자를 공격하는 게 이미 기존의 법률을 어기는 것인데, 뭐하러 성구매 혐의로 체포될 걱정을 하겠는가? 성구매 혐의로 체포되어도 직장에서 망신당할 걸 굳이 걱정하지 않는 남자들도 있다. 전아내에게 폭력을 휘두른 전과가 있거나 직장 상사도 별로 개의치 않는 사람들 말이다. 성구매를 포기한 고객들은 그나마 '괜찮은' 고객들, 혹은 적어도 잃을 게 있는 고객들이다. 아직 남아 있는 고객들은 충동적이고, 술에 취해 있거나 폭력적인 사람일 가능성이 높다(정치인 로다 그랜트는 스코틀랜드의 노르딕 모델 도입을 주장하는 자리에서 이런 역학관계를 다음과 같이 표현했다. "현재 위법을 저지르는 사람들, 즉 폭력적인 학대자들은 성구매 범죄화를 억제책으로 보지 않겠지만, 다른 많은 사람은 그렇게 볼 것이다").[8] 본질적으로 성노동이 항상 폭력적이라는 생각은 친절한 고객과 폭력적인 고객의 차이를 가린다.

　전 세계 어디든 어떤 법제화 모델이냐에 상관없이 거리 성노동자들은 안전을 지키기 위해 익숙한 전략을 활용한다.[9] 예를 들어, 그들은 두어 명의 동료들과 함께 일하거나, 고객 차에 타기 전 그에 대해 파악하는 시간을 갖는다거나, 혹은 내가 누구와 함께

반란의 매춘부

있는지 알고 있는 사람이 있다는 걸 보여주기 위해 동료에게 고객의 자동차 번호판을 적게 할 수도 있다. 고객에 대한 범죄화는 이러한 안전 전략을 어떻게 형성시키고, 또 변화시키는가? 거리에서 동료들과 협업을 하는 것은 경찰의 눈에 더 잘 띄기 마련이므로, 돈을 벌고자 한다면 선택할 수 없는 전략이다. 체포될 걸 걱정하지 않더라도 성노동자라는 게 너무 잘 드러나면, 고객은 자신이 체포될까 두려워 굳이 위험을 무릅쓰고 성노동자에게 접근하려고 하지 않을 것이다. 다시 한번 말하지만, 고객의 돈을 가져오기 위해선 체포의 위험에서 벗어나길 원하는 고객의 요구에 성노동자가 부응해야 한다. 그렇게 성노동자들은 함께 일하기보다 혼자 일하는 상황에 놓이게 된다.

차에 타기 전 대화를 나눌 때가 경찰 눈에 띄기에 가장 좋은 순간이기 때문에 고객은 그 과정을 최대한 단축하길 원한다. 그들은 서비스, 화대, 콘돔 사용에 대한 대화를 거리에서 나누는 대신, 이미 서두르고 있는 성노동자를 더욱 재촉하며 차에 빨리 올라타서 대화하자고 요구할 것이다. 필요한 돈을 얻기 위해 고객의 주문에 따라야 하는 성노동자는 알겠다고 대답할 것이다. 이러한 상황에서 성노동자는 차에 타기 전 화대와 콘돔 사용에 대한 내용을 구두로 합의할 기회뿐만 아니라, 고객의 정보를 파악하거나 뒷좌석에 숨어 있는 사람이 있는지 없는지 살펴볼 기회조차 가질 수 없다.

이런 부정적 영향들은 서로 결합한다. 가난한 성노동자는 수상한 고객마저 받아야 한다는 압박을 더 많이 느끼며, 더 오랫동안 혼자 일하게 된다. 괜찮은 고객들이 사라지는 동안 충동적이고 예측하기 어려운 고객들만 남게 되며, 그들을 미리 파악할 시간은 더욱 줄어든다.

노르웨이의 이주 여성이자 거리 성노동자인 실비아Silvia는 기자에게 다음과 같이 말했다. "나는 고객과 먼 곳으로 가기 싫어서 근처 주차장에 가곤 했다. 그러나 요즘 고객들은 두렵다는 이유로 고립된 곳으로만 가려고 한다. …… 나는 그게 싫다. 나쁜 일이 일어날 확률은 더욱 늘었다."[10] 스웨덴의 거리 성노동자인 애나벨Annabel은 이렇게 회고했다. "성구매 금지법 이후에도 여전히 고객을 구할 수 있었지만, 우린 훨씬 더 오래 서 있어야만 했다."[11] 캐나다 밴쿠버에서 고객에 대한 범죄화를 추진했을 때, 성노동자들에게 어떤 영향이 있었는지 묻는 질문에 거리 성노동자인 바이올렛Violet은 이렇게 답했다.

그들이 당신 옆에 다가서는 남자를 쫓아다니는 동안, 나는 바깥에서 더 오래 머물러야 한다. …… 만약 우리가 덜 괴로운 상황에 있었다면, 우리는 누구와 함께, 어디로 들어갈지 고객에게 좀더 까다롭게 굴 수 있었을 것이다. 무슨 뜻인지 알겠나? 너무 춥고 힘들어서 나는 평소라면 타지 않았을 차에 올랐다.[12]

스웨덴과 노르웨이 정부의 자체 보고서는 성노동자들의 이러한 증언을 뒷받침한다. 스웨덴 보건복지위원회National Board of Health and Welfare는 "고객들이 느끼는 두려움은 …… 안전한 장소에서의 만남을 어렵게 한다. …… 만남은 주로 고객이 노출될 위험이 없는 산림지대나 으슥한 계단, 사무실 건물 등 고객이 방해받지 않을 장소에서 이루어지고 있다"라고 보고했다.[13] 2004년 노르웨이 법무공안부Ministry of Justice and Public Security의 보고서에서도 다음과 같은 내용을 확인할 수 있다.

스웨덴의 거리 매춘부들은 더욱 힘든 시기를 겪고 있다. (괜찮은) 고객들이 체포될 것을 걱정하는 동안 거리 매춘부들은 위험한 고객들에게 더 자주 노출된다. …… 두려워하는 고객들 탓에 협상이 매우 급하게 이루어지므로, 고객을 파악할 시간은 거의 주어지지 않는다.[14]

악화된 환경에서 가장 큰 타격을 받는 사람들은 언제나 그렇듯 가장 불안정한 위치에 있는 사람들이다. 특히 홈리스 거리에서 일하는 성노동자들이 그렇다. 이 보고서는 "여성들이 의심스러운 고객에게 '아니오'라고 말할 수 없는 상황이 이전보다 더 많은 학대를 낳고 있다"라고 밝히면서 다음과 같이 성구매 금지법의 효과를 요약했다. "거리 성노동으로 내몰린 이들의 생활은 훨씬 더 어려워졌다. …… 성구매 금지법은 매춘부를 더욱 힘들고 위험하게 만들고 있다."[15]

스웨덴 말뫼의 한 사회복지사는 이러한 역학관계가 물질적 의존도가 높은 성노동자들에게 어떻게 더 강력하게 작용하고 있는지 지적하면서 다음과 같이 이야기했다.

거리에서 고객들은 사라지고 있지만 그 여성들은 여전히 헤로인을 살 돈이 필요하다. 이런 상황에서 고객은 더 적은 화대나 …… 콘돔 없는 섹스를 요구할 수도 있다. …… 돈이 정말 궁한데 밤새도록 바깥에 서 있기만 하고, 필요한 걸 얻어야 하는 상황이라면, 아마 당신은 모든 요구에 '네'라고 답할 것이다.[16]

경찰이 실내 성구매자를 가장 분명하고 손쉽게 색출할 수 있는 방법은 [고객이 아니라] 성노동자를 감시하는 것이다. 고객이 평소 '손님'이라는 단어를 이마에 써 붙이고 다니진 않으니 그들을 판별하려면 경찰이 성노동자로 보이는 사람의 아파트에 고객인 것처럼 잠입하는 수밖에 없다.

거리 성노동자와 마찬가지로 실내 성노동자의 성판매 욕구는 고객의 성구매 욕구보다 훨씬 더 크다. 성구매 남성이 휴양지에서 유희를 즐기고 있을 때, 성판매 여성은 집세에 허덕인다. 이것은 그녀가 그의 요구에 맞춰 원래 일하던 방식을 바꾸어야 한다는 뜻이다. 그녀는 거주지를 벗어나지 않고 자신의 아파트에서 고객을 맞이하거나 안전을 위해 조용히 옆방에서 기다리는 동료를 두고 싶을 것이다. 그러나 고객의 입장에서 성노동자의 아파트에 찾아가는 건 체포될 위험이 너무 크기 때문에, 고객은 성노동자에게 자신의 아파트나 호텔로 오라고 요구할 것이고, 그녀는 어쩔 수 없이 낯선 공간으로 이동해야 한다.

노르웨이 정부의 보고서에 의하면, 성구매 금지법의 결과, "더 이상 거리에서 일할 수 없는 사람들이 폭력을 당할 위험이 더 커졌다. …… 매춘부들이 고객의 집으로 들어가게 되면서 어떤 일을 당하게 될지 알 수 없게 되었다".[17] 성노동자는 위험한 상황에 대비해 자기 아파트 옆방에서 조용히 귀를 기울이며 전화기를 붙들고 있는 동료 대신, 술 취한 총각파티 일행이 화장실에 숨어 당신이 들어오길 기다리고 있는, 고객의 낯선 공간과 마주하게 된 것이다.

실내 성노동자들은 어떻게 자신의 안전을 지키려고 할까?[18] 많은 성노동자들은 고객에게 실명을 요구하거나 발신번호 표시가 제한된 전화를 받지 않는 방식으로 고객을 선별한다. 성노동자가 고객의 이름과 전화번호를 알고 있으면, 예약 과정에서 그가 폭력적으로 돌변한다 하더라도 경찰에 신고하겠다며 위협할 수 있다. 그러나 고객이 형사처벌 대상이 된 상황이라면, 그는 경찰이 성노동자의 통화 기록이나 아파트를 뒤져서 자신의 신원을 파악하는 게 두렵게 느껴질 것이다. 그러다 보니 고객은 실명 등의 기본적인 정보를 알려주지 않고, 발신번호가 표시된 전화를 걸려고 하지 않게 되었다. 폭행이나 강도를 계획하고 있는 사람들도 경찰에게 추적당하지 않고 성노동자와 만날 수 있다는 것을 알게 될 것이다. 성구매자 범죄화는 고객이 신원 공개를 거부할 수 있는 빌미를 제공한다.[19] 아일랜드의 성노동자 안전 공동체인 어글리머그스는 2017년 성구매 금지 이후 약 5개월 동안, 폭력적이고 위험한 고객과의 만남을 우려하는 성노동자들의 보고가 1,635건이나 올라왔으며, 이는 2016년 같은 기간 대비 61퍼센트 증가한 수준이라고 밝혔다.[20] 성노동자이자 활동가인 로라 리Laura Lee는 북아일랜드의 성구매 금지법 도입에 대해 "사람들은 …… 자신의 정보를 누설할 의향이 없다"라고 평하며 다음과 같이 덧붙였다. "갑자기 사람들 이름이 모두 '존John'이 되었다."[21]

앞서 언급했듯이 이 모든 효과는 복합적으로 작용한다. 일부 고객들이 성노동자와 멀리 떨어져 접근하지 않으니, 소름 끼치고 공격적으로 보이는 이들이 돈을 깎고 기존 조건을 변경하려 해도 성노동자들은 남아 있는 그들을 거부할 수 없게 된다. 그리 이해하기 어려운 현상은 아니다. 비단 성노동자뿐만 아니라 고객 확보가 중요한 업종의 사람들이라면, 예상보다 고객이 적은 상황에선 자기가 마음에 안 드는 고객을 거절하기 어려운, 더 취약한 위치에 놓인다는 걸 알고 있을 것이다. 아마 고객들은 무례하게 굴거나 능력 밖의 일을 요구하거나 합당한 대가를 지불하지 않을지도 모른다. 하지만 가진 돈마저 떨어질 경우, 그들을 받아들이지 않을 방법은 없다.

　벌지 못한 수입을 만회하기 위해 성노동자는 콘돔 없는 섹스 같이 새로운 서비스를 제공하기도 한다. 노르웨이 정부의 성구매 금지법 평가 보고서에서는 다음과 같은 서술이 있다. "성구매 금지법이 도입되기 전보다 화대는 더 떨어졌다. 이동이 잦아지고, 광고가 많아지고, 가격이 낮아졌다는 사실은 성판매 경쟁이 더욱 치열해지고 수요가 감소했다는 것을 보여준다. (이전의) 소득 수준을 확보하기 위해선 매춘에 종사하는 이들은 이제 더 열심히 일해야 한다."[22] 여기서 "경쟁이 더욱 치열해지고 …… 매춘에 종사하는 이들은 이제 더 열심히 일해야 한다"라는 말이 성구매자들에게 과연 어떤 의미로 다가올지 천천히 생각해보자.

　엄청난 권력 불균형이 성구매자에게 유리하게 작용한다는 노르딕 모델 지지자들의 생각은 타당하다. 그러나 그들이 놓치고 있는 것은 고객에 대한 범죄화가 이러한 권력 불균형을 더욱 심화시킨다는 점이다. 인권 변호사 웬디 라이언Wendy Lyon이 언급했듯, "거래 관계에서 한쪽 당사자를 범죄화하는 것은 언뜻 다른 당사자에게 이익이 된다고 생각할 수도 있다".[23] 하지만 이런 생각은 아무리 강조해도 부족한, 중요한 사실을 간과하고 있다. '성노동자들의 성판매 욕구는 고객의 성구매 욕구보다 훨씬 더 크다'는 사실 말이다. 노르딕 모델의 실제 효과를 분석하기 위해서는 '욕구의 비대칭성'에 대한 이해가 필수적이다. 욕구의 비대칭성은 노동자의 처지가 불안정해질수록 극대화된다. 가령, 월세가 밀려 있거나 약물 금단 현상이 곧 시작되려 하는 성노동자가 얼마나 필사적으로 고객의 요구를 맞추려 할지 상상해보라. 체포의 위험에서 벗어나려는 고객의 부담은 고스란히 그녀의 몫이 되고, 기존에 그녀가 고안했던 안전 전략들은 모두 타협의 대상이 될 것이다. 고객은 더 익명화되고 접선 장소는 더 비밀스러워지면서 결국 성구매자들은 체포로부터 더욱 안전해진다. 라이언은 '욕구의 불균형'이 미치는 효과에 대해 다음과 같이 설명했다. "성판매자는 범죄화된 성구매자의 지위로부터 이익을 취할 수 있는 형편이 못 된다. 가만히 있으면 고객을 모두 잃을 수밖에 없는 상황에서 절박한 처지의 성노동자가 결국 그들의 요구에 응하게 될 것을 이해하고 예측하는 건 그리 어려운 일이 아니다."[24] 고객에게 성 서비스가 필요한 정도보다 성노동자에게 고객이 필요한 정도가 더 크다는 사실이 보이는가? 노르웨이 정부도 성노동자들이 '구매자 시장' 안에 들어가 있음을 시인하고 있다.[25]

이 모든 문제는 간단한 경제 지식에서 파생된 '수요 근절'이라는 접근 방식에 내재해 있다. 이는 성구매를 원하는 사람이 적어지면 성판매를 원하는 사람도 줄어들 것이므로, 수요의 감소는

'시장의 조정'으로 이어질 것이라는 생각이다. 그러나 이 그럴싸한 이야기가 간과하는 사실은 어떤 상품이나 서비스의 수요가 줄었을 때 가장 먼저 일어나는 일은 판매 가격이 내려가고, 판매자들은 시장의 감소분을 충당하기 위해 필사적으로 경쟁해야 한다는 것이다. 즉, '성구매 금지법은 의도했던 대로 작동하고 있지만' 성판매자들을 더 가난하고 불안정해지고 있다. 스웨덴 정부의 반인신매매 부서장인 앤 마틴Ann Martin도 이 사실을 인정했다. "물론 나는 성구매 금지법이 매춘 여성들에게 부정적인 영향을 미친다고 생각한다. 그러나 이 또한 우리가 법을 통해 보려고 했던 효과의 일부다. 밖에 나가 성을 파는 것이 예전만큼 쉬워져서는 안 된다."[26] 이처럼 성판매자를 가난하게 만들지 않는 '수요 근절'이란 존재하지 않으며, 성판매자가 가난해질수록 고객과의 상호작용에서 힘을 가지기는 어렵다. 대부분의 성판매자들이 다른 선택지가 거의 (혹은 아예) 없는 상황에서 성노동에 뛰어든다는 노르딕 모델 지지자들의 진단은 옳다. 하지만 수요를 줄이는 방법은 다른 선택지가 없는 성노동자들에게 매우 해로운 전략이다. 수요 감소로 더욱 열악해진 그들이 쉽게 성산업을 '탈출'할 수 있을 리 없기 때문이다.

성산업 비판자들도 이런 문제를 엉뚱한 맥락에서 확인하곤 한다. 영국의 유명한 반성매매 페미니스트인 캣 벤야드는 스트립 쇼 클럽의 관리자들이 댄서들의 힘을 빼앗기 위해 언제나 클럽 안에 댄서들을 가득 채워놓고, "여기는 항상 손님 유치 경쟁이 치열하게 일어나는 곳"이라는 인식을 심는다고 언급한 바 있다.[27] 그러나 벤야드는 돈을 주고 성을 사는 고객들이 줄어들 때 역시 이와 똑같은 역학관계가 발생한다는 사실을 알아채지 못한다. 언제나 그렇듯, 성노동자들의 처지가 열악해질수록 수요 감소의 해악은 더욱 크게 닥친다. 연봉 2만 5,000파운드의 노동자도 수입이 줄어들면 허리띠를 졸라매고 더 싼 아파트로 이사해야겠지만, 그들에게는 위기 극복을 위한 대비책이 충분할 확률이 높다. 그러나 연봉 7,000파운드의 노동자에게 수입 감소는 그들을 위기에 빠뜨리기 충분하다. 아마 그들은 홈리스가 되거나 홈리스가 되지 않으려고 폭력적인 전남편에게 돌아갈 가능성이 높다. (이후에 더 자세히 살펴보겠지만) 탈성매매 지원 단체에 가서 도움을 청하더라도, 실질적인 도움을 받을 때까지 수개월을 기다려야 할 수도 있다. 그 몇 달 동안, 그들은 이미 '구매자 시장'이 되어버린 성산업에서 살아남기 위해 더욱 고군분투해야 한다.

빈곤선 가까이에 다가간 성판매자들은 포주, 동업자, 중개인 및 관리자에게 도움을 청해야 할지 말지 고민할 수밖에 없다. 만약 수입이 거의 없는 성노동자라면, 미래의 수입을 절반으로 나누는 것이 지금의 빈곤한 상황을 벗어나기 위한 타개책이 될 수 있다. 이는 이미 성노동자 공동체 내에서 익숙한 전략이다. 여름 휴가철이나 연말 같은 비수기에 생계를 걱정해야 하는 성노동자들은 동료가 잡은 예약으로 생긴 이익을 나누기도 한다. 상대적 빈곤을 지인의 기술과 인맥으로 메우는 이 단순한 역학관계를 보면, 성산업이 지지부진한 시기에도 제3자는 어떻게 이득을 취해 왔는지 알 수 있다.

성을 구매해 타인의 매춘으로부터 이득을 취하는 남성들을 옹호해야 한다거나 그들에게 '보장'받아야 할 성구매 '권리'가 있다(이는 노르딕 모델 지지자들이 성노동자들에게 덧씌우곤 하는 혐의다)고 말하려는 게 아니다.[28] 우리가 전하려고 하는 건 이미 심각하게 소외된 사람들이 더 위태로워지는 결과를 수반하지 않는 매춘 축소 방안을 찾아야 한다는 것이다. 그러나 '수요 근절'을 옹호하는 사람들은 이중적인 모습을 드러내곤 한다. 그들은 여성의 빈곤을 성산업의 핵심 동인으로 꼽지만, 그들의 정책적 접근이 미치는 효과를 분석할 때에는 유독 빈곤을 사소한 것으로 취급한다. 가령, 반성매매 단체인 여성지원프로젝트Women's Support Project는 노르딕 모델을 지지하며 이런 글을 썼다. "남성들에게 성을 구매할 조건이 갖추어지지 않는다면, 매춘은 생존을 위한 행위로 작동하지 않을 것이다."[29] 하지만 생존을 위한 행위가 더 이상 '작동하지 않을' 정책이 만들어진다면, 실제로 생존을 위해 매춘을 시도하는 사람들은 더 이상 살아남지 못할 것이다. 한편, 영국 단체인 노르딕모델나우Nordic Model Now는 성구매 금지법 단속 경찰이 가상으로 만들어낸 성노동자의 말을 인용해 "노르딕 모델은 돈을 벌기에는 나쁘지만, 나의 안전에는 좋다"라고 언급한 바 있다.[30] 앞서 살펴보았듯, 이 말은 주변화된 사람들에게 '돈벌이'와 '안전'이 결코 분리될 수 없다는 사실을 간과한 부분적 진실에 불과하다. 가난은 성노동자의 안전을 더욱 위태롭게 만든다.

페미니즘 운동은 이 사실을 오래전부터 인지해왔다. 폭력적인 관계에서 벗어나고자 했던 여성들을 더욱 위태롭게 만들고 오히려 여성들에게 과도한 부담을 안겼던 영국 긴축 정책의 영향을 보아도 그렇다. 위민스에이드Women's Aid의 한 활동가는 기자와의 인터뷰에서 이렇게 말했다.

현재 우리 단체의 지원을 받는 여성들의 주요 관심사는 긴축 정책, 복지 개혁, 주택 위기 같은 것들이다. …… 아이들과 함께 숙식할 수 있는 일반 숙박업소에서 지내는 걸 고민하는 여성들은 자신의 상황을 비참하다고 느낄지라도, 실내에서 아이들과 밥을 먹을 수 있다는 걸 다행으로 여긴다.[31]

접근할 수 있는 자원이 적을수록 폭력적인 남성들로부터 여성들은 더욱 취약해진다. 이는 성산업을 옹호하는 말이 아니다. 주변화된 사람들이 다수 몸담고 있는 그 어떤 종류의 직업도 마찬가지 문제를 안고 있다. 보편적인 진실은 이것이다. 직업 자체를 없애버리는 단순한 방식으로는 생존을 위해 그 일을 하는 사람들을 결코 돕지 못한다는 사실이다. 성산업은 필요한 자원을 확보하기 위한 방편이다. 성산업 내에서든 여타 관계 내에서든 자원 획득을 어렵게 만드는 그 어떤 정책도 그들을 위태롭게 만들 뿐이다.

2. 탈성매매 서비스

그다음엔 어떤 일이 벌어질까? 노르딕 모델에는 여러 지원책이 포함되어 있다. '출구전략exiting schemes'이라 불리는 이 계획들은 감금 페미니스트들이 꿈꾸는 이상적 노르딕 모델의 두 번째 요소다. 성구매자의 범죄화를 열성적으로 지지하는 멀리사 팔리Melissa Farley조차 이것 없는 성구매자 범죄화는 유익하기는커녕 해로울 수 있다는 것을 인정할 정도다. "주거 지원, 직업 훈련, 신체 및 정신건강 관리 등의 매춘 피해 치료와 같은 대안을 제공하지 않은 채 성구매자 남성들만 체포하는 것은 매춘에 종사하는 여성들의 삶을 더욱 힘들게 만들 수 있다."[32] 이 전략에는 성판매자들의 수입이 감소하게 되면, 그들에게 매춘은 더 이상 경제적으로 실현 가능한 전략일 수 없을 테니 다른 대안을 찾는 프로그램으로 그들을 유입시키는 게 가능하다는 생각이 깔려 있다. 이러한 이유로 탈성매매 서비스는 성구매 금지법을 성공시키는 데 필수 불가결한 요소로 여겨진다. 노르딕모델나우는 이를 다음과 같이 언급한다. "적절한 재정 지원 및 탈성매매 서비스는 필수다. …… 노르딕 모델은 여성들의 삶을 재건하도록 돕는 이 전략을 가장 우선시하는 유일한 제도다."[33]

이러한 전략은 여러 가지 형태로 나타난다. 가장 직접적인 경제적 지원 방식은 복지 및 고용 혜택을 제공하는 것이다. 주류 경제 내에서 직업을 가질 수 있도록 이주민의 체류 지위를 안정적으로 보장하거나, 약물 처방, 상담, 그 밖의 건강 관리를 지원하기도 한다. 성노동으로 유입될 수 있는 조건들을 조절하고 통제할 수 있는 육아, 교육, 주거 지원 등이 포함될 수도 있다.

그러나 '출구전략'이라는 표현에는 문제의 소지가 있다. 사람이 어디로 향하려고 하는지가 아니라, 어디에서 왔는지에 초점을 맞춰 수치심을 드러내는 표현이기 때문이다. 그래서 다른 맥락에서 이러한 전략은 '신규 취업 통로pathways to new employment' 전략 또는 '경력 개발career development' 전략이라 불리기도 한다. 정작 매춘부들의 관심은 취업이나 경력 개발이 아니라 이를 위해 무엇을 포기해야 하는지에 있다.

효율적이고 일방적 판단을 배제한 지원 전략은 문제될 게 없다. 복지 및 행정적 혜택, 육아, 새로운 기술 함양 등에 대한 지원은 모든 사람에게 필요하다. 하지만 성노동자를 매춘 밖으로 밀어내기 위한 대책들은 불행하게도 비효율적인 데다가 거기에는 성노동자를 재단하려는 태도가 녹아 있다.[34] 더 안타까운 건, 제4장에서 언급된 바 있는 영국 켄트주의 안전한 탈출Safe Exit 프로그램처럼 어떤 출구전략들은 성노동자를 범죄화한다는 것이다. 이처럼 출구전략이라는 용어는 성노동자들에게 짐을 지운다. 그러나 성노동자를 지지한다는 것은 단순히 성노동을 안전하게 만드는 것만이 아니라, 그 뒤에 남겨진 장벽을 허무는 것까지 포함하는 일이다. 따라서, 도덕적 판단을 배제한 채 성노동자들에게 더 많은, 더 나은 선택지를 제공하려는 그 어떠한 활동도 '출구전략'이자 성노동자 권리 운동의 지향점이 될 수 있으며, 이미 성노동자 활동가들은 전 세계적으로 이러한 프로젝트를 실행하고 있다.[+]

그런데 국가 차원에서 진행하는 이런 지원 계획들에는 막대한 현금이 필요하다. 이것은 실비아, 애나벨, 바이올렛 같은 사람들의 삶을 경제적으로 지원하는 핵심 형태로서, 매춘을 대체할 만큼 충분해야 한다(그들이 이러한 방식을 원한다면 말이다). 성을 판

[+] 짐바브웨의 성노동자 단체인 파우와우(Pow-Wow)는 성노동과 동시에 다른 소득원을 찾을 수 있도록 지원하는 '소득보완' 프로젝트를 운영하고 있다. NSWP, 'Pow Wow', 2018, nswp.org/featured/pow-wow 참조. 영국 런던의 엑스토크(X:talk) 프로젝트는 이주 성노동자들이 더 나은 협상안을 제시하고 잠재적으로 다른 직업을 찾을 수 있도록 영어 학습을 지원한다. 자세한 내용은 xtalkproject.net 참조.

매하는 사람들의 욕구는 다양하고 복잡할 수 있고, 이를 전반적으로 보장하는 건 웬만한 돈으론 어림도 없다. 지원책은 성노동자들과 반성매매 진보주의자들이 모두 동의할 수 있는 것이어야 한다. 실제로 국가적 지원책을 옹호하는 사람들은 (심지어 탈성매매를 주장하는 사람들조차) 탈성매매가 상당한 시간과 지원이 필요한 복잡한 과정이라는 사실을 뚜렷이 강조한다.[35]

실비아, 애나벨, 바이올렛이 매춘을 하지 않기를 바란다면 그것을 위한 쉬운 해결책이 있다. 실비아가 이틀 밤 동안의 거리 성노동으로 매주 200파운드를 벌고 있다고 치면, 그녀에게 매주 200파운드를 지급하면 된다(여기서 특히 강조할 게 있다. 이는 실비아가 주급 200파운드의 다른 직장에 취업하는 것과 동일하지 않다는 점이다. 이틀 밤이라는 비교적 빠른 시간 동안 200파운드를 버는 것과 교대근무를 하면서 최저임금으로 200파운드를 채우는 것은 분명 다르다. 양육해야 할 자녀가 있거나 장애가 있는 경우에는 더욱 그렇다. 최저임금을 주는 직업을 포함해 그녀가 구체적으로 무엇을 원하는지 알지 못하는 사람이 제공하는 직업은 그것이 무엇이든 간에, 그녀가 그 직업을 얻을 수 없거나 희망하지 않는 이유가 있을 수 있다. 영국의 형편없는 사회안전망을 경험해본 사람이라면 누구나 알고 있듯이, 수혜자에게 서둘러 직장을 구하라고 요구하는 '지원책'은 징벌과 다름없다). 사람들은 자원을 얻기 위해 성을 팔지만, 그들이 필요한 자원을 모두 갖출 수 있다면 다른 일을 하는 데 그 시간을 쓰게 될 것이다.

노르딕 모델의 탈성매매 서비스를 자세히 들여다보면, 이에 대한 긍정적인 평판은 여지없이 무너진다. 2005년 스웨덴의 정부 보고서에 따르면, "매춘 감소라는 목적에 비추어 보았을 때, 범죄화는 부차적인 요소일 뿐 결코 사회적 서비스를 대체할 수 없다. 그럼에도 불구하고 그 목적을 달성하기 위한 사회적 서비스 예산은 투입된 바 없으며, …… 대신 경찰의 예산은 늘어났다".[36] 한 좌파 정치인은 스웨덴 의회에서 "스톡홀름에는 전·현직 매춘부들을 치료하는 매춘 센터가 있는데, …… (그 센터의) 재원이 너무 적다"라는 우려를 전하기도 했다.[37]

피해자들이 매춘부였다는 이유로 강간범에게 낮은 형량을 선고했던 사례를 보면, 북유럽 국가들이 돌봄을 받을 자격이 있는 피해자로서 성노동자를 대우하고 있다는 주장은 더욱 믿기 어렵다.[38] 아무래도 스웨덴 경찰에게는 매춘부도 지원이 필요한 이들이라는 메모가 전달되지 않은 모양이다. 스웨덴의 형사과장인 요나스 트롤Jonas Trolle은 기자에게 이렇게 털어놓은 바 있다. "우리 사회에서 매춘부로 살아가긴 힘들 거다. 굳이 그들을 감옥에 넣지 않아도, 우리는 그들을 힘들게 만들 수 있다."[39]

여성 NGO 단체 출신의 어느 스웨덴 정책 담당자는 다음과 같이 이야기한다. "만약 (매춘법으로) 그 여성들을 돕길 원한다면, 거대한 프로그램, 즉 그들을 위한 사회적 프로그램이 동반되어야 하는데, 그런 건 단 한 번도 제시된 적이 없다."[40] 매춘 분야를 담당하는 어느 정부 자문관 역시 이와 비슷한 점을 지적하며 다음과 같이 발언했다.

정치적 수준에서 벌어지는 논의는 실제 발 딛고 살아가는 사람들을 위해 무언가를 행하는 일보다 항상 더 중요한 것으로 치부된다. …… 정부는 그들이 성판매자에 대한 사회적 서비스를 확대하기 위해 아무것도, 전혀 한 것이 없었으며, 자치 단체에 한 푼도 준 적이 없다는 사실을 깨달아야 한다. 물론 거기엔 높은 비용이 들어가야 한다. …… 콘퍼런스와 영상 자료를 통해 매춘법을 수출하고 홍보하는 일은 그보다 비용이 적게 들어간다.[41]

성노동자 공동체는 이러한 흐름을 꿰뚫어보고 있다. 캐나다의 운동 단체인 체포를 멈춰라Stop The Arrests, STA는 다음과 같이 주장한다. "법원은 '빈곤한 삶을 선택하는 것'에서 벗어날 수 있게 성노동자를 돕는다는 명목으로 프로그램 참여를 강요하고 있다. …… 사회적 변화보다 개인적 변화에 더 집착하는 모습이다. 쓸데없는 말은 집어치우고 돈이나 달라!"[42]

콘돔이나 여타 위험을 낮추기 위한 자료를 제공하는 것이 마치 성노동을 장려하는 것으로 여겨지는 상황에서, 현재 진행되고 있는 서비스들 역시 성노동자에 대한 적대감으로 가득 차 있다. 스웨덴 정부의 인신매매 및 성매매 담당관은 "몇몇 젊은 여성들은 아마 …… 인터넷에서 그런 것들(안전을 위한 자료)을 발견하고는 '아, 이 자료를 봤으니 안전하게 지낼 수 있겠다'고 생각할 것이다"라고 말하면서 이렇게 비꼬았다. "그걸로 돈을 많이 벌면 자기 돈으로 콘돔을 살 수는 있겠지."[43] 스웨덴 스톡홀름의 매춘 부서에서 일하는 어느 사회복지사는 이런 말을 남기기도 했다. "매춘을 하는 동안 도움을 받게 되면, 그 문제(매춘)를 해결하는 데까지 더 오랜 시간이 걸릴 거라고 생각한다."[44]

스웨덴 성노동자인 리사Lisa는 그녀가 매춘을 그만둘 때까지 스톡홀름 매춘부서는 자신을 돕지 않을 것이라고 토로했다.

> 그 사회복지사는 내가 그걸(의료지원 승인 허가서) 받는 걸 도와
> 주겠다고 했다. …… 그러고 나서 그녀는 "당신이 3개월 동안
> 매춘을 그만두고, 3개월 동안 아무것도 하지 않으면, 그걸 써
> 주겠다"라고 했다. …… 화가 났다. 성노동을 하지 않고 어떻게
> 돈을 벌라는 말인가? 일단 나는 돈이 필요하고, 돈만 있다면
> 바로 그 일을 그만둘 수 있다.[45]

망명을 원하는 여성들이 성판매를 행한다는 소식은 아일랜
드 법무장관인 프랜시스 피츠제럴드Frances Fitzgerald를 자극해 아일
랜드에 노르딕 모델 입법 운동을 추진하게 된 계기가 되었다. 피
츠제럴드는 "그 소식을 듣고 충격에 빠졌다. 아일랜드의 그 어떤
여성도 가족을 돌보기 위한 유일한 선택지로 매춘을 고려하지 않
았으면 좋겠다"라고 말했다.[46] (향후 수년간 지속될 것처럼 보이는) 아
일랜드 망명 대열에 오른 사람들은 국가로부터 '수당'을 받는데,
매춘 관련 소식이 보고될 무렵 이들에게 지급된 수당은 1주일에
19유로에 불과했다. 결국 아일랜드에서 고객을 범죄화하는 입법
안이 발표되자 웬디 라이언은 이렇게 평했다.

> 반전은 없었다. 의심할 나위 없이 더 많은 여성을 매춘으로 몰
> 아넣는 조치가 시행됐다. 사회복지와 아동수당은 삭감되었고
> 망명 신청 여성에게 주어지는 수당은 주급 19유로로 동결됐
> 다. 다른 선택지를 고려할 수 없게 만드는 조치들이 시행됐다.

교육, 훈련, 약물 치료 프로그램 등에 대한 추가적 지원도 차단 됐다.[47]

이 책을 쓸 당시, 아일랜드 정부가 망명 신청자들에게 지급한 주급 수당은 21.6유로로 아주 소폭 인상되었다.[48] 가난으로 인해 사람들이 매춘으로 내몰렸을 때 노르딕 모델은 그들의 가난을 덜어주기는커녕 그들의 생존 전략을 빼앗고 있었다.

제아무리 탄탄한 예산에 일방적 판단을 배제한 서비스를 제공할지라도, 성산업을 더욱 가혹한 환경으로 만든 후 그곳에 성노동자를 밀어넣는 건 잔인한 짓이다. 비록 그들 스스로 원하더라도, 서비스를 제공받고 직업을 바꾸기 위해 가장 긴 시간을 쏟아야 하는 쪽은 가장 주변화된 성노동자들일 수밖에 없다. 만약 약물 의존도가 심하거나 정신건강이 좋지 않아서 시간 약속을 지키기 어려운 성노동자라면, 그런 서비스에 접근하기도 어려울 것이다. 만약 서비스를 제공받는 것이 추방으로 이어질 수 있는 미등록 이주민이라면, 또는 사회복지사에게 자신이 매춘부라는 사실을 아웃팅당해 양육권을 잃을 수도 있는 엄마라면, 이런 우려들이 현실화되지 않더라도 자신을 위험에 빠뜨릴 수 있는 서비스에 최대한 늦게 접근하려 할 것이다. 상황이 이처럼 복잡하다는 건 탈성매매를 하는 데 몇 달 혹은 이보다 훨씬 긴 시간이 소요될 수 있다는 뜻이다. 그동안 성노동자들은 의도적으로 더욱 가혹한 곳이 되어버린 성산업 내에서 계속 일해야 한다. 노르딕 모델의 모범인 스웨덴의 탈성매매 서비스는 성노동을 그만두고 싶어하는 사람들의 욕구를 충족하는 데 실패했고, 그 결과 탈성매매는 가상의 목표에 그치고 말았다.

3. 판매자

노르딕 모델의 세 번째 핵심 원칙은 매춘부의 비범죄화다. 노르딕 모델의 지지자들은 이 원칙을 강하게 밀어붙이고 있다. 벤야드는 노르딕 모델을 "성구매와 제3자의 이윤 추구 행위를 범죄화하고, 성판매 행위는 완전히 비범죄화하는 방식"이라고 설명한다.[49] 영국의 국회의원 탱엄 데보네어Thangam Debbonaire도 다음과 같이 덧붙인다. "노르딕 모델 지지자가 추구하는 바는 늘 뚜렷하다. 공급의 완전 비범죄화, 그리고 수요의 범죄화."[50]

거듭 말하건대, 노르딕 모델의 의도는 전반적으로 선하다. 하지만 실제로 노르딕 모델을 시행하고 있는 모든 나라에서 성노동자에 대한 처벌은 멈추지 않는다. 호객행위를 금하는 조례, 일터를 공유하는 성노동자 처벌, 성노동자 강제 퇴거, 성노동자 추방을 위한 매춘법 및 이민법의 공격적인 적용은 여전하다.

프랑스의 노르딕 모델 지지자들은 거의 1,000명에 달하는 [익명의 성구매 남성인] '존'들이 체포되었으며 "성을 판매한 사람은 한 명도 체포되지 않았다"라고 주장하면서 채 1년도 되기 전에 노르딕 모델의 성공을 찬양하기에 바빴다.[51] 그러나 웬디 라이언은 이와 정반대의 사례를 제시했다. 호객행위를 금하는 국가 차원의 법률만 폐지되었을 뿐, 거리 성노동자 처벌을 지속적으로 부추기는 지자체 차원의 다양한 '반성매매 법령'들은 아직도 존재한다고 말이다.[52] "성을 판매한 사람"은 "한 명도 체포되지 않았다"라는 말은 사실이 아니었다.

아일랜드에서는 노르딕 모델이 시행되자, 고객 체포 시 성노동자들이 지니고 있던 돈을 보존할 수 있도록 허용하는 조항이 삭제됐다. 그 대신 경찰은 '범죄 수익금'이라는 명목으로 성노동자가 가지고 있던 현금을 모두 빼앗아갈 수 있게 되었다.[53] 이는 실상 성노동자들에게 벌금을 부과하는 것과 다름없다. 수년 전부터 성노동자가 '비범죄화'되었다고 이야기하는 노르웨이에서도 거리 기반 성노동자들은 여전히 벌금형에 시달리고 있다. 경찰은 성노동자들의 거주지를 알아내는 족족 퇴거시키고 있으며, 노르웨이 법률은 주소를 알려달라는 경찰의 요구를 거부한 사람에게 벌금을 물린다. 주소를 공개하면 (대부분 당일에) 퇴거를 당하고, 공개하지 않으면 벌금을 내야 하는 상황인 것이다.[54]

법 집행은 흑인 여성들에게 더 가혹하게 적용된다. 노르웨이에서 거리 성노동을 하는 나이지리아인인 티나Tina는 이러한 현상에 대해 "백인 남성은 남겨두고 흑인 여성만 데려간다"라고 표현했다.[55] 노르웨이의 흑인 성노동자, 에스더Esther는 법 집행에 상당한 변화가 일어났음을 다음과 같이 술회했다.

2008년에서 2009년까지만 해도 경찰들이 안부 인사를 묻곤 했다. 하지만 2011년부터 엄중 단속이 실시됐다. 지금 경찰은 우리에게 다가와 (테이블을 내려치며 표현하길) '빵빵빵!'거린다. 그들은 루마니아인이나 불가리아인보다 나이지리아인에게 훨씬 더 가혹하다. 작년(2014년)의 상황은 정말 최악이었다. 작

년 9월부터 전쟁 같은 시기를 겪고 있다. 경찰들은 검은 얼굴을 보고 싶어 하지 않는다.[56]

나이지리아 출신의 거리 성노동자인 유니스Eunice는 앰네스티와의 인터뷰에서 다음과 같이 말했다. "백인 여성이 다치면 경찰이 반응할 것이라는 걸 고객들은 알고 있으며, 경찰이 흑인 여성을 돕지 않는다는 것도 알고 있다."[57]

"노르웨이에서 벌어지고 있는 상황이 가장 주변화된 성노동자들에게 가장 해로운 영향을 미치고 있다는 사실에는 의심의 여지가 없다"라면서 앰네스티의 캐서린 머피Catherine Murphy는 이렇게 말했다. "경찰에게 가장 많이 쫓겨다니고, 폭력의 위험에 가장 많이 노출되고, 퇴거와 추방 대상이 되는 여성들에게 그 영향은 가장 크게 나타나고 있다."[58]

물론 주변화된 집단에 대한 과잉 단속은 노르딕 모델에서만 나타나는 문제는 아니다. 전 세계의 경찰들은 오래전부터 특정 인구 집단을 목표로 괴롭힘, 협박, 절도, 폭행 등을 저질러왔다. 경찰이 이런 권력을 가지게 된 건 그들이 집행하는 법이 경찰의 행위에 정당성을 부여하기 때문이다. 매춘방지법은 성노동자들의 생존을 위한다는 구실로 경찰이 그들의 삶에 개입할 수 있는 권한을 강화하고 있다.

캐나다 원주민 출신 성노동자인 시드니Sydney는 경찰들이 틈만 나면 거리 성노동자를 괴롭힐 궁리를 한다고 비판하면서 자신의 경험을 털어놨다. "들고 있던 담배 하나를 내가 다 피우자 그들은 '이제 어떡할 거야? 그거 땅에 버리려고? 그럼 이 근처 담배

꽁초들 모두 주우라고 할 거야'라고 했다."[59] 캐나다 몬트리올의 성노동자 인권 단체인 스텔라Stella의 젠 클라멘Jenn Clamen은 "노르딕 모델이 성노동자들에게 그랬듯, 경찰이나 사법 당국을 '구원자'라고 소개하는 것은 경찰이 성노동자 공동체를 공격할 또 다른 무기를 쥐여주는 것과 다름없다"라고 지적했다.[60]

• 실내 성노동자에 대한 범죄화

노르딕 모델이 운영되는 거의 모든 지역에서 아파트를 공유하는 성노동자는 처벌의 대상이다. 노르웨이 오슬로의 어느 성노동자 여성 한 명은 동료 두 명과 함께 아파트를 공유한 것이 발각되어 (위법의 동기가 안전 확보였다는 걸 법원이 인정했음에도 불구하고) 성매매 업소 운영 혐의로 기소된 바 있다.[61] 스웨덴 경찰은 짝을 지어 일하는 성노동자를 체포하기 위해 아파트에서 잠복근무를 한다.[62] 노르딕 모델 시행 후 북아일랜드에서 최초로 체포된 사람은 고객 한 명, 그리고 그를 잡는다는 구실로 급습한 단속반에게 아파트 공유가 발각되어 성매매 업소 운영 혐의가 적용된 성노동자 여성 세 명이었다.[63]

2017년 3월부터 노르딕 모델을 시행한 아일랜드에서는 같은 해 7월, 케리카운티의 작은 마을인 트랄리에서 두 명의 이주 여성이 매춘 혐의로 유죄를 선고받은 사건이 발생했다. 법원은 당시 세입자였던 플로리나Florina가 "물질적, 금전적으로" 아무런 이득을 취하지 않았다는 걸 인정했음에도 불구하고, 타인이 그 집에서 매춘하는 것을 허락했다는 이유로 유죄판결을 내렸다. 그녀의 친구인 미하이엘라Mihaiela도 "동일한 주소를 사용"했다는 혐의로 기소되어 유죄선고를 받고 벌금을 냈다.[64] 금전적 이득도 취하지 않고 아파트를 공유한 이주민 여성을 기소하는 건 성매매 업소 운영에 관한 법률을 너무 가혹하게 적용한 일이지만, 노르딕 모델의 지지자들은 주 세입자인 플로리나가 기소당해 마땅하다고 여기는 것 같다. 그들이 어떤 근거로 미하이엘라마저 기소해야 한다고 주장하는지는 더더욱 알 수가 없다.

일부 저명한 노르딕 모델 지지자들은 성노동자들이 협업을 선호한다는 생각을 비웃는다. 가령, 카터센터Carter Center⁺의 어느 수석 인권 고문은 "안전을 위한 협업"은 단지 "성매매 업소를 운영하기 위한 구실" 또는 "포주 행위"일 뿐이라면서 "포주들이 스스로를 성노동자라고 부르는 건 그게 편하기 때문이다"라고 주장했다.[65]

그러나 현실에서 아파트를 공유하는 성노동자들은 매우 흔하다. 임대료를 절약하기 위해, 또는 업무상 편의를 위해 동거인을 들인 적이 있는 사람이라면, 왜 성노동자들이 아파트를 공유하려 하는지 공감할 수 있을 것이다(저 인권 고문의 말은, 성노동자들의 세상은 너무나 이질적이므로 평범하고 인간적인 고려 따위가 적용되지 않는다는 생각을 함축한 매우 모욕적인 언사다). 이는 다른 업종의 노동자들도 사용해왔던 안전책이다. 노르딕 모델을 지지하는 일부 사람들도 자신이 성을 파는 동안 아파트를 공유했다는 것을 인

⁺　역주. 1982년 미국의 지미 카터(Jimmy Carter) 전 대통령과 로절린 카터(Rosalynn Carter) 전 영부인이 분쟁 해결, 민주주의 발전, 질병 예방 등을 통한 삶의 개선을 목적으로 설립한 NGO 단체.

정하고 있다. 저명한 활동가인 레이철 모랜은 자신의 회고록에서 "내가 만약 콜 요청을 받게 된다면 …… 나는 업소에서 함께 일하는 여자들 가운데 한 명의 방을 사용했을 것이다. 그 대신 그 방의 사용료를 냈을 것이며, 이것은 일반적인 관행이다. **내 아파트가 생겼을 때도 난 이렇게 돈을 벌었다**(강조는 저자들의 것이다)."[66]

수년 동안 모랜은 노르딕 모델을 지지하는, 세계에서 가장 적극적인 활동가 중 한 명이었다. 그녀는 정치인과 함께 발언했고 UN에서 연설했다. 노르딕 모델의 지지자들은 노르딕 모델의 필요성을 홍보할 때 그녀의 이야기를 인용했다. [성노동자들의 협업을 범죄화하는] 이런 걱정스럽고 적대적인 상황에서, 모랜이 다른 성노동자들과 아파트를 공유했을 뿐만 아니라 "이렇게 돈을 벌었다"라고 즉흥적으로 인정했던 발언만 유독 관대하게 수용되었다. 만일 이와 똑같은 발언을 현직 성노동자가 했다면, 아마 모랜(그리고 그녀가 도입하려 했던 법률)은 그녀를 포주라고 비난했을 것이다. 우리는 이런 중상모략에 가담하고 싶지 않다. 모랜이 일했던 방식은 합리적이며 그리 특별할 것도 없다. 자기 방에서 다른 성노동자가 고객을 맞이하도록 허락하는 것은 자신이 직접 그 방에서 일하는 것에 대한 '기회비용'이 발생하기 때문이다. 성산업에 대한 과열된 논쟁에서 벗어나, 당신의 공간을 어떤 친구가 이용한다고 상상해보자. 기회비용을 고려한다면, 당신이 그 친구에게 작은 금전적 대가를 요구하는 것이 그리 놀랍거나 별다른 일처럼 보이진 않을 것이다. 우리를 고통스럽게 만드는 건 그런 노동의 방식이 아니라 사람들의 위선이다. 모랜이 수년 동안 지지해왔던 아일랜드의 성매매 관련 법률은 그녀가 했었던 방식 그대로 일하는 여성들을 처벌하는 데 앞장서왔다. 심지어 그 여성들은 모랜보다 더 다정한, 즉 금전적인 대가 없이 친구에게 자신의 공간 사용을 허락한 여성들이었다(아일랜드는 노르딕 모델을 도입해 '성매매 업소 운영'에 대한 형량을 징역 6개월에서 1년으로 늘렸다). 모랜은 성판매를 하던 시기에 그녀가 성매매 업소 운영 혐의로 기소됐다면 그것이 자신의 인생에 도움이 됐을 거라고 생각하느냐는 질문에 명확한 답변을 피했다.[67] 물론 이는 모랜에게만 해당되는 질문은 아니다. 노르딕 모델의 모든 지지자는 모랜을 성매매 업소 운영 혐의로 기소하는 것이 그녀 개인이나 사회 전반에 긍정적이라고 생각하느냐는 질문에 답해야 한다. 모랜을 체포하는 데 부정적이라면, 왜 그들은 그녀와 똑같은 일을 한 것만으로 수많은 성노동자를 기소할 수 있는 법률을 즐겁게 추진하고 있는 것일까?

성노동자들의 피해 사례는 셀 수 없이 많다. 심지어 짝을 이루어 하는 성판매, 가령 쓰리섬을 할 때도 성노동자는 성매매 업소 운영 위반으로 처벌될 수 있다. 부부 성노동자인 데이비드David와 실리아Celia는 짝을 지어 일했다는 이유로 2018년 5월 아일랜드에서 성매매 업소 운영 혐의로 유죄판결을 받았다. 두 사람은 가까스로 징역형을 피해 각각 600유로의 벌금을 물었다.[68] 2017년 7월에는 73세의 테레진하Terezinha가 성매매 업소 운영 혐의로 기소된 사건이 있었다. 테레진하는 자신이 직접 성판매를 하기 위해 아파트를 임대해 이를 다른 성노동자 여성 한 명과 공유하고 있었고, 법원은 그 과정에서 어떠한 강압도 없었다는 것을 인정했다. 테레진하는 재판이 진행되는 동안 눈에 띄게 힘들어했으며, 법정 통역사를 통해 아들의 치료비를 벌고자 절박한 심정으로 성을 판매했다고 고백했다. 그녀는 나흘 동안 아일랜드에 체류하면서 고작 한 명의 고객을 상대로 80유로을 벌었을 뿐이었다. 판사는 80유로의 벌금형을 선고하면서 "그 돈을 …… 성매매에 종사하던 여성들을 돕는 단체에 전달하도록 명령했다".[69]

• 퇴거

노르딕 모델하에서 경찰은 상업적인 섹스를 가로막는 것 자체가 좋은 일인 것처럼 생각하고 있으며, 성노동자들에게 '친절을 베풀기 위해 잔인해지는' 전략을 활용한다. 스웨덴에서는 성노동자에게 부동산을 임차하는 집주인을 매춘 '촉진' 혐의로 처벌할 수 있는 정책이 시행되면서 성노동자가 거처를 잃고 더욱 불안정해지는 결과로 이어지고 있다. 법전은 성노동자인 세입자를 쫓아낼 수밖에 없도록 규정하고 있다. "(집주인이) 임대차 계약 해지에 필요한 합리적 조치를 취하지 않는 경우, 그 또는 그녀는 그 사업을 촉진하는 것으로 간주한다."[70]

심지어 노르웨이 경찰은 구체적인 성노동자 퇴거 작전을 벌이기도 했다. 경찰은 집주인에게 특정 세입자가 성노동자로 의심된다고 말한 후, 집주인을 소환해 그 세입자를 쫓아내든 자신이 처벌되든 하나를 선택하라고 강요하면서 세입자들을 쫓아냈다. 이 작전이 노리는 게 무엇인지 불거지는 의혹을 없애려는 듯 경찰은 이를 '홈리스 작전Operation Homeless'이라 발표했다.[71]

쫓겨난 성노동자가 지출해야 하는 비용은 대개 성구매자들에게 부과되는 벌금보다 훨씬 높다. 퇴거를 당한 성노동자는 보증금을 받을 수 없다. 미리 월세를 낸 경우에도 그 돈을 되돌려받기 어렵다. 이해심을 갖춘 사람이라면, 성노동자가 아닌 누구라도 갑자기 홈리스가 되어 막대한 금전적 손실을 입는 게 도움이 될 리 없다고 생각할 것이다. 하지만 이런 퇴거 조치들은 노르딕모델이 매춘부를 폭력의 피해자로 대우하고 있다는 상반된 주장들과 함께 자행되고 있다. 폭력을 당하고 있는 여성들이 거꾸로 추방되는 어이없는 일들이 벌어지는 것이다.

노르웨이의 흑인 성노동자인 머시Mercy 역시 이와 비슷한 방식으로 2013년에서 2014년 사이에 세 번이나 퇴거를 당했다.[72] 한 번은 업소에 나가 있는 동안 사실상 퇴거를 당한 적도 있다. 집주인이 대문 열쇠를 바꿔버렸기 때문이다. 그녀는 자신의 물건을 가져가게 해달라고 집주인에게 애원해야 했다면서 앰네스티에 이렇게 말했다. "옷도 돈도 없이 1주일 동안 기다려야 했다."[73] 또 다른 성노동자인 메리Mary는 "어떤 때는 집주인이 짐을 빼라며 고작 몇 분의 시간을 줬다. …… 우리가 낸 돈은 돌려받지 못했다"라고 했다.[74] 유니스Eunice는 "아파트를 떠나는 데 주어진 시간은 단 몇 분이었다. 물건을 다 챙길 시간이 없었다. 나는 기차역에서 자야 했다"라고 했다.[75] 에스더는 "경찰이 우리에게 20분 안에 나가라고 했다. 그때 우린 수프를 만들고 있었는데, 우린 그 냄비와 함께 길거리로 나가야 했다"라고 회고했다.[76] 2014년 노르웨이에서는 아홉 명의 흑인 성노동자들이 경찰 행세를 하며 마체테 칼을 든 남자에게 강간과 폭행을 당했다고 오슬로 경찰에 신고한 사건이 있었다. 신고를 하고 며칠이 지난 뒤, 집주인은 세입자인 그들이 성노동자임을 경찰에 알리고 그들을 쫓아냈다.[77] 앰네스티는 이런 식으로 쫓겨난 수십 명의 여성들을 인터뷰하면서 한 명을 제외한 모든 사람이 하루 또는 그보다 짧은 시간 안에 자신의 집을 떠나야 했다고 밝혔다. 거처를 빼앗긴 사람들은 모두 흑인이었다.[78] 홈리스 작전은 더 이상 일개 작전이 아니다. 성노동자를 위협하는 차원을 넘어 주로 흑인 성노동자들을 퇴거하는 작전이 오슬로 경찰의 주요 업무가 되어버렸기 때문이다.[79]

● 추방

추방은 본질적으로 폭력적이지만, 노르딕 모델을 시행하는 국가들에서 성노동자 추방은 특히 더 잔혹하게 자행된다. 캐나다의 성노동자 단체인 버터플라이Butterfly에 의하면, 이민 당국이 이주 여성을 무기한 억류하는 일은 빈번하다. 어떤 이들은 추방되기 전까지 "비인간적이고 모욕적인 대우, 그들을 억류하는 데 활용되는 거짓 혐의와 거짓 증거"에 시달리며 몇 주 혹은 몇 달을 보내야 한다.[80] 쿠키Cookie라는 이름의 한 성노동자는 "첫날 밤엔 조끼 하나만 입고 판자 위에서 자느라 몹시 추위에 떨었다. 나는 '내가 무슨 잘못을 했다고 옷도 음식도 없이 이러고 있어야 하나?' 생각했다. 1주일 내내 샤워를 하거나 옷을 갈아입는 것도 허락되지 않았다." 버터플라이는 가정폭력을 피해 친구와 함께 지내던 아파트에서 고객에게 폭력을 당한, 다른 이주 성노동자의 사례도 전했다. 경찰은 그 아파트에 도착하자마자 그 친구를 인신매매 혐의로 체포했고, 고객에게 폭력을 당한 여성도 위법한 노동을 했다는 이유로 체포했다. 그 후, 두 여성은 모두 추방되었다.[81]

북유럽 국가의 경찰들은 성노동자의 피해 신고를 이용해 기계적으로 이들을 추방해왔다. 폭행으로 인해 머리에 중상을 입은 어느 여성은 부상 때문에 이동이 어려웠음에도 불구하고, 경찰에게 성노동자였던 것이 발각된 후 급하게 노르웨이 오슬로에서 추방되어야 했다.[82]

2014년 노르웨이 오슬로에서는 나이지리아인 성노동자 세 명이 총을 든 괴한들에게 폭행과 강도를 당하는 사건이 벌어졌다. 피해 여성들은 회복을 위해 긴급 쉼터에서 지내다가 며칠 후 집으로 돌아왔을 때 체포되어 그대로 추방되었다.[83] 유효한 비자를 가지고 있었고 체류 기간을 넘기지 않았는데도 말이다. 폭력 범죄의 피해자로 드러난 사람들을 추방하는 것은 다분히 공격적인 사법 집행 방식일 뿐, 정상적이고 합법적인 사법 집행으로 보기 어렵다. 2017년 영국 런던에서는 성폭행을 신고한 어느 여성을 이민 당국이 위협한 사건이 벌어지자 (당연히) 전국적인 항의가 이어졌다.[84] 그러나 이러한 사건이 일상적으로 벌어지고 있는 북유럽 국가들에서 시행되는 매춘 정책은 희망적이고 페미니즘적인 것으로만 받아들여지고 있다.

우리 눈에 추방당할 자격이 있는 사람은 아무도 없다. 그러나 경찰은 적법한 체류권을 가진 성노동자들을 추방함으로써 자신이 세운 규칙마저 어기고 있다. 스웨덴 당국은 성노동이 "공공 질서와 안보에 대한 위협"이 되는 "부당한 생계유지 수단"이라는 이유로 다른 EU 국가에서 이주해온 여성들을 기계적으로 추방하고 있다.[85]

스칸디나비아에서 추방된 수많은 성노동자가 흑인 여성이라는 사실은 결코 우연이 아니다. 실제로 노르딕 모델은 흑인 이주 성노동자에 대한 인종차별적 요소가 있다는 우려와 함께 등장했으며, 특히 노르웨이에서는 흑인 여성을 성욕이 왕성한 사람인 것처럼 묘사하고 낙인찍었다.[86] 오슬로의 성노동자 아웃리치 단체인 프로센트렛Pro Sentret은 노르웨이에서 노르딕 모델의 법안이 상정되었을 때의 상황을 다음과 같이 묘사했다.

> '거리의 모습이 어떻게 문란해졌는가'에 대해 여러 논의가 있었다. 그중 대부분은 눈에 잘 띄는 나이지리아 여성들에 관한 것이었다. …… 정치인들은 이 여성들이 접근해오는 게 얼마나 끔찍한 일인지 이야기했고, 그들을 마치 수거해야 할 쓰레기처럼 취급했다. 미디어에서는 '검은 창녀들'이 '거리의 문란함'을 야기한다는 이야기를 퍼뜨렸다. 이것이 그들의 주요 관심사였다.[87]

아파트를 공유하는 성노동자를 처벌하고, 벌금과 퇴거 조치를 내리고, 아주 공격적인 방식으로 추방하는 행태는 노르딕 모델이 성판매자를 '완전 비범죄화'한다는 주장과 완전히 모순된다. 반대로 노르딕 모델은 형법이나 민법을 통해 성노동자를 괴롭히고 기소하고 체포하고 해칠 수 있는 수많은 무기를 유지하고 추가하고 강화한다. 노르딕 모델은 상업적 섹스를 방해하는 것이 경찰의 직업적 책무인 양 떠넘기면서, 경찰이 성판매자에게 그 무기들을 활용하도록 조장한다. 성판매자가 흑인일 경우 경찰들은 더욱 민첩하게 움직인다.

성노동자를 찾는 게 얼마나 쉬운 일인지 이야기하는 경찰들의 농담("고객이 매춘 여성을 찾을 수 있다면 경찰도 찾을 수 있다")[88]이 더 이상 우스갯소리가 아니라 오싹하게 느껴지는 이러한 상황은, 북유럽의 성판매자들이 경찰을 피해 숨어야 할 충분한 이유가 된다. 이는 또한 활동가인 우리가 수없이 들어왔던 질문들을 냉철하게 조명한다. 가령 경찰, 정치인, 활동가라는 사람들은 우리에게 "스웨덴에서 매춘부가 어떻게 위험에 처할 수 있는가?" "고객이 그녀에게 무례하게 굴기만 해도, 그녀가 전화만 걸면 경찰이 그가 범죄를 이미 저지르고 있다는 이유로 그를 체포한다고?" 따위의 질문을 한다.[89] 이런 질문은 레토릭에 지나지 않는다. 이런 질문을 하는 사람들은 성노동자의 대답을 들으려 하지 않기 때문이다.

물론 저 질문에 대한 대답은 이것이다. 노르딕 모델하에서 일하고 있는 성노동자들이 여전히 두려움을 느끼고 있다는 것. 비자를 소지한 이주민일지라도 체포된 당일, 추방 대기소로 끌려갈 수 있다. 동료와 공유하는 아파트 임대차 계약서에 자신의 이름이 적혀 있다면, 그 성노동자는 기소될 수도 있다. 오늘 당장 홈리스가 될 수도, 아니면 기소될 수도 있는 상황에서 당신은 경찰에 신고할 수 있겠는가? 캐나다의 이주 성노동자인 도로시Dorothy는 이런 두려움이 어떻게 자신의 행동을 제약해왔는지 설명했다. "그들(강도들)은 우리를 현금 지급기처럼 취급했다. 1주일에 4번이나 강도를 당했는데, …… 경찰에 신고할 수 없었다. 신고했다면 아마 더 크게 곤란했을 것이다. (경찰이 나를 체포하고 구금한 후에) 경찰에게 이 사실을 알렸다. 하지만 아무도 우릴 신경 쓰지 않았다."[90]

성판매자가 경찰을 피해 숨어야 할 절박하고 긴급한 이유가 있는 때는 곧 그들이 폭력적인 남성들로부터 극히 취약해지는 때다. 남성들은 이때 우리를 공격하고, 강탈하고, 추행할 수 있다는 걸 안다. 경찰에 연락을 한다는 건 총에 겨눠져 강도를 당하는 대신 홈리스가 될 위험을 감수하는 일이므로, 성노동자들은 경찰을 찾지 않는다. 이런 제도하에서 성노동자들은 가장 공격하기 쉬운 대상이 된다.

4. 포주와 인신매매자

수요에 대해 논의할 때 언급했듯, 관리자 같은 제3자는 성노동자의 삶이 열악해질수록 더 큰 이득을 얻는다. 예를 들어, 성노동자의 주택 임대차 계약을 법적으로 제약하는 노르딕 모델에서는 제3자가 집주인과 성노동자를 '중개'하는 경우가 많다. 이런 관계에서 엄청난 권력 불균형이 나타나는 건 필연적이다. 제3자가 중개료로 한 달에 300파운드를 요구하면 성노동자는 어쩔 수 없이 집주인과 제3자 모두에게 돈을 내야 하며, 만약 그 돈을 내지 않거나 낼 수 없게 되면 집에서 쫓겨나기 십상이다. 이에 대해 노르웨이 정부는 다음과 같이 분석했다. "스웨덴에서는 매춘부가 포주에게 의존하는 정도가 더욱 높아진 것으로 보인다. 성노동자 뒤에는 그들이 드러나지 않도록 이동을 지원하거나 새 아파트를 마련해줄 누군가가 필요하기 때문이다."[91]

성착취 및 성 인신매매의 피해자들은 성노동자 활동가를 포함한 수많은 페미니스트가 가장 관심을 보이는 사람들이다. 이들

중에는 파트너에 의해 매춘을 강요당하는 폭력적인 관계를 맺고 있는 여성도 있고, 약속했던 것과는 전혀 다른 일을 하라고 강요받거나 (대개 국경을 넘는 데 진 빚을 갚기 위해) 성노동을 통해 벌어들인 수입의 일부 또는 전부를 내놓아야 하는 여성도 있다.

노르딕 모델은 이 여성들의 상황을 개선하는가? 우리는 인신매매를 당했다고 간주되는 사람과 성노동자를 이분법적으로 쉽게 구분할 수 없다는 사실을 명심해야 한다.[+] 앞서 개괄적으로 설명했던 것처럼 이들은 모두 자신이 쓸 수 있는 안전책을 총동원해야 하는 사람들이다. 약물을 사기 위해, 폭력적인 파트너와 관리자를 달래기 위해, 월세를 내기 위해, 자신을 기다리는 가족들에게 송금하기 위해, 아니면 정말로 인신매매자에게 돈을 보내기 위해. 그 이유가 무엇이든 이들은 모두 돈을 벌고 싶어 한다. 매춘부의 삶을 힘들게 하는 정책은 인신매매를 당했다고 간주되는 사람들의 삶도 힘들게 한다. 이 장 전반부에서 언급했던 노르웨이 정부의 보고서를 다시 떠올려보자. 성구매 금지법은 매춘에 몸담은 사람들을 더욱 열심히 일하게 만든다고 분석했던 그 보고

[+] 우리는 유동성과 주관성을 반영하기 위한 용어로 '인신매매를 당했다고 간주되는 사람'이라는 표현을 사용해왔다. 제3장에서 언급했듯, 정부는 실제 인신매매로 발생한 피해에 주목하기보다 반이민, 반성매매 정책을 진보적으로 포장하기 위해 '인신매매'라는 용어를 사용하곤 한다. '인신매매를 당한 사람'은 국가로부터 지원을 받을 수 있는 특정한 자격을 요구하는 명명이며, 정부가 인신매매를 당했다고 여기는 사람 중엔 국경 통제 같은 국가 주도의 시스템으로 인해 피해를 입은 사람들이 거의 포함되지 않는다. 반성매매 활동가들에게 '인신매매'라는 명명은 그들이 동정심을 느끼는 사람들에게만 한정되는 듯하다. 그들의 동정심이 덜 미치는 사람들, 감금주의적 해결책보다 성노동자 권리를 지지하는 사람들은 자신이 실제 어떤 경험을 했는지와 상관없이 '인신매매를 당한 사람'에서 배제된다.

서 말이다. 이러한 효과는 노르웨이에서 성을 파는 모든 사람에게 적용된다. 가장 착취적인 상황에 처한 사람들도 예외는 아니다. 노르웨이 정부가 성구매 금지법에 대해 발표한 또 다른 보고서에는 이런 효과가 더욱 노골적으로 드러난다. 그 보고서는 가장 피해를 보는 사람으로 "강요된 매춘을 하는 타국 출신 중독자들, 정신질환자들"을 꼽았다.[92] 착취를 당한 이주 성노동자가 경찰을 찾아갈 경우, 막대한 빚을 떠안고 추방된다는 점은 노르딕 모델이든 다른 모델이든 마찬가지다. 스웨덴 의회가 제출한 보고서에 따르면, 성노동자들이 "경찰에 발각"되어 "체류를 위한 적법한 요건을 모두 갖추지 못했다"라는 사실이 밝혀지면, "경찰은 그들이 어떤 조건에서 이주해 체류 중인지 조사할 생각도 없이 그들을 바로 추방한다. …… 이러한 행태는 인신매매에 관한 중요한 정보들을 그대로 지나쳐 왔다는 것을 의미한다".[93]

이 여성들은 탈성매매 서비스를 통해 새로운 직장을 구하려 할 때도, 일단 성노동을 그만두어야 지원을 받을 수 있다는 말을 듣곤 한다. '공식적으로' 자신을 타인에게 드러내는 것이 추방으로 이어질 수 있다는 두려움 때문에 그들은 탈성매매 서비스 자체를 두려워하기도 한다. 그래서 고객이 줄어들고, 노동시간이 길어지고, 노동환경이 위험해지는 상황에서도 그들은 (강압에 의한 것이든 전적으로 자유의지에 의한 것이든) 계속 성을 팔아야만 한다.

북유럽 국가에서 상업적 섹스 시장이 축소된다면 이 정도의 부담은 감수해도 좋은 것일까? 매춘과 인신매매를 통해 착취당하는 여성이 줄어들 것이기 때문에 아무래도 괜찮은가? 이런 생각의 문제점은 형법이 특정 국가의 성산업 규모를 결정짓는 핵심 요소가 아니라는 점이다. 미국을 보라. 만약 범죄화가 한 나라의 성산업 규모를 결정하는 중요한 요인이었다면, 미국의 성산업은 아주 작은 규모였어야 한다. 제5장에서 다루었던 것처럼 미국의 많은 주에서 스칸디나비아 국가들에 비해 성구매자를 훨씬 더 엄격하게 처벌하고 있으며, 성노동자뿐만 아니라 관리자, 건물주, 택시 운전사, 동료를 모두 싸잡아 기소한다. 그러나 미국의 성산업 규모는 여전히 매우 거대하다. 성산업 규모의 핵심적인 결정 요인은 형법이 아니라 빈곤, 그리고 필요한 자원에의 접근성이기 때문이다. 사회안전망이 없거나, 그것이 모든 사람을 포용하지 못하는 나라에서는 홈리스가 되지 않기 위해, 혹은 약을 살 돈을 벌기 위해 사람들은 성을 판매한다. 미등록 이주민들은 주류 노동시장에 진입하거나 노동권을 쟁취하기 위해 분투한다. 이 과정에서 일부 사람들은 다소 착취적이고 학대적인 조건 속에서 성을 팔기도 한다. 하지만 이에 대한 해결책은 상업적 섹스를 범죄화하는 것이 아니다. 그게 해결책이었다면, 미국에는 애당초 인신매매가 존재하지 않았어야 한다. 진정한 해결책은 사람들이 안전하게 이주할 권리, 일할 권리를 보장하는 것을 포함해 그들이 필요로 하는 자원에 접근하고, 추방에 대한 걱정 없이 노동권을 쟁취할 수 있도록 하는 것이다.

스웨덴의 정책 입안자들이 성구매 금지법을 통해 무엇을 달성했는지는 전혀 확인할 길이 없다. 노르딕 모델이 성노동이 감소시켰다는 주장은 여러 오해의 소지가 있는데, 그 이유는 그것이 거리 기반 성노동에만 초점을 맞추고 있기 때문이다.[94] 실제로 스웨덴 스톡홀름의 거리 성노동은 1999년 이후 잠시 감소했다가 다시 증가했으며, 성구매 금지법은 인터넷에 의해 촉발된 실내 성노동으로의 전환을 가속화하는 효과를 낳았다.[95] 하지만 반성매매 활동가인 제니스 레이먼드Janice Raymond는 "오늘날 스웨덴에서 성매매 업소를 운영하는 건 불가능하다"라는 어느 경찰관의 자찬을 무비판적으로 반복해서 인용하기만 한다.[96] 경찰의 추산에 의하면, 스웨덴 스톡홀름의 성매매 업소 수는 급격히 증가해왔으며, 2009년엔 90곳, 2013년엔 250곳의 (섹스를 제공하는) 태국 마사지숍이 새로 생겨났다.[97] 스웨덴 정치인들은 특정 지자체에서 2003년 한 해 동안 거리 성노동이 2배 이상 증가했다고 푸념하면서 성산업의 끈질긴 생명력을 탓했다.[98] 금지주의자들의 주장과는 달리, 그들은 "우리는 그것으로 매춘을 근절할 수 있다고 생각해본 적이 없으며, 섹스숍스라겐은 단지 사회가 무엇을 수용할 수 있고, 무엇을 수용할 수 없는지를 드러내는 중요한 신호일 뿐이다"라고 인정했다.[99] 노르딕 모델이 성매매를 '실존적으로 제약'한다는 옹호자들의 주장은 사실이 아니었다.[100]

들리지 않는 성노동자들의 이야기

전 세계적으로 반성매매 정책은 밥 먹듯이 성노동자를 퇴거하고 기소하고 추방하고 있지만, 유독 북유럽 국가들에서만 이를 페미니즘적 성취로 오인한다.* 특히 스웨덴은 사회 개선의 명목으로 불량 시민을 청소하는 것을 오랫동안 국가 정체성의 일부로 삼아왔다. 스웨덴은 20세기 초, 이상적인 사회상 및 자애로운 복지국가를 개념화한 폴크헴메트folkhemmet(인민의 집) 정치 이론을 확립한 바 있다. 기본적인 내용은, 작은 가족이 사는 집처럼 시민(자식)은 국가에 기여하고 국가(좋은 부모)는 시민을 상냥히 보살펴 잘못된 행동과 타락으로부터 멀어지게 만들어야 한다는 것이다.[101] 예상할 수 있듯이 여기에서 매춘부가 맡는 역할은 가정 파괴자다. 견고한 가정을 무너뜨리는 일에 매춘부 같은 적임자는 없다. 물론 스웨덴의 가족 규범성을 위협하는 집단은 더 있다. 약물을 사용하는 사람들, HIV에 걸린 사람들, 트랜스젠더들은 매춘부와 마찬가지로 사회악이라고 간주되는 사람들이다. 역사적으로 국가라는 가족이 이들을 어떻게 대해왔는지 살펴보면, 스웨덴식 통제의 큰 그림을 확인할 수 있다.

스웨덴에는 1975년 이전까지 '사회위생social hygiene'과 폴크헴메트의 우생학적 책무라는 미명하에 2만 1,000명의 사람들이 강제로 불임시술을 받은 역사가 있다. 그들 중 90퍼센트는 "열등하고 반사회적이고 과잉성욕을 가지고 있으며, …… 문란하거나 의지가 박약한 것으로 여겨지는" 여성들이었다.[102] 1990년대에는 HIV 감염인들을 재판 없이 투옥하는 일이 자행되었으며, 그들 중 일부(90퍼센트는 성노동자이거나 약물 사용자였다)는 수년 동안 풀려나지 못했다.[103] 이러한 역사적 잔재는 스웨덴의 통치 방식 속에 여전히 남아 있다. 2009년, 좌파당의 한 정치인은 HIV 감염

+   "노르웨이는 반인신매매, 즉 상업적 섹스 시장의 대대적 축소라는 목표 달성을 사실상 인신매매 피해자들이 얼마나 타국으로 추방됐는지로 가늠해왔다." Amnesty International, 'The Human Cost of "Crushing" the Market: Criminalization of Sex Work in Norway', report, EUR/36/4024/2016, 26 May 2016, 11–12.

인에 대한 징벌적 대응이 '깨끗한 스웨덴'을 만드는 데 한몫했다고 평가했다.[104] 2013년까지만 해도 트랜스젠더들은 법적 성별 정정을 위해 강제 불임시술을 받아야 했으며,[105] 품 안에 약물을 소지한 사람들은 여전히 처벌되고 있다.[106] 스웨덴의 마약 금지법은 다른 유럽 국가들에 비해 훨씬 더 가혹하게 시행되고 있으며, 이는 스웨덴에서 약물로 사망하는 사람이 (유럽에서 두 번째로 높은 수준으로) 엄청나게 많은 이유를 보여준다.[107] 궁극적으로, 스웨덴만의 '이상적'이고 정상적인 시민은 노르딕 혈통의 건강하고 생산적인 사람으로서 책임감 있고 이성적이며 독립적이면서도 가족의 규칙을 준수해 스스로를 돌볼 수 있는 사람으로 한정된다.

브랜드 보호하기

이상적 사회체제로서 '인민의 집'이라는 아이디어에 감화된 반성매매 페미니스트들에게 스웨덴의 매춘법은 그 아이디어를 실현시키는 방법이다. 여기에 현실이 끼어드는 건 용납되지 않는다. 우리는 스웨덴이 성공적으로 성판매자를 비범죄화하고 있다고 평가하는 장황한 칭찬을 듣곤 한다. 예컨대, 영국의 페미니스트 단체인 오브젝트Object는 "노르딕 모델은 성판매자들을 완전 비범죄화하고, 탈성매매를 위한 지원 서비스를 제공한다"라고 평한 바 있으며, 노르딕 모델 정보 네트워크Nordic Model Information Network의 메간 타일러Meagan Tyler 박사는 이 법이 "기본적으로 모든 매춘부를 비범죄화하는 법적 틀에 기반하므로 성구매, 포주 행위, 성매매 업소 운영만 처벌할 뿐, 매춘에 몸담은 그 누구에게도 형사적 제재를 가하지 않는다"라고 자신했다.[108]

다작으로 유명한 반성매매 페미니스트 메간 머피는 누군가가 웹사이트에 올린 '홈리스 작전'에 관한 글을 보고 혼란스러워하며 이런 댓글을 달았다.

> 짧게라도 설명해줄 수 있나요? ······ 경찰이 왜, 어떻게 '성노동자들을 색출해 괴롭히고' 있는지, 그리고 그게 노르딕 모델과 무슨 연관이 있는지. '홈리스 작전'과 관련된 기사들을 공유하신 것 같은데, 저는 그게 무엇이며, 노르딕 모델과 어떻게 연결되어 있는지 모르겠네요.[109]

머피는 지난 몇 년 동안 노르딕 모델을 옹호하는 글을, 문자 그대로 수백 편이나 써온 사람이다. 그런 그녀가 '홈리스 작전'을 모른다는 건 페미니스트로서 자신이 지지하는 제도하의 성노동자가 어떤 경험을 하고 있는지 알고자 하는 호기심조차 현저하게 부족했다는 사실을 보여준다. 이런 사례는 널리고 널렸다. 노르딕 모델 지지자인 캣 벤야드는 자신의 저작, 《포주국가Pimp State》에서 "성구매 금지법을 지키는 건 활동가들이 해야 할 일이 아니다. 법률 개정을 압박하는 것을 포함해 그 법의 모든 잠재력을 개방하는 것이 활동가의 임무다"라고 밝혔다.[110] 하지만 벤야드는 노르딕 국가 내 성노동자들이 시달리고 있는 홈리스 작전, 기소, 추방, 그 밖의 여러 학대에 대해 알고 있을까? 《포주국가》는 "2011년 스웨덴에서 성구매에 대한 최고 형량이 6개월에서 1년 징역으로 늘어났다"라고만 소개할 뿐, 노르딕 모델에 대한 비판은 성구매자들에게 법이 제대로 집행되지 않을 때가 있다거나 형량이 너무 낮다는 언급에만 그친다.

어느 반성매매 활동가는 다른 활동가들과 정치인들이 보는 앞에서 이렇게 연설했다. "당연히 노르딕 모델하에서 성판매자는 아무도 범죄화되지 않지만, 우리는 현실에서 그들이 여전히 처벌받고 있다는 이야기를 끊임없이 듣는다. 나는 그 이야기가 무슨 뜻인지 잘 모르겠다. 내 말은 성판매를 하면 처벌을 받을 수도 있고 받지 않을 수도 있다는 이야기다."[111] 영국의 시민 단체, 노르딕 모델나우는 범죄화되어 집에서 쫓겨나고 타국으로 추방되었던 머시, 메리, 에스더, 유니스 등의 증언이 담긴 앰네스티 보고서가 나왔지만, "노르딕 모델은 효과가 있고 앞으로 계속 유지되어야 한다"라는 입장만 단순히 반복했다.[112]

'섹스숍스라겐'이라는 브랜드는 개혁적인 사민주의의 이미지와 연결된다. 그 결과, 스웨덴의 제도를 참고해 매춘법을 시행하는 다른 나라들은 스웨덴과 똑같이 페미니즘의 좋은 이미지를 이용한다. 심지어 그런 매칭이 어울리지 않을 때도 말이다.

2014년 캐나다에서는 C-36 법안(공동체 및 착취 피해자 보호법 Protection of Communities and Exploited Persons Act, PCEPA)이 발의되었다. (성구매와 성매매 광고를 범죄화하되 매춘부에 대한 기존의 처벌은 대부분 유지한)[+] 그 법안은 반동적인 적대감부터 진보적인 호감에 이르기까

[+] 성노동자의 안전과 자유에 관한 인권을 침해한다는 이유로 캐나다 연방대법원이 매춘 관련 주요 3개 조항을 폐지하면서 캐나다는 현재의 영국과 유사한 기존의 제도

지 다양한 정치적 반응을 불러일으켰다. 보수당 하원의원인 조이 스미스Joy Smith는 법안 발의에 영감을 준 어느 어린 폭력 생존자를 "영혼을 가진, 살아 숨 쉬는 아름다운 사람"이라고 칭하며 깊은 연민을 보였다.[113] 보수당의 동료 의원인 도널드 플랫Donald Plett의 발언과 비교하면 정말 존경스러운 반응이다(물론 매춘부에게도 영혼이 있음을 상기하는 건 나쁜 게 아니다). 플랫은 "우린 매춘부의 삶을 안전하게 만들 생각이 없다. 우린 매춘을 없애고 싶다. 그것이 이 법안 발의의 의도다"라고 밝혔다.[114]

어떤 C-36 법안 지지자들은 매춘 문제를 소음, 교통체증, 주민 생활 방해, '비위생적 행동', 성노동자들이 학생들이 머무는 공간에 침입하는 것과 같은 '사회적 해악'의 하나로 취급한다.[115] '수요 근절'은 이런 방식으로 다양한 정치적 이데올로기를 포용할 수 있는 담론인 것처럼 선전된다. 이 연장선상에서 조이 스미스 또한 자신이 페미니스트임을 주장하며 다음과 같이 이야기했다.

를 해체했다. 연방대법원의 판사들의 판결에 영향을 미친 건 브리티시컬럼비아주 밴쿠버에서 일어난 연쇄살인 사건이었다. 그 사건의 피해자는 대부분 원주민이었는데, 그 이유는 기존의 형법 체계가 원주민들을 열악한 처지로 내몰아 폭력의 손쉬운 표적으로 만들었기 때문이다. 그러나 당시의 보수당 정권은 안전을 우선적으로 고려하는 대법원의 판결에 따르지 않고, C-36 법안에 여러 추가적인 처벌 조항을 삽입했다. 거기엔 "공공장소에서 성적 서비스를 판매할 목적으로 행하는 의사소통"을 처벌하는 내용이 포함되어 있어 성노동자 범죄화 기조가 여전히 유지되고 있다. *Canada (Attorney General) v Bedford* 2013 SCC 72, Supreme Court Judgment, scc-csc.lexum.com; A. Nanda, 'From Bedford to the MWCI, Chronicling the Legal Consequences of Pickton', *The Court*, 8 January 2014, thecourt.ca; The Canadian Press, 'Controversial prostitution law introduced on day of action on violence against women', *The Star*, 3 December 2014, thestar.com 참조.

"이 법안의 발의는 …… 역사적이고 진보적인 일이다. 매춘으로 인신매매된 여성들은 골칫거리 취급을 받는 대신, 캐나다 역사상 처음으로 존엄하게 대우받을 것이다."[116]

법안 발의 직후, 캐나다 오타와에서는 11명의 이주 성노동자들이 체포되고 추방되는 일이 벌어졌다.[117] 성구매가 우리에게 끼친 악영향을 언급하면서 피해자를 향한 폭력에 대처하는 데 가장 집중하겠다 말해왔던 페미니스트들이 그 선한 가면을 얼마나 자주 벗어왔는지를 살펴보면 실로 놀라울 지경이다. 그럴 때마다 우리는 성노동자를 '없애고 싶다'는 목표와 '사회적 해악'에 대한 불안이 이런 정책을 추동하고 있다는 현실을 재차 확인하게 된다. 그들이 보이는 정치적 이중성은 성매매 내 폭력의 현실을 알고 있는 사람들에게 더욱 극명하게 드러난다.

이런 법령이 남성의 성적 권리에 대해 징계적 효과를 발휘할 것이라는 주장도, 글쎄다. 이것이 오히려 성노동자들에게 해악을 끼친다는 증거들과 성산업 규모가 거의 혹은 아예 줄어들지 않았다는 증거들이 제시되면서, 노르딕 모델이라는 '브랜드 보호'에 매달리던 반성매매 페미니스트들은 정책 성공의 핵심 지표를 매춘에 대한 사회적 인식 변화를 삼는 쪽으로 그 방향을 선회했다. 성구매 금지법이 처음 시행되었을 때 대부분의 스웨덴인은 이를 지지하지 않았지만, 20여 년이 지난 지금 대부분의 스웨덴인이 이를 지지하고 있다. 이런 변화에 대해 벤야드는 다음과 같이 말했다. "사회적 인식 변화를 이끄는 것이 성구매 금지법의 핵심이다. 법령집에 존재하고 현실에서 시행되는 성구매 금지법은 사회적으로 넘어서는 안 될 선을 공동으로 그은 것이다."[118] 이 말인즉

슨, 지금의 스웨덴인들이 '섹스를 위해 여성을 사는 것'을 더 이상 용납할 수 없다고 생각하는 이유가 성구매 금지법이 더 새롭고 페미니즘적인 규범을 정립해왔기 때문이라는 것이다.

그러나 이러한 사실을 언급할 때마다 노르딕 모델 옹호자들이 빠뜨리는 내용이 있다. 성구매를 용납하지 못하는 스웨덴인들이 많아졌다고 보고한 그 조사가 담고 있는 또 다른 진실이다. 바로 성판매를 용납하지 못하는 스웨덴인들 역시 많아졌다는 점이다. 대다수의 스웨덴인, 특히 스웨덴 여성들은 매춘부가 벌금을 물거나 감옥에 갇히는 걸 보고 싶어 한다.[119] 벤야드 같은 사람들이 열광해 마지않는 '사회적으로 넘어서는 안 될 선'이 고객뿐만 아니라 매춘부를 처벌하는 데까지 확장되고 있는 모습을 과연 페미니즘적이라고 이야기할 수 있을까. 은퇴한 연구자인 로버트 풀린와이더Robert Fullinwider는 이에 대해 다음과 같이 말한다. "대부분의 사람이 매춘의 모든 면을 처벌해야 한다는 데 찬성하는 쪽으로 기우는 모습은 성구매 금지가 확실한 규범으로 자리잡았음을 의미한다. 하지만 …… 그건 페미니스트들이 위안을 삼을 만한 규범은 아닌 것 같다."[120]

가부장제, 경찰, 국가

성노동자 활동가들은 남성 페미니스트들이 스스로를 포장하기 위해 반성매매 레토릭을 활용한다는 점을 지적하곤 한다. 반성매매 정치는 그들의 남성스러움을 강화하고 그들이 '좋은 남성'으로 보이고 싶은 욕구를 충족시킨다. 겉으로 페미니즘 친화적으로 보이는 활동들은 실상 몇몇 우월주의적인 생각으로 유지된다. 어느 스웨덴 검사의 말처럼 말이다.

> 진정한 남자라면 돈이 아니라, 사랑, 상호 간의 즐거움, 출산, 일상의 시간을 위해 자신의 매력과 상호 동의를 통해 여자를 얻고, 섹스할 권리를 얻어야 한다. 매춘부에게 가는 건 부정한 짓이다. 수치스럽고 비열하며 도리를 벗어난 행위이다. 창녀를 찾는 건 패배자들이다.[121]

'진정한 남자'라면 섹스할 '권리'와 여자를 '얻어야 한다'는 말은 제쳐두더라도, '창녀'를 걸고넘어지는 이런 태도가 어떻게 스웨덴 정책 입안자들을 페미니스트라고 칭할 근거가 되는지 의문이다.

경찰의 역할을 떠받드는 건 자칭 '남성 페미니스트'가 우호적인 환경과 정치를 마련하는 데 상당한 도움이 된다. 경찰은 곤궁하고 학대받는 여성을 위해 정의를 구현하는 이미지를 구축해 영웅적인 남성성의 상징으로 우뚝 서고 싶어 한다. 경찰이 '영웅적인' 이미지를 지키려고 노력하는 동안, 남성 반성매매 활동가들은 '창녀를 찾는 건 패배자'라는 태도로 다른 [부정적인] 남성성과 거리를 두기 위해 이러한 정치를 얄팍하게 활용한다. 실제로 스웨덴에서 성구매 금지법을 발의한 어떤 정치인은 자국 남성들이 페미니스트 자격을 갖추었다고 언급하면서 그 법이 추진될 수 있었던 배경을 이렇게 설명했다. "스웨덴 남성들은 매춘에 대해 다른 나라의 남성들과는 다른 견해를 가지고 있다."[122] 저널리스트이자 환영받는 반성매매 활동가인 니콜라스 크리스토프Nicholas Kristof는 인디언 남성들이 돈을 주고 14세 아이와 성관계를 하는 문화적 관습이 있다고 주장하면서 원주인들의 난잡한 행태를 개탄하는 글을 《뉴욕타임스》에 기고하고, 섹스에 대한 다소 이상한 견해를 드러냈다.[123] 이럴 때마다 비난의 표적이 되는 건 개별 (흔히 인종화된) '나쁜 남성들'의 도덕성이다.

　남성들은 '수요 근절'을 위한 제도를 옹호함으로써 가부장제의 책임을 아주 극악무도한 일부 남성들에게 전가하고, 그들이 저지른 여성에 대한 폭력이나 대상화를 보며 우월감을 느낀다. 물론 그 위선은 반성매매 운동이 성노동자들에게 폭력을 가하고 그들을 대상화하는 행태와 무관하지 않다. 반성매매 페미니즘은 남성들도 성노동자에게 구덩이, 창녀, 구멍, 정액받이 같은 패설을 (페미니즘 분석이라는 이름으로) 던지는 데 참여할 수 있도록 허용한 장場이다.[124] 또한 남성들이 지난 수 세기 동안 그래왔듯, 자신을 페미니즘 친화적이라 여기는 남성들조차 매춘 여성들을 깔보고 멸시할 수 있도록 허용된 장이다. 한 경찰관이 어느 성노동자의 아파트에서 화장실 쓰레기통을 뒤져 피에 젖은 탐폰을 회수하고 (성노동자에게 "네가 처한 현실을 보여주기 위한 내 노력이야"라고 전하는 감동적인 헌사까지 담아) 회고록에 그 사진을 버젓이 게시해도, 여전히 페미니즘 활동가로 대우받을 수 있는 장이기도 하다.[125] 이에 대해 성노동자인 샬럿 셰인Charlotte Shane은 남성들이 칭찬과 풀리처상에 빠져 있을 동안, 반성매매 페미니즘은 폭력적이고 강압적인 섹스, 비참한 몸의 이미지에 끊임없이 천착하는 그들을 진

보적 인사로 포장하고 있다며 한탄했다.[126]

　반성매매 페미니스트들은 '포주와 고객'에 의한 학대와 착취에 예리한 칼날을 들이대곤 하지만, 경찰, 임대인, 이민 담당관들에 의해 벌어지는 학대는 모르는 척하거나 암묵적으로 지지하곤 한다. 노르딕 모델 브랜드를 홍보하고 있는 지역에서 자행되는 성노동자 체포, 금품 몰수, 잔혹한 추방에 대한 글을 찾는 게 어려운 건 이 때문이다. 찾아볼 수 있는 글이라곤 이런 것들뿐이다. 저널리스트인 조앤 스미스Joan Smith는 섹스숍스라겐을 취재하기 위해 2013년 스웨덴에 찾아가 여성들의 매춘 환경이 정말 더 위험해졌는지 경찰들을 탐문했다. 그녀는 "내가 취재한 모든 스웨덴 경찰관들은 이를 근거 없는 말이라고 부인했다"라며 자신 있게 보도했다.[127] 그녀의 기사는 어느 경찰관과 동석한 차량의 창문을 통해 성노동자들을 바라보는 장면으로 시작하고 끝을 맺는다. 경찰관을 어둠에 가린 후, 경찰차에 앉아 문자 그대로 경찰의 위치에서 경찰의 시선을 재현하며 시작되고 마무리되는 그녀의 기사만큼 감금 페미니즘의 관점을 압축해서 요약할 수 있는 자료는 없을 것이다. 분명한 건 스미스가 서 있는 곳은 그녀에게 멀리 떨어져 목소리조차 갖지 못한 여성들이 서 있는 자리가 아니라는 것이다.

　남성과 여성 간 권력 차이는 구조적 불평등의 양상 중 하나다. 성노동자와 경찰 간 권력 차이는 남녀 간 권력 차이와는 또 다른 구조적 불평등의 양상이다. 스웨덴의 페미니스트 평론가 구닐라 에크베리Gunilla Ekberg는 "매춘에 찬성하는 사람들은 남녀 간 권력 차이를 무시한다"라고 비판하지만, 감금 페미니스트들은 경찰과 매춘부 간 권력 차이를 무시하고 강화하는 데 매우 깊이 관여하고 있다.[128] 성구매에서 젠더화된 불평등이 나타난다는 그들의 진단은 정당하나, 그들은 성구매를 근절하기 위해 의도적으로 혹은 실수로 매춘부에게 해악을 가하는 국가 권력을 강화하는 일엔 무감하며, 그들의 그런 태도 자체가 가부장제의 역학과 깊이 관련되어 있다. 어쩌면 독자들은 이러한 문제가 페미니스트들을 난관에 빠뜨린다고 생각할지도 모르겠다. 가부장적 성산업에 저항하는 게 가부장적 국가를 강화하는 일이라면, 대체 우린 어떡해야 하느냐고 말이다. 그러나 성판매가 필요했던 사람들이 언젠가 필요한 자원을 가질 수 있게 된다면, 어떤 남자도 돈을 주고 섹스를 하지 않는 세상을 꿈꾸는 건 어려운 일이 아니다. 우리는 감금 국가의 가부장적 권력을 강화함으로써가 아니라, 여성들을 덜 가난하게 함으로써 페미니즘적인 세상으로 더 나아갈 수 있다.

머시, 메리, 티나, 유니스, 에스더 같은 사람들의 경험을 배제하는 기존의 행태를 내버려두는 건 국가 권력을 무시하거나 강화하는 일이다. 주류 페미니즘은 이런 여성들의 경험, 즉 직접적인 국가 폭력(벌금, 퇴거, 추방)과 국가가 그들을 보호하는 데 실패함으로써 겪게 된 간접적인 폭력의 경험에 매우 무관심한 태도를 보이고 있다. 그러나 기자들은 노르딕 모델이 '성판매 여성을 비범죄화한다'라고 보도하고, 운동 단체들은 스웨덴의 법률이 '매춘을 하는 모든 사람을 완전히 비범죄화한다'라는 주장을 되풀이하는 상황을 보면, 주류 페미니즘은 북유럽 국가에서 주로 흑인 이주 성노동자들이 범죄화되거나 추방되는 것을 고려하지 않는다는 결론을 내릴 수밖에 없다.[129]

앞서 국경에 관한 장에서 이야기했듯, 추방은 인권침해다. 어디서 태어났는지에 따라 어떤 사람들은 그들의 가족, 친구와 헤어져야 한다. 그러나 좌파들조차 추방의 부정의함에 대해 진지하게 논의하길 껄끄러워한다.[130] 반성매매 옹호자들은 스스로를 급진주의자라 칭하면서도 국경에 대한 분석을 거의 하지 않는다. 국경과 이주 체계가 영구불변해서 결코 사라지지 않을 것처럼 여기기 때문이다.

성노동자이자 페미니스트로서 우리는 기존의 국경과 사법 집행이 불가피하다거나 만고불변하다고 생각하지 않는다. 우리 역시 성노동자들이 피해를 입지 않고 국경, 자본주의, 성산업을 해체할 수 있는 래디컬 페미니즘을 지향한다. '성산업은 항상 존재할 것'이기 때문에, 혹은 '세상에서 가장 오래된 직업'이기 때문에 상업적 섹스가 사라진 미래를 꿈꾸는 게 헛된 노력이라고 일축하는 것은 매우 진부한 생각이다. 변화시키기 어렵다는 이유만으로 국경 폐지에 대한 노력을 일축하는 것 역시 비겁한 변명에 불과하다.

이 장에서는 '이상적인' 노르딕 모델, 그리고 실제로 존재하는 노르딕 모델을 모두 담으려고 노력했다. 실제 존재하는 노르딕 모델에서 성노동자들은 여러 피해를 입고 있으며, 노르딕 모델의 옹호자들은 이러한 해악을 인정하거나 고치려 하지 않고 성판매자들의 안전에 매우 무관심한 태도를 보인다. 설령 추방, 퇴거, 벌금 등의 문제가 개선된 '이상적인 노르딕 모델'이 시행된다고 한들, 여전히 성판매자들은 위험에 빠질 가능성이 높고, 가장 주변화된 사람들은 가장 심각한 피해를 입을 것이다. 성노동자의 가난에 무감한 정책은 성노동자를 불안정하게 만들 수밖에 없기 때문이다. 태국 성노동자 단체 임파워Empower가 지적했듯, 범죄화는 성노동자들에게서 무엇을 빼앗을지 고민한다. 하지만 우리가 정말 사회에서 가장 주변화된 사람들을 걱정한다면, 그들에게 무엇을 줄 수 있을지부터 고민하는 것은 어떨까.

REVOLTING
PROSTITUTES

7

특권층

독일, 네덜란드, 미국 네바다

규제주의: 의무적인 건강검진, 특정 장소 내에서의 고용,
매춘부 공식 등록 등의 다양한 행정적 요건을 충족할 수 없거나
충족하지 못하는 성노동자에 대한 범죄화를 유지하면서,
합법화된 성산업 부분에 대해선 엄격히 규제하는 법제화 모델.
합법화, 허가제, 프로스티튜시온스게세츠Prostitutionsgesetz(매춘
법)라고도 한다.

이 법은 성노동자를 보호하지 못한다. 이건 단지 통제를 위한
법이다.
　　　　　　　　　　　　　　　　　　　—독일의 어느 성노동자[1]

많은 사람은 '합법화'와 '비범죄화'라는 용어에 익숙하지만,
이 단어들이 명백히 다른 모델을 지칭한다는 건 잘 알지 못한다.

합법화 모델에서는 특정 상황 내 특정 성노동이 합법적이다.
이렇게 합법적으로 인정된 성노동은 국가에 의해 엄격히 규제되
지만, 성노동자의 복지를 우선시하는 방식과는 거리가 멀다. 성
노동 합법화의 이면에는 매춘부를 노동자가 아니라 질병을 초래
하는 변수, 또는 통제되어야 할 무질서의 상징으로 보는 경향이
있기 때문이다. 많은 경우, 합법화는 기존의 법률을 폐지하기보
다 형사처벌 조항을 삽입한 새로운 성노동 관련 법률을 시행하는
것을 의미한다.

이와 달리 다음 장에서 자세히 다루게 될 비범죄화는 성노동
이 합법화된 상황을 기본값으로 설정한다. 합법화 모델에서는 특
정 상황에서 특정한 성노동만이 합법적인 반면, 비범죄화 모델에
서는 매춘이 범죄가 아니라는 데에서부터 출발한다. 비범죄화 모
델에서 시행되는 규제는 성판매자의 복지에 주안점을 둔다. 비범
죄화 옹호론에서 매춘부를 노동자로 대우하는 분위기가 노동자
의 권리에 대한 관심으로 이어지기 때문이다.

정부가 성매매 업소에 허가를 내주고 거리 성노동 특구를 지
정하는 합법화 모델은 이에 회의적인 페미니스트들에게 가부장
제를 향한 레드카펫과 다름없다. 국가가 매춘을 공식화하는 건
사회적으로 어떤 메시지를 전달하는가? 합법적으로 인가된 성매

매는 남성의 성적 권리에 어떤 영향을 미치는가? 이곳에서 착취되는 여성들이 초과노동으로 인해 고통받고 있지는 않은가? 이런 질문들과 함께 반성매매 활동가들은 세계적인 '성매매 업소화 brothelisation'가 '성매매된 여성들'의 복지에 미치는 악영향을 강조하면서 오랫동안 모든 형태의 성노동 합법화에 반대해왔다.[2]

방글라데시, 오스트리아, 세네갈, 라트비아, 튀니지, 헝가리, 페루, 베네수엘라, 칠레, 호주의 일부 주, 미국 네바다주의 일부 지역을 포함한 다양한 곳에서 성산업은 합법화되어 있지만, 페미니스트들은 "무법천지" "관대한" "열린 집" "자유주의적" 같은 표현을 쓰면서 주로 독일이나 네덜란드 등의 유럽형 규제 모델에 집중하는 모습을 보인다.[3]

자유주의자들은 매춘이 자연발생적이고, 영속적이며, 불가피하다고 생각한다. 고로 더러운 직업이지만 누군가는 꼭 해야 할 직업이라는 게 규제주의를 지지하는 근거다. 이런 생각은 역사적으로 뿌리가 깊다. 기독교 신학자들은 상업적 섹스가 성적 충동의 배출구이므로 이를 가로막으면 더 큰 죄를 짓게 될 것이라고 주장해왔다.[4] 가부장제는 다수의 성적 파트너를 둔 남성들을 칭송하지만, 이들과 똑같이 행동한 여성들은 모욕하고 비난하는 이중 잣대를 내세우곤 한다. 대다수 여성이 '존경받을 수 있는' 위치에 머물면서도 남성들이 난잡하게 행동할 수 있으려면, 산술적으로 소수의 여성이 성적으로 매우 적극적인 모습을 보이는 수밖에 없다. 1897년 남아프리카공화국 요하네스버그 신문에 실린 어느 사설의 문구는 이를 아주 극명하게 드러낸다. "몽드monde의 미덕은 데미몽드demi-monde⁺에 의해 보장된다."[5] 가부장제의 성적 규범은 개별 고객의 이익을 위해서든, 전 사회적 이익을 위해서든, 성노동을 경제적으로 활용할 수 있는 수단으로 간주할 뿐만 아니라, 어떤 면에선 필요한 것으로 인정한다는 점을 확인할 수 있는 대목이다.

이러한 흐름 속에서 자본주의적 관점으로 성노동의 효용을 인정하는 사람들도 있다. 이들의 논리에 의하면, 성산업은 대마초 시장처럼 부유한 어른들의 엄격한 지도가 필요한 미개척지로서 기업적 전망이 뛰어난 분야다. 올바른 사람들의 지도에 따라 운영된다면, 성산업은 부자를 더욱 부유하게 만들고 그들의 비전에 동조하는 성노동자를 전문가로서 합법적으로 가시화해 관광, 세금, 규제로부터 혜택을 받는 모든 사람에게 이익이 될 수 있다는 논리다. 이들은 관리자가 성노동자처럼 범죄화되어 있다는 핑계로 성노동자의 권리와 관리자의 권리를 교환 가능한 것으로 보기도 한다.[++]

분노에 찬 성노동자 페미니스트들은 우리[저자들]가 이런 가치관을 지향한다고 몰아붙이곤 한다. 성노동 '비범죄화'를 분명

[+]　역주. 몽드는 상류층이나 사교계 사람들, 데미몽드는 비주류층이나 상류층에서 멀어진 사람들을 통칭하는 용어이지만, 데미몽드는 19세기 말에 주로 경솔한 행동이나 성적 문란으로 인해 존경받는 사회적 지위를 상실한 여성 계급, 성노동자 등을 지칭했다.

[++]　관리자가 성노동자와 함께 단체를 조직할 수 있도록 허용한 국제성노동자연맹(IUSW)의 망신스러운 결정에 대한 반성매매 페미니스트들의 비판을 공유한다. 관리자도 성노동자처럼 범죄화되어 있다는 이유로 내려진 이 결정은 국가 권력만을 협소하게 겨냥하는 정치 안에서만 타당할 뿐이다. 이는 (어떤 산업에서든) 관리자가 노동자보다 더 큰 권력을 가지고 있고, 그 권력을 이용해 노동자를 착취할 수 있다는 사실을 무시한다. 노조화의 근본적인 목적은 권력 균형의 추를 노동자에게 되돌리는 것인데, 만약 관리자가 노동자와 함께 단체를 조직할 수 있다면 그 목적은 달성되기 어려울 것이다.

히 밝히고 있음에도 불구하고, 우리의 요구는 성노동 '합법화'를 의미하는 것으로 오인되어, 남성 섹슈얼리티가 침해받지 않을 권리를 최우선으로 보호하는 자유주의자, 자본가, 남권 활동가라고 욕을 먹는다. 성노동 비범죄화가 마치 성노동 합법화인 양 묘사되고, 양자가 동일한 의미로만 인식되는 상황에서 금지주의 옹호자들은 두 정책 중 하나의 실패를 두 정책 모두의 실패로 싸잡아 비난하곤 한다.

'상냥한 섹스 놀이공원benign sex fun-fair'이라는 평판과는 달리, 매춘에 대한 규제주의적 합법화 모델은 성노동자에게 그리 우호적이지 않다. 국가별로 완전히 다른 방식으로 나타나는 규제주의 모델은 매춘에서 가장 유해하다고 여겨지는 부분을 형법을 통해 선택적으로 제거하고자 부단히 노력한다. 이러한 방식은 (이제는 독자들도 친숙해질) 일련의 문화적 불안감, 즉 가시화된 퀴어나 병든 몸에 대한 두려움, 이주민에 대한 두려움, 성애화된 사회적 오염에 대한 두려움, 직업적으로 조직화되어 사회 내에서 자유롭게 활동하고 경제권을 거머쥘 무질서하고 통제되지 않은 여성들에 대한 두려움 등을 여실히 드러낸다.

특권층

역설적으로 성노동 합법화 모델은 모든 성노동을 합법화하지 않는다. 일부만 합법이고 나머지 대부분은 위법인, 이중적 체계를 구축한다. 예를 들어, 미국 네바다주에서는 17곳의 카운티

중 단 10곳만이 허가제 성매매 업소를 허용하고 있으며, 네바다 내 가장 큰 도시인 라스베이거스를 포함한 다른 모든 지역에서는 성매매 업소와 섹스 클럽 내의 성판매를 법적으로 금지한다. 네덜란드에서는 지자체에서 허가한 성매매 업소, 섹스 클럽, 성매매 집결지, 팁펠조네tippelzone(거리 성노동 구역), 섹스 영화관, 안마방 등에서 합법적으로 성판매가 가능하지만, 다른 곳에서의 성판매는 여전히 불법이다.

지자체로부터 허가된 곳의 40퍼센트 이상이 네덜란드의 성노동 합법화 이후 허가증을 받지 못했고, 성노동자들의 합법적 일터는 줄어들었다.[6] 2017년 독일에서는 매춘부보호법Prostitutes Protection Act을 통해 모든 성노동자들이 성노동자 신분증을 등록·발급받도록 규정했다. 신분증을 받으려면, 임신 테스트, 성매개감염병 검사, 약물 검사, 의무 상담 등의 요건을 갖추어야 한다.[7]

미국 네바다주, 네덜란드, 독일은 성산업을 어떻게 운영해야 하는지에 관한 규칙을 부과하는 전형적인 지역이다. 이를 준수하기 어려운 가장 열악한 처지의 성노동자들은 위법하게 일해야 하며, 취약하고 범죄화된 '최하층 계급'에 머물러야 한다.

가령 터키의 트랜스 여성들은 국영 성매매 업소에서 일하는 것이 금지되어 있다.[8] 독일의 많은 성노동자들은 아주 작게 설계된 '매춘 구역'에서 멀리 떨어져 살기 때문에 그 매춘 구역 밖에서 불법적으로 노동해야 한다.[9] 호주에서는 정부의 공식 매춘부 명부에 이름을 올렸을 때 자신의 개인정보가 노출되는 위험을 감수할 수 없는 수많은 성노동자들이 불법적으로 일을 한다.[10] 미국 네바다주에서는 (주로 가게 물건을 훔치는 등의 생존형 범죄를 저지른) 전과가 있으면 성매매 업소에서 합법적으로 일할 수 없다.[11] 빈곤선 가까이에 있는 네덜란드 성노동자들 또한 교대근무 시간별 약 80~160유로에 달하는 성매매 집결지의 임대료(선불)를 지불할 방법이 없어 범죄화된다.[12] 소위 '클랑데스틴les clandestine'+으로 알려진 세네갈의 HIV 감염인 성노동자들은 경찰에 건강 진단서를 제출할 수 없어 사실상 합법적으로 일할 수 없다.[13] 그리스에서는 기혼 여성이 국가 규제의 성매매 업소에서 일하는 게 금지되어 있다.[14] 미등록 이주민들은 성노동을 합법화한 그 어떤 지역에서도 일할 수 없다.

이들에게 '합법화'라는 말은 무의미하다. 국가가 만든 특권층 안에 그들은 포함되어 있지 않다. 이들 앞에 놓인 굳건한 장벽 때문에 이들 중 대다수는 합법적 지위를 얻을 수 없으며, 불법적이고 규제되지 않은 성산업 규모는 대다수의 지역에서 합법적인 성산업 규모를 훨씬 능가한다.

독일의 어느 이주 트랜스 거리 성노동자는 2017년 매춘부보호법 시행에 대해 다음과 같이 말했다. "나는 건강보험도 없고 잘 곳도 없다. 이제 [매춘부] 등록을 해야 하나? 등록할 수는 있는 건가?"[15] 오스트리아의 이주 성노동자인 디Dee는 이렇게 평했다.

여기서 난 아무런 힘이 없다. 나는 급여 명세서를 뗄 수 없다. 신용카드나 대출을 받을 수도 없고, 차를 렌트할 수도 없다. 세금을 내고 사회보장연금도 내지만 생활보조금을 받진 못한다.

+ 역주. 밀항자나 불법 노동자를 일컫는 말.

난 아무것도 가진 게 없다. 실업급여도 못 받고 …… 내 이름으로 할 수 있는 게 아무것도 없다.[16]

네덜란드의 성노동자 인권 단체인 붉은 실De Rode Draad은 이런 상황을 기존의 하도흐벨라이트gedoogbeleid(관용 정책) 시스템에 견주어 다음과 같이 설명했다. "이전에는 이주 여성의 노동이 다른 성노동자의 노동과 같은 방식으로 허용되었다. 하지만 이제는 한 여성 집단의 노동을 합법화하고 나니, 다른 여성 집단의 노동이 불법화되었다."[17]

이러한 이중 체계는 합법화 또는 규제주의라고 부르는 법제화의 보편적 특징(한계)이며, 엉뚱한 수익자들에게 힘을 실어주곤 한다. 실제로 합법화 모델에서 관리자를 위해 일하는 건 합법인 반면, 홀로 또는 동료와 함께 독립적으로 일하는 건 완전히 또는 부분적으로 불법이다. 그 결과, 합법화 모델은 성노동자가 관리자를 위해 일하게 만들고, 성노동자보다 관리자에게 더 많은 권한을 부여한다. 전직 성매매 업소 노동자인 마리코Mariko가 밝혔듯, "합법적으로 운영되는 성매매 업소들은 법적 지위를 이용해 돈을 벌기 위해선 자신들이 필요하다고 성노동자를 유혹한다".[18] 만약 관리인을 위해 계속 일하거나 체포를 감수하고 독립해서 일하는 두 가지 선택지밖에 없다면, 아마 당신은 수준 미달의 혹은 아주 폭력적인 노동조건을 받아들일 수밖에 없을 것이다. 전직 성매매 업소 노동자인 에이미 워커Amy Walker는 호주 멜버른의 성매매 업소에서 일했던 경험을 떠올리며 다음과 같이 말했다. "성매매 업소의 업주들에게 가장 이익이 되는 건 여성들이 불안정해지고 불편해지고 그들끼리 더 치열하게 경쟁하게 되는 것이다."[19]

몇몇 성노동자들은 미국 네바다주의 성매매 업소 관리자들이 사업의 위험 요인을 '해소'하기 위해 근처에서 독립적으로 일하는 성노동자들을 체포해가도록 경찰에 밀고해왔음을 폭로한 바 있다.[20]

합법화 모델은 성노동자들이 가진 취약성을 더욱 심화시킨다. 예를 들어, 독일에서는 매춘부보호법 도입 이후, 어려움을 겪고 있는 성노동자들에게 가짜 주소와 우편 발송지를 만들어주고, 독일어로 된 지원서 양식을 작성하는 서비스를 제공하는 기생 산업이 곧바로 생겨나기 시작했다. 이는 당연히 권리에 제한이 있거나 빈곤하기에 착취의 대상이 되기 쉬운 성노동자들을 약탈자가 더 쉽게 식별할 수 있도록 만든다.[21] 독일의 어느 이주민 거리 성노동자는 다음과 같이 말했다.

> 남자친구가 나를 위해 행정적 절차를 대신해주고 있다. 그에게 너무 의존하고 싶지 않아서 나는 그가 하는 걸 이해하려 애쓰고 있지만, 아직 성공하지 못했다. 매춘부보호법에 의해 등록 절차가 더 복잡해져 이걸 이해하는 게 훨씬 더 어려워졌는데, 아마 포주 밑에서 일하는 동료들은 포주에게 더욱 의존하게 될 것이다.[22]

합법화 모델하에서 불법적으로 일해야 하는 사람들은 처벌로 인한 여러 피해에 시달려야 한다. 그들의 이익과 경찰의 이익은 여전히 반대편에 있다.[23] 독일 경찰은 이제 매춘이 이루어지는 어떤 장소에도 언제든지 들어갈 수 있는 권한을 가지게 되었다.[24] 여느 범죄화 제도에서처럼 경찰이 성노동을 실질적으로 규제하는 역할을 맡게 되면, 스스로 부패하기 쉬운 토대가 만들어질 뿐만 아니라 규제를 위반한 사람들(주로 폭력에 노출될 위험이 가장 큰 취약한 거리 성노동자들)이 필요할 때 경찰을 부르지 못하게 된다. 많은 사람이 일터에서 강간이나 폭행을 당해도 신고하지 못하는 건, 허가되지 않은 노동을 했다는 이유로 경찰에게 기소나 처벌을 당할 수 있는 우발적 표적이 될 가능성이 높기 때문이다. 실제로 연쇄강간범이자 살인범인 에이드리언 베일리Adrian Bayley의 재판에서 확인할 수 있듯이, (성노동을 규제하는) 호주 빅토리아 내에서 베일리에 의한 강간 피해자 중 성노동자는 최소 10명이었으나, 이들은 경찰에 대한 불신과 두려움 때문에 증거 제출을 거부했다.[25]

규제주의는 합법적으로 일할 수 있는 성노동자를 엄격한 부모 밑에서 나가 놀지 못하는 비행 청소년처럼 통제한다. 이는 성노동자를 성매매 업소의 벽에 가두기 위한 조치로 이어진다. 1970년대에서 1980년대까지 호주 서부 지역의 합법화 제도하에서 성노동자들은 다음과 같이 살아야 했다.

반경 500킬로미터 이내에 친척을 둘 수 없고, 형제들의 집에 방문할 수 없었으며, 지역 사람들과 안정적인 관계를 맺는 것이 허락되지 않았고, 마을의 특정 지역 안에서만 생활할 수 있었다. ⋯⋯ 수영장 출입도 제한되었다. 그 여성들은 ⋯⋯ 성매매 업소에서만 살아야 했다.[26]

오늘날 미국 네바다주에서 합법적으로 일하는 성노동자들은 일반적으로 허가된 기간 중 통행금지령을 지켜야 하며, 반드시 정해진 구역 내에서만 생활해야 한다. 네바다주에서 업주들의 로비스트로 활동하는 조지 플린트George Flint는 "여자애들은 항상 허가 구역을 벗어나 시내에 손톱을 관리하러 나간다"라고 말하면서 이렇게 덧붙였다. "그러나 나는 여자애들을 구역 안에만 가두는 정책을 열렬히 지지한다. 업소에서 통제할 수 있는 수단이 없어지면, 걔들은 안전장치(콘돔 등) 없이 나가서 일할 것이다."27 24시간 이상 정해진 구역을 벗어난 성노동자들은 성매개감염병 검사를 받기 위해 돈을 지불해야 한다. 섹스로 인한 감염 증상은 2주 이내에 나타나지 않는다는 점을 감안하면 이와 같은 조치는 쓸모없는 예방책에 불과하다. 이는 시설에서 제공하는 '안전'으로부터 너무 오래 벗어나는 것을 방지하기 위해 고안된 재정적·사회적 억제책이다. 유럽의 합법화된 거리의 성노동자들은 특정 구역 내 작은 공간이나 보호소 등에서 나오지 않는 한에서만 합법적으로 일할 수 있다.

성노동자는 어딘가에 갇히는 것은 물론, 눈에 띄지 않는 변두리로 쫓겨나고 내몰리곤 한다. 성노동 허용 장소를 한정하는 구역은 대개 지역사회에서 멀리 떨어진 산업단지 부근에 지정되기 때문에 여성들을 고립시키고 폭력 가해자들의 표적으로 만든다. 미국 네바다주의 어느 지역 조례는 성판매 여성이 합법화된 성매매 업소에서 퇴직할 경우, "곧장 가능한 교통수단을 이용해 지역을 떠나야 한다"라고 규정한다. 라스베이거스 성노동자 아웃리치 프로젝트Las Vegas Sex Workers' Outreach Project의 책임자인 수전 로

페즈Susan Lopez는 이에 대해 "대중을 감염시키지 않으려고 '더러운 창녀들'을 그저 도시 밖으로 내쫓고 싶어하는 것 같다"라고 비판했다.[28]

'병을 옮기는' 매춘부의 신체 이미지는 성노동 규제에 관한 모든 담론에 등장하며, 그 담론은 공중보건 이슈와 함께 묶여 규제로 인한 해악을 더욱 확인하기 어렵게 만든다. '전 국민의 건강을 위해서'라는 단서가 붙으면, 국가가 국민의 신체를 아무리 억압적으로 통제하더라도 사람들은 이를 합리적인 것으로 받아들이기 때문이다. 왜 성노동자의 의무적인 건강검진 결과 제출을 재고해야 할까? 이런 제도로 고통받는 사람은 과연 누구일까?

아무리 선의로 행하는 국가의 감시일지라도, 그 감시가 수반하는 폭력은 (의무적으로 규정된 게 무엇이든) 자동적으로 발생하기 마련이다. 이러한 사실을 간과하는 것이야말로 공중보건에 대단히 위험하다. 만일 어떤 성노동자가 전염병에 걸린 게 적발되어 처벌받게 된다면, 성노동자들은 앞으로 질병 검사를 피하려 할 것이다. 마찬가지로, 콘돔 없이 섹스하는 대신 돈을 더 주겠다는 설득에 쉽게 넘어갈 만큼 가난한 사람들은 처벌을 피하기 위해 건강검진을 받지 않을 가능성이 높다.[29]

세네갈에서는 경찰이 등록된 성노동자들을 빈번히 갈취하고 성폭력을 저지르는 탓에 극소수의 사람만 성노동자 등록을 선택한다.[30] 다수의 국가는 건강검진 결과를 사법 당국이 이용할 수 있도록 허용한다. 이는 HIV 감염 노동자들이 HIV 감염 사실 비공개자 처벌법에 의해 적발 시 기소될 위험을 감수해야 한다는 걸 의미한다. 다시 말하건대, 이러한 조치는 자신이 HIV에 감염

되었을 수도 있다고 생각하는 성노동자들이 건강검진을 회피하는 큰 이유가 된다.

성노동자들은 접근성 높은 건강 관리 서비스를 무상으로 지원해왔다. 남아프리카공화국 케이프타운에서부터 스코틀랜드 글래스고까지 전 세계의 성노동자들은 더 나은 건강 관리 서비스를 위한 운동을 벌여왔고, 심지어 아주 적은 예산으로도 이를 위한 공간을 마련해왔다.+ 반면 국가의 건강검진 의무화 정책은 명백한 인권침해다. 의료 프라이버시와 의료 자율권은 모든 사람에게 보장되어야 하며, 의무적인 건강검진은 이러한 핵심적 인권을 침해한다. 결국 이러한 정책은 '공중보건'이 성노동자의 신체적 자율권 및 프라이버시 보호권을 전혀 신경 쓰지 않는다는 것을 보여주고 있으며, 전염병에 걸린 성노동자가 먹고살기 위해 능숙한 회피 전략을 사용하도록 조장한다.

2008년, 호주의 한 남성 성노동자는 HIV에 감염된 채 일했다는 이유로 유죄를 선고받고 언론에 아웃팅되어 비난을 받았다(그가 안전하지 않게 일했다거나 다른 사람을 감염시켰다는 증거는 없었다). 언론에서 난리가 나자 그 후 2주간 그 지역에서 건강검진을 받은 성노동자 수는 평균 30명에서 2명 미만으로 감소했다.[31] HIV 감염인으로 판정되어 언론의 표적이 될 위험을 감수할 사람은 아무도 없기 때문이다. '공중보건'을 내세운 개입이 성노동자

+ 예를 들어, 스코틀랜드 글래스고 성노동자들이 운영하는 자선 단체인 엄브렐라레인(Umbrella Lane)은 안전한 섹스 기구를 무료로 제공하고 있으며, 보건직 종사자들에게 성노동자를 낙인찍지 않고 조언하는 법, 성노동자 대상 의료 서비스 등을 가르치고 있다. umbrellalane.co.uk 참조.

들을 건강 관리에서 더 멀어지게 하는 역효과를 가져온 것이다.

성건강 확인서 발급이 감염 없는 성노동자에게 잘못된 안전 의식을 조장하기도 한다. 모든 감염이 건강검진을 통해 즉시 나타나는 것은 아니며, 어떤 건강검진 결과도 불과 몇 주 전의 몸 상태만을 진단할 수 있을 뿐이다.[32] 이처럼 징벌적인 건강검진 정책은 공공의 예산을 소모해 실제로 효과 있는 공중보건 정책에 사용될 수도 있는 막대한 자원을 낭비해버린다. 한 공중보건 전문가는 2006년, 미신에 가까운 이런 정책들을 자랑하며 다음과 같이 말했다. "우리는 엄청나게 자주 이들이 검진을 받도록 한다. 과잉 검진처럼 보일 정도로."[33]

누가 이득을 보는가?

우리와 일부 페미니스트들은 규제주의에 단호히 반대한다. 이런 법적 체계가 성노동자에게 이득이 되도록 고안되지 않았다는 건 의심의 여지가 없다. 반대로 이는 비매춘부 남성, 특히 매춘을 관리하거나 조장하는 사람들의 주머니를 채운다. 성노동자 커뮤니티 사이트인 티츠앤새스의 표현대로 "성노동 합법화는 남성에게 봉사한다."[34] 연구자인 헨드릭 바헤나르Hendrik Wagenaar와 시츠케 알팅크Sietske Altink에 의하면, 네덜란드의 많은 도시에서는 합법화 모델 시행 시점의 성매매 업소 수를 유지하는 '상한선'을 정해놓고, 이를 통해 힘 있고 무자비한 업주들이 독점적으로 시장을 통제하는 길을 열었다.[35] 부유한 자본가들이 노동자들의 노동조건을 나쁘게 만드는 게 편해질수록 노동자들은 일터에서 더 큰 고통에 시달려야 한다. 이런 점에서 합법화된 성산업은 점점 더 불안정한 상황에 놓이고 있는 노동자들에게 권리는 주지 않고 엄한 규제만을 가하는 '혁신적disruptive'+ 스타트업 기업 우버Uber의 모습과 별반 다르지 않다.

많은 페미니스트들이 규제주의를 '인신매매 급증'이라는 왜곡되고 인종화된 공포와 연결시키고는 있지만, 이러한 분석에서 현실의 복잡함은 언제나 빠져 있다. [일부만 합법, 나머지 대부분은 위법인] 이중 체계는 그저 국경을 넘어와 빈곤과 불법 노동 중 하나를 택해야 하는 수많은 이주민을 착취의 함정에 빠뜨리는 일의 반복일 뿐이다. 합법화된 일터는 본질적으로 이주민 노동자에게 취약하며, 이주민이라는 지위 때문에 다른 직장에서 퇴짜를 맞게 될 경우, 그들은 불법적인 시장에 들어가 제3자에게 착취되기 쉬운 위치에 서게 된다.

제3자, 포주, 고객들만으로 성산업의 모든 해악을 설명할 수는 없다. 국가의 역할을 고찰하지 않고 합법화의 실패를 분석하는 건 불완전하다. 합법화 제도하에서, 경찰과 형사사법 제도는 여전히 세계 여러 곳에서 자행되는 벌금과 현금 압수를 통해 매춘으로부터 돈을 벌어들인다.

매춘을 규제하면 국가는 일석이조의 이득을 얻는다. 한쪽에

+ 역주. 기업 및 기술 분야에서 'disruptive'는 주로 '혁신적', '획기적'이라는 의미로 쓰이지만, 맥락에 따라 기존의 상황과 방식에 '차질 또는 분열을 일으키는', '지장을 주는', '와해하는' 등의 부정적인 의미를 내포한다. 저자들은 이를 중의적으로 사용한 것으로 보인다.

서는 허가되지 않은 성노동자를 처벌해 그들의 돈을 빼앗고, 다른 한쪽에선 허가받은 성매매 업소의 사업 세금과 관광 수입부터 사내들의 환상적인 휴양지라는 명성까지, 합법적인 성산업에서 발생하는 온갖 경제적 이득을 취할 수 있다.[36]

우리는 성구매자를 섹스에 대한 욕구(심지어 권리)가 있는 사람으로 무비판적으로 설정해놓고, '성노동자의 권리'와 '소비자의 권리'가 충돌하는 문제를 고민하는 모습을 종종 목격한다. 이때 규제주의는 건강 관리를 성노동자의 몫으로 맡기기보다 성노동자의 몸을 고객의 이익을 위해 규제해야 한다고 설득한다.

그러나 고객에게 부여된 것과 똑같은 신뢰를 성노동자에게도 주어야 한다는 시각은 '몸을 파는' 자해 행위로 성노동을 보는 시각과 절대로 공존할 수 없다. 이런 세계관에서 성노동자는 그들이 원하든 원하지 않든 의료적 개입이 불가피한 일탈적인 몸으로만 재현된다.

권력 다툼

독일의 작가이자 반성매매 페미니스트인 알리스 슈바르처는 2013년 베를린에서 열린 패널 토론회에서 "모든 매춘은 사악하다"라고 발언했다. 50명의 성노동자들은 토론 주제와 관련해 자신이 직접 겪은 경험에 더욱 관심을 가져주길 바라면서 배너와 빨간 우산을 펼치고 행사를 방해했다. 그들의 전단에는 "성노동자 권리 강화와 성노동자의 생활 및 노동조건 개선 촉구"라고 적혀 있었다. 슈바르처는 마이크에 대고 그들을 향해 이렇게 말했다. "그 작은 우산 접으시고, 나중에 차례가 오면 말씀하세요. 지금은 일단 우리가 발언하겠습니다."[37]

아이러니한 이름을 가진 독일의 매춘부보호법은 2016년에 그 법이 시행되기 전부터 성노동자 단체들의 격렬한 저항에 부딪혔다. 물론 그 이후로도 성노동자들은 인권에 근거해 매춘부보호법 폐지를 거듭 요구해왔다. 독일의 성노동자 단체인 히드라협회 Hydra e.V.도 다음과 같이 반대 의견을 표명했다. "우리는 정치적으로 그 법에 반대한다. …… (그 법은) 성노동자들의 생활 및 노동조건을 극단적으로 변하게 만들 것이다."[38]

독일 성산업에 대한 언론 보도는 공포에 가득 차 있다. 특히 '유럽 성매매 집결지'의 '정액제 업소'에 관한 언론 보도를 보면, 독일식 상업적 섹스의 반복이 성노동자의 경험을 어떻게 변화시키는지에 관심을 갖기보다 대중의 혐오감을 부추기는 데 더 열심인 것처럼 보인다.[39] 고객이 입장료를 일시불로 내고 여러 명의 성노동자를 만날 수 있는 일부 정액제 성매매 업소들은 성노동자에게 고객이 지불한 돈에서 수수료를 떼어주기보다 정해진 시급을 지불한다. 상황에 따라 달라질 수 있겠지만, 이러한 방식은 다른 형태의 성노동에 비해 비교적 안정된 수입을 얻을 수 있다.[40]

네덜란드의 성노동자들도 이와 비슷한 어려움에 처해 있다. 2015년 암스테르담 시장은 매춘 근절을 위해 상당한 노력을 기울였다. 그녀는 100곳에 가까운 사업장을 폐쇄하고 성노동자들의 정신건강 자료를 수집해 사생활을 침해하는 계획을 세웠다.* 홍등이 꺼진 18곳(나중엔 거의 80곳으로 늘어남)에서 정리해고된 성노동자들은 노동절에 시의회를 고소했다. 그들은 이 사건을 알리기 위해 폐쇄된 사업장 한 곳을 하루 동안 점거해 시위를 벌였고, 그해 말에는 200여 명이 거리를 행진하며 정책을 논의할 때 성노동자들에게 더 많은 권한을 줄 것을 요구했다.[41]

어떤 의미에선 영국의 스트립클럽 산업도 위와 비슷한 방식으로 합법화되어 있다. 스트립클럽 허가를 받는 건 지방의회에 의해 엄격히 규제되고 있으며, 허가를 받기 위한 비용 역시 매우 높다. 스트립클럽의 존재가 비非스트리퍼 여성들에게 상징하는 바가 무엇인지에 더 관심을 두는 반성매매 페미니스트들이 2010년대에 허가 기준이 완화된 데 반대하면서 이러한 현상은 더 크게 확산되었다. 요즈음 영국의 스트립클럽은 허가를 받기 위해 매년 약 3만 파운드를 지불해야 한다. 스트립클럽은 허가를 받는 데 지출된 비용을 회수하기 위해 '집세'와 즉석 벌금을 걷는 방안을 활용하기 시작했으며, 이로 인해 클럽 직원의 수는 많아지고 댄서들은 더 적은 손님과 수입을 나눌 수밖에 없게 되었다.[42] 페미니스트들과 지역 주민들의 항의가 잇따르자 지방의회는 "여성에 대한 대상화를 연간 676시간 줄이겠다"라고 공언하면서 2014

✢   암스테르담 시장은 네덜란드 법무장관에게 다음과 같은 서한을 보낸 바 있다. "성노동자의 자립 정도를 확인하기 위해선 그들의 신체건강과 정신건강에 대해 이해해야 합니다. 잠재적 위험을 조기에 발견하기 위해서입니다. 이를 이해하려면, 성노동자의 개인정보를 수집해야 합니다." E.E. van der Laan, Mayor of Amsterdam, 'Letter to the Minister of Security and Justice I.W. Opstelten', 23 February 2015. 다음에서 네덜란드어와 영어로 확인할 수 있다. researchprojectkorea.files.wordpress.com; F. Anna, 'Mayor Amsterdam wants to violate privacy rights sexworkers', Behind the Red Light District, 31 March 2015, behindtheredlightdistrict.blogspot.com.

년 런던의 어느 스트립클럽의 영업시간을 단축해버렸다.[43] 1년 동안 676시간분의 소득 감소가 클럽 직원들에게 어떻게 느껴질지에 관심을 두는 사람은 거의 없었으며, 물론 그중에는 항의에 참여했던 페미니스트와 지역 주민들은 없었다.

성노동자들은 주류 페미니스트들이 일터 내 권력관계와 성노동자의 생계를 위한 욕구를 무시한 채 반복적으로 개입하고 논평하는 것을 지켜봐왔다. 주류 페미니즘의 관점에서는 강제 건강검진은 그리 걱정할 일이 아니며, 성노동자의 실명이 잠재적 약탈자들에게 노출될 수 있도록 신분증을 소지하게 만드는 것 또한 문제가 없다. 알리스 슈바르처는 자신을 '폐지론자'로 정체화하고 있음에도 불구하고 강제적인 건강검진과 매춘부 등록을 지지하는 반면, 유명한 페미니스트인 줄리 빈델은 합법화 모델인 규제주의를 비판하면서도 매춘부 등록이 규제주의의 결함을 보완하는 특징 중 하나라고 주장한다.[44]

많은 반성매매 페미니스트들은 무비판적으로 국가의 간섭이 여성에게 해롭지 않다거나 심지어 여성을 보호하는 방편이라고 생각한다. 작가인 캣 벤야드는 그녀에게 이야기를 해준 한 여성의 말에 수긍하며 다음과 같이 인용했다.

> 만약 그게 합법적인 일이 아니었더라면, 나는 그것[성노동]을 하지도 않았을 것이다. …… 나이 든 여성을 상대로 강도를 저지르거나 가게에서 물건을 훔치지 않는 것처럼. 그렇게 쉽고 합법적인 일이 아니었더라면, 나는 그런 결정을 내리지 않았을 것이다. 나는 그것이 합법화되지 않기를, 그리고 아버지(독

일에서는 국가를 아버지라 부른다)가 선한 법으로 나를 보호해주기를 바랐다.[45]

나이 든 여성에게 강도를 저지르는 사람과 매춘부를 똑같은 방식으로 범죄화해야 한다는 생각(페미니스트들의 글에서 쉽게 찾아볼 수 있는 이상한 생각)은 제쳐두더라도, 여성들이 자신에게 '나쁜 결정'이라고 인식하는 것들로부터 '아버지 국가'에게 보호를 요청한다는 생각은 가부장제에 대한 노골적인 호소와 다를 바 없다. 가부장제는 문자 그대로 '아버지에 의한 통치', '아버지 국가'라는 뜻이기 때문이다.

이러한 정치는 믿을 수 없을 정도로 절망적이고, 성노동자에게 해로우며, 이것이 어떻게 현실에서 나타나고 있는지 확인하는 것은 그리 어렵지 않다. 규제론은 여성의 매춘으로 이익을 얻는 남성들이 합법화되고, 성산업과 여성의 신체가 톱니바퀴처럼 멈추지 않고 돌아가는, 마치 하이퍼-자본주의의 성적 디스토피아로 향하는 악몽인 것처럼 재현된다.

하지만 우리는 합법화 모델이 무작정 나쁘다고 이야기하는 것에 동의하지 않는다. 사실 우리가 원하는 것은 빈델, 벤야드, 슈바르처 같은 사람들의 주장이 왜 나쁜지, 얼마나 나쁜지, 그리고 그 대안은 무엇인지 더 활발한 논의를 우리 사회로 이끌어내는 것이다. 따르지 않으면 처벌하겠다고 위협하면서 성노동자를 규제하고 통제하는 행위는 가장 빈곤하고 취약한 처지의 사람들을 어둠 속에 내버려두는 행위와 마찬가지다. 이런 성노동자들에게 합법화는 곧 범죄화다. 이들은 현실적으로 법의 테두리 안에서 일할 수 있는 역량을 갖출 수 없다. 사람들은 독일 함부르크의 레페르반Reeperbahn이나 네덜란드 암스테르담의 더 발런De Wallen 같은 홍등가의 바에서 술에 취한 폭력적인 남성들이 비틀거리는 모습을 상상하며 추가적인 제한과 규제, 처벌이 필요하다고 생각한다. 그러나 처벌은 성산업을 성노동자에게 더욱 위험한 곳으로 만들 뿐이다. 처벌로 빼앗은 성노동자의 권력은 결국 경찰, 고용주, 고객에게 돌아간다.

다음 장에서 우리는 이런 법령들을 추가하기보다 폐지함으로써 성노동자에게 이익이 될 수 있는 방안이 무엇인지 탐구할 것이다.

REVOLTING
PROSTITUTES

8

만능열쇠는 없다

아오테아로아(뉴질랜드),
호주 뉴사우스웨일스

완전 비범죄화: 성노동자, 고객, 제3자(관리자, 운전기사, 건물주 등)를 비범죄화하고 노동법을 통해 성산업을 규제하는 법제화 모델.

비범죄화 법안이 통과되고 며칠이 지나, 나는 오클랜드 지방 법원에 출석했다. 매춘개혁법Prostitution Reform Act 제3독회[+] 전날 호객행위 혐의로 잡혀온 마지막 사람이었던 어느 파파피네 Fa'afafine[++] 거리 성노동자와 함께였다. 판사는 기소장을 보고 그녀에게 이렇게 말했다. "선생님은 더 이상 범죄자가 아닙니다. 그런 범죄는 이제 더 이상 존재하지 않아요. 매춘은 비범죄화되었습니다. 가셔도 좋습니다."

—애나 피커링Annah Pickering, **뉴질랜드매춘부단체**NZPC[1]

독자들도 지금쯤이면 충분히 이해했겠지만, 대부분 국가에서 시행되고 있는 매춘법은 제정 목적에 부합하지 않는다. 성노동 범죄화는 효과가 없다. 이주, 약물, 임신중지 등에 필요한 돈을 벌기 위해 섹스를 교환하는 것은 특정한 욕구를 충족하기 위한 지극히 합리적이고 실용적인 인간 행위이며, 이것이야말로 성노동의 핵심이다. 성노동 금지는 성노동자들이 단속을 피해 도망가

[+]　역주. 뉴질랜드를 포함한 일부 국가의 의회에서는 중요한 법안을 신중히 다루기 위해 심의를 총 세 번으로 나누어 진행하는 삼독회제를 두고 있다. 제1독회에서는 제출된 법률안에 대한 설명·질의·응답이 이루어지고, 제2독회에서는 축조심의를 하고, 제3독회에서는 의안에 대한 가부를 결정한다. 세 번의 독회를 모두 마치면 그 법안은 정식으로 통과된다.

[++]　파파피네는 사모아 및 폴리네시아 주변 섬에서 제3의 젠더를 가진 사람들을 일컫는다. 일본-사모아 예술가인 유키 기하라(Yuki Kihara)가 "남성과 여성을 모두 함축하는 경계 공간의 젠더"라고 묘사한 이 개념은 서양의 젠더이분법에 잘 적용되지 않는다. 파파피네는 '여자의 방식으로'라는 의미로도 번역된다. P. Stevens, 'Bite 59: Shigeyuki Kihara - Fa'afafine: In the Manner of A Woman, 2004-5', 2011, realitybitesartblog. blogspot.com 참조.

거나 위험을 감수하게 만들어 그들을 더 주변으로 내몰고 더 해로운 상황에 노출시킨다.

많은 페미니스트는 노르딕 모델의 결함을 비판적으로 평가하지 않고, 이를 오로지 어떤 '문제'에 대한 '정답'으로만 제시한다(〈스웨덴의 매춘 해결 방안: 왜 아무도 이것을 시도하지 않았을까?〉라는 칼럼을 보라).[2] 그러나 어떤 입법 개혁도 (그 내용과 상관없이) 성노동자가 직면하고 있는 수많은 문제의 만능열쇠가 될 수 없다.

성노동자 권리 운동도 종종 마법 같은 해결책을 제시하는 것처럼 보일 때가 있다. 하지만 성노동자 권리 운동에서는 성노동자가 정말 원하고 긴급하게 필요로 하는 것이 비범죄화라고 간단히 말하는 것을 경계한다. 성노동자들은 노르딕 모델의 대항마로, 2003년 매춘개혁법을 통해 성노동 비범죄화를 시행한 뉴질랜드[+]의 사례를 들면서 '그것 말고 이게 답이야'라는 식으로 말하곤 한다. 물론 논리는 타당해 보인다. 범죄화가 문제를 일으켰다면, 그 문제의 해결책은 비범죄화일 수밖에 없을 테니까.

독자들은 이 장에서 빈틈없는 해결 방안 또는 모든 매춘의 위험을 휩쓸어갈 수 있는 만병통치약을 얻어가길 원할 것이다. 그러나 그런 해결 방안이나 만병통치약이란, 여러 억압이 함께 작용하는 망이 아닌 단 하나의 문제만이 존재하는 상황을 상상해야만 가능한 것이다.

실제로 비범죄화가 시행되고 있는 곳은 뉴질랜드와 호주 뉴

[+] 뉴질랜드는 유럽의 탐험가와 식민지 개척자, 즉 파케하(Pākehā)들이 붙인 이름이고, 아오테아로아(Aotearoa)는 뉴질랜드 원주민인 마오리족(Māori)이 사용하는 이름이다.

사우스웨일스 두 지역뿐이다.++ 완전 비범죄화를 성취했다고 하기엔 아직 '불완전'하지만, 이상적인 성노동 제도에 가장 근접한 사례들이라 볼 수 있다. 뉴질랜드와 호주 뉴사우스웨일스는 거리 성노동과 성매매 업소 운영에 대한 처벌 조항을 없애고, 성노동자들이 집단으로 일하거나 업소에서 관리를 받을 수 있도록 허용했다. 고용주는 노동법에 따라 성노동자에게 일정한 책무를 지닌다. 이러한 제도적 틀은 여성 단체 및 인권 단체, 그리고 국제앰네스티, 국제인권감시기구Human Rights Watch, 유엔에이즈계획UNAIDS, 세계보건기구WHO 등의 국제기구들로부터 찬사를 받았다.[3]

하지만 앞서 언급했듯 뉴질랜드나 호주 뉴사우스웨일스 역시 아직 불완전하다. 물론 이 사례들이 성노동자 권리를 위한 획기적인 진전이라는 사실은 의심할 여지가 없으나, 새로운 법안이 통과되었음에도 이들 지역 내 일부 주변화된 성노동자들은 다른 노동자들처럼 완전한 자유를 누리지 못한 채 여전히 뒤처져 있다.[4] 매춘부에 대한 낙인은 줄어들었지만, 20년도 안 된 법적 변화로 1,000년에 걸친 피해를 돌이키기엔 역부족이다. 경찰 권력도 일부 약해지긴 했으나, 경찰이란 직업 자체가 구조적으로 취약하고 가난하고 골칫거리인 사람들을 끊임없이 괴롭히고 감시하고 감금하는 일을 하므로, 성노동자들이 이들을 신뢰할 이유는 그다지 없다. 뉴질랜드의 연이은 우파 정권은 긴축 정책을 펴고

++   역주. 2019년 11월 26일, 호주 노던테리토리 주의회에서 2019 성산업법(Sex Industry Bill 2019)이 통과되었고, 성노동 비범죄화를 시행하는 곳은 2021년 현재 총 세 지역으로 늘어났다.

있으며, 마오리족, 트랜스젠더, 아동·청소년, 홈리스 인구는 여전히 지나친 감시와 충분하지 않은 보호하에 있다.[5] 국경관리법은 아직도 미등록 이주민들을 불법 노동으로 내몰고 있으며, 실효성 없는 마약과의 전쟁도 멈추지 않고 있다. 안타깝게도 이 모든 것이 성노동자 살해가 되풀이되는 여건을 조성한다.[6]

이에 여성 인신매매에 반대하는 국제연맹Global Alliance Against Traffic in Women, GAATW은 뉴질랜드 모델이 '모순적'이라고 비판했다.

> 성노동 비범죄화는 성노동자에게 착취에 대항할 권리를 갖게 함으로써, 성노동자를 착취로부터 보호하는 측면이 있다. 그러나 이주민의 성노동을 금지하는 정책은 모든 성노동자가 비범죄화의 혜택을 누리지 못한다는 것을 보여준다. 임시 허가증을 소지한 이주 성노동자의 권리를 확대해 …… 그들이 더 많은 혜택을 누릴 수 있도록 해야 한다.[7]

이러한 한계에도 불구하고 성노동자 권리 운동은 뉴질랜드 모델을 출발점 삼아 성노동 비범죄화를 더욱 명확하게 요구하고 있다.✦ 뉴질랜드에서 개선되어야 할 사항은 너무나 많지만, 그 사실이 성노동자에게 피해를 입히는 (노동, 일터, 고객에 대한) 범죄화를 폐지해야 해야 한다는 주장을 뒤집을 수는 없기 때문이다. 뉴

✦ 뉴질랜드의 법적 변화는 비범죄화의 한 예이기 때문에 뉴질랜드 모델과 비범죄화라는 용어는 종종 혼용되곤 한다. 하지만 우리는 뉴질랜드 모델을 비범죄화의 사례 중 하나로 한정하고, 비범죄화는 이보다 넓은 개념으로 구분하고자 한다. 비범죄화는 장소에 따라 다른 방식으로 구현될 수 있다.

질랜드 모델의 문제는 (약물, 이주, 이주 성노동 등에 대한) 범죄화의 잔재가 아직 남아 있다는 점이다. 즉, 다른 범죄화 국가들에 존재하는 해악이 뉴질랜드에도 잔존해 있다. 반성매매 운동은 뉴질랜드 모델의 이 문제점을 비판하곤 하지만, 범죄화의 잔재를 청산하는 것은 비범죄화에서 후퇴하는 것과는 전혀 다른 일이다.

방해받지 않는 공간에서 이야기할 수 있는 이 책이라는 기회를 활용해 (성노동자 페미니스트들은 법제 개혁 논의에 참여할 기회가 거의 없었다) 우리는 이 장에서 불완전한 비범죄화의 반복으로 인해 발생하는 해악을 어떻게 효과적으로 줄일 수 있을지 탐구할 것이다. 또한 성산업, 문화, 경제, 인구 면에서 매우 다른 조건을 가진 듯 보이는 나라들을 벤치마킹하는 것이 왜 필요한지, 그리고 성노동 완전 비범죄화로 전 세계의 성노동자들이 혜택을 누릴 수 있는 미래가 무엇인지 이야기할 것이다.

"효과는 이미 나타났고, 지금도 나타나고 있다"[8]

비범죄화란 무엇인가? 매춘 비범죄화는 호객행위를 처벌하는 형법, 영국의 ASBO(반사회적 행위에 관한 명령) 같은 행정 명령, 또는 민법처럼 거리 성노동, 집합적 성노동, 고용된 성노동, 성노동 광고 등을 처벌의 대상으로 삼는 법령들을 전복하는 과정이다. 그런 법령들은 성노동자를 처벌하고 일터를 폐쇄하기 위해 만들어졌다. 그러나 비범죄화 제도하에서 상업적 섹스의 판매, 구매, 촉진은 형법의 영역에서 벗어나 상법, 노동법의 영역으로 이동한다. 이는 성 서비스의 구매와 촉진 행위 또한 다른 맥락에서 벌어지는 강요, 착취, 괴롭힘, 폭행, 강간과 똑같이 합당한 법률의 적용을 받는다는 것이다.

뉴질랜드에서 거리 기반 성노동자들은 자신과 고객이 체포될 것이라는 두려움 없이, 자신이 직접 선택한, 변두리가 아닌 중심가의 밝은 곳에서 동료들과 함께 그룹을 지어 일할 수 있게 되었다. 공중보건 연구자인 린지 암스트롱Lynzi Armstrong은 "성노동자들이 이제 밝고 안전한 장소에서 …… 일할 수 있다고 생각하게 되었다"라고 했다. 성노동자인 클레어Claire는 비범죄화 시행 이전의 상황을 "우리는 가장 어두운 곳에 있었다. …… 정말 그늘진 곳에"라고 묘사했다. 하지만 "변했다. …… 이전에는 많은 사람이 숨어 있어야만 했다"면서 현재와 과거를 비교했다.[9] 린지 암스트롱은 거리 기반 성노동자의 경우, "(고객에 대한) 스크리닝 과정이 …… 비범죄화하에서 덜 복잡해졌다"라고 덧붙였다.[10]

뉴질랜드 법무부가 의뢰한 매춘개혁법 의견 수렴을 위해 인터뷰에 참여한 성노동자 중 90퍼센트는 이 법이 피고용자로서 자신의 권리를 보장하는 것 같다고 밝혔다.[11] 자신에게 직장 내 건강권 및 안전권이 생겼다고 답한 비율도 90퍼센트였다. 인상적인 사실은 이 인터뷰에 참여한 이들의 96퍼센트가 자신에게 합법적 권리가 있다고 느낀다는 것이다(이 결과는 여타 불안정한 직종에 종사하는 노동자들보다 더 높은 숫자가 나왔다는 점에서 인상적이다. 실제로 콜센터 노동은 "노동자의 권리를 박탈하는 방식으로 설계되어 있다").[12]

뉴질랜드매춘부단체New Zealand Collective of Prostitutes, NZPC의 창립 멤버이자 정부 기관 코디네이터인 캐서린 힐리Catherine Healy는 성노동자의 권리 의식이 강화되는 현상을 다음과 같이 표현했다.

비범죄화는 사람들이 제대로 일하고 일을 잘할 수 있다는 기대, …… 일이 잘 풀릴 것이라는 기대를 더 크게 심어준다. …… (비범죄화 이전에) "음, 우리가 할 수 있는 건 아무것도 없어"라는 말은 이제 "누구에게 말할 수 있을까?"라는 말로 바뀌었다.[13]

실내 성노동자들은 공무원의 명령에 곧이곧대로 따르거나 불시단속을 두려워하지 않고도 비공식 협동조합처럼 하나의 아파트에서 여러 동료와 함께 일할 수 있게 되었다. 실내와 실외를 막론한 모든 성노동자들은 또한 서두르거나 완곡한 표현을 쓰지 않아도 서비스 내용, 콘돔 사용, 화대 등에 대해 고객과 명료하고 직접적으로 소통할 수 있게 되었다.[+] 이에 대해 어떤 성노동자는 다음과 같이 표현했다. "나는 처음부터 고객에게 당신이 할 수 있는 것과 할 수 없는 것을 이야기한다. 정말이다." 이제 업소 관리자에게는 성노동자를 보호하도록 설계된 노동법을 준수할 책임이 있으며, 관리자를 신고한 성노동자는 직장과 직업을 잃지 않아도 된다. 고용주나 고객이 성노동자를 폭행하거나 학대하는 것은 당연히 불법이며(다른 직종의 노동자들에 대한 폭행과 학대도 불법인

[+] 예를 들어, 미국처럼 완전 범죄화된 제도하에서 일하는 한 성노동자는 "은밀한 풀 (full) 마사지" 서비스를 홍보하는 광고를 내기도 한다. 이런 완곡한 표현은 맥락에 따라 풀-섹스, 프렌치 키스, 콘돔 없는 오럴섹스 등으로 다양하게 읽힐 수 있다. 폭력적인 고객은 표현의 애매함을 역이용하면서 그 말이 성노동자가 하기 싫어하는 행위(위험한 성행위 등)를 제공한다는 뜻이라 주장하고, 그것을 억지로 하도록 압박한다.

것처럼), 이제 성노동이라는 노동 역시 다른 여러 일터에 적용되는 것과 마찬가지로 노동법과 고용 보호의 적용을 받는다.

사람들은 성노동의 맥락에서 고용 보호가 어떻게 구현될 수 있을지 잘 상상하지 못한다. 성매매 업소에서 노동 보호가 이루어져야 한다는 생각은 생소할 뿐만 아니라, 우습다고 느껴지기도 한다(실제로 어느 보수 논객은 노조와 연금을 연상시킨다는 이유로 '성노동자'라는 용어 사용을 완강히 반대했다. 다른 여러 노동 현장에서 노조의 대표성이 낮아지고 연금팟pension pot[+]이 부족해지는 문제가 나타나고 있다는 점을 고려하면, 이는 노동자의 현실을 모르는 어리석은 이야기라고 볼 수밖에 없다).[14] 말할 것도 없이, 성노동자들은 고용 보호와 안전권을 보장받아야 한다는 생각을 우습게 여기지 않는다. 비범죄화 제도 하에서 성노동자들은 자신들의 노동권 안에, 예를 들어 직장 내 성희롱으로부터 보호받을 권리, 교대근무 중 혹은 교대근무 사이에 적절한 휴식을 취할 권리, 관리자에게 안전한 섹스 용품을 요구할 권리(그리고 고객에게 안전한 섹스를 요구할 때 관리자의 지원을 요구할 권리), 직장 내에서 차별받지 않을 권리, 성노동자가 고객을 거절할 권리, 그리고 그 과정에서 관리자로부터 지원받을 권리 등이 포함될 것을 기대한다. 조사에 의하면, 매춘개혁법 통과 후 고객을 거부할 수 있다고 느끼는 성노동자의 수가 증가했으며, 관리자를 둔 성노동자들은 실제로 고객을 거부할 가능성이 훨씬 더 커졌다고 한다.[15] 이런 사실들이 우스운가? 뉴질랜드 웰링턴에

[+]　역주. 은퇴를 위해 본인 또는 고용자가 저축한 연금 기부금의 총액으로 개인 퇴직연금의 기초가 되는 기금.

서 관리자를 두고 일하는 성노동자인 비키Vicky는 "법이 바뀌기 전에 일했던 여성들이 내게 말하길 …… 매춘개혁법으로 인해 일터가 훨씬 더 좋아지고 개방되었으며, 여성들은 밤마다 고객과 고용주 사이에서 씨름할 필요가 없어졌다"라고 밝혔다.[16]

모든 일터에는 관리자 및 소유주의 이익과 노동자의 이익 사이에 계급적 긴장이 존재한다는 사실을 기억해야 한다. 구조적으로 관리자와 소유주의 역할은 피고용자의 노동에서 최대한 많은 이익을 뽑아내는 데 있다. 노동자의 권리와 안전을 보장하는 측면에서 비범죄화는 표면적으로 뉴질랜드 성노동자의 노동조건을 다른 직종의 법적 수준만큼 격상시켰다. 하지만 예를 들어, 식당이나 건설회사가 범죄화된 일터가 아니라는 이유만으로 그 일터에서 착취가 사라지지 않는 것처럼, 비범죄화 역시 성노동 내의 모든 착취를 없앤 것은 아니다. 비범죄화는 관리자의 이익과 피고용자의 이익 사이에서 벌어지는 계급 갈등을 씻어낼 수 없다. 그 대신, 비범죄화는 범죄화에 의해 뒷받침되고 조장되는 극심한 직장 내 착취를 완화하는 것을 목표로 한다.

체포될 것을 두려워하지 않고 동료들과 실내에서 일하는 것은 관리자와의 관계에서 성노동자의 힘을 강화시킨다. 본인이 원할 경우 업소를 떠나 동료들과 함께 일할 수 있기 때문이다. 이러한 힘의 변화는 데이터로도 나타난다. 뉴질랜드가 비범죄화를 시행한 이후, 관리자와 함께 일하는 사람은 줄어들었고, 동료들과 함께 일하는 사람은 늘어났다[17](관리자들은 이에 대해 불만을 터뜨리기도 한다!).[18] 앞서 이 책에서 살펴본 것처럼 함께 일하는 것이 범죄화되었을 때, 포식자들은 성노동자에게 신고하겠다는 위협을 가하곤 한다. 하지만 이와 반대로, 뉴질랜드의 작은 협동조합 내 성노동자들은 그런 방식으로 법률을 이용하는 폭력적인 남성들에게 그리 취약하지 않다. 이런 체제하에서 한 단체 소속의 성노동자는 매춘법 개혁 위원회Prostitution Law Reform Committee에서 다음과 같이 발언했다. "권리가 있다는 것을 알게 된 지금 저는 더 큰 자신감을 느낍니다. …… 이제 경찰에 붙잡힐 걱정을 하지 않아도 됩니다. 이전에는 무척 힘들었어요. 제가 죄를 짓는 것처럼 느껴졌고, 자신감도 없었어요."[19] 혼자서 일하는 성노동자인 페탈Petal은 이렇게 말했다.

> 내 생각에 법이 바뀌면서 가장 달라진 점은 …… "그래, 넌 잘못한 게 없어. …… 넌 그냥 네 일을 했을 뿐이야"라는 말로 여성들에게 감정적 지지를 보내준다는 점이다. 가장 중요한 건 …… 그건 불법이 아니라고 말해준다는 것이다. …… 이것이 내가 이 법을 좋아하는 이유다. 정말 도움이 된다.[20]

독일이나 네덜란드와는 달리 뉴질랜드에서는 성노동자에게서 부당이득을 취하거나 그들을 통제하고 처벌하기보다 성노동자의 이익을 위해 설계된 몇 가지 추가적인 규제책을 시행하고 있다. 예컨대, 매춘개혁법의 한 조항은 성노동자가 성산업을 떠나길 원한다면, 직장을 '자발적으로' 그만둔다 해도 별다른 제재 없이 곧바로 사회보장연금을 받을 수 있도록 규정한다.[21]

어떻게 이런 일이 가능한 것일까? 1988년, 뉴질랜드 정부는 성노동자가 주도하는 신생 단체인 뉴질랜드매춘부단체에 자금을 지원하기 시작했다. 뉴질랜드매춘부단체는 건강 증진 단체 자격으로 지원을 받았다. 뉴질랜드매춘부단체의 설립 근거는 "자신의 건강에 관한 지원 프로그램 설계에 최대한 개입해 그 프로그램이 취해야 할 방향을 결정한다"라는 것이었다. 뉴질랜드매춘부단체는 즉각 매춘 범죄화가 성노동자의 삶을 위협하는 심각한 문제라고 규정하고, 비범죄화 시행 검토를 위한 위원회가 설치되도록 정부에 압력을 넣었다.[22]

1990년대 내내, 뉴질랜드매춘부단체는 그들이 마련한 법안을 의회에 제출하기 위해 노력했다. 2000년, 팀 바넷Tim Barnett 하원의원은 성노동을 비범죄화하는 법안을 내놓았고, 그 법안은 마오리족 트랜스 여성이자 전직 거리 성노동자였던 조지나 베이어 Georgina Beyer 하원의원의 도움으로 2003년 통과되었다. 베이어는 의회에서 이렇게 연설했다. "당국에 이렇게 말할 수 있었더라면 좋았을 것입니다. '나는 강간당했다. 맞다, 나는 매춘부다. 하지만 내가 강간당했던 일은 옳지 않다.'"[23]

매춘개혁법은 성노동자들이 스스로 만들어낸 성과였다. 특정 규제의 내용을 떠나 이것은 매우 중요한 사실이다. 비범죄화가 성노동자의 광범위한 참여를 통해 성판매자의 안전에 초점을 맞춘 법을 제정했다는 점은 다른 법제화 모델들과 구별되는 큰 특징이다. 실제로 매춘개혁법에는 이 법률의 최우선 과제가 "성노동자의 인권을 보호하는 것"이라고 기술되어 있다.[24] 성산업을 다루는 다른 법률들에 비추어보았을 때, 성판매자를 '판매 행위'에서 구출하는 것이 아니라, 그들에게 권리가 있다는 점을 명확히 드러내는 입법 사례는 극히 이례적이다.

경찰 권력 무너뜨리기

무엇보다 비범죄화는 사실상 성노동의 규제자로서 기능해온 경찰의 역할을 대체한다. 성산업의 일부 또는 모든 것을 범죄화하는 시스템, 다시 말해 이 책에서 지금까지 논의해왔던 모든 법제화 시스템하에서 경찰은 성노동에 규제적인 역할을 수행한다. 비범죄화는 합법적이지만 부당한 체포를 일삼는 경찰의 권력을 축소하도록 만들고, 이들이 사람들을 괴롭히고, 착취하고, 희롱하고, 갈취하고, 폭행을 저지를 가능성을 줄인다.

비범죄화가 시행되기 전, 뉴질랜드와 호주 뉴사우스웨일스의 매춘 단속 경찰은 해악의 온상이었다. 호주 뉴사우스웨일스의 경찰 부패에 관한 문건에는 비범죄화 시행 이전의 경찰들이 "성차별을 허용하고 이성애적 방종의 …… 남용을 미화하는" "마초" 문화, "피포위 의식siege mentality",+ "정치와 도덕 면에서 보수적 입장"을 보이고 있다고 적혀 있다. 1971년에는 자신을 포함한 성노동자들을 갈취했던 호주 뉴사우스웨일스와 퀸즐랜드 경찰 34명을 지목한 성노동자 셜리 브리프먼Shirley Brifman이 변사체로 발견되는 사건이 있었다. 그녀가 고발한 경찰들은 모두 '근무 중 상해'로 인한 퇴직이 허가되었다. 브리프먼이 지목했던 경찰들의 혐의와 그녀의 정확한 사망 원인은 끝내 밝혀지지 않았다.[25]

경찰은 (주로 트랜스젠더나 마오리족) 성노동자를 호객행위 혐의로 체포할 뿐만 아니라, 그들을 학대할 기회를 노려왔다. 뉴질

+ 　역주. 항상 적들에게 둘러싸여 있다고 믿는 강박관념.

랜드의 거리 성노동자인 샤니아Shania는 "어떤 경찰은 한번 자려고 당신을 데려갈 수도 있고, 최악의 경우엔 당신을 연행해 일할 때 입었던 옷을 입은 채로 아침 법정에 세울 수도 있다. …… 그리고 그건 …… 굉장히 모멸적인 일이다"라고 말했다.[26]

이러한 해악을 없애기 위해 비범죄화는 어떤 일을 할 수 있을까? 거리 성노동자인 비앙카Bianca는 다음과 같이 말했다. "나는 경찰에 신고하기보다 그냥 동료들을 호출하곤 했다. …… 하지만 지금은 변했다. …… 경찰은 우리의 안전이 잘 지켜지고 있는지 주시한다."[27] 거리 성노동자인 섀넌Shannon은 비범죄화가 시행되기 전, 경찰에 강간 신고를 했을 때 겪었던 일을 "정말 끔찍했다"라고 묘사하면서 이렇게 덧붙였다. "하지만 그 법이 바뀐 지금은 과거와 다르다. …… 만약 그 당시에 비범죄화가 시행되었더라면, 상황은 달랐을 것이다."[28] 뉴질랜드의 거리 성노동자인 트랜스 여성 도라Dora도 다음과 같이 말한다.

"이제 일해도 된다"라는 말은 안전한 기분을 느끼게 해주었고, 경찰이 더 편해졌다. 이전의 나는 경찰을 피해 숨어다니기 바빴다. …… 특히 호객행위를 한 이후에는 더욱 그랬다. …… 하지만 지금 나는 거리에 있는 게 훨씬 더 편하고 적법한 것처럼 느껴진다. '그래, 난 여기에 있어도 돼'라는 느낌을 받는다.[29]

이는 실제 데이터를 통해 나타난다. 거리 성노동자의 65퍼센트는 법 개정으로 경찰의 태도가 개선되었다고 느낀다고 답했고, 응답자의 약 70퍼센트는 '거의 모든' 경찰들이 이제 자신의 안전을 위해 일하는 것 같다고 답했다.[30] 왠지 생소해 보이는 성노동자와 경찰 사이의 긍정적인 관계는 2014년, 성노동자가 떼인 돈을 받을 수 있도록 고객을 현금지급기까지 호송했던 어느 경찰관 때문에 전 세계적으로 화제가 되었다. 경찰청 대변인은 기자들에게 "대단한 것처럼 보이지만, 실은 매우 일상적인 일이다. 경찰은 성노동자든 피자 가게의 노동자든 어려움을 겪고 있는 시민을 도울 것이다"라는 성명을 냈다.[31]

하지만 이런 성과에 도취되지 말자. 뉴질랜드 모델이 모든 문제를 해결한 것은 아니다. 여성 인신매매에 반대하는 국제연맹은 뉴질랜드 모델이 이주민을 보호하는 데 실패했다고 지적한다.

성노동에 종사하는 이주민 근절책은 모순적 상황을 조성해왔다. 뉴질랜드 태생의 성노동자들은 개방적이고 투명한 노동 환경의 혜택을 누릴 수 있는 반면, 이주 성노동자들은 '지하'로 내몰려 결과적으로 착취와 폭력에 취약해졌다.[32]

뉴질랜드 이주민들은 자신들에 대한 범죄화가 피해 신고를 어렵게 해왔으며, 자신들은 늘 불안정하고 착취적인 노동조건에 머물러 있었다고 이야기한다.[33] 이주 성노동자인 에이미Amy는 자신이 직면해왔던 압력에 대해 다음과 같이 묘사했다. "어떤 고객들은 당신에게 적법한 비자가 없다고 여기고서 이렇게 요구할 것이다. …… 자기들에게 좋은 서비스를 제공하라고. 만약 그렇지 않으면, 경찰에게 신고할 거라고."[34] 고객과 고용주는 모두 성노동자의 불안정한 지위에 기생한다는 점에서 닮아 있다.

이에 뉴질랜드매춘부단체의 활동가 캐서린 힐리는 다음과 같이 말한다. "나는 이 점을 반드시 기억해야 한다고 생각한다. ······ 이 법은 이주민으로 일하고 있는 성노동자들을 불법화함으로써 인신매매를 용이하게 만든다는 것을. ······ 이건 아주 아주 현실적인 우려다."[35]

최근 뉴질랜드 성노동자들을 대상으로 한 조사에서 응답자의 3퍼센트는 지난 1년간 고객에게 성폭행을 당한 적이 있으며, 그들 중 대다수가 경찰에 신고하지 않았다고 답했다. 거리 기반 성노동자들은 실내 성노동자들보다 피해를 입을 가능성이 더 높았으나, 신고 횟수는 유의미하게 더 적었다.[36] 이건 놀라운 일이 아니다. 거리 기반 성노동자에게는 정신건강 문제가 더 많고, 약물을 사용할 가능성도 더 높다.[37] 다시 말해, 그들은 더 적은 자원을 가지고, 그들을 낙인찍고 범죄화하는 공동체 안에서 살아갈 가능성이 더 높다. 다른 여러 나라와 마찬가지로 뉴질랜드의 형사사법 체계 역시 약물을 사용하거나 정신질환이 있는 고소인의 최초 신고를 잘 신뢰하지 않으며, 소를 기각하거나 제대로 다루지 않는다는 점에서 한계가 있다.[38] 이 한계가 성노동자에게만 적용되는 것은 아니다. 뉴질랜드를 비롯한 모든 나라에서 성폭력 생존자의 대다수는 경찰에 신고하는 것을 꺼린다. 생존자들은 형사사법 체계가 치유와 정의의 장이라기보다 더 큰 트라우마의 장이라는 사실을 잘 알고 있다.

성노동자들이 경찰을 불신하는 데는 많은 이유가 있다. 비범죄화는 그 이유들 가운데 하나를 해결한다. 거리 노동자인 샐리 Sally는 "나는 정말 경찰을 좋아하지 않는다. ······ 하지만 내가 (일을) 나갔을 때, 경찰과 문제가 있었던 적은 단 한 번도 없다. 경찰들은 진짜 잘하고 있다. 그들은 단지 '괜찮아요?'라고 물을 뿐, 내 이름을 물어보지 않는다"라고 인터뷰한 바 있다.[39] 동료 성노동자 홀리Hollie는 이렇게 말했다. "난 여전히 그들을 믿지 않는다. 경찰은 경찰이다. 하지만 그들은 내게 말을 걸고 괜찮은지 확인하려고 노력한다. 그러면 나는 '네, 그냥 내버려둬요. 전 괜찮아요'라고 대꾸한다."[40] 비범죄화는 샐리와 홀리 같은 성노동자들이 경찰과 가까이 지낼 수 있는 권력을 준다. 파니아Pania도 덧붙였다. "경찰들이 우르르 다가오긴 하지만, 그들은 내가 뭘 하고 있는지 다 알고 있다. 그들은 나를 보고 아무말이나 떠든다. 그러면 나는 '이제 좀 가줄래요? 손님 오는 걸 막고 있잖아요'라고 한다. 경찰들은 이런 상황을 잘 알고 있다."[41]

전 세계적으로 범죄화는 성노동자 및 과잉 감시되는 이들에게 경찰과 가까이 지낼 수 있는 권력을 허용하지 않는다. 그러나 뉴질랜드의 성노동자들은 경찰의 무단 침탈을 피하기 위한 어느 정도의 권력을 가지고 있고, 이를 행사하곤 한다. 어떤 제도적 변화도 경찰의 태도를 근본적으로 변화시킬 수 없으며, 경찰은 앞으로도 가장 가난하고 취약한 사람들을 침탈하는 폭력의 상징으로 남을 것이다. 하지만 매춘 비범죄화는 경찰 무기고에 있는 무기 중 하나를 확실히 제거한다. 비범죄화 사법권 내의 경찰은 성노동자를 착취하거나 괴롭힐 수 있는 길이 봉쇄되어 있다는 걸 깨닫는다. 이는 '감수성을 함양하는' 전략보다 경찰의 마초적 세계관과 피포위 의식에 훨씬 더 효과적이고 급진적인 영향을 미치는 전략이라 할 수 있다.[42]

이러한 전략은 경찰력을 축소해 학대의 길목을 차단함으로써 성노동자가 겪는 해악을 줄인다. 하지만 이는 원주민, 유색인종 성노동자와 같이 과잉 감시되는 집단의 취약성을 줄일 수 있는 다른 개혁들과 함께 실행되어야만 한다. 약물 사용자, 퀴어 청소년, 이주민, 홈리스처럼 사회로부터 골칫거리나 풍기문란자로 대우를 받게 될 사람들에게 삶의 개선은 비범죄화만으로 충분치 않다. 앨릭스 비탈레Alex Vitale가 언급했듯, "경찰을 개혁해 그들을 잘 훈련시키고, 더 책임감 있고, 덜 인종차별적으로 만드는 것은 독려할 만한 목표다. 그러나 이 목표는 시민의 안전이나 범죄를 규제하는 것과는 동떨어져버린 경찰 본연의 제도적 기능을 문제 삼지 않는다".[43] 약물 사용자나 성노동자 같은 사람들은 기본권이 보장되지 않아 더욱 취약해지고, 그들의 위태로운 지위를 악용해 경찰들은 쉽게 현금이나 성적 만족을 얻을 수 있다. 이런 상황에서 사람들의 삶을 통제하는 일을 하는 경찰이 그저 친절하기만을 바라는 것만으론 결코 충분하지 않다.

페미니스트들의 회의주의

성노동 비범죄화가 성노동 합법화와 다름없다는 오해는 성노동자 운동을 가장 어렵게 만드는 요소 중 하나다. 두 용어가 비슷하다고 인식되면서 많은 사람이 엉뚱한 단어를 서로 바꾸어 사용하곤 한다. 일면 이해할 수 있는 부분이다. 하지만 두 용어가 모두 어떤 일을 단순히 합법화하는 것만을 의미하는가? 우리는 양자의 차이를 다시 한번 검토해볼 필요가 있다. 비범죄화는 성매매에 종사하는 노동자를 주로 추가적인 지원이 필요한, 권리를 가진 자로 대우하는 반면, (제7장에서 보았듯이) 합법화 및 규제론은 매춘부를 구체적인 징벌적 조치를 통해 통제할 필요가 있는, 말썽을 일으키고 걱정스러운 존재로 바라본다. 비범죄화의 관점에서 성판매자는 적절한 지식, 안전, 권리를 우선적으로 보장받아야 하며, 이러한 체계를 만들기 위해 성산업 규제책은 성노동자들에 의해 마련되어야 한다.

용어를 잘못 사용하는 것뿐만 아니라, '뒤섞는 것' 역시 빈번히 사용되는 언어적 속임수다. 예를 들어, 반성매매 진영의 한 저널리스트는 〈비범죄화가 매춘을 안전하게 만들 것이라 믿는 사람은 독일의 대형 성매매 업소들을 보라〉라는 기사를 쓴 바 있다. 이는 성노동 합법화의 실패를 성노동 비범죄화의 문제로 전가하는 엉터리 주장이다.[44] 뉴질랜드 모델은 이런 식으로 제멋대로 해석되어왔으며, 반대자들은 성판매자에게 노동권을 주는 게 매춘부에 대한 착취를 증가시킬 것이라는 모순적인 주장을 펴곤 한다.

성노동에 관한 뉴질랜드의 접근법은 반성매매 페미니스트들의 우려를 유발한다. 반성매매 페미니스트들은 종종 매춘이 비범죄화되면 구직자들이 취업 센터나 고등학교 직업 박람회를 통해 매춘으로 내몰릴 것이라 염려한다.[45] 그러나 현실에서 그런 일은 벌어지지 않는다. 뉴질랜드의 취업 센터는 성산업과 관련한 직업을 홍보하지 않으며, 성노동자에게 성노동을 시작하거나 그 일을 계속하라고 강요하는 행위(실업수당을 받지 못할 수 있다는 불안감을 조성하는 것을 포함한다)를 금지한다.[46] 매춘개혁법에는 "1964년 사회보장법Social Security Act에 따라 어떤 방식으로든 개인이 일을 시작하거나 지속하길 거부한다는 이유로 수당 또는 수당을 받을 권리를 취소하거나 침범할 수 없다"라는 조항이 명시되어 있다.[47]

이건 그리 낯선 시스템이 아니다. 영국에서 스트립클럽이나 웹캠을 통해 일하는 것은 완전히 합법적이지만, 그런 직업을 구직자나 고등학생들에게 제안하지는 않는 것처럼 말이다. 포르노와 핍쇼가 합법적 지위를 얻는 것이 사무직 구직자의 면접 때 랩댄스나 알몸 셀카를 보여줄 의무를 발생시키는 것은 아니다.

혹자는 매춘 비범죄화로 인해 성노동자들이 직장 내 성차별 및 학대로부터 보호받지 못하게 된다고 주장한다. 가령, 호주 노르딕모델위원회Nordic Model Australia Commission의 책임자는 다음과 같이 이야기한 바 있다. "성희롱이 노동조건의 일부라면, 경찰은 무엇을 할 수 있을까? 강간을 당했다고 신고할 수는 있겠지만, 그것 [매춘]은 이미 강간의 일종 아닌가."[48]

어떤 일을 특정 맥락에선 직업으로 인정하고 다른 맥락에선 성희롱으로 규정하는 것은 페미니스트로서 우리가 집합적으로 해왔던 일이다. 예컨대, 마사지를 해주는 건 어떤 이들에게 직업의 한 부분이지만, 사무직 노동자가 상사의 요구를 따라야 하는 상황에서 그건 성희롱이다. 그리고 이런 상황이 발생할 수 있다는 것이 곧바로 마사지 서비스 판매의 합법화를 반대할 근거를 제공하지는 않는다.

성희롱에 대한 우려가 이렇게 거꾸로 제기되는 모습을 보면, 실로 놀랍고 고통스럽다. 비범죄화가 성노동자들을 보호하는 데 실패했다는 주장과 달리, 비범죄화는 직장 내 보호의 토대를 만드는 유일한 수단이 되고 있다. 또한 비범죄화는 보호의 개념을 법적으로 무의미하게 만들기는커녕 직장 내 성희롱으로부터의 보호를 성노동자에게까지 확대하고 있다. '모든 성노동은 강간'이라는 반복적인 주장은 마치 매춘부에 대한 성폭력이 강간인지 '절도'인지를 놓고 농담을 일삼는 성차별적 10대 소년들을 연상시킨다. 이런 반응에는 모두 성판매자가 입은 피해를 폭력으로 보는 게 본질적으로 불합리하다는 사고가 깔려 있다.

그러나 실제로 2014년 뉴질랜드에서는 성매매 업소에서 일하던 성노동자가 관리자를 성희롱 혐의로 고소하고 노동법원[+]에서 승소한 바 있다. 성노동자의 일터가 범죄화되어 있는 곳에서는 이런 판결을 기대하기 어렵다. 범죄화된 일터에는 노동법이 존재할 수 없기 때문이다. 법원은 이 사건을 다음과 같이 판결했다. "성노동자들은 다른 직업을 가진 사람들처럼 성희롱으로부터 보호받을 권리가 있다. …… 성노동자에게도 다른 노동자와 똑같이 인권이 있다."[49]

비범죄화에 대한 일부 페미니스트들의 의구심은 성노동자의 삶과는 다소 동떨어져 있는 것처럼 보인다. 가령, 한 활동가는 우리에게 납세의 의무가 있으므로 뉴질랜드 모델에서 "성노동자는 정식 '노동자'로서 …… 세무 당국에 세금 추징을 당할 수 있다"라고 걱정한다.[50] 하지만 현재 영국뿐만 아니라 그녀가 지지하는 노르딕 국가들에서도, 성노동자들은 성노동이 합법이든 불법이든

[+]   역주. 노동분쟁을 효율적·전문적으로 처리하기 위해 영국, 뉴질랜드, 독일, 프랑스 등의 국가에서 도입한 노동 사건 전문법원.

상관없이 이미 납세 및 세금 미납에 대한 처벌을 감당해왔다.[51] 비범죄화하에서 성노동자가 '정식 노동자'로서 대우받는다는 것은 성노동자들이 그들이 낸 세금을 통해 노동권과 직장 내 보호의 형태로 혜택을 받을 수 있는 기회가 있다는 것을 의미한다. 영국, 스웨덴, 노르웨이에서는 성노동자들이 납세자로서의 혜택을 받지 못한다.

물론 몇몇 우려의 시각이 잘못되었다고 할지라도, 우리는 엄격한 잣대로 비범죄화를 검토할 필요가 있다. 비범죄화하에서 성매매 시 어려움을 겪고 있는 사람들은 그곳을 떠나거나 자신의 상황을 개선할 수 있는 적절한 지원을 받을 수 있는가? 여기서 '적절한 지원'이란 무엇인가?

뉴질랜드에서 성노동을 그만두고자 하는 사람들을 돕는 유일하고 가장 강력한 조치는 '자발적 실업'을 제재하지 않고 퇴직 후 곧바로 실업수당을 신청할 수 있게 하는 것뿐이다.[52] 종교 단체, NGO, 개인이 운영하는 소수의 쉼터에서 제공하는 지원을 제외하면, (매춘을 전과 기록으로 남기는 명백한 한계를 없앴다는 걸 제외하면) 이런 조치 없이 새로운 곳으로의 이직을 원하는 사람들을 위한 지원이 과연 충분히 이루어졌는지는 알 수 없다.[53]

이런 한계와 관련해 영국 및 뉴질랜드에서 모두 일해본 경험이 있는 성노동자 활동가 로렌Lauren은 "지원 예산이 부족한 문제는 홈리스 비율이 극도로 높고 이주 여성을 위한 가정폭력 피해 지원이 중단된, 수년 동안 신자유주의 정권이 사회복지 정책을 해체해왔던 뉴질랜드의 거시적 사회 상황과 분리하기 어려운 것 같다"라고 진단했다.[54] 하지만 앞 장에서 스웨덴의 사례를 살펴보

앞듯, 이런 문제는 비단 뉴질랜드의 성노동 모델에만 국한된 것은 아니며, 복지 및 지원 서비스를 큰 폭으로 축소하고 있는 영국에서 더 쉽게 찾아볼 수 있다.

성노동자들의 요구는 너무나 다양해서 함부로 짐작할 수 없고, 제한된 '탈출' 기금만으로는 충족시키기 어렵다. 실제로 남아프리카공화국의 성판매자들은 결핵, HIV, 정신질환 같은 교차적인 건강상의 문제가 성노동을 그만둘 능력을 저해하는 요인이라고 꼽았다.[55] 캐나다의 원주민 성노동자 단체인 폭력에 반대하는 성노동자 연합Sex Workers United Against Violence은 자기관리 교육 및 직업훈련, 원주민 전통에 기반한 주거, 건강, 소득 지원, 보육을 지원하는 기금을 마련하는 등 원주민 공동체를 위한 지원 서비스가 그들의 구체적인 요구를 반영해야 한다고 지적한다.[56]

이러한 전문적인 지원 방식은 성노동자 커뮤니티에서 튀어나오는 경우가 많다. 캐나다 밴쿠버의 조직 활동가 케리 포스Kerry Porth에 의하면, "성노동 지원 기관들은 여성들이 성노동을 완전히 그만두게끔 지원해왔으며, 우리는 별다른 자금도 없이 이를 책상머리 밖에서 해내곤 한다."[57] 그러나 탈성매매의 부담을 성노동자와 성노동자 커뮤니티가 짊어지게 해서는 안 된다. 정부는 사전에 상의도 없이 성노동자에게 해결책을 강요하거나, 게으르고 하자가 있다는 낙인, 죄인이라는 낙인을 찍기보다 성노동자의 요구에 따라 일방적 판단을 배제한 지원을 해줄 수 있는 기금을 마련하는 데 힘써야 한다.

일부 페미니스트들은 비범죄화가 착취에 대처하고 학대범을 처벌하는 걸 더욱 어렵게 만들 것이라고 염려하지만, 현실은 이와 다르다. 범죄화야말로 체포, 퇴거, 추방 등 처벌을 두려워하는 성노동자들이 경찰로부터 숨어다니게 만든다.[58] 학대범들은 성노동자가 국가에 도움을 요청할 수 없으며, 학대가 일어나는 경우에도 이를 심각하게 받아들이지 않을 것이라는 걸 잘 알고 있다. 또한 범죄화는 '모든 여성'을 향한 폭력을 불러일으킨다. 범죄화된 성노동자는, 폭력적인 남성의 표적이 된 사람이 스스로를 보호하거나 사법적 지원을 받을 수 없다는 게 사실인지, 안전하게 범행을 자행해도 되는지 실험할 수 있는 '예행연습 상대'가 된다. 성노동자를 상대로 '실습'을 거친 남성들은 비성노동자 여성에게 시선을 돌린다. 이와 같은 패턴은 실제로 피터 서트클리프Peter Sutcliffe[+]나 에이드리언 베일리와 같은 범죄자들에게서 확인할 수 있다.

많은 이들은 성산업을 금지하지 않고 존재하도록 허용하게 되면, 성산업이 사람들의 용인을 통해 더욱 기승할 것이라고 걱정한다. 이러한 우려 속에는 매춘을 불법화해 위험하게 놔두면, 성판매가 걷잡을 수 없게 퍼지는 경향을 제어하는 유용한 압력이 될 수 있다는 무언의 믿음이 깔려 있다(때때로 이 '무언'의 믿음은 실제 말을 통해 드러나기도 한다. 성노동자들이 아일랜드 법무장관을 만나 범죄화가 자신들을 위험하게 만든다고 주장했을 때, 그 장관은 성노동자가 폭력에 취약해져도 다른 여성들이 성매매에 유입되는 것만은 저지할 수 있다

[+]　역주. 13건의 살인과 7건의 살인미수 혐의로 '요크셔 리퍼(Yorkshire Ripper)'라 불렸던 영국의 연쇄살인범. 초기에 그는 주로 폭력에 취약한 성노동자를 범행 상대로 삼았으나, 이후 5년 동안 그 표적은 비성노동자 여성으로 확대되었다.

고 대답했다).[59]

　일각에서 예견한 것처럼 뉴질랜드의 성노동자 수가 '급증'하지 않고 안정세를 유지하고 있다는 점에 주목할 필요가 있다.[60] 형법의 변화(형법 폐지 포함)가 성판매자의 수에 유의미한 영향을 미친다는 증거는 아직 나오지 않았다. 성노동자인 제니Jenny는 인터뷰에서 다음과 같이 말했다.

　다른 직장에서 나는 불법적으로 일해왔다. 은밀하고 하찮은 그런 일 말이다. …… 그런 상황이 이어졌다 해도 아마 나는 그 일(성노동)을 계속했을 것이다. 하지만 알다시피, 그 일이 합법이 되고 나서 나는 확실히 느꼈다. …… 더 안전해졌다는 것을.[61]

　그럼에도 불구하고 페미니스트들의 줄다리기는 이어지고 있다. 어떤 반성매매 페미니스트 단체는 이런 논평을 내기도 했다. "여성과 소녀가 구매할 수 있는 상품이라는 메시지를 남성들에게 보내는 것은 아무런 이익이 없다. 그러나 이 메시지를 보내는 사회가 안게 될 불이익은 매우 심각하고 되돌리기 어렵다."[62] 이 논쟁의 반대편에는 파니아Pania의 목소리, 이제껏 들리지 않았던 성노동자들의 목소리가 존재한다. 그녀는 징벌적인 '메시지'가 가져온 실제의 결과를 이렇게 증언했다. "나는 성구매가 불법인 나라에서 온 손님을 받은 적이 있는데, 그들은 초조해하고 겁에 질려 있었으며 다루기가 어려웠다."[63] 그렇다면 여기서 누구의 걱정에 더 많은 무게를 실어주어야 하는가? '메시지'를 걱정하는 비성노동자 여성들의 상대적이고 추상적인 불안감인가, 아니면 자신의 일이 더 안전해지길 바라는 노동 계급의 일상적이고 실제적인 욕구인가? 위해감소의 핵심은 여기서 후자를 선택하는 것이다.

오늘날 전 세계의 실제 성노동자에게 일어나고 있는 일상적 폭력이, 아직 도래하지 않은 미래를 향한 페미니스트들의 예측과 비교되며 유지되도록 해선 안 된다. 금지론이 퍼져 있는 현실에서 성노동 범죄화는 상업적 섹스를 근절하는 데 도움이 된 적이 없으며, 폭력은 성노동이 감수해야 할 위험요소 정도로만 여겨진다. 성노동 범죄화와 그로부터 전파된 '여성의 몸은 판매될 수 없다'는 '메시지'는 스웨덴 스톡홀름, 미국 뉴욕, 짐바브웨 하라레 등 지역을 막론하고 사람들이 성을 판매하는 것을 막지 못했다. 범죄화가 전달하는 실제 메시지는 명백하다. 바로 성판매자들이 안전, 권리, 정의의 바깥에 놓여 있다는 것이다.

이러한 사실에도 불구하고, 어느 반성매매 입장의 저자는 다음과 같이 위해감소라는 개념을 물고 늘어진다.

> 콘돔을 쓰면 강간으로 인한 충격이 줄어들까? …… 만약 내가 고객이 삽입하는 데 '동의'했다면, …… 그 과정에서 그가 클라미디아를 옮기지 않았다면, 그건 나에게 일어난 일이 괜찮다는 걸 의미할까? 난 기분이 좋아야 할까? 사회는 이걸 외면해야 할까? …… 매춘으로 인한 위해가 콘돔과 성매매 업소를 통해 조절될 수 없다는 걸 그들은 왜 인정하지 않는 걸까?[64]

이런 사람들은, 성폭력 생존자이거나 HIV와 함께 살아가는 현재의 성노동자들에 대한 존중과 공감을 가지고 일단 그 질문을 멈추었으면 좋겠다. 추상적인 언어로 거들먹거리는 사람들과 달리, 성노동자들은 직접 성매매를 하면서 콘돔과 성매매 업소가 자신에게 중요한지 아닌지 판가름할 수 있는 가장 적합한 사람들이다.

문제의 뿌리에 접근할 수 있는 더 근본적인 방안을 모색하는 동시에 즉각적인 위해를 완화할 수 있는 더 세밀한 조치들을 강구하려는 건 그리 새로운 일이 아니다. 페미니즘 활동가들은 임신중지 허용을 요구하는 동시에 더 나은 성교육, 어머니들을 위한 자금 지원, 피임 접근성 확대 등을 위한 운동을 병행해왔다. 우리는 더 많은 가정폭력 피해자 보호소를 만들기 위해 투쟁하는 동시에 가정폭력이 더 이상 일어나지 않는 세상을 위해 활동해왔으며, 국경 없는 세계를 목표로 활동하는 동시에 가정, 학교, 병원에 대한 이민 당국의 구체적인 단속에 맞서 싸워왔다.

이 과정은 아마도 많은 반성매매 페미니스트들이 바라는 것보다 더딜 수 있다. 반성매매 페미니스트들에게 매춘을 완전하고 신속하게 폐지하는 것만큼 근본적인 대안은 없다. 그러나 성노동 비범죄화는 성판매자들의 즉각적이고 경제적인 안전을 중요하게 여기는 전략이다. 비범죄화는 이런 점에서 경찰력을 증강해 성산업을 말살시켜 세계에서 가장 가난한 성노동자를 늑대들에게 던져주는 방법보다 훨씬 더 근본적인 대안이라고 할 수 있다.

남아프리카공화국 성노동자인 두두 들라미니는 비범죄화가 가져올 광범위한 효과에 대해 잘 이해하고 있다. 그녀는 노동조합 회의에서 비범죄화 운동을 준비하는 과정 중에 겪은 두려움을 묘사하며 다음과 같이 발언했다.

나는 범죄화로 인해 거리에서 벌어지고 있는 온갖 나쁜 일들을 떠올렸다. 만약 내 딸이 성산업에 들어가 그런 나쁜 일들을 겪는다면? 내가 그들에게 이런 말을 하지 않는다면, 그들은 비범죄화를 지지하지 않을 것이다. 그렇게 되면 내 딸은 어떻게 될까?[65]

성노동 비범죄화가 세상의 모든 부정의를 해결할 수는 없다. 그것은 어떤 법적 변화로도 해결할 수 없는 너무도 큰 문제다. 그러나 성노동 비범죄화는 지금, 그리고 내일 성판매자들이 살아남기 위해 행하는 일들을 더욱 안전하게 만들 것이다. 그것은 대단히 가치 있는 일이다. 뉴질랜드의 성노동자인 조이스Joyce의 이야기처럼 말이다. "비범죄화는 거리 전체를 변화시키고, 모든 것을 바꾸어놓았다. 그건 가치 있는 일이다."[66]

나가며

당신의 저항적 행동으로 부정의를 막을 수 없다는 사실이, 당신이 진실하고 성찰하는 태도로 공동체의 가장 큰 이익을 위해 행동할 책임을 면제해주지는 않는다. —수전 손택Susan Sontag[1]

우리는 각자 자기 일을 찾아서 해야 한다. 투쟁성이란 더 이상 한낮의 결투를 의미하지 않는다. 투쟁성은 변화가 오고 있다는 보증이 없는 상황에서도 변화를 위해 적극적으로 활동하는 것을 의미한다.
　　　　　　　　　　　　　　　　　—오드리 로드Audre Lorde[2]

　2016년 가을, 우리는 동료 한 명과 함께 영국 글래스고에서 열린 페미니스트 콘퍼런스에 참석했다. 우리에게 다소 적대적이지만 호기심 많은 한 여성이 대화를 나누기 위해 다가왔다. 알고 보니 그녀는 유럽 이주 여성의 권리를 옹호하는 NGO를 운영하고 있었고, 우리에게 남자들, 즉 고객들에 대해 말하고 싶어 했다. 그들이 역겹지 않느냐며 그녀는 우리의 공감을 구했다. 우리라고 그들이 처벌받아야 한다는 데 동의하지 않을까? 우리는 많은 경우 고객이 나쁘다는 것에는 동의하지만, 그들을 처벌하는 것은 성판매자에게 해악을 끼친다고 설명했다. 우리는 북유럽 국가들에서 자행되는 성노동자 퇴거 문제도 언급했다. 그녀는 퇴거가 있었다는 데 동의했다. 스칸디나비아에서 여성들이 집에서 쫓겨나는 건 사실이라면서. 그녀는 아파트나 호텔에서 쫓겨나 불평하던 스웨덴 이주 여성들이 가끔 한밤중에 자신의 NGO에 찾아온다고 솔직하게 털어놨다. 하지만 그녀는 조롱 섞인 어조로 대화를 이어갔다. 쫓겨난 여성들과 있었던 상황을 재연하며 그녀는 이렇게 말했다. "그런 일이 있을 때마다, 나는 혼자 이렇게 생각해요. '내 생각엔, 당신은 운이 좋은 것 같아. 적어도 당신은 살해되지 않았잖아.'"

성산업을 사랑하라는 말이 아니다. 우리는 성산업을 사랑하지 않는다. 다만 우리는 성산업과 남성들, 즉 고객들에 대한 혐오감이 성판매자에게 공감하는 능력을 뛰어넘지 않았으면 좋겠다. 성노동자들이 페미니즘 공간 내에서 벌이고 있는 투쟁의 핵심은 매춘이 상징해왔던 기존의 감각들을 과거로 떠나보내고, 매춘 범죄화가 성판매자들에게 실질적으로 어떤 작용을 하는지 논의할 수 있게 만드는 것이다. 이 공간에 있는 사람들은 '대상화'나 '성애화' 같은 추상적 관념들이 모든 여성의 보편적인 공감대에 맞는 관심사라고 여긴다. 이런 논의의 장에서 흘러나온 정책이 종종 성노동자들을 퇴거하거나 추방하는 결과로 이어진다는 사실을 지적할 때마다 우리는 '사소한' 문제를 제기하거나 '큰 그림'을 이해하지 못하는 둔감한 사람들로 간주된다.[3] 우리는 자매들이 '사소한' 질문들에 매달리도록 독려할 필요가 있다. 성노동자들이 지닌 현재의 물질적 욕구, 다시 말해 소득 보장과 퇴거 및 이민 당국으로부터의 안전을 확보하는 일을 하찮게 취급하는 태도로는 누구도 더 나은 페미니즘 세상을 건설할 수 없다.

감금주의적이고 자유주의적인 페미니즘은 복잡한 문제에 대해 쉬운 대답을 내놓는 까닭에 매력적으로 보인다. 여성 노동이 저임금인 데다가 저평가되어 있다고? 그럼 월급 인상을 요구해! 성폭력이 고질적인 문제라고? 그럼 경찰 예산을 늘려! 온라인에서 성매매를 한다고? 그럼 성노동자를 인터넷에서 쫓아내는 법안을 통과시켜! 감금 페미니즘은 이런 행동들을 통해 자신의 급진적인 모습을 스타일화한다. 남성의 성적 권리를 위해 타협하지 않고, 성산업 '파괴'를 급진적으로 추구한다는 식으로 말이다.[4] 하지만 자세히 들여다보면, 급진주의는 실효성이 전혀 없다. 경찰은 페미니스트가 아니기 때문이다. 매춘을 가부장적 제도라고 파악했던 주류 페미니스트들의 인식은 옳았으나 그들 또한 경찰의 문제를 너무 쉽게 놓치고 있다. 치안유지를 통해 상업적 섹스를 근절하려는 시도로는 가부장제를 해체할 수 없다. 이는 오히려 성판매자들이 끊임없이 괴롭힘을 당하고, 체포되고, 기소되고, 퇴거를 당하고, 폭력에 노출되고, 빈곤해지는 데 기여할 뿐이다.

노르딕 모델은 인신매매의 문제를 감추려고 한다. 그러나 이주민의 가난을 무시한 채 합법적 이주를 막는 제재들은 인신매매의 취약성을 높인다. 고객을 체포하고 미등록 이주민을 곧장 집으로 돌려보내는 조치는 그 문제를 해결하는 데 아무런 도움이 되지 않는다. 혹자는 이러한 조치가 학대범들의 권력을 빼앗는다고 주장하지만, 경찰력을 강화하는 그 어떤 해결책도 성노동자의 손에 권력을 쥐여주는 좋은 대안이 될 수 없다.

성매매를 하는 사람들은 반인신매매 운동의 표적이 아니라, 그 운동을 이끄는 주체가 되어야 한다. 아무리 독실한 반성매매 활동가라 할지라도 성판매자보다 성산업 내 폭력과 착취를 해결하는 데 더 강한 동기를 가졌다고 보긴 어렵다. 이에 여성 인신매매에 반대하는 국제연맹은 다음과 같이 지적한다.

이 분야의 분열로 인해, 해당 산업 및 종사자, 노동조건 등과 관련한 내부자의 중요한 정보를 활용해 반인신매매 운동의 결과를 극적으로 개선할 수 있는 전 세계 반인신매매 운동에 협력하고 있는 노력이 저해되고 있다.[5]

이러한 지적에도 불구하고, 매춘부의 활동은 주류 반인신매매 운동에서 전면에 나선 적이 없으며, 심지어 어떤 사람들은 그것이 터무니없다고 생각한다. 그러나 기회만 주어진다면, 성노동자들이 솔선수범해 훌륭히 운동을 이끌지 못할 이유는 없다.

"우선, 해악을 끼치지 않기"[6]

미얀마의 에이즈미얀마협회AIDS Myanmar Association, AMA(아마ama는 버마어로 '큰언니'라는 뜻이다)는 빈곤과 금융 취약성을 성산업 내 인신매매의 핵심 동인으로 보고, 금융 관리에 대한 교육을 실시하는 동시에 신분증 발급 및 은행 계좌 개설 등에 관한 지원을 제공하고 있다. 에이즈미얀마협회의 창립 멤버인 케이 티 윈Kay Thi Win은 다음과 같이 말했다.

우리의 꿈은 커뮤니티를 위해, 커뮤니티와 함께, 커뮤니티에 의해 움직이는 성노동자 중심의 조직을 만드는 것이다. 에이즈미얀마협회는 성노동자 중심으로만 운영되는 조직으로서 우리의 욕구에 기반해 스스로 결정을 내린다. 에이즈미얀마협회는 다른 조직으로부터 독립적이며, 우리는 성노동자로서 우리의 일상생활에서 벌어지는 문제와 이슈들을 가장 잘 알고 있다. …… 우리는 돈이 곧 힘이라고 믿는다.[7]

인도 웨스트벵골의 성노동자 단체인 두르바 마힐라 사만와야 위원회(이하 DMSC)는 자기규제위원회Self-Regulatory Boards, SRBs[+]라 불리는 전국 33개의 소규모 위원회를 두고 있다. 각 위원회는 6명의 성노동자, 1명의 지역위원, 4명의 보건 분야 및 노동 분야의 전문가들로 구성된다. 3년 동안 지역의 자기규제위원회에서 2,000명이 넘는 성매매 종사자가 심사를 받았는데, 이 중 '미성년자이거나 비자발적으로 일하는 성인'은 10퍼센트 미만이었다. 그들은 다른 성노동자와 함께 집으로 돌아가거나 DMSC 숙소에 머물면서 현 상황에서 벗어날 수 있는 도움과 지원을 받는다. 심사를 거친 다른 성노동자들은 상담, 건강 관리, 그리고 성노동자의 취약성을 줄이기 위해 기획된 성노동자 주도 커뮤니티 사업에 참여할 수 있는 선택권이 주어진다. 이 중 하나는 전적으로 성노동자를 위해, 성노동자들에 의해 운영되는 은행 사업인데, 이 사업은 성

[+]　역주. 두르바 마힐라 사만와야 위원회(Durbar Mahila Samanwaya Committee, DMSC)는 '막을 수 없는 여성들의 위원회'라는 뜻으로 여성, 남성, 트랜스젠더를 비롯한 약 6만 5,000명의 인도 웨스트벵골 성노동자를 대변하는 단체다. 새롭게 성노동을 시작하려는 사람들이 자발적으로 일을 하는 것인지, 미성년자가 아닌지를 심사하고 지원하며, 성노동자를 위한 학교 및 은행을 설립해 운영하고 있다. DMSC의 자세한 활동 내용은 durbar.org/index-2.html 참조. 반성매매 페미니스트인 스타이넘은 DMSC가 성매매 업소의 업주와 알선업자들에게 새로운 소득원을 마련해주고 고객의 콘돔 사용에 도움이 되지 않는다고 비판했으나, DMSC를 비롯한 성노동자 단체 조직 이후, 인도의 콘돔 사용량은 증가했으며 연간 HIV 감염률은 절반가량 감소했다. 'Should Prostitution Be a Crime?', *The New York Times Magazine*, 5 May 2016, nytimes.com 참조.

노동자들이 부채의 노예가 되지 않도록 계좌를 개설하고 저축할 수 있도록 지원한다.[8]

바라티 드Bharati De는 성노동자를 '구조'하려는 주류 반인신매매 운동의 개입 방식에 대해 다음과 같이 논평했다.

> [그런 방식은] 규모가 너무 작아 실질적으로 아무런 소용이 없다. 기껏해야 한 달에 2~3,000루피[약 3만~4만 5,000원] 정도 벌 수 있는 바느질, 박음질, 양초 만들기 등을 성노동자에게 가르쳐주는 기관들이 있지만, 요즘 성노동자들이 콜카타에서 살려면 부양할 가족이 없어도 최소한 5,000루피[약 7만 5,000원]는 벌어야 한다.[9]

페미니즘 운동은 DMSC 같은 단체들에 관심을 기울여야 한다. 이런 단체는 착취적인 포주들에게 상당한 위협을 준다. 불과 몇십 년 전만 해도 인도 콜카타의 대규모 성매매 집결지인 소나가치Sonagachi의 성산업은 마담들이 고용한 폭력조직이나 하디야hadiya[+]에 의해 통제되었다. DMSC의 단체교섭 및 노조 활동의 결과, 소나가치 성매매 업주들의 80퍼센트가 백기를 들었다. 현재 그들은 전보다 공정한 요금 및 수수료 체계를 준수하고 있다.[10]

[+]   역주. 성노동자가 수입의 절반을 집주인 여성에게 지불해야 하는 제도를 일컫는 말. 하디야로 인해 부채를 지고 있는 소나가치 지역의 성노동자들은 저임금 또는 무급노동으로 일해야 했다. NSWP, *Sex Workers Demonstrate Economic and Social Empowerment*, 2014, 13, https://www.nswp.org/resource/nswp-publications/asia-and-the-pacific-regional-report-sex-workers-demonstrate-economic-and 참조.

인도 성노동자 단체인 베샤 안나이 무크티 파르샤드Veshya Anyay Mukti Parishad, VAMP 역시 비슷한 방책을 활용하고 있다. 그들은 성노동자가 직장 안팎에서 괴롭힘이나 착취를 당할 때 개입할 수 있도록 분쟁조정위원회Thanta Mukti Samithis, TMS라는 대책위를 두고 있다. 여성 인신매매에 반대하는 국제연맹은 분쟁조정위원회를 통해 어느 마담(성매매 업주)이 미성년자를 데려오려는 포주와 분쟁을 벌였던 과정을 조명한 바 있다. 그 미성년자는 부모와 재회해 상담 및 경찰의 도움을 받을 수 있도록 지원을 받았으며, 그 포주의 이력과 정보는 인접 지역의 분쟁조정위원회 단체에 공유되었다.

태국의 성노동자 단체인 임파워Empower도 관리자를 상대하기 위한 실용적인 접근법을 채택하고 있다. 가령, 임파워의 영어 교육에 참여했던 이주 성노동자 솜Som은 고용주가 성노동자 활동에 참여하지 못하게 할 뿐만 아니라, 임금을 삭감하고 여권을 압수했던 사실을 폭로한 바 있다. 고용주가 가족의 집을 알고 있었기 때문에 솜은 이주로 생긴 빚을 갚지 않고 도망치며 맞서는 방식을 쓸 수 없었다. 또한 구금이나 추방을 당하는 게 두려워 경찰에 자신이 인신매매 피해자라 밝히고 신고하는 걸 꺼릴 수밖에 없었다. 그녀는 성노동을 이어가면서 부채를 탕감하길 바랐지만, 그보다 더 바랐던 것은 자유롭고 유연한 노동조건을 갖추는 것이었다. 고용주와의 협상을 위해 그녀는 임파워에 지원을 요청했고, 임파워는 기존의 부채 상환 일정을 유지하되 다른 곳에서 독립적으로 일할 수 있다는 내용의 양자 간 새로운 합의를 성공적으로 이끌어냈다.

감금 페미니스트들 사이에는 악한 남성이 감옥에 들어가 있지 않으면 정의가 지켜진 것이 아니라는 의식이 팽배하지만, 공동체 주도의 접근에서는 [악한 남성이 아니라] 성노동자를 가장 우선적으로 고려한다. 이에 여성 인신매매에 반대하는 국제연맹은 다음과 같이 논평한 바 있다. "언제나 딱 떨어지고 관례적인 해결책만 있는 것은 아니다. 구체적인 상황 속에서 '우선, 해악을 끼치지 않기' 위한 최선의 해결책을 찾으려면, 성노동자들이 창의력을 발휘해야 할 때도 있다."[11]

실용적이고 효과적인 이와 같은 접근 방식은, 잘못 설계된 채 남반구의 성노동자들에게 강요되는 학대적인 '인도주의'와 거리가 있다. 예를 들어, 캄보디아와 인도의 성노동자를 대상으로 주기적으로 단행되는 '불시단속 및 구조' 작전은 성매매 업소에서 붙잡힌 여성들을 최저임금 수준의 의류 공장에 배치시킨다.+ 그러나 성노동자들은 스스로 만들어가는 삶으로부터 강제적으로 구출되기보다, 그저 스스로에게 가장 좋다고 생각하는 걸 요구하길 원한다. 캄보디아 성노동자 단체인 여성단결네트워크 Women's Network for Unity의 슬로건은 이러한 바람을 담고 있다. "재봉틀이 아니라 노동자의 권리에 대해 말하라."[12]

+ 인터네셔널 프린세스 프로젝트(The International Princess Project)라는 회사는 '펀자미스(punjammies, 성매매 업소에서 '구조'된 여성들이 만든 파자마)'를 제조한다. 그들은 "여성들이 희망과 존엄 있는 삶을 이루기 위해 성노예의 참화로부터 탈출해 자유를 향한 길을 만드는 것"을 목표로 삼는다. sudara.org/collections/punjammies 참조.

버림받는 사람이 없어야 한다

성노동자 권리 운동은 다른 이들의 권리 운동과 분리될 수 없다. 모든 성노동자의 인권을 고려한다는 것은 단순히 매춘법만 다루는 것이 아니라 넓은 범위의 부정의를 다루어야 한다는 것을 의미하며, 따라서 비범죄화 시행은 긴 여정에서 고작 한 발자국을 내딛는 것에 불과하다. 예컨대, 제4장에서 살펴보았듯 마약과의 전쟁은 성노동자 문제와 떼려야 뗄 수 없다. 아무리 성매매 업소 노동자가 관리자를 임금 탈취 혐의로 법정에 세울 수 있다 해도, 그 성노동자가 싸고 안전하게 생산되는 약물이 아니라 위험한 약물을 사는 데 자신의 수입을 몽땅 털어넣고 있다면, 우리의 운동은 목표에서 한참 더 멀어지는 것이다.

제3장에서 강조했듯, 국경 역시 성노동자의 문제다. 경찰이 몇몇 성노동자들에게만 거리를 거닐며 일을 하도록 허용하고, 그들의 이주민 동료들은 체포하고 추방한다면, 우리의 운동은 끝나지 않는다. 광범위한 건강 관리 체계하에서 일어나는 낙인과 차별 또한 성노동자의 문제다. 인종차별주의, 트랜스혐오, 비장애중심주의적인 의료 분야의 게이트키핑gatekeeping[++]이 성노동자들을 배제해왔던 방식을 개선하려면, 성노동자 친화적 성매개감염병 클리닉 이상의 노력이 필요하다.

성판매를 통해 주변부를 계속 맴돌고 있는 사람들이 있는 한, 그들에게 영향을 미치는 모든 사회적 문제는 성노동자 권리

[++] 역주. 뉴스 결정권자가 메시지 이동 관문을 지키고 서서 뉴스를 취사선택하는 과정.

와 관련된 문제가 된다. 전직 성노동자인 재닛 모크Janet Mock는 이렇게 표현했다. "가장 주변화되고 가장 감시받으며 가장 조롱받고 밀려나고 재단되는 사람들이 중심부에 설 때까지 우리는 자유롭지 못할 것이다. 버림받은 사람이 없어야 한다."[13]

비범죄화만으로는 사람들을 주변화하고 성노동으로 유입시키는 요인들을 '해결'하지 못하기 때문에 성노동자 활동가들은 반드시 그 한계를 고민하게 된다. 성노동 비범죄화는 모든 이들의 가난을 일시에 줄이지 못한다. 성노동은 가난을 극복하는 효과적인 전략이지만, 가난을 구조적으로 해결하지는 못하기 때문이다. 성산업의 범죄화 또는 비범죄화로 홈리스 문제를 사라지게 할 수도 없다. 홈리스가 없으려면 그들이 안정적이고 저렴한 주택에서 살 수 있도록 적절한 지원을 제공해야 한다.[+] 형법 폐지는 사람들이 생존하기 위해 지금 당장 필요한 일을 더 안전하게 할 수 있게 만드는 일이다.[14] 우리가 살펴봤던 여타 모델들과는 달리, 비범죄화는 성노동자의 삶이 더 나빠지는 것을 막는다.

비범죄화는 주변화된 성노동자들의 불안정성을 개선할 수 있는 다른 중요한 정책들과 함께 시행되어야 한다. 비범죄화의 효과가 저절로 나타날 것이라는 생각은 성산업에서 노동권에 접근할 수 있는, 다소 괜찮은 삶을 누릴 특권을 가진 성노동자들만의 이익을 표방한 것이다. 그들에게는 범죄화만이 유일한 문제이기 때문에 그것을 없애는 것만으로도 충분할지 모른다. 하지만

[+] 물론, 노르웨이에서 퇴거당한 성노동자들의 사례에서 알 수 있듯이, 상업적 섹스의 범죄화는 사람들을 홈리스로 내몰기도 한다.

악한 고객보다 성노동자들의 투쟁이 더 중요하다는 것을 우리가 비성노동자 페미니스트들에게 일깨워주었듯, 성노동자 운동 역시 가난한 성노동자, 이주민 성노동자, 장애인 성노동자 등을 위해 호객행위나 성매매 업소 운영에 관한 법률을 요구하는 것만으로 충분치 않다는 것을 깨달아야 한다.

우리의 운동은 개인 및 국가 폭력에 가장 큰 타격을 받는 유색인 성노동자들의 경험과 활동을 중심으로 나아가야 한다. 유색인 성노동자들, 특히 흑인 여성들의 삶은 마치 처분 가능한 것처럼 보일 때가 많다. 소설가이자 시인인 아야 드 레온Aya de Leon은 "'흑인의 생명은 소중하다'라는 인식을 확산하기 위해 투쟁하는 시대에 흑인, 여성, 아프리카인, 성노동자로 존재하는 건 뿌리 깊은 냉대와 무시의 공간에 거주해야 한다는 것을 의미한다"라고 말했다.[15] 아프리카인이든 아프리카계 미국인이든 아프리카나 카리브해에서 온 디아스포라든, 흑인 성노동자들은 인종화된 빈곤, 사회적인 낙인, 경찰에 의한 방치 및 학대의 폭력에 시달리고 있다. 흑인 매춘부는 누구에게도 중요한 사람이 아니며 책임감 없이 잔인하게 다루어도 된다는 신호를 가해자가 받게 되었을 때, 이런 상황은 폭력을 발생시킨다. 단순히 생존하기 위해 노력한다는 이유로 흑인 성노동자들은 계속해서 감금되고 추방되고 퇴거당하고 있다.

비범죄화 지지자들은 경찰의 단속 방식이 조금 바뀌었다고 해서 그 효과를 지나치게 강조하지 않도록 주의해야 한다. 성노동 비범죄화는 흑인에 대한 경찰의 프로파일링을 마법처럼 사라지게 하지 못한다. 비범죄화가 할 수 있는 것이라곤 경찰이 자신의 권한을 과도하게 행사하려 할 때 특정한 방법으로 경찰력 행사를 자제시키고, 성노동자에게 자원을 분배하는 것이 전부다. 우리는 엉뚱한 경로로 경찰에게 우리의 권력을 양도하고 성노동자를 효과적으로 재범죄화하는 가혹한 법령들을 경계해야 한다. 경찰이 매춘법 이외의 경로(예를 들어, 이주민이나 마약 소지자에 대한 기소 등)로 여전히 성노동자를 넘어서는 권력을 유지할 경우, 경찰은 이를 남용하게 된다.[16]

성노동자 권리 옹호자들은 비범죄화에 대한 이런 현실적인 관점을 방어적으로 느낄 필요가 없다. 법률 개혁의 한계는 성노동에만 국한된 문제가 아니다. 배우자강간법spousal-rape law은 결혼 생활에서 일어나는 강간을 없애지 못했다. 임신중지 합법화도 아직 재생산 정의를 달성하지 못했다. 이러한 조치들은 페미니스트들이 협력해 걸어가야 할 기나긴 여정 중 필수적인 첫걸음일 뿐이다. 임신중지 합법화는 중요하지만 그것이 재생산 정의를 이루는 데 충분하지 않았던 것처럼, 비범죄화 역시 성노동자 정의를 위해 필요하지만 그것만으로는 충분하지 않다.

우리의 입장은 성산업이 그 자체로 가치 있거나 바람직하다는 것이 아니다. 우리는 페미니스트로서, 성매매를 하며 겪은 여성혐오와 폭력을 불쾌하게 기억하고 있다. 그러나 성노동을 인도적으로 폐지하는 일은 주변화된 사람들이 더 이상 성산업을 통해 스스로를 지탱할 필요가 없을 때, 즉 더 이상 생존을 위해 성산업이 필요하지 않을 때에만 가능하다.

성노동을 더 이상 필요하지 않은 것으로 만들기 위해서는 이동의 자유권, 노동권, 지원 서비스에 대한 접근권, 추방의 위협 없이 일할 권리, 취업 방안, 더 나은 복지의 제공, 저렴한 주거, 비혼모 지원 서비스 등 쟁취해야 할 것들이 많다. 만약 모든 사람이 각자가 필요로 하는 자원을 갖추고 있다면, 아무도 성판매를 할 필요가 없을 것이다.

조급하게 이 목표를 좇는 것은 성노동자의 신체적·경제적 안전을 박탈하는 일일 뿐만 아니라, 가부장제와의 싸움에서 그들을 끊임없이 총알받이로 사용하는 것이다. 매춘의 '문제'를 범죄화로 타격해 성노동을 즉각적으로 폐지하고 해악이 사라지길 바라는 것 자체가 해악이다. 반대로 비범죄화를 통한 위해감소 전략은 성노동을 지금 당장 더 안전하게 만들 수 있다. 만약 우리가 가난과 국경(그리고 여기서 장황하게 논의했던 다른 병폐들)을 종식시킬 수만 있다면, (성노동을 사랑하는 소수의 사람들을 제외한) 모두를 위해 이를 효과적으로 폐지하고 사라지게 할 수 있을 것이다.

"남성들이 저지르는 폭력과 개별 남성이 저지르는 폭력"[17]

자유주의를 경계해야 한다. 만약 누군가의 정치가 고작 '평등과 존중' 또는 '내가 원하는 대로 내 몸을 쓸 자유'를 방어하는 데 그친다면, 그것은 성노동자를 지지하는 것으로 보기 어렵다.

물론 이러한 생각이 불쾌할 수도 있다. 가정이나 직장에서 낙인찍히고 소외된 집단이 '다른 사람들처럼' 대우받길 바란다는 상냥한 레토릭은 사회적 배척을 효과적으로 해소하기도 한다. 재현 또한 강력한 정치적 수단이다. 블록버스터 영화에서 공감대를 불러일으키는 캐릭터를 가진 성노동자 캐릭터는 '죽은 창녀'를 농담의 소재로 삼는 문화적 기호+와 싸우는 데 큰 도움이 될 수 있다. 어느 수준에서든 성노동자에 대한 낙인을 다루는 건 중요한 일이다.

그러나 성노동자의 권리를 지지하는 사람들, 심지어 일부 성노동자들조차 오직 낙인을 없애고, 더 나은 재현을 하고, '수용'을 경험하고, 우리가 하는 일에 대해 존중을 확보하기 위해서만 투쟁해야 한다고 생각하기도 한다.

제2장에서 언급했던 스웨덴의 성노동자 겸 활동가인 재스민이 아이들의 아빠에게 찔려죽자, 그녀의 죽음은 영국 런던의 스웨덴 대사관 밖 시위를 촉발시켰다. 성노동자들은 "낙인이 죽였다Stigma Kills"라고 쓰인 팻말을 들고, 섹스숍스라겐에 대한 비판적 인식을 확산하기 위해 모였다. 물론 낙인이 그녀를 죽인 것은 맞다. 많은 여성에게 찍힌 낙인처럼, 그 살해범 역시 재스민에게 가치 없고 쓰고 버릴 수 있다는 낙인을 남겼다.

하지만 낙인은 큰 그림의 일부일 뿐이다. 그 당시 재스민은 부적합한 엄마라는 이유로 그녀와 떨어져 지내던 아이들의 양육권을 되찾기 위해 폭력적인 전 파트너와 험악한 다툼을 벌이고

+ 역주. 주로 범죄 드라마나 성인용 코미디쇼에서 성노동자를 처분 가능한 존재로 바라보고 연쇄살인범, 사이코패스의 희생자나 참혹한 폭력의 대상으로 재현하는 문화적 흐름. 죽은 창녀로 재현되는 등장인물은 이름이나 얼굴이 없고, 마약이나 학대와 결부되어 나타나며, 그녀의 죽음은 불가피한 것으로 설정된다. '"When They're Dead, They're Hookers" —The Media Trope that is Literally Killing People', *Medium*, 30 June 2018, medium.com 참조.

있었다. 스웨덴의 사회복지사들에게 에스코트 성노동자라는 직업은 그녀를 부정적으로 평가하는 빌미가 되었다. 스웨덴 정부는 아이들을 전 파트너에게 보내 상황을 악화시켰고, 재스민이 아이들을 보기 위해 그를 계속 만날 수밖에 없도록 만들었다. 그가 그녀를 찌른 건 그 만남이 이어진 날 중 하루였다.

일부 페미니스트 논자들이 그랬던 것처럼, 재스민의 죽음에 대한 책임을 오로지 전 파트너의 폭력에서 찾고, 이를 매춘법과 무관한 것으로 치부하는 것만으로는 충분하지 않다.[18] 그가 그녀를 살해한 것은 맞지만, 그것은 스웨덴이라는 국가가 그의 폭력 이력을 무시하고 암묵적으로 용인했던 맥락에서 일어난 일이다. 재스민의 삶과 죽음은 여성혐오적이고 억압적인 국가의 작동이 어떻게 동시에 이루어지고 있는지 보여준다.

여성을 향한 폭력을 종식시키기 위해서는 폭력이 어떻게 작용하는지 면밀하게 분석할 필요가 있다. 장전된 총기가 일으킬 피해를 예상하는 건 그리 어렵지 않다. 하지만 방아쇠를 당기는 자의 살인 동기만큼이나 중요한 질문은 이런 것들이다. 누가 총기를 소지할 자격이 있는가? 누가 그것을 마음대로 사용할 수 있는가? 그들은 언제, 그리고 왜 그런 권한을 부여받는가? 우리는 젠더 폭력을 개인적 차원에서 다루는 전략과 젠더 폭력을 야기하는 체제를 전복할 전략을 동시에 모색해야 하며, 그 해결책 가운데 일부는 겹칠 수도 있다. 중요한 것은 이러한 기제들이 공생하듯 함께 존재하고 있음을 이해하고, 어느 하나에 시선을 '고정'하지 않는 것이다.

재현은 페미니즘의 문제이며, 여성 인물을 이사회와 정부로 진입시키고, 지폐에 넣기 위한 노력도 중요하다. 누군가에게는 재현이 낙인 혹은 존중으로 이어지는 연결고리가 선명히 보일 수 있다. 여성 대표라는 상징성은 어느 이사회의 유일한 여성에게 신뢰할 만하다는 이미지를 부여할 수도 있다.

그러나 노동자의 삶을 물질적으로 분석하지 않는다면 이 모든 전략은 효과를 볼 수 없다. 억압의 기제들을 살피지 않고, 성노동자가 사회에서 재현되는 방식만을 검토하는 것은 보여주기식 정치에 불과하다. 우리는 성노동자들이 넷플릭스 쇼에 출연하고 백악관에 들어가고 심지어 성노동자가 지폐에 등장해야 한다며 낙인에 맞서 싸우는 것을 지켜봐왔다. 하지만 실질적인 법률적·경제적 변화가 뒤따르지 않는 한, 가장 주변화된 사람들은 계속해서 경찰차를 피해 음지로 숨어들고, 거리에서 잠을 자고, 교도소와 유치장에 수감될 것이다.

"전 세계 매춘부를 위한 권력은 모든 여성을 위한 권력"[19]

전반부에서 우리는 이 책이 개인적인 회고록이나 권능 강화 empowement에 관한 이야기가 아니라고 말했다. 권능 강화는 성노동에 관한 논의에서 빈번히 등장하는 말이다. 이 말은 성적 일탈이나 급전 마련이 주는 스릴, 또는 이른바 성을 팔기 위한 개인의 자유로운 선택 등을 이야기하는 데까지 남용되어 종종 중산층 성노동자들을 다루는 언론에서 풍자될 정도다. 이런 경솔한 용례들에서 엿볼 수 있는 건 돈을 벌기 위해 섹스를 하는 것이 본질적으로 권능을 강화한다는 인식이다. 성적 대상화로부터 이익을 얻는 개인의 능력이 모든 사람의 현재 상태를 마법처럼 뒤집을 수 있다는 이런 자유주의적인 관점은 많은 페미니스트 비평가들의 의심을 샀다.⁺

우리 역시 '권능 강화'나 '선택'에 관한 그럴듯한 서술에 비판적이다. 각자의 경험을 기술하는 것은 각 성노동자들의 몫이지만 (그리고 이러한 주장이 종종 낙인에 대한 방어적 대응의 맥락에서 나온다는 것을 알고 있지만) 매춘은 일반적으로 선택지가 풍요로울 때가 아니라 부족할 때 나타난다고 보는 페미니스트들의 관점에 우리는 동의한다.

'권능 강화'는 레드헤링red herring⁺⁺이다. 우리는 사람들의 클릭을 유도하기 위한 미끼로 "성노동은 권능을 강화하는가, 노예화를 강화하는가?" "나는 스스로의 권능을 강화하기 위해 에스코트 성노동자가 되었지만, 결국 그것은 내 영혼을 파괴했다" "나에게 일어났던 일: 나는 8년 동안 에스코트 성노동자였고, 그것이 내 권능을 강화할 것이라 생각했지만 그렇지 않았다" "성노동자와 어머니: 그렇다, 이 직업으로 내 권능이 강화되었다" 같은 말들이 헤드라인으로 배치되는 것을 목격하곤 한다.²⁰ 개인적 감정에 호소하는 이와 같은 방식은 식민주의, 자본주의, 가부장제에 관한

⁺　"난 진정한 선택을 원한다. 나는 오로지 나에게 이익이나 위안이 되는 선택의 언어를 사용하기보다 그러한 선택이 이루어지는 체제를 바꾸고 싶다. …… 나는 단 몇 명만을 위한 일시적인 권능 강화가 아닌 집합적인 권능 강화를 원한다." M. Murphy, 'Choice Feminism', *Herizons*, summer 2012, herizons.ca.

⁺⁺　역주. 주의를 다른 곳으로 돌리거나 혼란을 유도해 속이는 것.

훨씬 더 복잡한 논의로부터 주의를 돌리게 만든다.

불행하게도, 이런 구조들에 다시 관심을 돌리려는 시도는 주로 성노동자들의 분노를 유발하는 방식으로 이루어지곤 한다. '선택 페미니즘'에 대한 비판은 예외 없이 준엄한 심판으로 이어지는데, 가령 매춘부의 노동은 '진짜 노동'이 아니며 그들이 행하는 전략을 정당화하려는 경제적 논리는 근본적이지 않을 뿐만 아니라, 비난받아 마땅하고 페미니즘을 배반한다는 식이다. 실제로 저널리스트 메간 머피는 다음과 같이 썼다. "'선택'의 '자유'가 당신의 삶에서 개인적으로 권능이 강화된 것 같은 느낌을 줄 수 있을지는 모르겠지만, 그것은 당신 이외의 그 누구도 자유롭게 하지 못하며, 당신의 '선택'은 다른 여성들이 억압을 당한 대가로 가능한 것인지도 모른다."[21]

이러한 비판은 감금 국가를 지탱하는 직업을 가진 여성들의 '선택'에는 거의 적용되지 않는다. 예를 들어, 어느 반성매매 페미니스트는 친숙한 고백의 어투로 〈나에게 일어났던 일: 난 감옥을 사랑했고, 당신도 그럴 것이다〉라는 에세이를 기고했다. 그녀는 "감사하게도 나를 감옥에 가게 해줬다"라고 회고하면서 "나는 감옥이 구원의 은총이 되리라곤 전혀 예상하지 못했다. 이제 나 같은 경험을 하는 피해자들이 더 많아졌으면 좋겠다"라고 덧붙였다.[22] 글 말미에 저자는 이제 검사로 일하고 있다고 밝혔다. 반면, 성노동자들은 '나는 대학에 가려고 발 포르노foot porn를 팔았다!' 같은 에세이를 쓸 때마다 '당신에게는 괜찮았을지 모르지만, 그 경험에 정말 대표성이 있다고 생각하는가? 이 체제하에서 피해를 입은 여성들을 생각해보라'는 반응을 듣는다. 두 에세이들 중

많은 항의를 받게 될 법한 글이 있다면, 그건 분명 체포와 감옥을 호평한 [검사의] 글이어야 할 것이다. 그러나 주류 페미니즘은 검사보다 [발 포르노를 파는] 캠걸들에게 [경험의 대표성에 관한] 질문을 더 쉽게 던진다.

이런 점에서 성노동자들은 불공정한 희생양이 된다. 페미니즘을 표방하는 한 반성매매 단체는 성노동자들의 약품(경구 피임약) 사용과 화장을 강조하면서 매춘이 심각하게 환경을 파괴한다고 주장하기도 한다.[23] 최선을 다해 가부장적 결혼제도를 향해해 나가는 페미니스트들에게 이런 광범위한 비난이 가해지지 않는 것과는 사뭇 대조적이다. 우리 역시 그들을 비난해서는 안 된다. 모든 사람이 결혼제도를 무너뜨릴 자원을 가지고 있는 것은 아니며, 결혼제도 역시 매춘과 거의 똑같은 방식으로 여성의 경제적 필요에 의해 유지된다.

고급 잡지에 등장할 수 없는 성노동자들은 가난을 피해 이주를 하거나, 고리대금업자를 거부하거나, 야학에 다니거나, 가해자로부터 안전하게 떠날 수 있는 능력을 '권능 강화'로 규정하기도 한다. 성노동자 개개인의 역경 극복이 '진정한 페미니즘'으로 여겨질 수 있는지에 대해 일일이 논쟁하는 대신, 우리는 더 유용한 질문을 던져야 한다. 무엇이 그들에게서 권력을 빼앗았는가? 그들은 어떻게 그 권력을 되찾을 수 있을까?

성노동자들에게 아직 개척되지 않은 가장 강력한 권력의 원천이 있다면, 그것은 성적 해방, 사회적 저항, 돈이 아니라 바로 연대다. 함께하는 것의 잠재력을 알아가게 되면서 성노동자 커뮤니티는 급속하게 확장하고 있다. 현대 성노동자 운동을 촉발했던 프랑스 리옹 성노동자 교회의 공동 지도자, 바버라Barbara는 이렇게 말했다. "나는 3년 동안 분열된 삶을 살았다. 여성으로서의 삶과 매춘부로서의 삶. 그리고 1975년 어느 날, 나는 대화를 나누다가 문득 그것을 더 이상 지속할 수 없다는 것을 깨달았다." 리옹의 점거투쟁 소식은 프랑스 전역의 성노동자들에게 영향을 주었다. 그다음 주부터 그들은 파리, 마르세유, 그르노블, 생테티엔, 몽펠리에의 교회를 점거했다. 경찰에게 폭력을 당하기만 했던 창녀가 언젠가 수십 명의 친구들을 모아 교회를 강제로 점령할 수 있다는 생각은 신나고 희망적인 것이었다. 시위자들은 두려움 없이 "우리 중 누구도 감옥에 가지 않을 것이다"라고 선포하고 이렇게 외쳤다. "경찰은 교회 안에서 우리를 학살해야 할 것이다."[24]

같은 시대, 그러나 지구 반 바퀴나 떨어진 곳인 브라질의 매춘부 가브리엘라 레이트Gabriela Leite도 행동에 나섰다. 1978년에 친구가 경찰에게 살해된 후, 그녀는 거리의 삶을 공개적으로 발언하기 시작했다.[25] 그녀는 굴종을 거부하고 억압을 분노로 바꾸고 자기 이야기의 주인공이 되자는, '창녀들의 혁명putas revolucionárias'이라 불리는 운동 목표를 실현하기 위해 브라질 전역을 히치하이킹으로 돌아다니며 거리와 성매매 업소에서 만난 사람들을 설득하고 조직했다.

경찰도, 업주도, 고객도, 어느 누구도 우리에게 권력을 주지 않는다. 그러나 권력을 쥔 자는 언제나 승리한다. 우리는 가브리엘라와 바버라 같은 활동가들이 40년 전에 증명하고 물려준 것을 취할 필요가 있다. 그들은 성노동자 운동이 지금에야 알고 있는 것을 이미 알고 있었다. 말할 기회를 빼앗긴 것이 곧 잠잠함을 의미하진 않는다는 것 말이다. 정부 청사 밖에서 추방에 항의하는 성노동자 40명의 목소리는 잘 들릴 수 있고,[26] 도로를 봉쇄하는 성노동자 100명의 행동은 눈에 잘 띌 수 있다.[27]

노동자들은 경청하도록 길들여져왔다. 이제는 성노동자들이 말할 차례다. 성노동자들은 페미니즘 운동의 초대를 기다리지 않는다. 성노동자는 항상 이곳에 있었다. 1977년, 흑인 여성에게 가사노동 임금을Black Women for Wages for Housework이라는 단체는 다음과 같은 성명을 낸 바 있다. "창녀가 되는 것은 어떤 면에서 남자들이 강요하는 가난을 거부하며 사는 대가가 무엇인지 보여주는 본보기이자, 다른 여성들을 독려하는 일이다."[28] '창녀 취급'을 받을 것이라는 위협은 여성들이 성노동자와 거리를 두도록 만든다. 하지만 창녀가 권력에 맞서 싸우는 방식은 모두에게 가치 있는 일이다.

매춘의 정치는 여성 간 불화가 아니라 협력의 정치여야 한다. 우리 모두가 그러하듯이, 성노동자들도 더 나은 미래를 원한다. 바로 모든 사람이 각자 공평한 몫의 자원을 가질 수 있고, 생존자들이 치유와 정의에 접근할 수 있는 미래다. 우리는 안전하고, 수입을 보장받고, 자신들의 목소리가 들리길 요구하는 매춘부들의 배짱 있는 태도에 페미니스트들의 반란과 저항이 더욱 고양될 수 있는 미래를 꿈꾼다. 흑인 여성에게 가사노동 임금을의 말을 빌리자면, "매춘부들이 승리하면, 모든 여성이 승리한다".

우리는 성노동자 커뮤니티에 많은 빚을 지고 있다. 그리고 이런 부채를 가지고 있다는 게 믿을 수 없을 만큼 즐겁다. 이 책을 쓰는 동안, 그리고 우리의 정치를 만들어오는 지난 10년 동안, 정말 많은 사람이 다양한 방법으로 우리를 가르쳤으며 지지해주었다. 아마 첫 번째로 감사의 말을 전할 이는, 우리 둘 모두를 커뮤니티로 이끌어준, 영국에 성노동자 커뮤니티가 존재할 수 있도록 대부분 눈에 보이지 않는 엄청난 일을 하고 있는 (그리고 해왔던) 루카Luca여야 할 것 같다. 우리가 이 프로젝트를 끝낼 수 있는 틀을 마련해준 조 브리즈Jo Breeze에게도 감사한다. 조, 당신 없이 우리가 이 일을 끝내지 못했을 거란 말은 과언이 아니에요(그리고 대부분의 시간 동안 태아 모드로 우리와 함께 앉아 있었던 새로운 아기 브리즈Breeze에게도 감사를 전한다!).

변함없는 지지와 우정, 통찰을 준 프랭키 멀린Frankie Mullin, 격려와 논평, 그리고 우리에게 영감을 준 멀리사 지라 그랜트에게 감사를 전한다. 클로에Chloë의 막달레나 세탁소에 대한 통찰과 그녀의 라자냐에 아주 큰 감사를 전한다. 좋은 글과 자매애를 보여준 샬럿 셰인과 니키, 로라, 캐리, 세라, 그리고 영국매춘부단체의 모든 여성에게 감사를 전한다. 당신들의 힘과 공동체, 성노동자를 위한 한결같은 투쟁은 마치 사랑의 봉화 같다.

수많은 사람(이미 언급한 사람들을 포함해)이 원고 초안의 전부 또는 일부를 읽고 우리에게 의견을 건네주었고, 그 모든 사람에게 감사하다. 그들의 통찰력과 격려, 냉철한 지적은 형용할 수 없이 커다란 도움이 되었다(남아 있는 오류는 오로지 우리 저자의 몫이다). 에밀리 달로라 워필드Emily Dall'Ora Warfield, 조에 사무지Zoé Samudzi, 젠 클라멘, 피제이 스타PJ Starr, 재닛 이스탐Janet Eastham, 해미쉬 앨런Hamish Allen, 앨리슨 핍스, 세라 울리Sarah Woolley, 메그존 바커Meg-John Barker, 브릿 슐트, 저스틴 핸콕Justin Hancock, 세라 도먼Sarah Dorman, 사미Sami, 윌리엄William, 나탈리 헌틀리 클라크Natalie Huntley-Clarke, 클레어 하벨Clare Havell, 할리스 로빈Hollis Robin에게도 감사를 전한다. 탐 피터스Tom Peters와 탐 시즌스Tom Sissons의 낙관주의와 격려는 우리를 올바른 방향으로 이끌어주었다.

레이 필라Ray Filer, 당신의 지지와 월트셔에서 함께했던 멋진 시간들에 감사하다. 애쉬Ash, 여행 세 번 분량의 성노동자 권리에 대한 이야기를 들어줘서 고마워. SCOT-PEP의 모든 분들, 특히 스튜Stew, 스테이시Staci, 피오나Fiona, 레이븐Raven, 조지George, 쥬얼Jewel, 제이미Jamie, 릴리Lily, 프랜Fran에게 감사를 전한다. 영국의 성노동자 지지 및 저항운동의 모든 분, 에디Ethie, 캐티Catty, 카오임헤Caoimhe, 이지트Yigit, 조던Jordan, 바네사Vanessa, 프리실라Priscilla, 트래비스Travis, 제트 영Jet Young, 그레이스Grace, 페즈Fez, 애기Aggie, 마사Martha, 콘제퀀트Konsequent, 로렌Lauren, 데이지Daisy, 엠마Emma, 앰버Amber, 할리Harley, 니키타Nikita에게 감사한다. 다니 앤더슨Dani

Anderson(특히 초고에 대한 당신의 유쾌한 코멘트를 정말 사랑했어요), 저스틴Justin, 나인Nine, 브리짓 미나모어Bridget Minamore, 아이슬링 갤러거Aisling Gallagher, 마리카 로즈Marika Rose, 클라크Clark, 나오미 비크로프트Naomi Beecroft, 넬Nell에게도 감사한다. 제4장에서 엄청난 코멘트를 준 루스 제이콥스와 제7장에서 소중한 도움을 준 릴리스 브루어즈Lilith Brouwers에게도 감사한다. 라켓 리트릿Lackett Retreat의 모든 분들께 감사드린다. 특히 우리의 이상적인 독자상을 구현하는 중요한 역할을 맡아준 엘리너 뉴먼베켓Eleanor Newman-Beckett에게 고맙다. 에이프릴April, 앨리스Alice, 데번Devon, 거기 있어줘서 고마워. 다정한 우애와 까탈스러운 성품으로 우리를 의심할 여지없이 더 나은 사람으로 만들어주고, 이 책에 대한 친절한 관심으로 우리의 작업을 날카롭고 명확하게 다듬어준 제니퍼 무어Jennifer Moore에게 감사한다. 시시콜콜한 일들에 엄청난 도움을 준 타쉬Tash, 고마워.

우리가 이 작업을 해나가는 동안 애석하게 사망한 로라 리에게 사랑과 감사를 보낸다. 성노동자를 향한 변함없고 지칠 줄 모르는 당신의 지지는 큰 영감이 되었다. 깊은 그리움으로 당신을 생각한다.

글, 생각, 활동으로 우리의 사유와 이해에 큰 기여를 해주신 모든 분께 감사드린다. 그런 점에서 세라 만, 샬럿 쿠퍼Charlotte Cooper, 소피 버클랜드Sofie Buckland, 마리아메 카바, 로라 어거스틴, 피치Peech, 웬디 라이언, 레니 에도 로지Reni Eddo-Lodge(당신의 작품들, 그리고 우리도 책을 쓸 수 있다는 당신의 다정하고 시의적절한 제안에 감사를 표한다), 닉 마이, 티에리 샤포제Thierry Schaffauser, 치 아다나 음바코, 제이 레비, 줄리아 오코넬 데이비드슨Julia O'Connell Davidson에게 감사한다. 캐럴 리, 게일 페터슨Gail Pheterson, 니키 로버츠에게 고맙다. 케이티 사이먼Caty Simon과 티츠앤새스 팀 모두에게도 감사를 전한다. 심층적이고 복잡한 논의를 위한 공간을 유지하는 당신들의 활동은 매우 특별하다. 하루하루 세계를 더 나은 방향으로 변화시키기 위해 활동하는 전 세계의 성노동자 권리 운동가들에게 깊은 감사를 표한다. 우리는 이들에게 엄청난 빚을 지고 있다.

늘 지지해주고 격려해준 버소Verso 출판사의 모든 분들께 감사하다. 특히 놀랍도록 주의 깊고 인내심 있고 친절한 편집자, 로지 워런Rosie Warren과 세라 그레이Sarah Grey에게 감사드린다. 이 프로젝트를 지원해주고 우리에게 바꿀 수 없는 시간을 선물해준 오픈소사이어티재단Open Society Foundations에도 감사드린다.

우리의 마지막 감사 인사는 물질적이든 감정적이든 정말 헤아릴 수 없는 지지를 보내준 딘Dean과 제임스James에게 전한다. 정말 정말 고마워.

우리는 추상적인 언어로 이루어진 논의에 익숙하다. "모든 여성은 매춘부이며, 결혼은 매춘"이라 이야기했던 케이트 밀렛의 표현부터 최근 #나는_창녀다 운동으로 이어진 일부 넷페미니스트들의 선언까지, '매춘'과 '창녀'는 주로 여성에 대한 억압과 피해를 극적으로 표현하는 상징이자 은유로 활용되어왔다. 문제는 발언의 의도가 아니라 그 효과다. '여성'을 위한다는 대의 및 선의에 기대어 매춘과 창녀의 특정한 이미지가 구축되는 동안, 성노동자의 일상적 안전과 생존을 위한 구체적인 논의는 어느새 뒷전이되어버렸다. 성매매로부터 보호해야 한다는 '여성의 인권'에 '성노동자 여성의 인권'은 포함되지 않았으며, 상징과 은유로 만들어진 매춘과 창녀의 이미지는 성노동자를 대문자 '여성', '노동자'의 구성적 외부에 위치시키고, 또한 지배적 젠더·섹슈얼리티·노동 체계를 변화시키는 데 영향을 주지 못했다. 선택적으로 경청되는 매춘 서사 역시 성산업과 성노동자의 다층적인 현실을 반영하는 데 실패해왔다.

　저자들은 매춘에 대해 벌어져왔던 지금까지의 논의들이 과거에 성노동자였지만 현재 성노동자가 아닌 탈성매매자나 성노동 경험이 없는 페미니스트들이 주도해온 '매춘부 없는 매춘 담론'이었다고 주장한다. 그러나 "매춘부와 비매춘부, 그리고 현직 성노동자와 전직 성노동자 사이에는 정체성이 아니라 성을 판매하고 거래하는 이들의 '물질적 조건'에서 근본적인 차이가 있다. …… 비매춘부와 탈성매매 여성들이 이 논쟁에 어떤 이해관계를 가지고 있든지 간에 아직 남아서 성을 판매하고 있는 성노동자들에 대해 왈가왈부하는 것은 정당하다고 볼 수 없다"(91쪽). 이 책이 의미 있는 지점은 추상화된 언어로 포착되지 않거나 비매춘부들의 발언에 가려진 현직 성노동자들의 생생한 목소리를 담았다는 점이다. 성노동자로서 저자들은 자신과 주변의 경험에 기댈 뿐, 소위 반성매매론 대 성노동론이라 불리는 둘 중 어느 하나의 입장에 서지 않는다.[+] 구조/행위자, 폭력/노동, 강제/자발, 착취/권능 강화 등의 이분법은 간편하지만, 성노동 현장의 모습을 드

[+] 저자들이 서두에 밝혔듯, '성노동'은 매춘이 노동이거나 노동일 수 있음을 인정하는 용어다. 성산업 폐지에 찬성하는 사람을 포함하여 매춘이 폭력적이고 차별적인 일이지만 노동일 수 있음을 인정하는 이들에게도 '성노동' 개념은 광범위하게 사용된다. 하지만 한국에서 익숙한 '반성매매론 대 성노동론'의 이항은 섹스, 노동, 국경 및 경찰제도, 이주 정책, 인신매매, 성산업 관련 법제화 등의 주제에 따라 분화되는 여러 입장을 구분하지 않고 오직 매춘의 노동 인정 여부만을 중요하게 다룬다. 이 책 전반에 걸쳐 소개되는 '현대 좌파의 성노동자 권리 운동' 또는 '성노동자 페미니즘' 역시 '성노동'이라는 용어를 쓴다는 점에서 '성노동론'으로 불릴 수 있겠으나, 본문에서 저자들이 비판적으로 언급한 프로-섹스 페미니스트, 에로틱 전문가의 섹스 긍정주의적 입장을 공유하지는 않는다. 제1장과 제2장에서 저자들은 '반성매매론 대 성노동론'을 구분하는 대신, 상징으로서의 '섹스'에 집중하는 두 입장으로 '프로-섹스(섹스 긍정주의) 입장 대 섹스 부정주의 입장'을 비교한다. 물론 이 책에서 언급되는 여러 '입장' 및 '주의'들은 한국과는 다소 다른 논의의 맥락을 반영하고 있으며, 하나의 범주로 묶일 수 없는 이질적 입장들을 동질화해 나타낸 언어이므로, 설명의 편의를 위해 제한적으로만 사용되었다는 점을 밝혀둔다.

러내고 성노동자의 요구를 반영하는 데 무용한 까닭이다. 언제나 그렇듯, 현실은 양극단 사이에 있다.

저자들은 성노동에 낙인을 찍고 성노동자를 즉각 성산업에서 구출해야 할 대상으로 보는 재현 방식에 반대한다. 그렇다고 성노동을 찬미하고 성산업의 문제를 과소평가하는 긍정적인 노동자상을 제안하지도 않는다. 설령 아무리 입체적인 언어를 개발한다 해도, 재현의 문제에만 천착하는 것은 여전히 성노동을 상징적·은유적으로만 이해하는 것이며, 우리의 언어는 그 다양성과 복잡성을 따라잡기는커녕 단순한 유형화에 빠지기 십상이다. 성노동자의 복잡다단한 경험에 기반해 성산업은 이제 실용적·물질적으로 분석되어야 한다. 물론 성노동자에 대한 낙인을 없애고, 성노동자를 존중받을 자격이 있는 존재로 그리려는 노력은 중요하다. 그러나 그것만으로는 충분치 않다. 성노동자의 삶을 어렵게 하는 물질적 맥락을 살피지 않고 문화적 재현 및 인정의 문제에만 몰두해서는 왜 성노동자가 성산업에 유입되고, 왜 포주, 고객, 경찰에게 폭력을 당하며, 왜 국가로부터 퇴거, 추방, 벌금, 감금에 처해지는지, 이러한 현실에서 법률적·경제적 변화는 어떻게 이끌어낼 수 있는지 알 수 없다.

재현 경쟁

매춘을 노동이라고 말하는 것은 그것이 좋은 노동이라거나 그것을 비판하지 말아야 한다는 뜻이 아니다.(114쪽)

…… 어떤 직업이 나쁘다는 말은 그것이 '진짜 직업'이 아니라는 의미가 아니다. '성노동이 노동'이라는 성노동자들의 주장은 권리가 필요하다는 뜻이다. 우리는 노동이 좋은 것, 재미있는 것이라거나 심지어 해롭지 않다고 말하려는 것이 아니며, 노동이 본질적인 가치를 지니고 있다고 말하려는 것도 아니다. 마찬가지로, 우리의 노동을 노동권의 관점에서 파악하려는 노력이 노동 그 자체에 대한 무조건적인 지지를 함의하는 것도 아니다. 자본주의를 옹호하려는 것도, 더 크고 수익성 있는 성산업을 옹호하려는 것도 아니다.(118~119쪽)

어떤 이들은 '성판매자'나 '성노동자'라는 단어를 보자마자 이 책을 덮을지도 모른다. 성산업에서 발생한 억압, 착취, 폭력의 희생자로서 '성매매된 사람' '성노예' '성착취 피해자' 등의 단어를 쓰는 대신, 이들을 거래의 주체나 노동의 주체로 호명하는 게 매춘의 구조적 강제성을 무시하고, 고객의 성구매권을 인정하며, 포주나 관리자의 폭력을 옹호할 언어적 무기를 쥐여준다고 여기는 까닭이다. 그러나 '성노동'이라는 명명에 얽힌 거부감은 노동과 섹스에 대한 특정한 믿음을 내포하고 있으며, 이 믿음은 매춘에 대한 납작한 이해와도 연결된다.

오랜 시간 동안 일군의 페미니스트들은 '노동은 좋은 것'이라는 '노동 신성화'의 이데올로기에 입각해 매춘은 노동이 아닌 '착취'라는 말을 유포해왔다. 폭력이 일어나지 않는 것, 일터에서 성취와 보람을 느낄 수 있는 것, 가치를 생산하는 것으로 상징되는 신성화된 노동의 이미지에 따라 매춘은 종종 노동이 아닌 무언가로 상상되었다. 하지만 이러한 잣대를 다른 노동에 대입하는 순간, 이 사회에 노동은 몇 남지 않게 된다. 자본주의 사회에서 많은 노동자는 착취적인 노동조건 아래 일하고 있으며, 성취와 보람 대신 폭력과 트라우마를 경험한다. 특히 재생산노동 및 서비스노동에 종사하는 사람들은 대개 여성이고, 저소득(혹은 무소득)으로 일한다. 만약 어떤 일이 대단히 열악하고 착취적이며 젠더화되어 있다는 사실이 비非노동의 근거가 된다면, 재생산노동이나 서비스노동으로 지칭되는 수많은 노동 역시 더 이상 노동으로 불릴 수 없을 것이다. 가사노동, 임신·출산노동, 돌봄노동, 감정노동 등 비가시화된 여성의 일을 노동으로 명명하고자 했던 페미니스트들의 노력 또한 무의미해질 수밖에 없다. 노동 과정을 규율하는 법률조차 '노동은 좋은 것'이기만 할 수 없다는 사실을 인정하고 있다. 노동법은 노사관계를 자유로운 계약 및 거래가 오가는 대등한 관계로 보기보다 사용자가 정한 불리한 조건에서 노동력이 제공되는 불평등한 종속관계로 보는 특수법으로, 현실에서 작동하는 기울어진 권력관계를 보정하는 것을 목표로 한다. 이와 같은 노동의 현실을 감안한다면, 성산업 내 착취 문제를 제기하기 위해 '성노동'이라는 명명을 거부할 필요는 없다. 오히려 착취를 노동 과정에서 일어난 문제로 사유하게 될 때, 노동자를 보호하는 기존의 법률 또는 노동운동의 자원을 활용하거나 피해와 착취의 경험을 더 적극적으로 말할 수 있는 기회가 생길 수 있다.

일부 반성매매 페미니스트들은 '삽입'을 하고 '몸(성기)을 파는 것'이 그 자체로 여성에 대한 비하와 폭력이므로 노동이 아니라 주장하기도 한다. 이때 매춘은 몸의 일부 또는 전부에 대한 처분권을 팔아 언제든 삽입을 허용하는 폭력으로 상상된다. 여타의 서비스 노동자들은 '신체' 상품이 아닌 신체를 이용한 '시간과 서비스'를 판매한다고 여겨지지만, 성노동자는 이와 동일한 기준으로 평가되지 않으며 유독 자신의 신체를 포기하는 사람으로만 그려진다. 어떤 이들은 제니스 레이몬드의 표현을 빌려 성노동을 '대가를 받는 강간(페이강간)'이라 부르면서 성노동에 암묵적·명시적 거래, 협상의 과정, 노동자와 고객 간 공유된 기대가 존재한다는 사실을 은폐한다. 이는 성구매자를 강간범으로 몰아가는 데 집착한 나머지, 정작 폭력을 당한 성노동자가 피해를 호소하지 못하게 만든다. 매춘이 곧 강간이라는 시각하에서는 폭력으로서의 성 접촉과 그렇지 않은 성 접촉 사이의 구분이 희미해지며, 성노동자에게 일어난 폭력은 사소하게 취급되거나 단순화되기 때문이다. 그 결과, 강간 현장을 일터로 삼는 성노동자는 강간문화에 공모하는 포주와 다름없다는 인식, 강간에 동의했으니 폭력을 당해도 싸다는 인식, 폭력은 강간 계약서에 동의한 사람이 마땅히 감수해야 할 비용이라고 여기는 인식이 강화된다.

　'성/노동'을 '노동'에서 멀어지게 하려는 노력은 사람들의 이목을 '성'에 집중시킨다. 제2장에서 확인할 수 있듯이, 근대 서구의 문화에서 섹스는 신체적·정신적 타락, 질병의 감염, 정서적 결핍을 상징해왔으며, 정치가와 일부 페미니스트들은 이런 문화에 공모해 성적으로 문란한 매춘부가 규범적 여성성을 갖추고 금욕을 행하게끔 규율해왔다. 본디 섹스는 부정하고 위험한 것이므로, 친밀한 관계 내에서 감정적 교류와 함께 통제되고 정당화되어야 할 특수한 행위라는 본질주의적 사고는 우리에게 낯설지 않다. 실제로 일군의 페미니스트들은 이 규범을 만족할 수 없는 상업적 섹스는 섹스라고 할 수도 없는, 그저 상대의 몸을 구매하고 통제하기 위한 권력 행사에 불과하다고 주장한다. 이러한 시각은 강간을 섹스에서 분리하는 데 성공할 수 있을지 모르나, 병리화되고 도착적이라 불리는 섹스를 포섭하는 데에는 성공하지 못한다. 캐주얼 섹스를 즐기는 원나잇 스탠더, 서로의 성향에 맞추어 섹슈얼한 만남을 제안하는 논모노가미스트나 비디에세머BDSMer, 로맨틱한 끌림보다 섹슈얼한 끌림을 느끼는 에이로맨티스트 등의 섹스는 위와 같은 요건을 충족하지 못하는 까닭이다. 이 책에서 '프로-섹스 페미니스트'로 소개되는 이들은 깊은 감정적 유대를 전제한 본질주의적 섹스 관념이 다양한 섹슈얼리티 사이의 위계를 생산하고 성소수자들에 대한 부당한 차별을 야기해왔음을 비판해온 페미니즘의 역사에 비추어 섹스 부정주의적 입장이 시대착오적이라고 주장한다. 상업적 섹스가 규범화된 섹스의 이미지를 벗어났다는 이유로 비판받아야 한다면, 그 잣대에서 벗어난 다른 성적 실천 역시 비판받을 수밖에 없다는 것이다.

섹스 부정주의적 입장에 대한 문제 제기는 일면 정당하지만, 이러한 비판 역시 '노동 신성화'의 이념 아래, 섹스가 좋은지 나쁜지를 가리는 추상적 논쟁의 늪에서 벗어나지 못한다. 특히 자신을 '에로 전문가'로 칭하는 일부 성노동자와 그 지지자들은 성노동 또한 성취와 보람을 느낄 수 있는 전문적인 일이고, 즐거움과 쾌락이라는 가치를 생산하며, 빈곤한 여성의 경제적 자립을 가능케 하는 노동이라고 주장해왔다. 이들은 "자신의 일이 품위 있는 일에 포함될 수 있도록, 즉 품위 있는 일이 무엇인지에 대한 집단적 이해를 확장하려 한다"(97쪽)라는 면에서 섹스 부정주의적 페미니즘의 입장과 같이 "노동이 좋은 것이라는 가정을 공유한다"(96쪽). 다시 말해, 기존의 노동 개념에 성노동을 포함하려는 이들의 노력은 여전히 '노동 신성화'의 이념에 의존하고 있으며, 이는 노동에 대한 추상적 이해를 해체하기는커녕 그것을 유지한다. 다른 점이 있다면, '섹스를 나쁜 것'으로 표상하는 문화에 맞서 '섹스는 좋은 것'이라는 인식을 확산하고자 한다는 것뿐이다. 상업적 섹스를 포함한 모든 섹스는 쾌락과 즐거움이라는 개인적·사회적 선을 창출한다고 주장하는 식으로 말이다. 하지만 저자들이 지적하듯, 쾌락과 즐거움의 가치를 앞세우는 태도는 마치 고객의 이익과 성노동자의 이익이 일치한다는 착각을 불러일으키며, 성산업에서 경험하는 쾌락과 고통의 문제를 사회·경제적 자원을 얼마나 가지고 있느냐와 상관없는, 개인의 기능적 문제로 바라보게 만든다.

노동과 섹스가 본질적으로 좋은지 나쁜지, 이에 근거해 매춘이 좋은지 나쁜지에 골몰하는 동안 노동과 섹스, 매춘과 매춘부에 대한 추상적 이해는 그 실제적 이해를 압도해왔다. 재현의 전장에서 ('행복한 창녀' 신화를 앞세워 보람, 성취, 즐거움, 쾌락, 자립을 강조하고, 성노동자 여성 주체의 행위자성과 전문성을 과대평가하고, 성노동 비범죄화를 지지하는 집단, 주로 남성·포주이거나 이들에게 세뇌를 당한 성산업 부역자, 학대에 자주 노출되어 폭력에 민감하지 않거나 판단 능력이 떨어지는 성노동자로 상상되는) 프로-섹스 페미니스트와 (폭력, 억압, 착취, 피해, 트라우마, 종속의 측면을 강조하고, 구조적 강제성을 과대평가하고, 매춘의 일부 또는 완전 범죄화를 지지하며, 탈성매매 생존자의 경험을 우선시하는 집단, 주로 피해 여성·반성매매 페미니스트이거나 성해방에 부정적인 사람들로 상상되는) 섹스 부정주의적 페미니스트가 서로의 안티테제로서 적대적 공생을 지속하는 사이, 성노동자들은 상상 속 매춘부 서사를 구성하는 소재로 전락했다. 안타깝게도 그 서사는 성산업에서 폭력과 착취를 당했지만 자신을 피해자로만 정체화하지 않는 성노동자, 필요한 자원을 얻고 위험을 줄이는 데 범죄화가 도움이 되지 않는다는 것을 경험한 성노동자 대부분을 대변하지 못한다. 오히려 이들은 "성노동자 운동에서 밀려나 정치적 상실감에 빠진 사람들로 여겨지거나, 탈성매매자 혹은 곧 탈성매매할 사람들만이 유일하고 정당한 생존자라고 주장하는 감금 페미니스트들에 의해 비가시화(혹은 전략적으로 부인)된다"(88쪽).

보호라는 이름의 폭력

저자들은 '노동은 좋은 것'이라는 전제하에 상징으로서의 '섹스'가 지닌 위험이나 가치에 집중해왔던 섹스 부정주의 페미니즘, 프로-섹스 페미니즘 사이의 재현 경쟁이 실제 '노동'을 이해하고 그 안에서 벌어지는 문제를 해결하는 데 도움이 되지 않는다고 말한다. 이에 더해 성산업 및 성노동에 대한 추상적·사변적 논의가 실용적·물질적 분석으로 옮아가야 한다고 강조한다.

노동자의 삶을 물질적으로 분석하지 않는다면 이 모든 전략은 효과를 볼 수 없다. 억압의 기제들을 살피지 않고, 성노동자가 사회에서 재현되는 방식만을 검토하는 것은 보여주기식 정치에 불과하다. 우리는 성노동자들이 넷플릭스 쇼에 출연하고 백악관에 들어가고 심지어 성노동자가 지폐에 등장해야 한다며 낙인에 맞서 싸우는 것을 지켜봐왔다. 하지만 실질적인 법률적·경제적 변화가 뒤따르지 않는 한, 가장 주변화된 사람들은 계속해서 경찰차를 피해 음지로 숨어들고, 거리에서 잠을 자고, 교도소와 유치장에 수감될 것이다.(382쪽)

'성노동자 인권'에 대한 논의도 더욱 구체화되어야 한다. 사회적으로 인권 보장에 대한 요구가 많아지는 것은 분명 고무적인 일이지만, 일상에서 '인권'은 무엇이든 누릴 수 있는, 무제한으로 확장 가능한 추상적 개념으로 이해되는 까닭에 정작 그 어떤 구체적인 내용도 분명하게 짚지 못하는 경향이 있다. 이 때문에 '성노동자 인권'은 있으면 좋은 것, 또는 성노동 현장에서 고객이나 포주에게 폭력을 당하지 않게 하는 것 정도로만 막연히 이해되어왔다. 이러한 인식은 성노동자의 일상과 노동을 둘러싼 교차적이고 상호 의존적인 권리들, 가령 노동권, 의료권, 참정권, 교육권, 양육권, 주거권, 재산권, 이동권 등을 상대화하거나 무시하는 결과를 낳아왔다.

이 책은 '인권 보장'이라는 추상적인 구호를 넘어, 주로 경찰력에 의존한 형사적 제재가 성노동자의 어떤 구체적인 권리들을 가로막아왔는지, 반대로 그 권리들의 보장을 위해 어떤 법률적·경제적 변화를 꾀해야 하는지에 초점을 맞추고 있다. 이를 위해 저자들은 성노동자 및 성산업을 규율하는 법제화 모델들의 지역별 시행 사례를 면밀히 분석한다. 하지만 이 모든 논의에 앞서 가장 먼저 검토해야 할 것은 경찰 및 국경제도의 역할이다. 저자들이 지적하듯, "성노동자나 기타 주변화되고 범죄화된 집단에게 경찰은 보호의 상징이 아니라 처벌과 통제의 실체화된 현현"이었으며, "여성 대상 폭력의 주요 '가해자'"였다(53쪽). 그러나 우파와 민족주의자들뿐만 아니라, 좌파와 페미니스트들조차 국경 경비를 포함한 치안유지를 성노동 문제의 해결책으로 내세우면서 법이 누구에 의해, 누구를 대상으로, 어떻게 시행되는지에 대한 고민 없이 경찰력과 형사적 제재의 강화를 옹호하는 발언을 자주 일삼곤 한다.

국경 요새화와 군감산복합체의 성장을 부추기는 이런 '감금 페미니즘'적 사고는 인신매매를 막아야 한다는 목소리를 통해 더욱 확산된다. 영화 〈테이큰〉처럼 흉악한 유색인종 남성들이 순결한 백인 소녀를 납치해 해외 포주에게 팔아먹는다는 인종주의적 서사는 인신매매를 일부 범죄자들이 저지른 개인적 악행의 문제로 이해하게 만들고, 가부장제와 내국인 남성들에 의해 자행되는 폭력을 이주민의 위험성으로 가린다. 이때, 인신매매를 줄이는 가장 유용한 방법은 인신매매의 잠재적 피해자나 범죄자로 상상되는 미등록 이주민들을 '원래 자리'로 돌려보내는 것, 즉 엄격한 이주 심사와 삼엄한 국경 경비를 통해 위험한 이주민의 입국을 봉쇄하고, 이미 들어와 있는 미등록 이주민을 빨리 추방하는 것으로 귀결된다. 하지만 이는 사람들이 왜 빚을 지면서까지 미등록 이주를 시도하는지, 왜 미등록 이주 문제가 성 인신매매 문제와 연결되는지를 깊이 들여다본다면 나올 수 없는 전략이다.

이주를 선택하고, 입국 심사에서 탈락하거나 체류 등록을 포기하고, 밀입국 브로커의 힘을 빌려 월경을 감행하고, 거기서 생긴 빚을 갚기 위해 여성 및 성소수자들이 성산업으로 들어가는 이 모든 과정에 개인은 어찌할 수 없는 국가 차원의 정치적 선택이 개입된다. 브로커에게 지불할 돈이 있는 미등록 이주민은 성공적인 '밀입국자'나 '불법 체류자'로, 중개업자가 알선한 노동을 통해 빚을 갚아야 하는 미등록 이주민은 '인신매매 피해자'로 이름만 바뀌어 불릴 뿐, 미등록 이주(밀입국)와 인신매매는 사실상 별개의 문제가 아니다. 그러나 제3장에서 소개되는 감금 페미니즘적 입장은 미등록 이주민을 양산하고 인신매매를 조장하는 반이민 정책을 내버려둔 채, 미등록 이주민들의 노동 현장을 단속하는 데만 혈안이다. 저자들이 지적했듯, 이는 "성산업으로 유입되는 인신매매가 수없이 벌어지는 광범위한 미등록 이주의 과정에서 나타난 한 가지 증상에 불과하다라는 사실을 간과한다"(123쪽).

인신매매에 반대하는 페미니스트들이 신경 써야 할 것은 성매매 업소 단속이 아니라 미등록 이주민의 이동권과 노동권을 박탈하는 국경 및 이주민 정책이다. 즉, "미등록 이주민들을 음지로 몰아넣고 그들이 안전하고 온당하게 대우받을 권리를 원천적으로 차단하는 이민 규제와 군사화된 국경체제를 해체하는 것, 다시 말해 경찰의 공권력을 빼앗아 이주민과 노동자에게 나눠주는 것"(165쪽)이다. 하지만 일부 성노동자 권리 운동가들조차 이러한 해결책을 강조하기보다 성노동이 인신매매와 같지 않음을 설득하는 데 급급하곤 한다. 인신매매를 이유로 성노동 범죄화를 정당화하는 감금 페미니스트들의 주장에 방어적으로 나타난 대응이라 하더라도, 인신매매 프레임 자체를 문제 삼기보다 인신매매를 성산업 문제와 분리하려는 노력은 "착취당하고 학대받는 조건에서 일하는 사람들의 존재를 부인하는 결과로 이어질 수 있으며, 그들의 권리를 '성노동자의 권리' 밖으로 밀어내버린다"(166쪽).

성노동과 인신매매가 완전히 다르다는 이 단순한 주장은, 이주와 성산업이 교차하는 지점에서의 착취를 증언하거나 경험할 수 없는 합법 체류 성노동자만을 변호한다. 또한 현대 반인신매매 정책이 간혹 의도한 효과를 얻진 못하더라도 대부분은 맞아떨어진다는 느낌을 주기도 한다.(166쪽)

한국에서는 일부 활동가들을 통해 공연예술 비자로 이주해온 여성들이 성산업에 종사하는 내국인 여성의 빈자리를 채우는 문제가 논의된 바 있다.[+] 하지만 이러한 노력만으로 이주 문제와 인신매매 및 성산업의 문제가 연결되어 있다는 인식을 확장하기에는 역부족이다. 사람들의 이목을 끄는 것은 주로 그들이 트랜스젠더이거나 성병을 확산하고 정주민의 일자리를 빼앗을 '위험성'이 있는 침략자나 범죄자로 지목될 때에 한해서다. 간혹 이주민 성노동자와 인신매매가 함께 언급될 경우에도 피해자의 구출 소식만 부각될 뿐, 이후 그들이 어떤 대우를 받는지, 어디로 돌아가는지는 좀처럼 다루어지지 않는다. 한국을 포함해 성산업에 대

[+]   손지은, 〈가수하러 왔다가 '주스걸' 전락: 성매매피해 지원도 차별받는 외국인〉, 《오마이뉴스》, 2014년 8월 11일 자; 이고은, 〈호스트 네이션〉, 2016 참조.

한 형법적 규제를 유지하는 대부분의 지역에서 이주민 성노동자들은 항시 체포, 구금, 압류, 퇴거, 추방, 양육권·주거권·의료권 박탈의 위험에 처해 있으며, 범죄 혐의로 체포된 게 아니라 피해를 당해 '구출'된 경우에도 강제추방 및 재입국 금지를 면하기 어렵다. 이와 같은 상황은 미등록 이주민들이 형사처벌이나 추방을 피해 착취적인 노동 환경을 감내하고, 밀입국 브로커나 악덕 고용주에 의존하도록 만든다. 인신매매 피해자를 구제한다는 인도주의적 명분 아래 성노동자 착취를 막기보다 이주 및 체류를 규제하는 데 상당한 자원을 허비하고 있는 국제적 흐름이야말로 "미등록 이주민의 처지를 어렵게 만드는 국경의 기능을 적극적으로 감추고, 그들에 대한 추방 및 기소를 당연한 것처럼 보이게 함으로써 문제를 더욱 심화"시키는 주범인 셈이다(147~148쪽).

저자들은 이주민 통제 및 배제의 문제가 인신매매 및 성산업 내 착취의 문제와 동떨어져 있지 않다는 인식을 바탕으로, 국경 단속과 경찰력 강화의 경향이 형법의 변화에 따라 성노동자들에게 어떤 효과를 낳는지를 분석한다. 더 주변화된 성노동자들이 더 열악한 상황에 처하지 않기 위해 필요한 형사 법제화의 방향을 탐색하면서 그들은 성산업에 참여하는 개별 행위자를 처벌의 대상으로 삼는 모든 부분·완전 범죄화 제도가 성노동자의 열악한 처지를 개선하기는커녕 더욱 악화시키고 있음을 부연한다.

가령, '부분 범죄화' 모델을 시행하고 있는 영국에서는 사실상 1인 실내 성노동만 허용되고 그 밖에 호객행위, 동료와 함께 운영되는 성노동, 성매매 알선 등은 모두 불법으로 간주된다. 성노동자 간 협업, 성매매 업소 운영 등이 성매매를 조장한다는 이유로 일절 금지되어 있는 까닭에 법적 문제에 휘말리지 않고 성 판매를 할 수 있는 유일한 방법은 위험을 감수하고 갇힌 공간에서 홀로 일하는 방법뿐이다. 하지만 동료들의 지원 없이 혼자 일터를 유지할 만한 자원을 가진 성노동자는 미등록 이주민이 아니라 해도 그리 많지 않다. 고객 응대, 웹사이트 운영, 광고 홍보, 수금 처리, 공간 임대, 장비 공유, 위생 관리 등 성노동에 필요한 물질적 조건을 마련할 수 있는 관리자에게 어쩔 수 없이 소득의 일정 부분을 떼어주어야 하는 대부분의 성노동자는 관리자, 임대인, 고객의 부당한 요구에 대항할 수 있는 힘을 가지기 어렵다. 관리자를 두는 것 자체가 불법이므로, 직장 폐쇄, 실직, 재산 몰수, 퇴거, 추방 등의 결과를 초래할 수 있는 경찰 신고는 성노동자가 고려할 만한 선택지가 아니며, 열악한 조건의 성노동자들은 오히려 자신을 착취하는 사람을 보호하기에 바쁘다. 허용될 수 없는 성노동의 범위를 폭넓게 설정한 후, 이를 경찰이 강압적으로 규제하는 부분 범죄화 모델은 사실상 그 어떤 성노동자도 합법적 테두리 안에 머물지 못하게 함으로써 주변화된 성노동자들의 처지를 더욱 어렵게 만들고 있다.

강력한 경찰력을 바탕으로 성노동자, 고객, 제3자를 모두 불법화하는 '완전 범죄화' 모델 역시 인종차별적 단속, 부정부패, 성폭력 등 경찰 폭력의 온상이다. 성노동자의 취약함을 악용해 구타, 강간, 강탈을 자행하는 경찰들이 많다 보니 성노동자들은 고객이나 관리자보다 경찰을 더 두려워한다. 그러나 저자들이 비판했듯, '경찰의 폭력'과 '남성의 폭력'을 별개로 보는 시각은 경찰이 '여성 보호'보다 '여성 착취'에 복무해왔다는 사실을 무시하고,

정상화된 경찰 폭력을 반폭력 운동의 대상에서 제외한다. 경찰의 도움을 기대할 수 없는 성노동자들은 동료와의 협업을 통해 스스로의 안전을 확보하려 노력해왔지만, 성노동자를 직간접적으로 보조하는 일마저 광범위하게 규제하는 제도 탓에 홍보, 모객, 정보 공유, 집단적 의사표현이 이루어지는 온라인 공간조차 발견되는 즉시 폐쇄되기 일쑤다. 이처럼 성매매 조장과 착취를 막는다는 명분으로 "성노동자가 고객과 연결될 수 있는 통로를 제한하는 방식은 언제나 성노동자의 경제적 결핍을 증가시키고 그들을 더욱 취약하게 만들어왔다"(232쪽). 착취적인 방식으로 운영되는 온라인 공간에 대한 비판은 정당하지만, 어느날 갑자기 온라인을 통해 고객을 만날 수 없게 된 성노동자들은 수입이 줄거나 경찰의 눈에 드러날 것을 감수하고 모객을 위해 더 위험한 장소를 전전해야 하며, 그럴수록 피해와 처벌의 가능성은 더 높아진다는 사실은 잘 드러나지 않는다.

해외에 비해 거리 성노동이나 성매매 집결지의 비중이 높지 않은 한국의 상황도 이와 크게 다르지 않다. 최근 경찰에 의해 빈번히 자행되고 있는 성매매 후기 사이트, 성노동자 트위터 계정 단속은 더 낮은 수입과 노동조건의 성매매 플랫폼, 조건만남으로의 이동을 부추겨 성노동자들의 경제적 결핍과 처벌 위험을 증가시키고 있다.+

성판매자에 대한 처벌이 사라지면 성노동자의 열악한 처지도 개선될까? 한국을 비롯한 전 세계의 많은 페미니스트들에게

+   성노동자해방행동 주홍빛연대 차차 활동가들의 증언.

가장 매력적인 선택지로 언급되는 '노르딕 모델'은 성구매자와 제3자(업주, 관리자, 건물주 등)를 처벌하되 성판매자는 처벌하지 않는 법제화 모델로 잘 알려져 있다. 북유럽 복지국가에 대한 긍정적인 이미지가 더해져 '노르딕 모델'은 페미니즘적이고 진보적인 법제화인 양 홍보되고 있지만, 정작 노르딕 성노동자들의 현실은 그리 밝지 않다. 일단 노르딕 모델이 성판매를 비범죄화함으로써 성노동자를 보호하고 있다는 이야기부터 사실이 아니다. 저자들이 제6장에서 자세히 설명하듯, 실제로 노르딕 모델 시행 국가들 중 성노동자에 대한 처벌이 사라진 나라는 없으며, 성노동자를 직접 체포하지 않는 경우에도 호객행위 및 일터 공유 금지, 이익금 및 재산 몰수, 강제 퇴거 및 추방, 공격적인 이민법 적용 등 간접적인 방식을 통해 성판매에 대한 처벌은 지속되고 있다. 그 결과 가장 피해를 보는 쪽은 단연 저소득층, 유색인종, 미등록 이주민, 성소수자 등 가장 주변화된 성노동자들이다. 앞서 언급했던 것처럼 주변화된 이들일수록 성매매 알선 규제에 걸리기 쉬운 반면 폭력적인 관리자나 고객에게 저항하기는 더욱 어려운 까닭에, 성구매자 처벌 조항이 있다 해도 이를 활용하기는 어렵다.

1948년 공창제도등폐지령에서부터 1961년 윤락행위등방지법, 2004년 성매매알선 등 행위의 처벌에 관한 법률(성매매처벌법)과 성매매방지 및 피해자 보호등에 관한 법률(성매매피해자보호법)에 이르기까지 성구매자에 대한 범죄화 기조를 수십 년 동안 이어온 한국의 사례만 보더라도, 성구매자 처벌 규정이 성구매와 성산업을 억제하기 어렵다는 사실은 쉽게 확인할 수 있다. 성구매자 처벌을 지지하는 페미니스트들은 주로 법이 있어도 이를 제대로 집행하지 않는 사법 및 공권력 행사 과정을 문제 삼곤 하지만, 애초에 '수요 근절'이라는 전략 자체가 성판매의 물질적 동기를 대체하는 데 악영향을 미치는 것은 아닌지 곰곰이 따져볼 필요도 있다. 여성의 상대적 빈곤을 성산업의 동인으로 꼽으면서도 노르딕 모델이 성산업에 미치는 효과를 분석할 때에만 유독 성노동자의 빈곤을 과소평가하는 사람들을 향해 저자들은 성구매자 범죄화가 지닌 한계를 다음과 같이 설명한다.

성판매자를 가난하게 만들지 않는 '수요 근절'이란 존재하지 않으며, 성판매자가 가난해질수록 고객과의 상호작용에서 힘을 가지기는 어렵다. 대부분의 성판매자들이 다른 선택지가 거의 (혹은 아예) 없는 상황에서 성노동에 뛰어든다는 노르딕 모델 지지자들의 진단은 옳다. 하지만 수요를 줄이는 방법은 다른 선택지가 없는 성노동자들에게 매우 해로운 전략이다. 수요 감소로 더욱 열악해진 그들이 쉽게 성산업을 '탈출'할 수 있을 리 없기 때문이다.(272쪽)

형법보다 중요한 것

저자들은 많은 페미니스트들이 은연중 엄격한 국경 경비와 경찰 단속 등 형사사법 체계의 강화를 옹호하면서 성산업에 얽힌 복잡한 문제를 손쉽게 해결하려고 노력해왔다고 주장한다. 문제에 연루된 행위자를 처벌하고 그들을 모이지 못하게 하거나 일터를 폐쇄하는 등 행위자 위주의 제재 방식은 성노동자에게 폭력을 가하는 국제적 이민 규제나 경찰 및 사법제도의 문제를 방치하는 결과로 이어진다. 그러나 저자들이 지적하듯, "필요한 돈을 벌기 위해 섹스를 교환하는 것은 특정한 욕구를 충족하기 위한 지극히 합리적이고 실용적인 인간 행위이며, 이것이야말로 성노동의 핵심이다. 성노동 금지는 성노동자들이 단속을 피해 도망가거나 위험을 감수하게 만들어 그들을 더 주변으로 내몰고 더 해로운 상황에 노출시킨다"(339~340쪽). 이는 성판매를 금지하는 국가에서만 나타나는 문제는 아니다. 성구매 및 알선만을 금지하는 노르딕 모델에서도 경찰 폭력과 이주민 제재, 이로 인한 인신매매 문제는 끊임없이 벌어지고 있다.

이에 저자들은 성노동과 관련한 행위들을 금지하는 형사적 법규들을 덧붙이기보다 아예 폐지해버리는 '완전 비범죄화 모델(이하 비범죄화 모델)'에 주목한다. 여기서 언급하는 비범죄화 모델은 규제주의라 불리는 독일, 네덜란드 등의 '합법화 모델'과는 다르다. 합법화 모델은 특정한 행정적 요건의 충족 여부에 따라 해당 성노동의 범죄화 여부를 결정하고, 합법화된 성노동에 한해 엄격한 규제를 가하는 법제화 방식으로서 매춘부를 노동자가 아니라 질병을 초래하는 변수, 또는 통제되어야 할 무질서의 상징으로 보고, 복지의 대상이라기보다 관리의 대상으로 상정한다. 합법적 요건을 충족하지 못한 수많은 성노동자들은 다른 형사적 모델을 채택한 지역과 마찬가지로 범죄화되어 경찰, 관리자, 고객의 폭력에 노출된다.

반면, 비범죄화 모델은 성노동이 범죄가 아니라는 전제하에 모든 성노동자의 노동권을 보장할 수 있는 보완적 조치들을 마련하는 데 집중한다. 성 서비스의 판매, 구매, 촉진은 형법의 영역에서 벗어나 상법, 노동법의 영역으로 이동해 여타 서비스노동과 유사한 법률의 적용을 받는다. 비범죄화를 시행하고 있는 뉴질랜드에서는 관리자와 함께 일하는 성노동자는 줄고, 동료와 함께 일하는 성노동자는 늘었다. 노동권, 건강권, 안전권 등의 인권이 전반적으로 향상되었다고 느끼는 성노동자들은 증가한 반면, 경찰에 의한 폭력과 부당한 처벌에 두려움을 느끼는 성노동자들은 반대로 감소했다. 일각의 우려와는 달리 성노동자의 수는 급증하지 않았으며, 폭력적인 고객, 고용주, 관리자에 대한 저항과 소송은 더욱 활발해졌다(2020년에는 한 성노동자가 성희롱을 일삼은 업주를 상대로 승소해 우리 돈으로 약 7,700만 원의 배상금을 받아내기도 했다).

그렇다면 뉴질랜드 모델이야말로 성산업 문제를 해결할 수 있는 만능열쇠인가? 저자들은 뉴질랜드 모델이 이상적인 성노동 제도에 상대적으로 근접한 사례일 뿐, 성노동자에게 완벽한 제도는 아니라고 지적한다. 이전보다 줄어들긴 했으나, 성노동자 살해, 경찰의 폭력, 이주 성노동자 추방, 비효율적인 생활 지원 등의 문제가 여전히 그치지 않는 까닭이다(물론 이러한 문제는 대부분 뉴질랜드가 과거 성노동 범죄화의 잔재를 아직 벗어나지 못한 데에서 비롯된 것이므로, 비범죄화에 반대하는 근거가 될 수는 없다). 몇 가지 한계에도 불구하고 비범죄화가 지니는 가치는 분명하다. 성노동 비범죄화는 성노동자의 삶을 더 나아지게 할 수 있을지는 알 수 없으나, 더 나빠지는 것은 막을 수 있다는 점에서 어느 법제화보다도 성노동자에게 유용한 선택지 중 하나다.

하지만 저자들이 뉴질랜드 모델에 주목하는 가장 큰 이유는 성산업의 현실을 가장 잘 이해하고 있는 성노동자들이 직접 매춘 개혁법 제정에 참여한 모범적 선례를 남겼기 때문이다. 뉴질랜드 의 성노동 비범죄화를 이끌었던 뉴질랜드매춘부단체는 성노동 자의 삶을 좌우하는 정책은 성노동자 스스로 통제할 수 있어야 한다는 목표를 두고 성노동자의 보건 및 안전을 지원해왔다. 성 노동자의 발화와 투쟁을 비합리적이고 미숙하며 거짓된 것으로 매도해왔던 역사에 맞서 성노동자 집단이 적극적으로 법률 제정 에 참여한 결과, 뉴질랜드 매춘개혁법은 성노동자를 구출하는 게 아니라 그들의 인권을 보호하는 것을 최우선 과제로 규정하는, 전 세계에서 보기 드문 입법 사례를 남겼다.

하지만 선다형 문항을 풀 듯, 범죄화 모델, 노르딕 모델, 합법 화 모델, 비범죄화 모델 중 하나를 선택하는 데서 멈춰서는 안 된 다. 저자들도 거듭 강조하다시피, 세상에 완벽한 제도는 없다. 특 히 형법적 법제화만으로는 어떤 문제도 온전히 해결할 수 없다. 비범죄화는 여성을 성노동으로 이끄는 계급·젠더·인종·국적·장 애 여부 등에 따른 임금격차, 노동 과정에서의 차별과 불평등, 여 성의 경력단절, 이로 인한 홈리스와 가난, 신용·부채 양산 등의 구 조적인 문제를 해결하지 못한다. 비범죄화를 추구해야 한다는 말 은 성노동에 대해 아무런 제도적 조치를 취하지 않아도 된다는 말이 아니다. 비범죄화는 성거래 참여자들에 대한 형법적 제재를 없애는 것일 뿐, 이에 뒤따르는 무수한 제도적 조치들이 오히려 '필요하다'. 저자들이 주장하듯, 비범죄화 모델은 반드시 주변화 된 성노동자들의 불안정성을 개선할 수 있는 다른 중요한 정책들과 함께 시행되어야 한다. 처음부터 좋은 제도, 나쁜 제도는 정해져 있는 것이 아니며, 어떤 제도든 구조적 맥락에 따라 다른 효과를 보이기 마련인 까닭이다.

우리는 한국이 다른 나라와 어떤 환경이 어떻게 같고 다르며, 그 조건하에서 비범죄화가 어떤 효과를 발휘할지 엄밀히 분석해야 한다. 국가가 포주가 되어 기지촌 매춘, 기생관광, 룸살롱에서 벌어들인 성노동 수익을 경제발전의 동력으로 삼고, 자본과 권력이 접대의 명목으로 성산업을 활용해왔던 한국의 역사적·문화적 맥락을 고려해 어떤 제반 조건들이 형법적 비범죄화와 조응할 수 있을지 타국과 한국의 사례들을 비교해가며 추적할 수 있어야 한다. 물론 이 과정은 매춘을 완전하고 신속하게 폐지하길 원하는 이들의 바람보다 훨씬 더디게 진행될 것이다.

현재 한국의 상황에서 성노동 비범죄화가 시행된다면 어떤 일이 벌어질까? 성노동자는 상법, 노동법의 보호를 받을 수 있을까? 아마도 대부분의 성노동자는 택배 노동자나 방문·통신판매 노동자, 플랫폼 노동자 등 특수형태근로종사자들처럼 근로기준법상 '근로자'에 해당하는 권리를 온전히 보장받지 못하거나 아예 독립 사업자로 취급될 가능성이 높다. 설사 이것이 해결된다 해도, 근로기준법은 상시 5인 이상 사업장에만 전면 적용되는 까닭에 개인 또는 소규모로 일하는 대부분의 성노동자들은 이에 접근하지 못할 것이다. 근로기준법의 적용을 받으려면 5인 이상의 사업장에 고용되어야 하므로, 성노동자가 노동법의 보호를 받기 위해서는 성산업이 기업화되어야 하는 역설적인 상황이 펼쳐져야 한다. 혹여 노동조합 및 노동관계조정법(노동조합법)에 의해 성노동자가 '근로자'로 인정되어 산별노조나 법외노조를 조직할 수 있다 하더라도, 성노동 유형에 따라 각기 다른 조건에 서 있는 이 질적인 성노동자들이 효과적으로 단결할 수 있을지는 장담하기 어렵다. 더군다나 노조의 협상력이 낮은 한국에서 다른 직종보다 훨씬 더 열악한 처지에 놓여 있는 성노동자들이 높은 협상력을 가질 수 있을지도 의문이다. 이러한 변수는 성노동 비범죄화 이후의 한국 성노동자들에게 어떤 영향을 미치게 될까? 비범죄화나 성노동자 노조운동을 지지하는 사람들은 이에 대해 어떠한 답변을 내놓고 있는가?

성노동자가 폭력을 당하지 않을 자격, 복지를 누릴 자격, 애도될 자격이 있는 동등한 시민이라는 것조차 설득이 필요할 만큼 성노동자에 대한 시선이 곱지 않은 사회에서, '차별 철폐'나 '권리 보장' 같은 선언이 반복되는 건 당연해 보이기도 한다. 더욱이 노동의 관점에서 성노동자가 처한 문제를 분석하자거나 성노동자를 범죄화하지 않는 다른 형법적 법제화 모델을 고민하자는 일부 활동가들의 제안은 사람들에게 더 큰 문턱으로 느껴질지도 모른다. 발언권이 거의 주어지지 않았던 성노동자 권리 운동가들이 주로 '비범죄화'나 '성노동자 노조 설립' 등의 커다란 구호를 앞세웠던 것도 아마 이 때문이었을 것이다. 그러나 추상적 정책, 특히 형법적 법제화에 한정된 논의는 위와 같은 세밀한 질문을 던질 수 없게 만든다.

하지만 국가의 정책적 개입이 성노동자의 실제 삶에 어떤 물질적 변화를 가져오는지 면밀히 검토하지 않는다면, 그 어떤 정책도 의도했던 실효를 거두기 어렵다. 이 책 또한 비범죄화와 함께 고려해야 할 주요 원칙들을 제시하고 있을 뿐, 성산업 내 문제를 관리할 수 있는 비형법적 조치들을 구체적으로 밝히지는 않는다. 경찰력과 형법적 제재에 기대지 않으면서도 성노동자를 비롯한 주변화된 집단을 배제하지 않는 구체적인 성산업 관련 조치를 마련하는 일은 아마도 긴 숙의의 과정이 필요할 것이다. 하지만 지난한 과정을 거쳐야 한다는 이유로 당장 성노동을 근절하려는 즉각적인 해결책만을 따라가서는 안 된다. 성산업이 주변화된 이들의 배제와 빈곤, 그로 인한 경제적 종속, 경찰과 국경제도의 폭력성 등의 구조적인 원리로 작동하고 있다면, 성산업이 지닌 문제점을 해결하는 것도 구조적인 변화를 모색하는 방식이어야 한다. 더 강한 공권력을 이용해 눈에 보이는 성노동을 잠시 사라지게 만드는 방식이 어떻게 구조적인 해법일 수 있는지 의문스럽다.

이 책이 나오기까지 많은 분들의 도움을 받았다. 어휘 하나에서부터 전체적인 어조까지 섬세하게 신경 써준 최초의 독자인 승은 님, 지민 님, 칼리 님께 감사를 전한다. 달걀부리 식구들의 응원과 지지, 돌봄 덕에 이 작업을 마칠 수 있었다. 특정한 입장이나 법제화에 갇힌 논의에 매몰되지 않도록 비판적 조언을 남겨주신 도균 님께도 감사하다. 도균 님이 아니었다면 이 책을 만나지도 못했을 것이다. 임신중지 비범죄화 운동의 경험을 바탕으로 비범죄화 운동의 의미와 과제를 고민할 수 있도록 도와주신 좋은 이웃, 나영 님께도 감사드린다. 대한민국 형법에서 낙태죄 조항의 실효가 사라진 바로 이듬해에 이 책이 나올 수 있어 더없이

기쁘고, 앞으로의 과제들을 함께 해결해 나갈 수 있기를 바란다. 욐비 님, 열심 님을 비롯한 성노동자해방행동 주홍빛연대 차차의 모든 활동가들께도 고마움을 전한다. 주홍빛연대 차차에서 진행하는 '성노동 프로젝트'를 통해 책상머리에서는 도저히 상상할 수 없는 성노동자의 생생한 이야기를 들을 수 있었다. 마지막으로 긴 시간 동안 부족한 번역을 손봐주시고, 번역자의 책임을 넘어서거나 방기하지 않도록 적절히 제어해주신 이정신 편집자님과 오월의봄에 말로 담을 수 없는 고마움을 전한다.

들어가며

1 Millett, K. (1976) *The Prostitution Papers: A Quartet for Female Voice*, New York: Ballantine Books.

2 Green, V. (March 1977) 'We're not criminals': Prostitutes organize', *Spare Rib* 56, 다음에서 인용, Kinnell, H. (2008) *Violence and Sex Work in Britain*, Oxford, UK: Routledge, 22.

3 Anonymous ('suzyhooker') (14 December 2017) 'Black Trans Sex Worker Leaders Reflect On December 17th', *Tits and Sass*, titsandsass.com.

4 Aimee, R., Kaiser, E. and Ray, A. (2015) 'A short history of $pread', in *$pread: The Best of the Magazine That Illuminated The Sex Industry and Started a Media Revolution*, New York: The Feminist Press, 20.

5 Otis, L.L. (1985) *Prostitution in Medieval Society: The History of an Urban Institution in Languedoc*, Chicago: University of Chicago Press, 61.

6 Roper, L. (Spring 1985) 'Discipline and Respectability: Prostitution and the Reformation in Augsburg', *History Workshop* 19, 3–28.

7 Agustín, L. (2012) 'Letter from the prostitute that didn't want saving, 1858', *The Naked Anthropologist*, lauraagustin.com.

8 Anderson, L. (25 January 2017) '100 Years Ago Today, Sex Workers Marched for Their Rights in San Francisco', *San Francisco Magazine*, modernluxury.com.

9 Luddy, M. (1992) 'An outcast community: The "wrens" of the curragh', *Women's History Review* 1:3, 341–55.

10 Mgbako, C.A. (2016) *To Live Freely in This World: Sex Worker Activism in Africa*, New York: NYU Press, 92.

11 White, L. (1990) *The Comforts of Home: Prostitution in Colonial Nairobi*, Chicago: University of Chicago Press, 206.

12 Mgbako, C.A., *To Live Freely*, 14.

13 Schlaffer, N. (23 October 2016) 'The Unsung Heroines of Stonewall: Marsha P. Johnson and Sylvia Rivera', *Femmes Fatales*, sites.psu.edu/womeninhistory; Yaeger, L. (19 August 2016) 'Before Stonewall: Remembering the Compton's Cafeteria Riot', *Vogue*,

vogue.com.

14   Booth, M.L. (18 February 1976) 'New Tricks in the Labor Zone', *Harvard Crimson*, thecrimson.com.

15   Chateauvert, M. (2014) *Sex Workers Unite: A History of the Movement from Stonewall to SlutWalk*, Boston: Beacon Press, 47–82.

16   같은 책.

17   Prunier, G. (2015) 'The Ethiopian Revolution and the Derg Regime' in Prunier, G. and Ficquet, E. (eds) *Understanding Contemporary Ethiopia: Monarchy, Revolution and the Legacy of Meles Zenawi*, London: C. Hurst & Co, 209–32.

18   James, S. (2012) 'Hookers in the House of the Lord' in Sex, *Race and Class, the Perspective of Winning: A Selection of Writings 1952–2011*, Pontypool, Wales: The Merlin Press, 110–29.

19   Krajeski, J. (28 March 2014) 'Loud and Proud', *Slate*, slate.com.

20   Martin, L.R. (2012) '"All the Work We Do As Women": Feminist Manifestos on Prostitution and the State, 1977' in LIES: *A Journal of Materialist Feminism* 1, 217–34.

21   Reuters (25 October 2007) 'Prostitutes sew lips together in protest', *Reuters*, reuters.com.

22   Friedman-Rudovsky, J. (24 October 2007) 'Prostitutes Strike in Bolivia', *Time*, time.com.

23   Gall, G. (2016) *Sex Worker Unionization Global Developments Challenges and Possibilities*, London: Palgrave Macmillan.

24   Friedman-Rudovsky, 'Prostitutes Strike in Bolivia'.

25   Millett, *Prostitution Papers*; Agustín, L.M. (2007) *Sex at the Margins: Migration, Labour Markets and the Rescue Industry*, London: Zed Books (특히 제4장을 참고할 것).

26   Millett, *Prostitution Papers*.

27   Gillis, J. (1981) *Youth and History: Tradition and Change in European Age Relations, 1770–Present*, Cambridge, MA: Academic Press, 166–7; Iriye, A. and Saunie, P. (eds) (2009) *The Palgrave Dictionary of Transnational History: From the Mid-19th Century to the Present Day*, Basingstoke, UK: Palgrave Macmillan, 45.

28   UCL Bloomsbury Project (2011) 'Society for the Prevention of Cruelty to Children – History', ucl.ac.uk/bloomsbury-project/institutions/nspcc.htm.

29   Vegan Feminist Network (13 March 2015) 'A Feminist Critique of "Service" Dogs', veganfeministnetwork.com; Vegan Feminist Network (1 February 2015) 'The Reality of Sex Trafficking in the U.S. and Women-Positive Alternatives to LUSH Cosmetics', veganfeministnetwork.com; Williams, J. (2 December 2016) 'Why is Pokemon Go like prostitution?' Nordic Model Now!, nordicmodelnow.org.

30   Phipps, A. (2017) 'Sex Wars Revisited: A Rhetorical Economy of Sex Industry Opposition', *Journal of International Women's Studies* 18:4, 306–20.

31   Raymond, J.G. (11 December 1995) 'Perspective on human rights: Prostitution is rape that's paid for', *Los Angeles Times*; Barry, K.L. (1995) *The Prostitution of Sexuality*, New York: NYU Press, 70.

32   Willis, E. (1979/1992) 'Lust horizons: Is the women's movement pro-sex?' in *No More*

Nice Girls: Countercultural Essays, Minneapolis: University of Minnesota Press, 3–14.

33   Ferguson, A. (1984) 'Sex War: The Debate between Radical and Libertarian Feminists', *Signs* 10:1, 106–12; Chancer, L.S. (2000) 'Pornography to Sadomasochism: Reconciling Feminist Differences', *Annals of the American Academy of Political and Social Science* 571, 77–88.

34   Leidholdt, D.(1993) 'Prostitution: A violation of women's human rights', *Cardozo Women's Law Journal* 1:1, 133–47.

35   Dworkin, A. (1993) 'Prostitution and Male Supremacy', *Michigan Journal of Gender and Law* 1:1, 1–12.

36   Leidholdt, D., 'Prostitution: a violation of women's human rights'.

37   Høigård, C. and Finstad, L. (1992) *Backstreets: Prostitution, Money, and Love*, Cambridge: Polity Press, 114–15.

38   Millett, *Prostitution Papers*.

39   Chateauvert, *Sex Workers Unite*.

40   Lockett, G., Lawson, M., Irie, J., Gold, G., B, Hima., Aarens, B. (1997) 'Showing Up Fully; Women of Colour Discuss Sex Work' in Nagle, J. (ed.) *Whores and Other Feminists*, New York: Routledge, 209.

41   Mann, S. (2014) 'More Than Survival Strategies: Sex Workers' Unhappy Stories', Athabasca University, Alberta (MA Thesis).

42   Ray, A. (31 March 2013) 'Why the Sex Positive Movement is Bad for Sex Workers' Rights', Audacia Ray blog, audaciaray.tumblr.com.

43   Mullin, F. (11 February 2015) 'Sorry, UK Sex Work Protesters, There's No Such Thing as a "Pimp Lobby"', *Vice*, vice.com.

44   International Committee on the Rights of Sex Workers in Europe (March 2016) 'Feminism Needs Sex Workers, Sex Workers Need Feminism: Towards a Sex-Worker Inclusive Women's Rights Movement', Intersection briefing paper #2, sexworkeurope.org.

45   Flynn, J. (22 April 2016) 'The Church's Lingering Shadows on Sex Work in Ireland', *University Times*, universitytimes.ie.

46   Amnesty International (11 August 2015) 'Global movement votes to adopt policy to protect human rights of sex workers', amnesty.org.

47   예를 들어, Alabama Whitman (@lunarfish1524) Twitter, 6:07am, 23 October 2015; Liberation Language (30 January 2014) 'Amnesty International for Traffickers of Women', *Liberation Language*, liberation language.wordpress.com; Mix, J. (19 August 2015) 'On Prostitution, the Left has Taken a Right-Wing Turn', Medium (@JonahMix), medium.com.

48   Mackay, F. (24 June 2013) 'Arguing against the industry of prostitution: Beyond the abolitionist versus sex worker binary', *Feminist Current*, feministcurrent.com.

49   Turner, K.B., Giacopassi, D. and Vandiver, M. (2006) 'Ignoring the Past: Coverage of Slavery and Slave Patrols in Criminal Justice Texts', *Journal of Criminal Justice Education* 17:1, 181–95.

50   Whitehouse, D. (24 December 2014) 'Origins of the police', libcom.org.

51   Rushe, D. (1 March 2017) 'Police say they were "authorized by McDonald's" to arrest

protesters, suit claims', *Guardian*, theguardian.com.

52 Hayter, T. (2004) *Open Borders: The Case Against Immigration Controls*, London: Pluto Press, 25.

53 Ibid., 36–43.

54 Luibhéid, E. (2002) *Entry Denied: Controlling Sexuality at the Border*, Minneapolis: University of Minnesota Press, 41.

55 Ibid.

56 Bernstein, E. (2007) 'The Sexual Politics of the "New Abolitionism"', *Differences* 18:3, 128–51. 다음을 참고하라. Bernstein, E. (2010) 'Militarized Humanitarianism Meets Carceral Feminism: The Politics of Sex, Rights, and Freedom in Contemporary Antitrafficking Campaigns', *Signs* 36:1, 45–71.

57 Bianco, M. (19 Decembet 2014) 'One Group Has a Higher Domestic Violence Rate Than Everyone Else – And It's Not the NFL', *Mic*, mic.com.

58 Laville, S. (14 June 2015) 'Woman strip-searched and left naked wins damages from Met police', *Guardian*, theguardian.com.

59 Packman, D. (5 April 2011) '2010 NPMSRP Police Misconduct Statistical Report', National Police Misconduct Reporting Project, policemisconduct.net.

60 Bloomer, N. (28 November 2017) 'Woman reports rape to police – and is arrested on immigration charges', Politics.co.uk.

61 Corvid, M. (2016) 'London's Romanian Sex Workers Are Worried That Brexit Would Screw Them', *Vice*, vice.com.

62 Eigendorf, J. and Neller, M. (2013) 'Nur eine Welt ohne Prostitution ist human' [Only a world without prostitution is humane], Welt, welt.de.

63 Bindel, J. (13 July 2016) 'Decriminalising the sex trade will not protect its workers from abuse', *Guardian*, theguradian.com.

64 Bindel, J. (2017) *The Pimping of Prostitution: Abolishing the Sex Work Myth*, London: Palgrave Macmillan.

65 MacKinnon, C.A. (2011) 'Trafficking, Prostitution, and Inequality', *Harvard Civil Rights– Civil Liberties Law Review* 46, 271–309.

66 Amnesty International (26 May 2016) 'The Human Cost of "Crushing" the Market: Criminalization of Sex Work in Norway', report, EUR/36/4024/2016, amnesty.org.

67 Sex Workers' Rights Advocacy Network (SWAN) (November 2009) 'Arrest the Violence: Human rights abuses against sex workers in central and eastern Europe and central Asia', Open Society Foundations, opensocietyfoundations.org.

68 Whitford, E., Gira Grant, M., and Xiaoqing, R. (15 December 2017) 'Family, Former Attorney of Queens Woman Who Fell to Her Death in Vice Sting Say She Was Sexually Assaulted, Pressured to Become an Informant', *The Appeal*, theappeal.org.

69 Ibid.

70 Hardy, K. (2010) '"If you shut up, they kill you": Sex Worker Resistance in Argentina' in Hardy, K., Kingston, S. and Sanders, T. (eds) *New Sociologies of Sex Work*, London: Routledge, 167–80.

71 Ray, S. (2 November 2016) 'Sex-workers' rights activist's death shrouded in mystery',

Times of India, timesofindia.indiatimes.com.

72   Revista Forum (2018) 'Denúncia: Prostitutas que defendem o reconhecimento da profissão são assassinadas em Belém' [Complaint: Prostitutes who defend recognition of the profession are murdered in Belém], *Revista Forum*, revistaforum.com.br.

73   Havell, C., Lee, V. and Stevenson, L. (5 January 2013) 'The Honey Bringer: Stories from Sex Worker Freedom Festival', Sex Worker Open University, video, Vimeo (user: documentary x), vimeo.com/113934399.

74   Nation Team (9 June 2010) 'I still have 83 more women to kill', *Daily Nation*, nation. co.ke.

75   Haron, M. (20 September 2012) 'Sex Workers Protest Raw Footage in Thika', video, YouTube (user: Musa Haron), youtube.com/watch?v=gNImWNzPDHY.

76   Mgbako, *To Live Freely*, 195.

1장. 섹스

1   Corbin, A. (1990) *Women for Hire: Prostitution and Sexuality in France After 1850*, trans. A. Sheridan, Cambridge, MA: Harvard University Press, 53.

2   Corbin, A. (1986) 'Commercial Sexuality in Nineteenth-Century France: A System of Images and Regulations', *Representations*, 14, 209–19.

3   Gira Grant, M. (2014) *Playing the Whore*, London: Verso Books.

4   Acton, W. (1870/1972) *Prostitution, Considered in Its Moral, Social and Sanitary Aspects*, Oxford: Routledge, 166.

5   Kraus, I. (3 December 2017) 'Can the vagina be a work tool?', Scientists For A World Without Prostitution, trauma-and-prostitution.eu.

6   Eveleth, R. (17 November 2014) 'Why No One Can Design a Better Speculum', *The Atlantic*, theatlantic.com.

7   Lombroso, C. and Ferrero, G. (1893/2004) *Criminal Woman, the Prostitute, and the Normal Woman*, Durham, NC: Duke University Press.

8   Zola, E. (1880) *Nana*, Paris: Charpentier.

9   Acton, *Prostitution, Considered*.

10   Schneider, M. (26 February 2015) 'There's No Medicine for Regret: Incredibly Misogynist Venereal Disease Posters from WWII', *Dangerous Minds*, dangerousminds. net.

11   Gira Grant, M. (22 March 2016) 'Who Birthed The Anti-Trans Bathroom Panic?', *Pacific Standard*, psmag.com.

12   Bersani, L. (Winter 1987) 'Is the Rectum a Grave?', *October* 43, 197–222.

13   Berg, S. (1 September 2015) 'Dead Rentboys tell no tales', *Feminist Current*, feministcurrent.com.

14   Doezema, J. (2010) *Sex Slaves and Discourse Masters: The Construction of Trafficking*, New York: Zed Books, 18.

15   Feminist Whore (14 December 2009) 'Anti-Sex-Trafficking Dude Calls Prostitutes "Nasty,

Immoral" – Prostitute Not Shocked', *Feminist Whore*, feministwhore.wordpress.com.

16 Knight, I. (15 November 2009) 'I'm Belle de Jour', *The Times*, thetimes.co.uk.

17 Burton, A. (1994) *Burdens of History: British Feminists, Indian Women, and Imperial Culture*, Chapel Hill: University of North Carolina Press, 129.

18 Gira Grant, M. (14 March 2014) '"I Have a Right to My Own Body": How Project ROSE Tries to "Save" Sex Workers', *Rewire*, rewire.news.

19 Davis, O. (10 November 2016) 'Don't Be A Hero', *The New Inquiry*, thenewinquiry.com.

20 Finnegan, F. (2004) *Do Penance or Perish: Magdalen Asylums in Ireland*, Oxford: Oxford University Press.

21 Ryan, C. (25 May 2011) 'Irish Church's Forgotten Victims Take Case to U.N.', *New York Times*, nytimes.com.

22 McGarry, P. (25 June 2011) 'Laundry orders run sex workers' aid group', *The Irish Times*, irishtimes.com.

23 Good Shepherd Sisters Ireland (3 October 2013) 'Pre-Budget 2014 Submission Focus on Prostitution and Human Trafficking', Good Shepherd Sisters, goodshphersisters. com, 2.

24 Ryan, C. (5 July 2011) 'Penance for a Sorry Past', *Irish Examiner*, irishexaminer.com; O'Sullivan, N. (2 August 2013) 'Magdalene compensation snub is "rejection of Laundry women"', *Irish Post*, irishpost.com.

25 Ruhama (n.d., June 26 2018 접속) 'Turn Off the Red Light', campaign leaflet, ruhama.ie/ advocacy-awareness-campaigns-and-media/campaigns/turn-off-the-red-light.

26 Scottish Coalition Against Commercial Sexual Exploitation (9 September 2011) '*There's no medicine for regret*', reproduction of poster, Facebook (group: Scottish Coalition Against Commercial Sexual Exploitation), 9 September 2011; Ellen Grogan, 다음에서 인용, FeministWhore (@FemWho), Twitter, 5:23am, 26 November 2015: 'We don't wanna criminalize sellers, but these ppl r "pimps" and should "rot in HIV infected pits(우리는 성판매자를 범죄화하고 싶지 않지만, 이 사람들은 '포주'이며, 'HIV 감염자의 구덩이에서 부패'시켜야 한다).' #FEMINISM YAY.

27 다음에서 언급, ElisabethAlice (11 November 2010) 'How do you feel about prostitution?', Mumsnet.com/Talk/relationships/1080476-How-do-you-feel-about-prostitution.

28 Høigård, C. and Finstad, L. (1992) *Backstreets: Prostitution, Money, and Love*, Cambridge, UK: Polity Press.

29 다음에서 메리 스미스(Mary Smith)가 언급, Murphy, M. (4 September 2013) 'Femen was founded and is controlled by a man. Exactly zero people are surprised', *Feminist Current*, feministcurrent.com.

30 Moore, J. (22 December 2013) 'NWC2013: write-up & some opinions', *Uncharted Worlds*, uncharted-worlds.org; Anonymous, 다음에서 인용, @desiredxthings,Twitter, 12 August 2015: '@EavesCharity We are made into sub-human sexual goods, buying the prostituted is like buying a loaf of bread(@EavesCharity 우리는 인간 이하의 성 상품이며, 성매매된 사람을 사는 것은 빵 한 덩이를 사는 것과 같다)'; Caitlin Roper (@caitlin_roper), Twitter, 1:04pm, 12 August 2015: 'Difference between working at McDonalds and prostitution is in prostitution you're the meat #sexworkWA(맥도날드에서 일하는 것과

매춘의 차이점은 매춘에선 당신이 고깃덩어리라는 점이다 #sexworkWA)'; Object! (@ObjectUK) Twitter, 1:00pm, 18 May 2018: 'Does it strike you as odd that, particularly in regards to pornography, a dog has more rights than a woman? There are things one can do to a woman which would land one in prison if you did it to a dog(특히 포르노와 관련해서, 개가 여자보다 더 많은 권리를 가지고 있다는 게 이상하다고 생각하나? 개에게 그런 짓을 하면 감옥에 가야 할 일을 여성에게 할 수 있는 곳들이 있다)'; 다음도 참고하라. Campaign Against Sex Robots, campaignagainstsexrobots.org.

31 Ditum, S. (1 December 2014) 'Why we shouldn't rebrand prostitution as "sex work"', *New Statesman*, newstatesman.com.

32 Glosswitch (@glosswitch) Twitter, 4:46pm, 14 October 2014: '@CCriado Perez @sarahditum You "absorb" the nuance in the jizz(@CCriado Perez @sarahditum 당신은 정액의 미묘한 기운을 '흡수해')'; Lewis, H. (@helenlewis) Twitter, 5 May 2014: '@MFrancoisCerrah I did think that was not the most appropriate title! "Orifices for sale" was presumably vetoed by the TV Times(@MFrancoisCerrah 나는 그게 제일 적절한 제목은 아니라고 생각했어! '판매용 구멍'이란 제목은 아마 〈TV 타임스(TV Times)〉가 거부했을 거야.'; Devlin, S. (@JerikoGenie) Twitter, 9 August 2015: '@LoriAdorable poppet. Leave the hair splitting to those of us who read the facts as opposed to sucking & fucking all day #ICM2015 @hrw(@LoriDorable 아이야. 하루 종일 빨고 박는 대신, 골치 아프게 따지는 일은 진실을 파악할 수 있는 우리에게 맡겨라 #ICM2015 @hrw)'.

33 Doezema, J. (2010) *Sex Slaves and Discourse Masters: The Construction of Trafficking*, New York: Zed Books, 137–8.

34 Megarry, J. (20 April 2015) '#FreetheNipple or #FreeMaleDesire? Has social media really been good for feminism?' *Feminist Current*, feministcurrent.com; Freeman, H. (19 April 2016) 'From shopping to naked selfies: How "empowerment" lost its meaning', *Guardian*, theguardian.com.

35 Turner, J. (28 October 2017) 'Millennial women are too quick to shame men', *The Times*, thetimes.co.uk.

36 Cameron, D. (2014) 'Minding our language', troubleandstrife.org.

37 Fletcher, S., 다음에서 언급, Bodenner, C. (26 Feburary 2016) 'The Divide Over Prostitution on the Feminist Left', *The Atlantic*, theatlantic.com.

38 Kington, T. (11 April 2014) 'Nuns help rescue trafficked prostitutes in new police operation', *The Telegraph*, telegraph.co.uk.

39 Moore, A.E. (1 April 2015) 'From brothel to sweatshop? Questions on labour trafficking in Cambodia', *openDemocracy*, opendemocracy.net; Greig, A. (n.d., accessed June 26 2018) 'What Can I Do?', Moral Revolution, moralrevolution.com; 다음을 참고할 것. Escape to Peace, escapetopeace.org; 다음을 참고할 것. The Butterfly Project, 다음에서 확인 가능, butterfly-projectjewelry.org; Boffa, S. (2017) '7 Jewelry Brands Giving Hope To Survivors Of Human Trafficking', *The Good Trade*, thegoodtrade.com; Simply Liv & Co. (19 December 2016) '17 Brands That Fight Human Trafficking', simplylivandco.com.

40 어떤 기업은 스스로를 '권능 강화 & 고급 주얼리 회사(EMPOWERMENT & High End Jewelry Company)'라고 칭한다. Purity & Majesty, puritymajesty.com.

41 Ludlow, J. (2008) 'The Things We Cannot Say: Witnessing the Traumatization of

Abortion in the United States', *WSQ: Women's Studies Quarterly* 36:1 and 2, 28–41.

42   Ibid., p. 30.

43   Strinkovsky, M. (2015) 'Like 95% of women, I don't regret my abortion – it was the happiest day of my life', *New Statesman*, newstatesman.com.

44   Sless, E. (23 November 2012) 'Sex worker & mother: "Yes, I AM empowered by my job"', *Mama Mia*, mamamia.com.au.

45   다음에서 언급, 'jemima101' on Mann, S. (10 May 2013) 'Unhappy Hooking, or Why I'm Giving Up On Being Positive', *Autocannibal*, autocannibalism.wordpress.com.

46   Roper, M. (2017) 'Advertisement "I prefer to orgasm and get paid": Brazilian lawyer dumped career at bar to become a PROSTITUTE (and now she makes more money)', *Daily Mail*, dailymail.co.uk.

47   Queen, C. (1997) 'Sex Radical Politics, Sex-Positive Feminist Thought, and Whore Stigma' in Nagle, J. (ed.) *Whores and Other Feminists*, New York: Routledge, 125–35.

48   Ibid.

49   Phipps, A. (31 August 2015) '"You're not representative": Identity politics in sex industry debates', *genders, bodies, politics*, genderate.wordpress.com.

50   Adorable, L. (30 March 2016) 'The Peculiar Political Economics of Pro-Domming', *Tits and Sass*, titsandsass.com.

51   Anon (suzyhooker) (19 February 2014) 'I Don't Care About Clients', *Tits and Sass*, titsandsass.com.

52   Hooker Hideout (accessed 23 May 2018), hookerhideout.tumblr.com.

53   Queen, *Sex Radical Politics*.

54   Murphy, M. (2015) 'The Sex Industry's Attack on Feminists', *Truthdig*, truthdig.com.

55   Sweeney, T. (2015) 'A play about sex work: "I want people to come out of the theatre angry"', *Irish Times*, irishtimes.com.

56   Bindel, J (@bindelj) Twitter, 6:06am, 12 December 2016.

57   Mann, S. (2014) 'More Than Survival Strategies: Sex Workers' Unhappy Stories', Athabasca University, Alberta (MA Thesis).

58   Sumaq, P. (2015) 'A Disgrace Reserved for Prostitutes: Complicity & the Beloved Community', *LIES: A journal of materialist feminism* 2, 11–24.

59   Ditum, S. (5 February 2015) 'If you think decriminalisation will make prostitution safe, look at Germany's mega brothels', *Guardian*, theguardian.com.

60   다음을 참고할 것. Sporenda, F. (19 April 2016) 'Interview: Meghan Murphy on the liberal backlash against feminism', *Feminist Current*, feministcurrecnt.com.

61   Steinem, G (1995) 'Erotica and Pornography: A Clear and Present Difference' in Dwyer, S (ed.) *The Problem of Pornography*, Belmont, CA: Wadsworth.

62   Gira Grant, M. (2014) *Playing the Whore*, London: Verso Books.

2장. 노동

1   Brooks, S. (2007) 'An Interview with Gloria Lockett' in Oakley, A. (ed.) *Working Sex: Sex*

Workers Write About a Changing Industry, Berkeley, CA: Seal Press.

2   Waugh, P. (7 March 2016) 'Jeremy Corbyn Tells His Critics To "Stop Sniping" As He Warns Parliamentary Labour Party Against Disunity', *Huffington Post*, huffingtonpost. com.

3   Banyard, K. (2016) 'It's not work, it's exploitation: Why we should never legalise prostitution', *Stylist*, stylist.co.uk; Stout, J. (17 December 2015) 'Decriminalisation of sex work backed by sex workers', *CommonSpace*, commonspace.cot.

4   Costa-Kostritsky, V. (20 January 2014) 'On Malmskillnadsgatan', *London Review of Books*, lrb.co.uk.

5   Given, P. (2014)가 로라 리에게 코멘트; Dechert, B. (2014)가 나오미 세이어스(Naomi Sayers)에게 코멘트 openparliament.ca; Marina S. (@marstrina) Twitter, 5:29am, 18 February 2016: '@sarahditum like I always say: if it's their choice, what is the money for?(@sarahditum 내가 항상 하는 말: 만약 그게 그들의 선택이라면, 돈이 왜 필요해?)'; Claire OT (@ claireOT) Twitter, 2:27pm, 31 March 2015: '@MrsWomannion do you think there are any sex workers/prostitutes who would do it for free, if they weren't paid? @ Elisablerb(@Mrs Womannion 돈을 받지 않는다면, 공짜로 그 일을 할 성노동자/매춘부가 있을까? @Elisablerb)'.

6   다음을 참고할 것. Internships, 다음에서 확인 가능, equalitynow.org.

7   다음을 참고할 것. Volunteering, 다음에서 확인 가능, ruhama.ie; Cockroft, S. and Spillett, R. (19 January 2017) 'Oh the irony! Fight Against Slavery group advertises for "volunteer unpaid" staff to work a minimum of eight hours a week for FREE and "join the battle against worldwide poverty"', *Daily Mail*, dailymail.co.uk.

8   Guest Blogger (24 September 2014) 'FIL 2014 responds to SWOU', *The F-Word*, thefword.org.uk.

9   Mullin, F. (11 April 2017) 'In Full Sight: "The pimp lobby" at the Amnesty AGM', *Verso*, versobooks.com.

10   Babcock, W. 다음에서 인용, Ha-Redeye, O. (10 August 2011) 'In Memorandum: Wendy Babcock (1979–2011)', *Law is Cool*, lawiscool.com.

11   Criado-Perez, C. (@ccriadoperez) Twitter, 2:39pm, 17 September 2016 '@hey Lee, ever thought of having multiple penises shoved up you as a career? It comes with great benefits like increased risk of...(이봐, 리(Lee). 여러 개의 페니스가 당신에게 쑤셔 들어오는 직업을 상상해본 적이 있는가? 이것의 큰 이점이라면 위험이 커진다는 것이다)'; Criado-Perez, C. (@ccriadoperez) Twitter, 2:44pm, 17 September 2016, 'well ... the longer you do it the more your earning potential decreases, but they say there's a fetish for everything!(글쎄…… 그 일을 오래 하면 할수록 잠재 수익은 감소하지만, 그럼에도 성노동자들은 모든 일에는 몰입할 가치가 있다고 말한다!)'.

12   Harman, H. et al. (September 2013) 'The Commission on Older Women', interim report, *Labour*, 다음에서 확인 가능, policyforum.labour.org.uk.

13   Smith, M., Satija, N. and Walters, E. (23 February 2017) 'How Texas' crusade against sex trafficking has left victims behind', *Reveal*, revealnews.org.

14   Gee, O. (23 July 2013) 'Selling sex doesn't make you an unfit parent', *The Local*, thelocal.se; Simon, C. (16 July 2013) 'The Bloody State Gave Him The Power: A Swedish

Sex Worker's Murder', *Tits and Sass*, titsandsass.com.

15   Kumar, S. (1 December 2017) 'Playboy made sexual abuse ordinary', *Open Magazine*, openthemagazine.com.

16   Sex Workers' Rights Advocacy Network (May 2015) 'Failures of Justice: State and Non-State Violence Against Sex Workers and the Search for Safety and Redress', 다음에서 확인 가능, nswp.org, 45.

17   Scambler, G. et al. (1990) 'Women prostitutes in the AIDS era', *Sociology of Health & Illness*, 12:3, 260–73.

18   Banyard, K. (2010) *The Equality Illusion: The Truth about Women and Men Today*, London: Faber and Faber, 146.

19   SCOT-PEP (n.d., accessed 27 June 2018) 'Assumptions used to discredit sex workers', *Scot-Pep*, 다음에서 확인 가능, scot-pep.org.uk.

20   Hester, M. and Westmarland, N. (July 2004) 'Tackling Street Prostitution: Towards an holistic approach', *Home Office Research*, Development and Statistics Directorate, 다음에서 확인 가능, dro.dur.ac.uk.

21   Laite, J. (30 April 2014) '(Sexual) Labour Day', *Notches*, notchesblog.com.

22   Ibid.

23   Roberts, N. (1986) *The Front Line: Women in the Sex Industry Speak*, London: Grafton Books, 232–3.

24   Scambler, G. et al., 'Women prostitutes in the AIDS era'.

25   Mgbako, C.A. (2016) *To Live Freely in This World: Sex Worker Activism in Africa*, New York: NYU Press, 38.

26   Mai, N. (2009) 'Migrant Workers in the UK Sex Industry: First Findings', London Metropolitan University, 다음에서 확인 가능, archive.londonmet.ac.uk.

27   Sumaq, P. (2015) 'A Disgrace Reserved for Prostitutes: Complicity & the Beloved Community', LIES: *A journal of materialist feminism*, 2, 11–24, 13–14, 다음에서 확인 가능, liesjournal.net.

28   'A Mother' (4 September 2017) 'Sex work is how I support my family', *The Spinoff*, thespinoff.co.nz.

29   Gorton, T. (27 February 2015) 'A quarter of the UK's homeless youth are LGBT', *Dazed*, dazeddigital.com.

30   Bindel, J. (26 August 2017) 'If women's rights are human rights, why do such organisations push for the decriminalisation of prostitution?', *Independent*, independent.co.uk.

31   Pye, K. (24 February 2017) 'Councillor John Tanner apologises for calling Oxford homeless "a disgrace"', *Cherwell*, cherwell.org.

32   Dr Langtry (@DrLangtry_girl) Twitter, 6:37pm, 18 November 2014: 'Nope. Giving up exploitative work isn't a sacrifice(아니, 착취적인 일을 그만두는 건 희생이 아니야)'.

33   Murphy, M. (@MeghanEMurphy) Twitter, 3:41am, 2 February 2018: 'I mean, I suppose we shouldn't try to stop the oil industry because people will lose jobs? It isn't suuuper progressive (or intelligent tbh) to defend harmful practices lest people lose jobs ... We have capitalists and liberal politicians to do that(사람들이 일자리를

잃기 때문에 석유산업을 중지해선 안 된다고? 고작 실직 때문에 해로운 관행을 옹호하는 건 진보적인(또는 지적인) 모습과는 거리가 멀다. …… 우리에겐 그 일을 해줄 자본가와 자유주의적인 정치인들이 있다)'.

34   Mgbako, *To Live Freely*, 37.
35   New Syndicalist (4 July 2015) 'What does a union mean to you?', 다음에서 확인 가능, newsyndicalist.org.
36   Federici, S. (15 September 2010) 'Wages Against Housework', *Caring Labor: An Archive*, caringlabor.wordpress.com.
37   Friedman-Rudovsky, J. (24 October 2007) 'Prostitutes Strike in Bolivia', *Time*, content. time.com.

3장. 국경

1   Anderson, B. and Andrijasevic, R. (2008) 'Sex, slaves and citizens: the politics of anti-trafficking', *Soundings* 40, 135–45, 다음에서 확인 가능, oro.open.ac.uk.
2   Crown Prosecution Service (2018, accessed 27 June 2018) 'Human Trafficking, Smuggling and Slavery', 다음에서 확인 가능, cps.gov.uk.
3   Government Publishing Office (24 January 2000) 'Victims of Trafficking and Violence Protection Act of 2000', report 다음에서 확인 가능, gpo.gov.
4   Amnesty International (19 January 2016) 'Exposed: Child labour behind smart phone and electric car batteries', amnesty.org; Environmental Justice Foundation 'Combating Seafood Slavery: Tackling human rights abuses and slavery at sea', 다음에서 확인 가능, ejfoundation.org, accessed 27 June 2018; National Domestic Workers Alliance, domesticworkers.org.
5   Moore, A.E. (8 April 2015) 'The American Rescue Industry: Toward an Anti-Trafficking Paramilitary', *Truthout*, truth-out.org; Moore, A.E. (27 January 2015) 'Special Report: Money and Lies in Anti-Human Trafficking NGOs', *Truthout*.
6   Moore, A.E. (11 January 2017) 'Rich in funds but short on facts: the high cost of human trafficking awareness campaigns', *openDemocracy*, opendemocracy.net.
7   Mama Cash/Red Umbrella Fund (2014) 'Funding for sex workers' rights: Opportunities for foundations to fund more and better', 다음에서 확인 가능, mamacash.org.
8   Melencio Herrera, A.A. (2004) 'Opening and Welcome Remarks', *Philja Judicial Journal* 6:1, 1–4, philja.judiciary.gov.ph.
9   Nolot, B. (2011) 'Nefarious: Merchant of Souls', 다음에서 확인 가능, nefariousdocumentary.com; Bois, P. (20 December 2017) 'How This Catholic Church Helps Sex Trafficking Victims', *The Daily Wire*, dailywire.com; Farrell, L. (28 January 2015) 'Supercomputers expose the telltale signs of human traffickers', *Science Node*, sciencenode.org; Papadimitrakopoulos, G. (4 December 2015) 'Happy trafficking: How criminals profit from an iniquitous trade', *University of Cambridge*, cam.ac.uk.
10   Smith, M., Satija, N. and Walters, E. 'How Texas' crusade … '
11   Change.org Petition (2015) 'Pass legislation that would save lives and prevent human

trafficking', *Change.org*; Sardina, C. (13 January 2017) 'Marketing mass hysteria: anti-trafficking awareness campaigns go rogue', *openDemocracy*, opendemocracy. net; 'Guest Post' (2015, accessed 28 June 2018) 'Sex Trafficking', *The Hope Line*, thehopeline.com.

12 Koyama, E. (16 July 2012) 'Gangs and sex trafficking: How the movement against "modern day slavery" targets descendants of slavery as its primary perpetrators', *Eminism*, eminism.org; Koyama, E. (1 September 2016) in response to Kiernan, J.S. 'Should Prostitution Be Legal?', *WalletHub*, wallethub.com.

13 Children at Risk (23 March 2017) 'Human Trafficking Bus Tour', *Children at Risk*, childrenatrisk.org.

14 The Drum (2017) 'The task force on human trafficking and prostitution: Meet the meat by M&S Saatchi Tel Aviv', *The Drum*, thedrum.com.

15 Shane, C. (27 July 2011) 'Top 10 Anti-Sex Trafficking Campaigns', *Tits and Sass*, titsandsass.com.

16 *Saving Innocence*, savinginnocence.org; *Innocents at Risk*, innocentsatrisk.org; *Freedom 4 Innocence*, freedom4innocence.org; 'Protected Innocence Challenge', *Shared Hope International*, sharedhope.org; *Restore Innocence*, restoreinnocence.org; Harpster, M.T. (26 March 2014) 'Innocence for Sale: Domestic Minor Sex Trafficking', *FBI*, fbi.gov.

17 Suchland, J. (23 November 2015) 'The Missing "P" in U.S. Anti-Trafficking Law', *The Feminist Wire*, thefeministwire.com.

18 Doezma, J. (1998) 'Forced to Choose: Beyond the Voluntary v. Forced Prostitution Dichotomy', *Global Sex Workers: Rights, Resistance, and Redefinition*, New York: Routledge, 45.

19 Suchland, J., 'The Missing "P" in U.S. Anti-Trafficking Law'.

20 Freedom Challenge, 'Just the Facts', 다음에서 확인 가능, thefreedomchallenge.com, accessed 28 June 2018.

21 Helmer, K. (11 July 2017) 'Hopkinsville on high alert for sex trafficking around next month's solar eclipse', WDRB, wdrb.com.

22 Earl, J. (30 March 2017) 'Mom's warning about "human trafficking" at IKEA goes viral; what you need to know', *CBS News*, cbsnews.com.

23 Pliley, J.R. (2014) *Policing Sexuality: The Mann Act and the Making of the FBI*, Cambridge, MA: Harvard University Press.

24 Exodus Cry (10 January 2018) 'Is Prostitution a Choice?', video, YouTube (user: Exodus Cry), youtube.com/watch?v=YFUa31WO_h0.

25 Hooton, C. (7 January 2015) 'Liam Neeson is here to remind frightened American parents that Taken isn't real', *Independent*, independent.co.uk.

26 Luddy, M. (2007) *Prostitution and Irish Society, 1800–1940*, Cambridge: Cambridge University Press, 166.

27 UK Independent Anti-Slavery Commissioner (2017, accessed 28 June 2018) 'Combating modern slavery experienced by Vietnamese nationals en route to, and within, the UK', *Anti Slavery Commissioner*, 다음에서 확인 가능, antislaverycommissioner.co.uk.

28 Walia, H. (2013) *Undoing Border Imperialism*, Chico, CA: AK Press, 40.

29 Murdock, H. (24 November 2015) 'From Syria to Europe: The Price They Pay', *VOA News*, voanews.com.

30 Carlsen, L. (24 November 2013) 'Under Nafta, Mexico Suffered, and the United States Felt Its Pain', *New York Times*, nytimes.com

31 Haddal, C.C. (2010) '*Border Security: The Role of the U.S. Border Patrol*', Washington, D.C.: Congressional Research Service.

32 Majidi, N. and Dadu-Brown, S. (10 April 2017) 'Human smugglers roundtable: On border restrictions and movement', *openDemocracy*, opendemocracy.net.

33 Jones, R. (4 October 2016) 'Death in the sands: the horror of the US-Mexico border', *Guardian*, theguardian.com.

34 Moreno, C.J. (17 August 2012) 'Border Crossing Deaths More Common As Illegal Immigration Declines', *Huffington Post*, huffingtonpost.co.uk.

35 Roberts, B. et al. (2010, accessed 28 June 2018) 'An Analysis of Migrant Smuggling Costs Along the Southwest Border', *US Department of Homeland Security*, 다음에서 확인 가능, dhs.gov.

36 Martinez, S. (30 October 2014) 'Human trafficking: A parasite of prohibitionism?', *openDemocracy*, opendemocracy.net.

37 International Labour Organization (2015, accessed 28 June 2018) 'No Easy Exit: Migration Bans Affecting Women from Nepal', 다음에서 확인 가능, ilog.org.

38 Human Rights Watch (2013, accessed 28 June 2018) 'Rape Victims as Criminals: Illegal Abortion after Rape in Ecuador', 다음에서 확인 가능, hrw.org.

39 PICUM (2014, accessed 28 June 2018) 'On the European Commission Communication on an EU Strategic Framework on Health and Safety at Work 2014–2020', 다음에서 확인 가능, ilo.org.

40 France, B. (2016, accessed 28 June 2018) 'Labour Compliance to Exploitation and the Abuse In-Between', *Focus on Labour Exploitation (FLEX) and the Labour Exploitation Advisory Group (LEAG)*, 다음에서 확인 가능, labourexploitation.org.

41 Focus on Labour Exploitation (FLEX), Fairwork, and ADPARE (2016, accessed 28 June 2018) 'Pro-act: Improving the Identification and Support of Victims of Trafficking for Labour Exploitation in the EU', *LEAG*, 다음에서 확인 가능, labourexploitation.org,.

42 France, B., 'Labour Compliance to Exploitation and the Abuse In-Between'.

43 Kelly, N. and McNamara, M. (28 May 2016) 'A slave in Scotland: "I fell into a trap – and I couldn't get out"', *Guardian*, theguardian.com.

44 Wood, R. (13 March 2017) '"He was the master and we were his servants": The men kept as "slaves" in a remote Scottish hotel', *CNN*, cnn.com.

45 Hafiz, S. and Paarlberg, M. (2017, accessed 28 June 2018) 'The Human Trafficking Of Domestic Workers In The United States: Findings from the Beyond Survival Campaign', *National Domestic Workers Alliance*, 다음에서 확인 가능, domesticworkers.org.

46 Kalayaan, (4 July 2014) 'Producing Slaves: The tied Overseas Domestic Worker visa', 다음에서 확인 가능, kalayaan.org.uk.

47 Human Rights Watch (2014) 'Hidden Away Abuses Against Migrant Domestic Workers

in the UK', *HRW*, hrw.org.

48   Marstrina, S. (@marstrina) Twitter, 1:48pm, 18 September 2016.

49   UK Government (2016, accessd 28 June 2018) 'Immigration Act 2016', 다음에서 확인 가능, legislation.gov.uk.

50   Bridget Anderson, Bridget (2010) 'Migration, immigration controls and the fashioning of precarious workers', *Work, Employment and Society* 24:2, 300–17.

51   Mai, N. (2009, accessed 28 June 2018) 'Migrant Workers in the UK Sex Industry', *London Metropolitan University Institute for the Study of European Transformations*, 다음에서 확인 가능, scot-pep.org.uk.

52   Ibid., 20.

53   Ibid., 38.

54   Ibid., 40.

55   Ibid., 42.

56   Ibid., 22.

57   BBC (18 April 2018) 'German mass raids target forced prostitution gang', bbc.co.uk

58   Ditum, S. (@sarahditum) Twitter, 2:11pm, 18 April 2018.

59   Patatayoh, S. (19 April 2018) 'Thai sex workers in Germany may be charged with not having work permit', *Nation*, nationmultimedia.com.

60   Ibid.

61   Sharma, N. (30 March 2015) 'Anti-trafficking: whitewash for anti-immigration programmes', *openDemocracy*, opendemocracy.net.

62   Goldman, B. (2 February 2015), 'Photo Essay: Houston's Sex Trade in Nine Objects', *Houstonia Magazine*, houstoniamag.com.

63   Maynard, R. (19 September 2015) 'Black Sex Workers' Lives Matter: Appropriation of Black Suffering', *Truthout*, truthout.org.

64   Doezema, J. (2010) *Sex Slaves and Discourse Masters: The Construction of Trafficking*, New York: Zed Books, 49.

65   Abbott, K. (2007) *Sin in the Second City: Madams, Ministers, Playboys, and the Battle for America's Soul*, New York: Random House, 48.

66   Luddy, M. (2007) *Prostitution and Irish Society, 1800–1940*, Cambridge: Cambridge University Press, 163.

67   Doezema, *Sex Slaves*, 89; Weiner, E. (2008) 'The Long, Colorful History of the Mann Act', *NPR*, npr.org.

68   Lammasniemi, L. (2017, accessed 28 June 2018) 'Anti-White Slavery Legislation and its Legacies in England', 다음에서 확인 가능, antitraffickingreview.org.

69   Dasgupta, A. (20 April 2016) 'Trafficking Briefing', *English Collective of Prostitutes*, prostitutescollective.net.

70   Pringle, B. (20 June 2016) 'Breaking Point', *Political Advertising UK*, politicaladvertising.co.uk.

71   Walshe, G. (@garvanwalshe) Twitter, 7:01pm, 26 February 2017: 'I was in 2005 Tory campaign – we worked assiduously to ramp up anti immigrant feeling. And from Brown on nobody challenged lies that immigrants took jobs, were here on benefits

etc(2005년 나는 토리당의 운동원이었다. 우리는 반이민 감정을 고취시키기 위해 부지런히 활동했다. 고든 브라운(Gordon Brown)을 비롯한 어느 누구도 이주민이 우리나라에서 일자리를 얻고 혜택을 누리고 있다는 거짓말에 이의를 제기하지 않았다)'.

72 Champion, S. (10 August 2017) 'British Pakistani men ARE raping and exploiting white girls … and it's time we faced up to it', *The Sun*, thesun.co.uk.

73 Jones, R. (2016) *Violent Borders: Refugees and the Right to Move*, London: Verso Books.

74 Action of Churches Together in Scotland (2017) '"More Slaves Today than at any Time in Human History" Exchanging Scottish and International Perspectives on Human Trafficking', *Eventbrite*, eventbrite.com; MacShane, D. (2 January 2006) 'Prosecute "massage parlour" rapists', *The Telegraph*, telegraph.co.uk.

75 Renzi, M. (22 April 2015) 'Matteo Renzi: Helping the Migrants Is Everyone's Duty', *New York Times*, nytimes.com.

76 CBC News (14 November 2006) 'Modern human trafficking worse than slave trade: Vatican', *CBC*, cbc.ca.

77 Townsend, M. (14 May 2011) 'Trafficking victims lured to the UK: Locked up and raped at £30 a time', *Guardian*, theguardian.com.

78 Nolot, 'Nefarious: Merchant of Souls'.

79 다음을 참고할 것. Greene, J. and Mason McAward, J. (n.d., accessed 28 June 2018) 'The Thirteenth Amendment', *Constitution Center*, 다음에서 확인 가능, constitutioncenter. org.

80 Prisoner Support (1 April 2016) 'Announcement of Nationally Coordinated Prisoner Work stoppage for Sept 9, 2016', *Support Prison Resistance*, supportprisonresistance. noblogs.org.

81 Lu, T. (30 March 2011) 'Michelle Alexander: More Black Men in Prison Than Were Enslaved in 1850', *Color Lines*, colorlines.com.

82 Doward, J. (25 September 2016) 'From Jane Austen to Beatrice and Eugenie … the long reach of UK slave-owning families', *Guardian*, theguardian.com.

83 Kingsley, P. (7 January 2015) 'Trading in souls: Inside the world of the people smugglers', *Guardian*, theguardian.com.

84 Travis, A. (11 July 2017) 'EU-UK naval mission on people-smuggling led to more deaths, report says', *Guardian*, theguardian.com.

85 Balmer, C. (7 July 2017) 'Italy's Renzi urges end to "do gooder" mentality on migrant influx', *Reuters*, reuters.com.

86 Charlemagne (2018) 'How Italy's interior minister tackles illegal migration', *The Economist*, economist.com; Médecins Sans Frontières (19 September 2017) 'Libya: Arbitrary detention of refugees, asylum-seekers and migrants must stop', *MSF*, msf. org.uk.

87 Maynard, R. (2017) *Policing Black Lives: State Violence in Canada from Slavery to the Present*, Fernwood Publishing.

88 The Yorkshire Post (8 June 2017) 'Could you spot a pop-up brothel?', *Yorkshire Post*, yorkshirepost.co.uk.

89   Burns, T. (n.d., accessed 28 June 2018) 'People in Alaska's Sex Trade: Their Lived Experiences And Policy Recommendations', *Sex Trafficking in Alaska*, 다음에서 확인 가능, sextraffickingalaska.com.

90   Healy, A. (31 October 2016) 'Four women plead guilty to operating Galway brothel', *The Irish Times*, irishtimes.com.

91   Ibid.

92   CBC News (8 May 2015) 'Massage parlour, body rub investigation leads to 11 deportations', *CBC*, cbc.ca.

93   Lam, E., 'Behind the Rescue', report, *Butterfly* (Asian and migrant sex workers support network), 다음에서 확인 가능, nswp.org/sites/nswp.org/files/behind_the_rescue_june_2_butterfly.pdf.

94   Mullan, F. (27 October 2016) 'Are the Soho Brothel Raids Really About Saving Sex Workers?', *Vice*, vice.com.

95   Proctor, I. (21 October 2016) 'Brothel shut down and prostitutes spoken to during human trafficking crackdown', *Bolton News*, boltonnews.co.uk.

96   The Irish News (3 August 2016) 'Jail for asylum seekers arrested in suspected trafficking racket', *The Irish News*, irishnews.com.

97   Dottridge, M. (26 September 2016) 'How did we get the Modern Slavery Act?', *openDemocracy*, opendemocracy.net.

98   BBC (24 August 2017) 'Suspected trafficking victims turned back at Glasgow Airport', *BBC*, bbc.co.uk.

99   Ibid.

100   United States Citizenship and Immigration Services (2013,) 'Immigration and Nationality Act', 다음에서 확인 가능, uscis.gov.

101   US Department of Homeland Security (DHS) (2017) 'Fact Sheet: Executive Order: Border Security and Immigration Enforcement Improvements', 다음에서 확인 가능, dhs.gov; DHS and Customs and Border Protection (2012) 'Job Advert: Paralegal Specialist Position-JFK Airport', 다음에서 확인 가능, nyceda.org.

102   UN General Assembly Resolution 55/25 (2000) 'Protocol to Prevent, Suppress and Punish Trafficking in Persons Especially Women and Children, Supplementing the United Nations Convention against Transnational Organized Crime', *Office of the High Commissioner for Human Rights*, 다음에서 확인 가능, ohchr.org.

103   Dotteridge, M. (2007) 'Introduction' in Global Alliance Against Traffic in Women (GAATW) 'Collateral Damage: The Impact of Anti-Trafficking Measures on Human Rights around the World', 다음에서 확인 가능, gaatw.org, 1–27.

104   UN General Assembly Resolution 55/25, 'Protocol to Prevent, Suppress and Punish Trafficking in Persons Especially Women and Children, Supplementing the United Nations Convention against Transnational Organized Crime'.

105   UN General Assembly Resolution 55/25, 'Protocol to Prevent, Suppress and Punish Trafficking in Persons Especially Women and Children, Supplementing the United Nations Convention against Transnational Organized Crime'.

106   Murdoch, S. (15 May 2017) 'Anti-Immigrant Far Right Takes to the Seas', *Hope Not Hate*,

hopenothate.org.

107   Hopkins, K. (@KTHopkins) Twitter, 17 July 2017: 'Good to meet Team C-Star @
       DefendEuropeID in Sicily. Young people, 8 nations, crowd-funded, shining a light on
       NGO people traffickers in Med(시칠리아에 있는 팀 C-Star @DefendEurope을 만나게
       되어 반갑습니다. 젊은이들, 8개의 국가, 크라우드 펀딩이 지중해의 NGO 인신매매자들의
       문제를 조명하고 있습니다)'.

108   Wintour, P. (27 Februayr 2017) 'NGO rescues off Libya encourage traffickers, says EU
       borders chief', *Guardian*, theguardian.com.

109   Townsend, M. (11 November 2017) 'Trafficking laws target refugee aid workers in EU',
       Guardian, theguardian.com.

110   White, P. (@unbreakablepenn) Twitter, 12:24am, 9 March 2016: '@Lavender_Blume
       Take in refugee women & kids – leave the nasty men home(@Lavender_Blume 여성과
       아이들을 수용하되, 더러운 남성들은 들어오지 못하게 집에 두어야 한다)'.

111   Eigendorf, J. and Neller, M. (4 November 2013) 'Nur eine Welt ohne Prostitution ist
       human', *Welt*, welt.de.

112   Poschardt, U. (15 January 2016) 'Kalaschnikows, Sprenggürtel und jetzt die sexuelle
       Gewalt', *Welt*, welt.de.

113   Green, L.H. (@LinHelenGreen) Twitter, 7:06am, 3 July 2017: '@paul masonnews Should
       be deported if no right to be in the country. Such women are being trafficked into
       country. Do you support that?(@paul masonnews 만약 지금 있는 국가에서 권리를 가질
       수 없는 사람이라면, 추방되어야 한다. 이 여성들은 인신매매를 통해 그 국가에 들어온다.
       당신은 이런 걸 지지할 수 있는가?)'.

114   Associated Press (23 February 2017) 'Trump vows to fight "epidemic" of human
       trafficking', *Associated Press*, apnews.com.

115   May, T. (30 July 2016) 'My Government will lead the way in defeating modern slavery',
       The Telegraph, telegraph.co.uk.

116   The Migrant Sex Workers Project, (n.d., accessed 28 June 2018) 'Report on Migrant
       Sex Workers Justice and the Trouble with "Anti-Trafficking": Research, Activism, Art',
       다음에서 확인 가능, migrantsexworkers.com.

4장. 빅토리아 시대의 유물: 영국

1   Kevan, P. (12 December 2006) '"Dead" prostitute's TV interview: I have to work, I need
       the money', *Metro*, metro.co.uk.

2   Alleyne, R. (14 December 2006) 'She was intelligent, pretty. But the drugs gave her a
       death wish', T*he Telegraph*, telegraph.co.uk.

3   BBC (21 February 2008) 'Wright guilty of Suffolk murders', *BBC News*, news.bbc.co.uk.

4   BBC (5 July 2016) 'Daria Pionko death: Lewis Pierre jailed for murder', *BBC*, bbc.co.uk.

5   Perraudin, F. (4 July 2016) 'Man found guilty of murdering sex worker in Leeds',
       Guardian, theguardian.com.

6   Ditum, S. (13 January 2016) 'The death of Daria Pionko shows there is no "safe" way to

manage prostitution', *New Statesman*, newstatesman.com.

7   Richie, B.E. (2012) *Arrested Justice: Black Women, Violence, and America's Prison Nation*, New York: NYU Press, chapter 3.

8   Seaward, T. (16 January 2018) 'Wiltshire Police's Mike Veale criticised over 'drunken prostitute' comments', *Swindon Advertiser*, swindon advertiser.co.uk.

9   Woods, V. (23 February 2008) 'Ipswich victims drug addicts, not "sex workers"', *The Telegraph*, telegraph.co.uk.

10   Littlejohn, R. (18 December 2006) 'Spare us the "People's Prostitute" routine', *Daily Mail*, dailymail.co.uk.

11   Sanders, T. and Sehmbi, V. (2015) 'Evaluation of the Leeds Street Sex Working Managed Area', *University of Leeds*, 다음에서 확인 가능, nswp.org.

12   Agustín, L.M. (2007) *Sex at the Margins: Migration, Labour Markets and the Rescue Industry*, London: Zed Books, chapter 4.

13   Yorkshire Evening Post (22 August 2017) 'Sex in the city: Leeds residents on life near "legal" red light zone', *Yorkshire Evening Post*, yorkshire eveningpost.co.uk.

14   Kinnell, H. (2008) *Violence and sex work in Britain*, Cullompton: Willan Publishing.

15   Cohen, N. (3 April 2000) 'When self-help is not enough', *New Statesman*, newstatesman.com.

16   Sexual Offences Act 2003, s. 52(1), 다음에서 확인 가능, legislation.gov.uk, accessed 28 June 2018; English Collective of Prostitutes 'Prostitution: What you need to know', 다음에서 확인 가능, prostitutescollective.net, accessed 28 June 2018; Sexual Offences Act 2003, Explanatory note on section 52, 다음에서 확인 가능, legislation.gov.uk, accessed 28 June 2018.

17   법정에서 저자들이 직접 목격함.

18   Crown Prosecution Service, 'Prostitution and Exploitation of Prostitution', 다음에서 확인 가능, cps.gov.uk, accessed 28 June 2018.

19   Bowcott, O. (16 January 2012) 'Call for change in law to protect prostitutes from violent crime', *Guardian*, theguardian.com.

20   Smith, M. (13 June 2012) 'Educating Rhoda', *A Glasgow Sex Worker*, glasgowsexworker. wordpress.com.

21   Mullin, F. (2017) 'In Full Sight: 'The pimp lobby' at the Amnesty AGM'.

22   Addley, E. (21 February 2008) 'Steve Wright's victims', *Guardian*, theguardian.com.

23   Jeal and Salisbury (op. cit.); Smith, F.M. and Marshall L.A. (2007) 'Barriers to effective drug addiction treatment for women involved in street-level prostitution: A qualitative investigation', *Criminal Behaviour and Mental Health*, 17(3): 163–170.

24   INPUD (op. cit.), 19 – 21.

25   Dugan. E (31 January 2014) 'Jack the Ripper copycat murders spark call for sex worker protection', *The Independent*, independent.co.uk.

26   Lopez, G. (12 June 2017) 'The case for prescription heroin', *Vox*, vox. com; Strang, J. et al. (2015) 'Heroin on trial: Systematic review and meta-analysis of randomised trials of diamorphine-prescribing as treatment for refractory heroin addiction', *The British Journal of Psychiatry*, 207(1): 5–14.

27 Evening Telegraph (20 February 2018) 'Dundee's drug epidemic laid bare to nation on Channel 4 News', eveningtelegraph.co.uk.

28 Mann, J. (5 October 2014) 'British drugs survey 2014: Drug use is rising in the UK – but we're not addicted', *Guardian*, theguardian.co.uk.

29 Eastwood, N., Shiner, M. and Bear, D. (2013) 'The Numbers in Black And White: Ethnic Disparities In The Policing And Prosecution Of Drug Offences In England And Wales', *Release*, 다음에서 확인 가능, release.org.uk, accessed 28 June 2018.

30 Block, J. F. (1 March 2013) 'Racism's Hidden History in the War on Drugs', *Huffington Post*, huffingtonpost.com.

31 Eastwood, N., Shiner, M. and Bear, D. (2013) op. cit; Halperin, A. (29 January 2018) 'Marijuana: Is it time to stop using a word with racist roots?', *Guardian*, theguardian. com.

32 Release (2017) 'Sex Workers and the Law', 다음에서 확인 가능, release.org.uk, accessed 28 June 2018.

33 1982년 이후에도 호객행위 위반에 따른 벌금을 미납한 거리 성노동자들은 감옥에 보내지곤 했다. 1980년대 후반 영국 버밍엄의 거리 성노동자 213명을 인터뷰한 연구에 따르면, 그들 중 90%는 12개월 동안 호객행위를 했다는 이유로 기소되거나 주의조치를 받은 적이 있으며, 45%는 '20회 이상' 기소된 적이 있다고 밝혔다. Kinnell, H. (2008) Violence and sex work in Britain, Cullompton: Willan Publishing, 96.

34 NIA (2017) '"I'm no criminal": Examining the impact of prostitution-specific criminal records on women seeking to exit prostitution', *NIA*, 다음에서 확인 가능, niaendingviolence.org.uk, accessed 28 June 2018.

35 Smith, L. (25 May 2005) 'Asbos "are bringing back jail for prostitutes"', *Guardian*, theguardian.com.

36 The 2009 Act, section 16, 다음에서 확인 가능, legislation.gov.uk, accessed 28 June 2018.

37 Fawcett Society (22 November 2006) 'Theresa May in her Fawcett "This is what a feminist looks like" t-shirt', *Flickr*, flickr.com.

38 NIA, 'I'm no criminal', op. cit.

39 "현대 영국의 골칫거리: 음탕하고, 호르몬 작용이 왕성하고, 술에 취한 10대들로 이루어진 공격적인 여성 조직폭력배, 자신의 커리어를 위해 임신 여부를 선택하는 원피스 맘들, 눈 깜짝할 사이에 속바지를 벗어버리는 창백한 얼굴의 발가벗은 헤픈 여자들." Delingpole, J., 다음에서 인용. Jones, O. (2011) Chavs: The Demonization of the Working Class, London: Verso, 128.

40 Fishwick, B. (26 June 2015) 'Sex-for-cash Asbo woman dodges prison', *The Portsmouth News*, portsmouth.co.uk.

41 Sandhu, N. (20 January 2017) 'Prostitute jailed after breaching ASBO 10 times in three weeks to visit 90-year-old 'sugar daddy'', *Mirror Online*, mirror.co.uk.

42 Sexton, D. (4 August 1984) 'Another Yorkshire' Spectator', *The Spectator*, archive. spectator.co.uk.

43 BBC (11 July 2013) 'Luton prostitution: Police out to clean up Hightown', *BBC News*, bbc.co.uk.

44   Rodriguez, M. (18 February 2016) 'Police Make Big Busts In Effort To Clean Miami Streets', *CBS Miami*, miami.cbslocal.com.

45   Jacobs, R. (21 February 2014) 'Kent Police 'Safe Exit' Scheme Claiming to Help Women in Prostitution Instead Caused Them Harm', *Huffington Post*, huffingtonpost.co.uk.

46   루스(Ruth)와의 사적인 대화에서 따옴.

47   치안유지 및 범죄방지에 관한 법률 제21조, 제35조 모두 법원의 정식 명령을 받지 않아도 경찰관들이 자의적으로 단속을 집행할 수 있도록 허용한다. 치안유지 및 범죄방지에 관한 법률 2009의 제21조 제2항에서는 매춘 범죄가 의심될 경우 고위 간부가 해당 구역을 폐쇄할 수 있도록 허용한다. 폐쇄된 구역에서 영업을 재개하기 위해서는 보통 법원의 허가가 필요하다. 다음을 참고할 것. Anti-social Behaviour, Crime and Policing Act 2014, 다음에서 확인 가능, legislation. gov.uk, accessed 28 June 2018. 제35조에서는 모든 사복 경찰이 누군가를 특정 지역에서 최대 48시간 동안 벗어나라고 명령할 수 있도록 규정하고 있다. 다음을 참고할 것. 2009 Scotland Housing Act: immorality clause, 다음에서 확인 가능, legislation.gov.uk, accessed 28 June 2018.

48   Mullin, F. (3 November 2016) 'Immigration Officers Are Targeting Sex Workers in the UK's Only "Legal Red Light District"', *Vice*, vice.com.

49   Ibid.

50   Ibid.

51   Mann, S. (27 June 2014) 'Mariana Popa murder: Timeline of a sex worker's killing', *Ilford Recorder*, ilfordrecorder.co.uk.

52   Taylor, D. & Townsend, M. (19 January 2014) 'Mariana Popa was killed working as a prostitute. Are the police to blame?', *Guardian*, theguardian.com.

53   Ibid.

54   Redbridge MPS (@MPSRedbridge) Twitter, 4:43am, 17 April 2016: '#LoxfordSNT and #RedbridgeCommunityPoliceTeam issued 11 prostitute cautions on Ilford Lane tonight #Yousaidwedid(#LoxfordSNT 및 #RedbridgeCommunityPoliceTeam은 오늘밤 일포드레인에서 매춘부 주의조치를 11차례 발부했다 #Yousaidwedid)'.

55   Knowles, R. (21 January 2014) 'Sex worker stabbed to death after launch of Operation Clearlight in Ilford', *East London and West Essex Guardian*, guardian-series.co.uk.

56   Ibid.

57   Vonow, B. (24 January 2017) 'Jack the Ripper-obsessed killer stabbed mum-of-two to death and scrawled 'JACK' over her naked body', *The Sun*, thesun.co.uk.

58   Clej, M. (16 October 2014) 'Israeli woman's murderer is jailed for 25 years', *Jewish News*, jewishnews.timesofisrael.com.

59   Bennett, C. (21 February 2016) 'Criminalise the sex buyers, not the prostitutes', *Guardian*, theguardian.com.

60   Arla Propertymark (23 September 2016) '30 years since Suzy Lamplugh disappeared, what's changed?', *Arla*, arla.co.uk; 'Personal Safety', *Suzy Lamplugh* Trust 다음에서 확인 가능, suzylamplugh.org, accessed 28 June 2018.

61   Royal College of Nursing (4 October 2016) 'Personal safety when working alone: Guidance for members working in health and social care', *Royal College of Nursing*, rcn.org.uk; British Association of Social Workers (2009) 'Keeping Safe in the Workplace

    – A Guide for Social Work Practitioners' *UNISONScotland*, 다음에서 확인 가능, basw. co.uk, accessed 28 June 2018.

62   Unison (2009) 'Working Alone: A health and safety guide on lone working for safety representatives', 다음에서 확인 가능, unison.org, accessed 28 June 2018.

63   Doward, J. (25 April 2010) 'Police boost funds from assets taken in raids on prostitutes', *Guardian*, theguardian.com.

64   Urquhart, J. (2015) 'Prostitution Law Reform (Scotland) Bill: A proposal for a Bill to decriminalise activities associated with the buying and selling of sexual services and to strengthen the laws against coercion in the sex industry', *Scottish Parliament*, 다음에서 확인 가능, parliament.scot, accessed 28 June 2018.

65   Patterson, S. (5 January 2017) 'Murder Trial Claim: Aberdeen hooker Jessica McGraa phoned lover to tell him a man she was with refused to leave on the day she was killed', *The Scottish Sun*, thescottishsun.co.uk.

66   Loweth, J. (21 November 2013) 'Police were greeted at Bradford brothel by half-naked woman', *Telegraph & Argus*, thetelegraphandargus.co.uk.

67   Ibid.

68   Guttridge, R. (23 August 2017) 'Suspected Smethwick brothel shut down by police', *Express & Star*, expressandstar.com.

69   Swindon North Police (4:20am, 30 June 2017) Facebook: 'adultworks' is an obvious misspelling of 'Adultwork', the name of one of the main UK platforms for advertising sex work online.

70   Haworth, T. (30 June 2017) 'Romanian sex workers to be deported following immigration offences', *Swindon Advertiser*, swindonadvertiser.co.uk.

71   Swindon North Police, op. cit.

72   Bowcott, O. (3 August 2017) 'Police accused of threatening sex workers rather than pursuing brothel thieves', *Guardian*, theguardian.com.

73   CPS 'Prostitution and Exploitation of Prostitution', 다음에서 확인 가능, cps.gov.uk, accessed 28 June 2018.

74   Mullin, F. (6 April 2016) 'Sex Workers Reveal What Cops Took from Them During Police Raids', *Broadly*, broadly.vice.com.

75   Doward, J., 'Police boost funds from assets taken in raids on prostitutes'.

76   The Economist (19 January 2017) 'Police in Britain want to keep more of the loot they confiscate', *Economist*, economist.com.

77   Mullin, F., 'Sex Workers Reveal What Cops Took from Them During Police Raids'.

78   Greater London Authority (2016) 'Written Answers to Questions Not Answered at Mayor's Question Time on 16 November 2016', 다음에서 확인 가능, london.gov.uk, accessed 28 June 2018.

79   Mullin, F., 'Sex Workers Reveal What Cops Took from Them During Police Raids'.

80   Hodgson, N. (15 January 2012) 'Why prostitutes are living in a "climate of fear"', *New Statesman*, newstatesman.com.

81   BBC (26 July 2017) 'Lifesaving bid woman guilty of Bournemouth brothel charge', *BBC News*, bbc.co.uk.

82   Aitkenhead, D. (26 August 2016) '"I've done really bad things": The undercover cop who abandoned the war on drugs', *Guardian*, theguardian.com.

83   Bindel, J. (2017) *The Pimping of Prostitution: Abolishing the Sex Work Myth*, London: Palgrave, chapter 8.

84   Marina S (@marstrina) Twitter, 4:54pm, 7 June 2015: '@SoranaBanana decriminalised SW *is* the status quo in the UK. If that harms SWs, then how will extending it be better? #lylsc15'.

85   Hirsch, A. (8 February 2016) 'Police Could Stop Raids On Suspected Brothels', *Sky News*, news.sky.com.

86   Aleem, Z. (13 March 2015) '16 Years Since Decriminalizing Prostitution, Here's What's Happening in Sweden', *Mic*, mic.com; Ditum, S. (5 February 2015) 'If you think decriminalisation will make prostitution safe, look at Germany's mega brothels', *New Statesman*, newstatesman. com. This systematic confusion is discussed by Mullin, F. (19 October 2015) 'The difference between decriminalisation and legalisation of sex work', *New Statesman*, newstatesman.com; Witnessed by the authors, Amnesty UK AGM, Nottingham, April 2017.

87   All-Party Parliamentary Group on Prostitution and the Global Sex Trade: Shifting the Burden (2014), report, 다음에서 확인 가능, appgprostitution. files.wordpress.com, accessed 28 June 2018; Ingala Smith, K. (2015) 'Standing up for All Women: Statement in response to London Young Labour Summer Conference Motion 8', *Karen Ingala Smith*, kareningalasmith.com; Zero Tolerance (2012) 'Take action now – Consultation on prostitution laws closing soon', 다음에서 확인 가능, zerotolerance.org.uk, accessed 28 June 2018.

88   Godman, T. (2010) 'Criminalisation of the Purchase and Sale of Sex (Scotland) Bill', *Scottish Parliament*, 다음에서 확인 가능, parliament.scot, accessed 28 June 2018; Kettles, L. (9 September 2016) 'Women are not for sale – women campaign against prostitution', *Third Force News*, thirdforcenews.org.uk.

89   'bounce'라고 다음에서 언급, Murphy, M. (4 September 2013) 'Femen was founded and is controlled by a man. Exactly zero people are surprised', *Feminist Current*, feministcurrent.com.

90   Nordic Model Now! (6 April 2017) 'How to Spot an Illegal Brothel', *Nordic Model Now!*, nordicmodelnow.org.

91   Topping, A. (15 July 2013) 'Tough or tolerant? Scotland turns up heat on prostitution debate', *Guardian*, theguardian.com.

92   Proctor, I., 'Brothel shut down and prostitutes spoken to during human trafficking crackdown'.

93   사적인 대화에서 따옴.

94   SWARM (2 July 2017) 'Call To Action: Release The Women! No Arrests, No Deportations!', *Sex Worker Advocacy and Resistance Movement*, swarmcollective. org; Seaward, T. (6 July 2017) 'Campaigners hit out after immigration brothel raids', *Swindon Advertiser*, swindon advertiser.co.uk.

95   Marina S (@marstrina) Twitter, 2:31pm, 3 July 2017: 'From the local press report it's

ambiguous whether these women were working in the brothels or operating them … The lovely catch-all 'sex worker', of course, allows the pimps to hide amongst the prostituted people(지역 언론의 보도에 따르면, 이 여성들이 성매매 업소에서 일했는지 아니면 성매매 업소를 운영했는지는 알 수 없다. …… 이 사랑스러운 '성노동자'들은 포주가 성매매된 사람들 사이에 숨을 수 있도록 만든다).'

96   해당 트위터 게시글은 삭제되었지만, 앨리슨을 통해 저자들이 확인함.

5장. 감옥국가: 미국, 남아프리카공화국, 케냐

1   Gira Grant, M. (22 November 2016) 'The NYPD Arrests Women for Who They Are and Where They Go – Now They're Fighting Back', *Village Voice*, villagevoice.com.

2   Bell, B. (26 April 2013) 'Prostitution led by growth of area gambling, police say', *WJLA*, wjla.com.

3   Walsh, J. (12 February 2017) 'Sex-trafficking victims fight their way out of "the life" to help others', *East Valley Tribune*, eastvalleytribune.com.

4   Gira Grant, M., 'The NYPD Arrests Women for Who They Are and Where They Go – Now They're Fighting Back'.

5   C.S. Becerril, 'Why Is This Sex Worker In Jail For Surviving?' *Fader*, 16 February 2017, thefader.com; Gigi Thomas, 'I am a survivor of violence', *BPPP*, 31 January 2017, bestpracticespolicy.org.

6   Support Ho(s)e (2017) 'No Bad Whores: Year One', 다음에서 확인 가능, supporthosechi. tumblr.com, accessed 28 June 2018.

7   NBC News (1 December 2014) 'Obama Requests $263 Million for Police Body Cameras, Training', *NBC News*, nbcnews.com.

8   Richie, B.E. (2012) *Arrested Justice: Black Women, Violence, and America's Prison Nation*, New York: NYU Press.

9   SCOT-PEP (2013) 'I felt so bad, so violated.' op. cit; Andrews, K. (7 August 2015) 'Stop and search is a disgrace across the UK – not just in our cities', *Guardian*, theguardian. com.

10   Davis, A.Y. (2003) *Are Prisons Obsolete?* New York: Seven Stories Press, 16–18.

11   Schenwar, M. (11 November 2014) 'Prisons Are Destroying Communities and Making All of Us Less Safe', *The Nation*, thenation.com.

12   Ibid.

13   American Civil Liberties Union (ACLU) (2014) 'War Comes Home: The Excessive Militarization of American Policing', 다음에서 확인 가능, aclu.org, accessed 28 June 2018.

14   Filkins, D. (13 May 2016) '"Do Not Resist" and the Crisis of Police Militarization', *New Yorker*, newyorker.com.

15   McCoy, A.W. (2009) *Policing America's Empire: The United States, the Philippines, and the Rise of the Surveillance State*, Madison, WI: University of Wisconsin Press; Bell, E. (2013) 'Normalising the exceptional: British colonial policing cultures come home',

Mémoire(s), identité(s), marginalité(s) dans le monde occidental contemporain 10, 다음에서 확인 가능, journals.openedition.org.

16 Economist (20 March 2014) 'Cops or soldiers?', *Economist*, economist.com.

17 Ritchie, A.J. (2017) *Invisible No More: Police Violence Against Black Women and Women of Color*, Boston, MA: Beacon Press, 146.

18 Ibid., 149.

19 Gira Grant, M. (18 July 2017) 'ICE is Using Prostitution Diversion Courts to Stalk Immigrants', *Village Voice*, villagevoice.com.

20 Gira Grant, G. (22 November 2016) 'Interactive Map: 다음을 참고할 것. Where the NYPD Arrests Women Who Are Black, Latina, Trans, and/or Wearing Jeans', *Village Voice*, villagevoice.com.

21 Ritchie, A., *Invisible No More*, 146.

22 Law, V. (8 October 2017) 'How $40 Can Land You in Prison for Seven Years and on the Sex Offender Registry for Life', *Truthout*, truthout.org.

23 Ibid.

24 Gruber, A., Cohen, A.J. & Mogulescu, K. (2016) 'Penal Welfare and the New Human Trafficking Intervention Courts', *Florida Law Review* 68:5, 1333–402.

25 O'Hara, M.E. (14 August 2015) 'Sex workers want to talk to you about parenting', *The Daily Dot*, dailydot.com; Curtis, M.A., Garlington, S. & Schottenfeld, L.S. (2013) 'Alcohol, Drug, and Criminal History Restrictions in Public Housing', *Cityscape*, 15:3, 37–52, 다음에서 확인 가능, huduser.gov, accessed 28 June 2018.

26 Fernandez, F.L. (2016) 'Hands Up: A Systematized Review Of Policing Sex Workers In The U.S.', *Public Health Theses*, 1085, 다음에서 확인 가능, elischolar. library.yale.edu, accessed 28 June 2018.

27 "동성이나 이성 또는 동물과 인간의 부자연스러운 성적 결합 …… (그리고) 이익을 취하기 위해 부자연스러운 성적 결합에 참여하려는 의도를 가진 자의 유혹"이 범죄로 규정되어 있다. Morrell (SB 381), Act No. 882, of the Louisiana legal code 참조.

28 McTighe, L. & Haywood, D. (2017) '"There Is NO Justice in Louisiana": Crimes against Nature and the Spirit of Black Feminist Resistance', *Souls* 19:3, 261–85.

29 Prison Legal News (15 September 2005) 'Florida Bans Sex Offenders from Hurricane Shelters', *Prison Legal News*, prisonlegalnews.org.

30 Law, V., 'How $40 Can Land You in Prison for Seven Years and on the Sex Offender Registry for Life'.

31 Open Society Foundations (2012) 'Criminalizing Condoms: How Policing Practices Put Sex Workers and HIV Services at Risk in Kenya, Namibia, Russia, South Africa, the United States, and Zimbabwe', 다음에서 확인 가능, opensocietyfoundations. gov, accessed 28 June 2018; Open Society Foundations (13 July 2012) 'Condoms as Evidence', video, YouTube (user: Open Society Foundations), youtube.com/ watch?v=bOM6keZNIUM.

32 Human Rights Watch (2012) 'Sex Workers at Risk: Condoms as Evidence of Prostitution in Four US Cities', 다음에서 확인 가능, hrw.org, accessed 28 June 2018.

33 Ritchie, *Invisible No More*, 151.

34 Ibid., 153.

35 Chiu, J. (8 November 2010) 'Craigslist, Sex Work, and The End of "Innocence?": Why Our Efforts to Address Sex Work Are Misguided', *Rewire News*, rewire.news; Levin, S. (10 January 2017) 'Backpage's halt of adult classifieds will endanger sex workers, advocates warn', *Guardian*, theguardian.com; Simon, C. (10 November 2017) 'The Eros Raid Means None of Us Are Safe', *Tits and Sass*, titsandsass.com.

36 CBS News (2 August 2017) 'Ex-CEO of male escort service website sentenced to prison', *CBS News*, cbsnews.com.

37 NSWP (27 June 2014) 'Sex Worker Website Seized in Anti-Trafficking Sweep; No Trafficking Charges Entered', *NSWP*, nswp.org.

38 Smith, M. (@pastachips) Twitter, 12:46pm, 24 March 2018.

39 Du, S. (16 May 2018) 'How Congress' attempt to rescue sex workers threatens their safety instead', *City Pages*, citypages.com.

40 Simon, C. (25 April 2018) 'On Backpage', *Tits and Sass*, titsandsass.com.

41 Mgbako, C.A. (2016) *To Live Freely in This World: Sex Worker Activism in Africa*, New York: NYU Press, 47.

42 Angel Torres, C. & Paz, N. (2012) 'Bad Encounter Line Report', *Young Women's Empowerment Project*, 다음에서 확인 가능, ywepchicago.files. wordpress.com, accessed 28 June 2018.

43 Ibid.

44 Boots, M.T. (7 May 2017) 'Bills to ban police sexual contact with prostitutes they investigate met with opposition', *Anchorage Daily News*, adn.com.

45 O'Connor, M. (8 October 2017) 'Henrico jail strikes deal with Chesterfield after female inmate population more than doubles', *Richmond Times-Dispatch*, richmond.com.

46 Metcalf, A. (11 June 2017) 'Human Trafficking Cases Rise in Montgomery County', *Bethesda Magazine*, bethesdamagazine.com.

47 Hersh, L. (2013) 'Sex Trafficking Investigations and Prosecutions' in Goodman, J.L. & Leidholdt, D.A. (eds.) 'Lawyer's Manual On Human Trafficking: Pursuing Justice For Victims'. Supreme Court of the State of New York, 다음에서 확인 가능, nycourts.gov, accessed 28 June 2018.

48 Biedka, C. (4 January 2018) 'Eight arrested in Frazer prostitution, human trafficking investigation', *Trib Live*, triblive.com.

49 Ditmore, M. (2009) 'The Use of Raids to Fight Trafficking in Persons', Sex Workers Project, 다음에서 확인 가능, sexworkersproject.org, accessed 28 June 2018.

50 Ibid.

51 Gruber, A. et al. 'Penal Welfare and the New Human Trafficking Intervention Courts'.

52 Ibid.

53 Dank, M. et al. (2015) 'Locked In: Interactions with the Criminal Justice and Child Welfare Systems for LGBTQ Youth, YMSM, and YWSW Who Engage in Survival Sex', *Urban Institute*, 다음에서 확인 가능, urban.org, accessed 28 June 2018.

54 Red Umbrella Project NYC (RedUP NYC) (2014) 'Criminal, Victim, or Worker? The Effects of New York's Human Trafficking Intervention Courts on Adults Charged with

Prostitution-Related Offences', 다음에서 확인 가능, redumbrellaproject.org, accessed 28 June 2018.

55   Ibid.

56   Gira Grant, M., 'ICE is Using Prostitution Diversion Courts to Stalk Immigrants'.

57   Crabapple, M. (7 January 2015) 'Special Prostitution Courts and the Myth of 'Rescuing' Sex Workers', *Vice*, vice.com.

58   Gruber, A., et al. 'Penal Welfare and the New Human Trafficking Intervention Courts'.

59   Ibid., 1376.

60   RedUP NYC, 'Criminal, Victim, or Worker?', 8.

61   Torres, J. (22 September 2015) 'How New York City's Treatment of Sex Workers Continues to Harm Us', *Rewire News*, rewire.news.

62   RedUP NYC, 'Criminal, Victim, or Worker?', 25.

63   Mgbako, C.A., *To Live Freely in This World*, 55.

64   Lusher, A. (28 March 2017) 'Werewolf murderer tells police: "I may be one of Russia's worst serial killers, but I was a good husband"', *Independent*, independent.co.uk.

65   Daily Express (11 January 2017) 'Russia's worst serial killer claimed 81 FEMALE VICTIMS as he hates women drinking alone', *Express*, express.co.uk.

66   Mgbako, C.A., *To Live Freely in This World*, 55.

67   Ibid.

68   Arnott, J. & Crago, A. (2009) 'Rights Not Rescue: A Report on Female, Male, and Trans Sex Workers' Human Rights in Botswana, Namibia, and South Africa', *Open Society Institute*, 다음에서 확인 가능, opensociety foundations.org, accessed 28 June 2018.

69   Ibid.

70   SAFLII (20 April 2009) '*The Sex Worker Education and Advocacy Taskforce v Minister of Safety and Security and Others* (3378/07) [2009] ZAWCHC 64; 2009 (6) SA 513 (WCC)', 다음에서 확인 가능, saflii.org, accessed 28 June 2018.

71   Crockett, E. & Garcia, M. (21 January 2016) 'Ex-cop Daniel Holtzclaw was just sentenced to 263 years in prison for raping black women', *Vox*, vox.com.

72   Diaz, J. et al. (2016) 'How the Daniel Holtzclaw Jury Decided to Send the Ex-Oklahoma City Police Officer to Prison for 263 Years', *ABC News*, abcnews.go.com.

73   Guardian Staff (27 November 2017) 'Cyntoia Brown: Celebrities call for release of sextrafficking victim', *Guardian*, theguardian.com.

74   Kaba, M. & Schulte, B. (6 December 2017) 'Not A Cardboard Cut Out: Cyntoia Brown and the Framing of a Victim', *The Appeal*, theappeal.org.

75   Jacobs, L. (19 February 2018) 'Tennessee Court Provides Explanation For Cyntoia Brown's Imprisonment', *Vibe*, vibe.com.

76   *Survived and Punished*, survivedandpunished.org

77   Solutions Not Punishment Collaborative (SNaP Co) (2016) ''The Most Dangerous Thing Out Here Is The Police', *SNaP Co.*, dev.rjactioncenter.org, accessed 28 June 2018.

78   Ibid.

79   Lussenhop, J. (18 April 2016) 'Clinton crime bill: Why is it so controversial?', *BBC News*, bbc.com.

80 Gearan, A. & Phillip, A. (25 February 2016) 'Clinton regrets 1996 remark on 'super-predators' after encounter with activist', *Washington Post*.

81 Frank, T. (15 April 2016) 'Bill Clinton's crime bill destroyed lives, and there's no point denying it', *Guardian*, theguardian.com.

82 Ritchie, *Invisible No More*, 196.

83 Henderson, T. (4 June 2015) 'Black Domestic Violence Survivors Are Criminalized From All Directions', *Truthout*, truthout.org.

84 Ibid.

85 Ibid., 191.

86 Prison Culture (24 August 2011) 'The Trial(s) of Tiawanda Moore', *Prison Culture*, usprisonculture.com.

87 Rubin, S. (17 June 2011) 'To Serve and Protect – And Sexually Assault?' *Ms. magazine Blog*, msmagazine.com.

88 Chicago Taskforce on Violence Against Girls & Young Women (24 August 2011) 'Now that Tiawanda Moore is free, what lessons can we learn?', chitaskforce.wordpress. com.

89 Feminist Newswire (12 September 2014) 'Violence Against Women Act Turns 20', Feminist Majority Foundation, feminist.org.

90 Legal Momentum 'History of the Violence Against Women Act', legalmomentum.org.

91 White, P. (5 October 2015) 'A thank you note to "carceral"/"sex-negative" feminists', *Feminist Current*, feministcurrent.com.

92 Marcotte, A. (25 February 2014) 'Prosecutors Arrest Alleged Rape Victim to Make Her Cooperate in Their Case. They Made the Right Call', *Slate*, slate.com.

93 Grant, J.M. et al. (2011) 'Injustice at Every Turn: A Report of the National Transgender Discrimination Survey', Washington: *National Center for Transgender Equality and National Gay and Lesbian Task Force*, 다음에서 확인 가능, endtransdiscrimination. org, accessed 28 June 2018; Brydum, S. (2014) 'Arizona Activist Found Guilty of "Walking While Trans"', *Advocate*, advocate.com.

94 Crabapple, M. (2014) 'Project ROSE Is Arresting Sex Workers in Arizona to Save Their Souls', *Vice*, vice.com.

95 NSWP (9 October 2017) 'Ugandan Sex Workers Arrested at Crisis Meeting Over Murders of Sex Workers', *NSWP*, nswp.org.

96 Kuchu Times (10 August 2017) 'Sex Workers On The Rampant Murders Of Women', *Kuchu Times*, kuchutimes.com.

97 NSWP, 'Ugandan Sex Workers Arrested at Crisis Meeting Over Murders of Sex Workers'.

98 Ditmore, M.H. & Allman, D. (2013) 'An analysis of the implementation of PEPFAR's antiprostitution pledge and its implications for successful HIV prevention among organizations working with sex workers', *Journal of the International AIDS Society* 16:1.

99 The Red Umbrella Diaries (26 July 2012) 'Sex Worker Activists Disrupt Special Session on US Congress and HIV', video, YouTube (user: The Red Umbrella Diaries), youtube. com/watch?feature=player_embedded&v=110E941QntY.

100 Anderson-Minshall, J. and Mendus, E. R. (2016) 'Discrimination is literally killing trans

women: Outlaw was just the latest', *Plus*, hivplusmag.com.

101   Mgbako, C.A., *To Live Freely in This World*, 5.

102   African Sex Workers Alliance (ASWA) 'Members', 다음에서 확인 가능, aswaalliance.org, accessed 28 June 2018.

103   Warner, G. (30 August 2016) 'When The U.S. Backs Gay And Lesbian Rights In Africa, Is There A Backlash?', *NPR*, npr.org.

104   Ao, B. (21 May 2016) 'Battling a double dose of discrimination', *IOL*, iol.co.za.

105   Mgbako, C.A., *To Live Freely in This World*, 144.

106   Ekaterina (26 May 2017) 'Silver Rose has joined the 1st of May march', *SWAN*, swannet. org.

107   Ekaterina (1 May 2016) 'Silver Rose: A long way to success', *SWAN*, swannet.org.

108   Okoth, J. (2 February 2012) 'Kenya: Bunge la Mwananchi movement and its challenges', *Pambazuka News*, ambazuka.org.

109   Simon, C. (13 November 2018) 'Columnist Caty Simon: Spend money on treatment, not cameras', *Daily Hampshire Gazette*, gazettenet.com.

110   Robin D. (29 February 2016) 'Activist Spotlight: Bonnie On Violence And Endurance', *Tits and Sass*, titsandsass.com.

111   Lysistrata Mutual Care Collective & Fund 'Emergency Fund', *Lysistrata*, lysistratamccf. org.

112   Frishman, S. (7 September 2017) 'The End of The Life: Leaving Sex Work Because Of Progressive Illness', *Tits and Sass*, titsandsass.com.

113   NSWP (2016) 'Silver Rose (Russia)', *NSWP*, nswp.org.

114   Laura McTighe & Deon Haywood (16 January 2018) '"There Is NO Justice in Louisiana": Crimes against Nature and the Spirit of Black Feminist Resistance', *Souls* 19:3, 261–285.

115   Carmon, I. (5 September 2013) 'I am not a sex offender', *Women with a Vision*, wwav. no.org.

116   미국의 어느 거대 반성매매 단체에서 게시한 '성공담' 목록에는 거의 대부분 성구매 고객들을 더욱 강하게 처벌하고 성판매 여성들을 '구조'했던 배타적 조치들만 열거되어 있다. Demand Abolition 'Category: Success Stories', 다음에서 확인 가능, demandabolition. org, accessed 28 June 2018 참조.

6장. 인민의 집: 스웨덴, 노르웨이, 아일랜드, 캐나다

1   MacKinnon, C.A. (2011) 'Trafficking, Prostitution, and Inequality', *Harvard Civil Rights – Civil Liberties Law Review*, 46, 271–309, 301.

2   Dworkin, A. (1993) 'Prostitution and Male Supremacy', *Michigan Journal of Gender and Law* 1:1, 다음에서 확인 가능, repository.law.umich.edu, accessed 28 June 2018.

3   Crouch, D. (17 February 2017) 'Is Sweden's feminist agenda working?', *BBC News*, bbc. co.uk; Agencies (4 February 2017) 'Is the Swedish deputy PM trolling Trump with this all-female photo?', *Guardian*, theguardian.com.

4   Jones, A. (28 January 2016) 'After I Lived in Norway, America Felt Backward. Here's Why', *The Nation*, thenation.com; Gjersø, J.F. (9 June 2017) 'Jeremy Corbyn – a mainstream [Scandinavian] social democrat', *openDemocracy*, opendemocracy.net.

5   예를 들어, Bindel, J., *The Pimping of Prostitution*.

6   Levy, J. (2017) *The War on People who Use Drugs: The Harms of Sweden's Aim for a Drug-Free Society*, London: Routledge; The Local Sweden (22 August 2013) 'Structural racism "still a problem" in Sweden', *The Local*, thelocal.se; Momodou, J. (18 April 2012) 'Sweden: the country where racism is just a joke', *Guardian*, theguardian.com.

7   Neuman, C.E. (2010) *Sexual Crime: A Reference Handbook*, Santa Barbara, CA: ABC-CLIO, LLC, 154.

8   Grant, R. (2013) 'Proposed Criminalisation of the Purchase of Sex (Scotland) Bill (2): Summary of Consultation Responses', Scottish Parliament, s. 187, 다음에서 확인 가능, parliament.scot, accessed 28 June 2018.

9   Some of the strategies used by street sex workers in the UK are discussed by Sanders, T. (2001) 'Female street sex workers, sexual violence, and protection strategies', *Journal of Sexual Aggression*, 7:1, 5–18.

10 Fouche, G. (27 April 2014) 'View from the streets: New Nordic sex laws are making prostitutes feel less safe', *Independent*, independent.co.uk.

11 Levy, J. (2015) *Criminalising the Purchase of Sex: Lessons from Sweden*, Oxford: Routledge, 121.

12 Krüsi A, et al. (2014) 'Criminalisation of clients: Reproducing vulnerabilities for violence and poor health among street-based sex workers in Canada – a qualitative study' *BMJ Open*, 4: e005191, 다음에서 확인 가능, bmjopen.bmj.com, accessed 28 June 2018.

13 Socialstyrelsen (2008) 'Prostitution in Sweden 2007', 48, 다음에서 확인 가능, socialstyrelsen.se, accessed 28 June 2018.

14 Norwegian Ministry of Justice and the Police (2004) 'Purchasing Sexual Services in Sweden and the Netherlands: Legal Regulation and Experiences', 19, 다음에서 확인 가능, regjeringen.no, accessed 28 June 2018.

15 Ibid., 13, 19–20.

16 Levy, *Criminalising the Purchase of Sex*, 121.

17 Norwegian Ministry of Justice and the Police, 'Purchasing Sexual Services in Sweden and the Netherlands: Legal Regulation and Experiences', 13.

18 Sanders, T. (2005) *Sex Work: A Risky Business*, Cullompton: Willan Publishing, chapter 4.

19 Levy, *Criminalising the Purchase of Sex*, 189

20 Gallagher, C. (4 September 2017) ''Dramatic rise' in attacks on sex workers since law change', *The Irish Times*, irishtimes.com.

21 Gentleman, A. (5 February 2016) 'Sex worker and activist Laura Lee: 'It's now far more difficult to stay safe', *Guardian*, theguardian.com.

22 Rasmussen, I. et al. (2014) 'Evaluation of Norwegian legislation criminalising the buying of sexual services (English summary)', Norwegian Government, 다음에서 확인 가능, rm.coe.int, accessed 28 June 2018.

23 Lyon, W. (2014) 'Client Criminalisation and Sex Workers' Right to Health', *Hibernian Law Journal*, 13, 58–97, 69.

24 Ibid., 70.

25 Rasmussen, et al., 'Evaluation of Norwegian legislation criminalising the buying of sexual services (English summary)'.

26 Costa-Kostritsky, V. (20 January 2014) 'On Malmskillnadsgatan', LRB Blog, lrb.co.uk.

27 Banyard, K. (2010) *The Equality Illusion: The Truth about Women and Men Today*, London: Faber and Faber, 136.

28 Amnesty International (2016) 'Q&A: Policy to Protect the Human Rights of Sex Workers', 다음에서 확인 가능, amnesty.org, accessed 28 June 2018 참조.

29 The Women's Support Project (2018), 다음에서 확인 가능, womenssupportproject. co.uk, accessed 28 June 2018.

30 Nordic Model Now (2017), slideshow, 다음에서 확인 가능, nordicmodelnow.files. wordpress.com, accessed 28 June 2018.

31 Brown, A. (22 January 2018) '"I never looked back" Women's Aid worker opens up about own domestic abuse horror to highlight why organisation is still vital', *Daily Record*, dailyrecord.co.uk.

32 Farley, M. (2017) 'Book Review: Shadow's Law, The True Story of a Swedish Detective Inspector Fighting Prostitution by Simon Häggström', *Dignity: A Journal on Sexual Exploitation and Violence* 2:2, article 5.

33 Nordic Model Now!, slideshow.

34 Heiberg, T. (2011) 'Exploring Prostituted Women's Experiences of a South African Exit Intervention: An Interpretative Phenomenological Analysis', University of Cape Town (Thesis), 다음에서 확인 가능, knowledgeco-op.uct.ac.za, accessed 28 June 2018.

35 Glass, A., 'Fact: Women often struggle to leave prostitution'; Nordic Model Now!, slideshow.

36 Parliament of Sweden (2005) 'Makt att forma samhället och sitt eget liv-jämställdhetspolitiken mot nya mål [Power to shape society and its own life – Equality policy towards new goals]', 다음에서 확인 가능, riksdagen.se, accessed 28 June 2018.

37 Sköld Jansson, C. et al. (2004) 'Nationellt resurscentrum för prostituerade [National Resource Center for Prostitutes], Motion 2004/05:S3068', Swedish Parliament, 다음에서 확인 가능, riksdagen.se, accessed 28 June 2018.

38 VG Nyheter [VG News] (2017) 'Mann fikk lavere straff fordi voldtektsofrene var prostituerte [Man got lower punishment because rape victims were prostitutes]', 다음에서 확인 가능, vg.no, accessed 28 June 2018.

39 Ashton, C. (30 September 2010) 'Could Sweden's prostitution laws work in the UK?' BBC News, bbc.com.

40 Levy, *Criminalising the Purchase of Sex*, 189.

41 Ibid.

42 Sex Professionals of Canada (2013) 'STOP the Arrests!!! SSM – One year and still fighting with love and RAGE', *SPOC*, 다음에서 확인 가능, spoc.ca, accessed 28 June 2018.

43   Levy, *Criminalising the Purchase of Sex*, 144, 148, 190–1.

44   Ibid., 150.

45   Ibid., 166.

46   Minihan, M. (2 September 2014) 'Minister 'shocked' by reports of direct provision prostitution', *The Irish Times*, irishtimes.com.

47   Lyon, W. (6 December 2014) 'On Frances Fitzgerald's bill to criminalise clients', *Feminist Ire*, feministire.com.

48   Irish Reception and Integration Agency 'Direct Provision', 다음에서 확인 가능, ria.gov. ie, accessed 28 June 2018.

49   Banyard, K. (22 August 2017) 'Legalise prostitution? We are being asked to accept industrialised sexual exploitation', *Guardian*, theguardian.com.

50   Debbonaire, T. (@ThangamMP) Twitter, 10:20am, 27 September 2016.

51   Cox, S. (13 April 2017) 'What's Current: 937 johns, zero prostituted women arrested in France since adoption of Nordic model', *Feminist Current*, feministcurrent.com.

52   Lyon, W. (17 April 2017) 'Sex work in France, one year on', *Feminist Ire*, feministire.com.

53   Coyne, E. (3 February 2017) 'Bill makes sex workers "poorer and unsafe"', *The Times*, thetimes.co.uk.

54   Amnesty International (2016) 'The Human Cost Of "Crushing" The Market: Criminalization Of Sex Work In Norway', s. 3.13, *Amnesty USA*, 다음에서 확인 가능, amnestyusa.org, accessed 28 June 2018.

55   Ibid.

56   Ibid.

57   Ibid.

58   Gira Grant, M. (26 May 2016) 'Amnesty International Calls for an End to the 'Nordic Model' of Criminalizing Sex Workers', *The Nation*, thenation.com.

59   Benoit, C., et al. 'Lack of Confidence in Police Creates a "Blue Ceiling" for Sex Workers' Safety'. *Canadian Public Policy* 42:4, 456–68.

60   개인적 서신 교환.

61   Amnesty International, *The Human Cost*.

62   Butcher, M. (4 August 2012) 'Police Bust Prostitutes Using Airbnb Apartment in Stockholm', *Tech Crunch*, techcrunch.com.

63   McNamee, M.S. (5 November 2015) 'First man arrested under new prostitution laws in the North', thejournal.ie.

64   Radio Kerry News (3 July 2017) 'Two Romanian women admit involvement in Tralee brothel', radiokerry.ie.

65   Ryan, K. (@KarinDianeRyan) Twitter, 2:27pm, 29 September 2016: '.@Davidontour1 @ThangamMP "working together for safety" is code for running brothel/pimping. Pimps call themselves SWs so that's convenient(@Davidontour1 @ThangamMP '안전을 위한 협업'은 성매매 업소를 운영하기 위한 구실이자 포주 행위다. 포주들이 스스로를 성노동자라고 부르는 건 그게 편하기 때문이다)'.

66   Moran, R. (19 September 2015) 'My lessons in prostitution: How I learned the myth of the high-class hooker', *Salon*, salon.com.

67 Moran, R. (@RachelRMoran) Twitter, 10:34am, 9 April 2018; SWARM (@SexWorkHive) Twitter, 11:19am, 8 April 2018.

68 Deegan, G. (9 May 2018) 'Husband and wife hooker team selling sex from Irish home avoid jail', *Irish Mirror*, irishmirror.ie.

69 Nugent, R. (7 August 2017) 'Sex worker (73) was trying to pay for son's kidney transplant operation', *Independent.IE*, independent.ie.

70 Swedish Penal Code (1962: 700, amended 2017: 1136), ch. 6, s. 12, 다음에서 확인 가능, riksdagen.se, accessed 28 June 2018.

71 Amnesty International, *The Human Cost*.

72 Ibid.

73 Ibid.

74 Ibid.

75 Ibid.

76 Ibid., section 3.9.

77 Ibid., section 3.10.

78 Ibid.

79 Ibid., section 3.4.

80 Lam, E., 'Behind the Rescue'.

81 Ibid.

82 Amnesty International, *The Human Cost*.

83 Ibid.

84 Siddique, H. & Rawlinson, K. (28 November 2017) 'Rape victim arrested on immigration charges after going to police', *Guardian*, theguardian.com.

85 Swedish National Police Board (2011) 'Trafficking in human beings for sexual and other purposes', 13–14, 다음에서 확인 가능, feminismandhuman rights.files.wordpress.com, accessed 28 June 2018.

86 Jahnsen, S.O. (2007) 'Women who cross borders – Black magic? A Critical Discourse Analysis of the Norwegian newspaper coverage of Nigerian women in prostitution in Norway', *University of Bergen* (Masters Thesis), 다음에서 확인 가능, citeseerx.ist.psu.edu, accessed 28 June 2018.

87 Amnesty International, *The Human Cost*.

88 European Women's Lobby (2014) '18 myths on prostitution', 다음에서 확인 가능, womenlobby.org, accessed 28 June 2018; APT Ireland (2014) 'Prostitution And Sex Trafficking: Abuse Of Power, Abuse Of Vulnerability', 다음에서 확인 가능, education.dublindiocese.ie, accessed 28 June 2018.

89 Bindel, *Pimping of Prostitution*.

90 Lam, E., 'Behind the Rescue'.

91 Norwegian Ministry of Justice and the Police, *Purchasing Sexual Services in Sweden and the Netherlands*.

92 Ibid., 13.

93 Swedish Parliament (2002) 'Statens offentliga utredningar [Government Public Investigations] 2002:69' s. 8.3.1.1, 다음에서 확인 가능, riksdagen.se, accessed 28 June

2018.

94 Goldberg, M. (30 July 2014) 'Should Buying Sex Be Illegal?', *The Nation*, thenation. com.

95 Levy, *Criminalising the Purchase of Sex*; Skarhed, A. (2010) 'Evaluation of the prohibition of the purchase of sexual services (English Summary)', Government Offices of Sweden, 36, 다음에서 확인 가능, government. se, accessed 28 June 2018.

96 Raymond, J.G. (2013) *Not a Choice, Not a Job: Exposing the Myths about Prostitution and the Global Sex Trade*, Washington, D.C.: Potomac Books, 72.

97 Swedish National Police Board, *Trafficking in human beings.*

98 Swedish Parliament, 'Förbud mot försäljning av sexuella tjänster(성적 서비스의 판매 금지)' , Motion 2002/03:Ju284, riksdagen.se.

99 Parliament of Sweden (2001) 'Riksdagens snabbprotokoll [quick protocol] 2001/02:78', 다음에서 확인 가능, riksdagen.se.

100 Banyard, K. (2016) *Pimp State: Sex, Money and the Future of Equality*, London: Faber and Faber, 198.

101 Levy, *Criminalising the Purchase of Sex*, Introduction.

102 Ibid., 5. 다음도 참고할 것. Baldwin, P. (2005) *Disease and Democracy: The Industrialized World Faces AIDS*, Berkeley: Univeristy of California Press, 242.

103 Levy, *Criminalising the Purchase of Sex*, 6–7.

104 Ibid., 7.

105 Ahlander, J. (27 March 2017) 'Sweden to offer compensation for transgender sterilizations', *Reuters*, reuters.com.

106 Transform (2014) 'Drug policy in Sweden: A repressive approach that increases harm', tdpf.org.uk.

107 Ederyd, C. (2016) 'Sweden's Battle Against Drugs and Prejudice', *Vice*, vice.com.

108 Object (2015) 'Prostitution – The Facts', obect.org.uk; Woodward, S. (2016) 'Calls for Australia to adopt 'Nordic Model' on prostitution', *SBS News*, sbs.com.au.

109 Murphy, M. (28 November 2014) 다음에서 언급, Berg, S. (2014) 'From Norway to New Zealand, pro-prostitution research is its own worst enemy', *Feminist Current*, feministcurrent.com.

110 Banyard, *Pimp State.*

111 Bindel, J. (n.d.) Contribution to 'Prostitution and Gender Inequality', SPACE International, spaceintl.org.

112 Nordic Model Now (@nordicmodelnow) Twitter, 3:57am, 27 May 2016: 'The Nordic model works and should keep on keeping on(노르딕 모델은 효과가 있고 앞으로 계속 유지되어야 한다). https://t.co/SrlAGZFzZb'.

113 deVisser, L. (2013) 'Interview with MP Joy Smith – Human Trafficking and Prostitution', ARPA Canada, arpacanada.ca.

114 Pablo, C. (2014) 'New prostitution law leaves sex workers "invisible and anonymous", advocate says', *Straight*, straight.com.

115 MacKay, P. (11 June 2014) 'Debate on Protection of Communities and Exploited Persons Act', openparliament.ca.

116   Macartney, C. (2015) 'Canada begins implementing transformational prostitution laws', *Christian Week*, christianweek.org.

117   McIntyre, C. (13 May 2015) 'Migrant sex workers caught up in Ottawa sting facing deportation, further exploitation: activists', *National Post*, nationalpost.com.

118   Banyard, *Pimp State*, 194.

119   Kuosmanen, J. (2010) 'Attitudes and perceptions about legislation prohibiting the purchase of sexual services in Sweden', *European Journal of Social Work* 14:2, 247–63.

120   Fullinwider, R.K. (n.d., accesses 28 June 2018) 'The Swedish Model – Abolitionist Nirvana? Part 3', *The New Prostitution Wars*, Essay 8, newprostitutionwars.net.

121   Ahlstrand, T. (2010) 'The Swedish example', presentation at the The Third Swedish-Dutch Conference on Gender Equality: Trafficking in Human Beings and Prostitution.

122   Levy, *Criminalising the Purchase of Sex*, 63.

123   Kristof, N.D. (23 January 2006) '"Sex Work" versus "Prostitution"', *New York Times*, kristof.blogs.nytimes.com.

124   이와 관련한 논의의 일례로 다음을 참고할 것. Buckland, S. (2012) 'Call things by their proper names: A Reply to the Anti Porn Men Project', Zetkin.net.

125   Häggström, S. (2016) 'Shadow's Law: The True Story of a Swedish Detective Inspector Fighting Prostitution', Stockholm: Bullet Point Publishing; Häggström, S. (n.d.) Contribution to 'Prostitution and Gender Inequality', SPACE International, spaceintl.org.

126   Shane, C. (@CharoShane) Twitter, 10:34am, 7 June 2018: 'Men like CH, who are hardcore into sex worker rescue and determined to code all prostitution as rape, are so obviously getting a huge thrill from imagining sexually violated female bodies, helpless women ravaged by dozens of dícks, etc(성노동자의 구출에 열심이고 모든 매춘을 강간으로 규정하길 결심한 CH 같은 남성들은 성폭력을 당한 여체, 수십 개의 음경으로부터 유린을 당한 무력한 여성 등을 상상하는 데서 분명히 큰 스릴을 느낄 것이다).'

127   Smith, J. (2013) 'Why the game's up for Sweden's sex trade', *Independent*, independent.co.uk.

128   Ekberg, G. (2008) 'Abolishing Prostitution: The Swedish solution', *Rain and Thunder*, 다음에서 확인 가능, catwinternational.org, 41.

129   Smith, J. (2016) 'Pimp State: Sex, Money and the Future of Equality by Kat Banyard – Review', *Guardian*, theguardian.com; Nordic Model Now! (2017), slideshow handout, 다음에서 확인 가능, nordicmodelnow.files.wordpress.com/2017/05/nmn-slideshow-handout-v1b.pdf.

130   Goodhart, D. (27 March 2013) 'Why the left is wrong about immigration', *Guardian*, theguardian.com.

7장. 특권층: 독일, 네덜란드, 미국 네바다

1   Global Network of Sex Work Projects (NSWP) (2016) 'Mandatory Registration and Condom Use Proposed in Germany', nswp.org.

2   Mackay, F. (2015) *Radical Feminism: Feminist Activism in Movement*, New York: Palgrave Macmillan, 209–27.

3   Grimley, N. (2015) 'Amnesty International row: Should prostitution be decriminalised?', *BBC News*, bbc.com; Shanahan, C. (2015) 'Amnesty prostitution vote rebuked', *Irish Examiner*, irishexaminer.com.

4   예를 들어, Richards, D.A. (1982) *Sex, Drugs, Death, and the Law: An Essay on Human Rights and Overcriminalization*, Totowa, NJ: Rowman and Littlefield, 133 참조.

5   White, L. (1990) *The Comforts of Home: Prostitution in Colonial Nairobi*, Chicago: University of Chicago Press, 3.

6   Daalder, A.L. (2015) 'Prostitutie in Nederland anno 2014', Netherlands Ministry of Safety and Justice, 다음에서 확인 가능, rijksoverheid.nl, 17–18.

7   Hydra Berlin (2016) 'Information Pamphlet about the "Prostitutes Protection Law"', 다음에서 확인 가능, hydra-berlin.de; and Herter, A. & Fem, E. (2017) 'Professed Protection, Pointless Provisions – Overview of the German Prostitutes Protection Act', International Committee on the Rights of Sex Workers in Europe (ICRSE), 다음에서 확인 가능, sexworkeurope.org 참조.

8   Delgado, K. (2016) 'Stacey Dooley's Sex in Strange Places is a shocking look at Turkey's sexual underworld', *Radio Times*, radiotimes.com.

9   Koster, K. (6 December 2017) 'Legal in Theory: Germany's Sex Trade Laws and Why They Have Nothing to Do With Amnesty Sex Work Proposal', *Huffington Post*, huffingtonpost.com.

10   Scarlet Alliance (2014) 'The Principles for Model Sex Work Legislation', scarlettalliance.org.au.

11   Mansfield, B. (2014) 'Nevada's Brothels: Legalization Serves The Man', *Tits and Sass*, titsandsass.com.

12   Anna, F. (12 March 2015) 'How to start in window prostitution in Amsterdam?', Behind the Red Light District, behindtheredlightdistrict. blogspot.co.uk.

13   Tucker, G.M. (2012) 'The Invisible Challenge to HIV/AIDS Prevention: Clandestine Prostitution in Senegal', *Journal of International Women's Studies* 13:1, 19–31.

14   NSWP (2017) 'Greek Sex Workers Organise Conference and Demand Law Reform', nswp.org.

15   Hydra Berlin, 'Information Pamphlet about the "Prostitutes Protection Law"'.

16   Wagenaar, H., Altink, S. & Amesberger, H. (2013) 'Final Report of the International Comparative Study of Prostitution Policy: Austria and the Netherlands', Platform31, kks.verdus.nl/upload/documents/P31_prostitution_policy_report.pdf.

17   Norwegian Ministry of Justice and the Police (8 October 2004) 'Purchasing Sexual Services in Sweden and the Netherlands: Legal Regulation and Experiences', report, regjeringen.no, 34에서 인용.

18   Passion, M. (25 August 2008) 'Cautionary words from a brothel survivor: But still a sex worker activist', Personal blog, marikopassion. wordpress.com.

19   Walker, A. (2016) 'Women's Experiences Of Different Legislative Models', *SPACE International*, spaceintl.org.

20 개인적 대화에서 따옴.

21 Herter, A. & Fem, E. (2017) 'Professed Protection, Pointless Provisions – Overview of the German Prostitutes Protection Act', International Committee on the Rights of Sex Workers in Europe (ICRSE), sexwork europe.org.

22 Ibid.

23 Scarlet Alliance and the Australian Federation of AIDS Organisations (1999) 'Unjust and Counter-Productive The Failure of Governments to Protect Sex Workers from Discrimination', report, scarletalliance.org.au, 14.

24 Hydra Berlin, 'Information Pamphlet about the "Prostitutes Protection Law"'.

25 Spooner, R. (2015) 'Adrian Bayley trials: Street sex workers still reluctant to report crimes', *The Age*, theage.com.au.

26 Perkins R. (1991) 'Working girls: Prostitutes, their life and social control', *Australian studies in law*, crime and justice, Canberra: Australian Institute of Criminology, chapter 2.

27 Gira Grant, M. (2009) 'Resisting the Sex Panic: Sex Workers Struggle for Evidence-Based Regulation in Nevada', *Rewire*, rewire.news.

28 Ibid.

29 Global Network of Sex Work Projects (NSWP) (2016) 'Mandatory Registration and Condom Use Proposed in Germany', nswp.org.

30 Open Society Foundations (2012) 'Laws and Policies Affecting Sex Work: A Reference Brief', nswp.org.

31 Australasian Society for HIV, Viral Hepatitis and Sexual Health Medicine (n.d.) 'Sex Work', hivlegal.ashm.org.au.

32 Scarlet Alliance, Australian Sex Workers Association (2011) 'Mandatory or compulsory testing of sex workers for HIV and/or sexually transmissible infections in the Australian context', *Australian Parliament*, parliament.act.gov.au.

33 Gira Grant, M., 'Resisting the Sex Panic: Sex Workers Struggle for Evidence-Based Regulation in Nevada'.

34 Mansfield, B., 'Nevada's Brothels: Legalization Serves The Man'.

35 Wagenaar, H. & Altink, S. (2012) 'Prostitution as Morality Politics or Why It Is Exceedingly Difficult To Design and Sustain Effective Prostitution Policy', *Sexuality Research and Social Policy* 9, 279.

36 Gira Grant, M., 'Resisting the Sex Panic: Sex Workers Struggle for Evidence-Based Regulation in Nevada'; Heineman, Jenny, Rachel Mac-Farlane, and Barbara G. Brents (2012) 'Sex Industry and Sex Workers in Nevada' in Dmitri N. Shalin (ed.) *The Social Health of Nevada: Leading Indicators and Quality of Life in the Silver State*, Las Vegas, NV: UNLV Center for Democratic Culture.

37 Lehman, M. (2013) 'Sex Workers Protest Against Alice Schwarzer's Panel Discussion about Prostitution in Berlin', International Committee on the Rights of Sex Workers in Europe (ICRSE), sexworkeurope.org.

38 Hydra Berlin, 'Information Pamphlet about the "Prostitutes Protection Law"'.

39 Schon, M. (2016) 'Legalization has turned Germany into the "Bordello of Europe" and

we should be ashamed', *Feminist Current*, feministcurrent.com.

40 Pearson, M. (2015) 'Inside one of Germany's "flat rate" brothels: What it's like working at the King George Club'. News.com.au.

41 van Rossum, F. (2015) 'Sex workers in the Netherlands are making history', Research Project Korea, researchprojectkorea.wordpress.com.

42 Smith, P. (2014) 'East London Strippers Collective Is Standing Up for Strippers' Rights', *Vice*, vice.com.

43 McLennan, W. (4 February 2015) '"676 hours less of objectification of women": Councillor's delight as Spearmint Rhino's opening hours are cut', *Camden New Journal*.

44 Dolinsek, S. (2016) 'Sex workers fight against compulsory registration and identification in Germany', openDemocracy, opendemocracy.net; Bindel, J. (2016) 'Women's Experiences Of Different Legislative Models', *SPACE International*, spaceintl. org.

45 Banyard, K. (2016) *Pimp State: Sex, Money and the Future of Equality*, London: Faber and Faber, 182.

8장. 만능열쇠는 없다: 아오테아로아, 호주 뉴사우스웨일스

1 New Zealand Prostitutes' Collective (2012) 'Celebrating 25 Amazing Years', 다음에서 확인 가능, nzpc.org.nz.

2 De Santis, M. (2014) 'Sweden's Prostitution Solution: Why Hasn't Anyone Tried This Before?', Women's Justice Center, esnoticia.co.

3 Amnesty International (2015) 'Global movement votes to adopt policy to protect human rights of sex workers', amnesty.org; Human Rights Watch (2014) 'World Report 2014', 47; UNAIDS (2002) 'Sex Work and HIV/AIDS: UNAIDS Technical Update'; World Health Organisation Department of HIV/AIDS (2012) 'Prevention and Treatment of HIV and other sexually transmitted infections for sex workers in low-and middle-income countries: Recommendations for a public health approach'.

4 New Zealand Prostitutes' Collective, 다음에서 인용, Global Network of Sex Work Projects (NSWP) (2014) 'Sex Work And The Law: Understanding Legal Frameworks and the Struggle for Sex Work Law Reforms', nswp.org.

5 McClure, T. (2017) 'A Racist System: Māori and Pacific Kiwis Talk About the Police', *Vice*, vice.com.

6 Livingston, T. and Dennett, K. (2017) 'Auckland's infamous K Road: NZ's first serial killer's hunting ground', *Stuff*, stuff.co.nz; Sherwood, S. and Ensor, B. (2016) 'Christchurch sex workers staying off the streets after death of Renee Duckmanton', *Stuff*, stuff.co.nz.

7 GAATW (2018) 'Sex Workers Organising for Change: Self-representation, community mobilisation, and working conditions', gaatw.org, 105.

8 Hati, C., Healy, C. and Wi-Hongi, A. (2017) 'It's work, it's working: The integration of sex workers and sex work in Aotearoa/New Zealand', wsanz.org.nz.

9   Armstrong, L. (2011) 'Managing risks of violence in decriminalised street-based sex work: A feminist (sex workers' rights) perspective', Victoria University of Wellington (PhD Thesis), 다음에서 확인 가능, core.ac.uk/download/pdf/41338266.pdf.

10   Armstrong, L. (2014) 'Screening clients in a decriminalised street-based sex industry: Insights into the experiences of New Zealand sex workers', *Australian & New Zealand Journal of Criminology*, 47:2, 207–22.

11   Abel, G., Fitzgerald, L. and Brunton, C. (2007) 'The impact of the Prostitution Reform Act on the health and safety practices of sex workers: Report to the Prostitution Law Review Committee', report, University of Otago, otago.ac.nz, 139.

12   Woodcock, J. (2017) 'As a call centre worker I saw how employees are stripped of their rights', *Guardian*, theguardian.com.

13   GAATW, 'Sex Workers Organising for Change', 104.

14   Stanley, T. (@timothy_stanley), Twitter, 3:19am, 13 April 2016. '@rmc ahill hmm. I don't like it. Suggests there's a union, pension fund etc(@rmcahill 흠. 마음에 안 든다. 노조와 연금 등을 연상시킨다)'.

15   Abel, G. (2010) 'Decriminalisation: A Harm Minimisation and Human Rights Approach to Regulating Sex Work', University of Otago, Christ-church (PhD Thesis), 다음에서 확인 가능, prostitutionresearch.info/pdfs_all/GillianAbelPhDNewZealand.pdf, 233.

16   Abel et. al., 'The impact of the Prostitution Reform Act on the health and safety practices of sex workers: Report to the Prostitution Law Review Committee', 118–19.

17   Abel, G., Fitzgerald, L. and Brunton, C. (2009) 'The impact of decriminalisation on the number of sex workers in New Zealand', *Journal of Social Policy* 8:3, 515–31; Miller, C. (2017) 'Northland brothel bringing sex out of the shadows', *New Zealand Herald*, nzherald.co.nz.

18   New Zealand Ministry of Justice (2008) 'Report Of The Prostitution Law Review Committee On The Operation Of The Prostitution Reform Act 2003', 다음에서 확인 가능, prostitutescollective.net, 38.

19   Mossman, E. and Mayhew, P. (2007) 'Key Informant Interviews Review of the Prostitution Reform Act 2003', New Zealand Ministry of Justice, chezstella.org/docs/NZ-KeyInformantInterviews.pdf.

20   Abel, G., et al., 'The impact of the Prostitution Reform Act on the health and safety practices of sex workers'.

21   Prostitution Reform Act 2003, s. 18, New Zealand Legislation, 다음에서 확인 가능, legislation.govt.nz.

22   New Zealand Prostitutes Collective (2018) 'History', nzpc.org.nz/history.

23   Jordan, J. (2011) 'Sex work – Legislation and decriminalisation', Te Ara – the Encyclopedia of New Zealand, teara.govt.nz.

24   Prostitution Reform Act 2003, s. 3, New Zealand Legislation, 다음에서 확인 가능, legislation.govt.nz.

25   Wood, J.R.T. (1997) 'Royal Commission into the New South Wales Police Service. Final Report, Volume 1: Corruption', Government of New South Wales, pandora.nla.gov.au.

26   Armstrong, L. (2017) 'From Law Enforcement to Protection? Interactions Between Sex

Workers and Police in a Decriminalized Street-based Sex Industry', *The British Journal of Criminology* 57:3, 570–88.

27 Ibid.

28 Ibid.

29 Abel, G., Fitzgerald, L. and Brunton, C., Abel, G., et al., 'The impact of the Prostitution Reform Act on the health and safety practices of sex workers', 140.

30 Ibid., p. 163

31 Wynn, K. (13 July 2014) 'Police help short-changed sex worker', *New Zealand Herald*, nzherald.co.nz.

32 GAATW, 'Sex Workers Organising for Change', 96.

33 Ibid.

34 Ibid.

35 Ibid., 89.

36 Abel et al., 'The impact of the Prostitution Reform Act on the health and safety practices of sex workers', 120.

37 Roguski, M. (28 March 2013) 'Occupational Health and Safety of Migrant Sex Workers in New Zealand', report, New Zealand Prostitutes' Collective, nswp.org.

38 Triggs, S. et al. (Septembet 2009) 'Responding to sexual violence: Attrition in the New Zealand criminal justice system', report, New Zealand Ministry of Women's Affairs, women.govt.nz.

39 Abel et al.,'The impact of the Prostitution Reform Act on the health and safety practices of sex workers', 165.

40 Armstrong, L. (2017) 'From Law Enforcement to Protection? Interactions Between Sex Workers and Police in a Decriminalized Street-based Sex Industry', *The British Journal of Criminology* 57:3, 570–88.

41 Ibid.

42 Woods, 'Ipswich victims drug addicts, not "sex workers"', 13.

43 Vitale, A.S. (2017) 'Police and the Liberal Fantasy', *Jacobin*, jacobinmag.com.

44 Ditum, S. (5 February 2015) 'If you think decriminalisation will make prostitution safe, look at Germany's mega brothels', *New Statesman*, newstatesman.com.

45 Banyard, *Pimp State*.

46 TVNZ (1 July 2011) 'WINZ won't promote sex jobs', tekarere, tvnz.co.nz.

47 Prostitution Reform Act 2003, s. 18, New Zealand Legislation, 다음에서 확인 가능, legislation.govt.nz.

48 New Zealand Herald (8 April 2016) 'Former prostitutes call for ban to industry', *New Zealand Herald*, nzherald.co.nz.

49 Harris, M. (2014) 'Sex Workers Equally Protected from Sexual Harassment as Other Workers – Says New Zealand Case', Oxford Human Rights Hub blog, ohrh.law.ox.ac.uk.

50 Banyard, K., *Pimp State*, 64.

51 Local (2011) 'Norway a "pimp" for my prostitute client: lawyer', *The Local*, thelocal.no.

52 Prostitution Reform Act 2003, s. 18, New Zealand Legislation, 다음에서 확인 가능,

legislation.govt.nz.

53 International Labour Organization (2007) 'Direct Request for information from the Government of New Zealand', Direct Request (CEACR), adopted 2007, published 97th ILC session (2008), 다음에서 확인 가능, ilo.org.

54 개인적 서신 교환.

55 Learmonth, D., Hakala, S. and Keller, M. (2015) '"I can't carry on like this": barriers to exiting the street-based sex trade in South Africa', *Health Psychology and Behavioral Medicine* 3:1, 348–65.

56 Canadian Alliance for Sex Work Law Reform, (October 2016) 'Joint Submission for Canada's Review before the UN Committee on the Elimination of All Forms of Discrimination Against Women, 65th Session', nswp.org.

57 GAATW, 'Sex Workers Organising for Change', 29.

58 Lam, E., 'Behind the Rescue'.

59 McGrath, M. (2015) 'Sex worker Kate McGrew (36): "I feel that once we stop seeing sex work as a social ill we'll start to see sex workers as humans"', *Independent*, independent.ie.

60 Abel, G., Fitzgerald, L. and Brunton, C. (2009) 'The impact of decriminalisation on the number of sex workers in New Zealand', *Journal of Social Policy* 8:3, 515–31.

61 Abel, et al., 'The impact of the Prostitution Reform Act on the health and safety practices of sex workers', 84.

62 Moran, R. (2015) 'SPACE International's response to consultation for Prostitution Law Reform (Scotland) Bill 2015', womenssupportproject. co.uk/userfiles/file/space%20 international%20response.pdf.

63 New Zealand Prostitutes Collective (NZPC) (2015) 'Decriminali sation of Sex Work in New Zealand: Impact on Maori', 다음에서 확인 가능, sexworklaw.co.nz.

64 Murphy, M. (2015) 'Male progressives who support harm reduction need a lesson in feminism and in radicalism', *Rabble*, rabble.ca.

65 Mgbako, C.A. (2016) *To Live Freely in This World: Sex Worker Activism in Africa*, New York: NYU Press, 40.

66 Abel, G. (2014) 'A decade of decriminalization: Sex work "down under" but not underground', *Criminology and Criminal Justice* 14:5, 580–92.

나가며

1 Sontag, S. (2003) 'Of Courage and Resistance', *The Nation*, thenation.com.

2 Lorde, A. (1982) "Learning from the 60s" in *Sister Outsider: Essays and Speeche*, Berkeley, CA: Crossing Press, 134–44.

3 Smith, J. (2016) 'The Duel: Should it be illegal to pay for sex?' *Prospect*, prospectmagazine.co.uk.

4 Jeni, H. (12 October 2017) 'Burning Down The Sex Trade', Medium (@GappyTales), medium.com.

5 GAATW, 'Sex Workers Organising for Change', 9.

6 Ibid., 36.

7 Ibid., 28.

8 Jana, S. et al. (2014) 'Combating human trafficking in the sex trade: Can sex workers do it better?' *Journal of Public Health* 36:4, 622–8.

9 NSWP, 'Sex Work And The Law', 11.

10 Ibid., 13.

11 GAATW, 'Sex Workers Organising for Change', 36.

12 Global Network of Sex Work Projects (NSWP) (October 2014) 'Sex Workers Demonstrate Economic and Social Empowerment. Regional Report: Asia and the Pacific', report, nswp.org, 15–16.

13 Mock, J. (17 January 2017) 'On the Women's March '"Guiding Vision" and its inclusion of Sex Workers', *Janet Mock on Tumblr*, janetmock.tumblr.com.

14 Speech by the MP who proposed the PRA. Barnett, T. (25 June 2003) 'Prostitution Reform Bill — Procedure, Third Reading', New Zealand Parliament, parliament.nz.

15 de Leon, A. (October 2015) 'Black Sex Workers' Lives Matter', *For Harriet*, forharriet. com.

16 이는 문서상으로 성노동이 비범죄화되었지만, 범죄화된 인접 관할구역과 비슷하거나 심지어 더 높은 비율로 경찰이 성노동자를 체포했던, 1980년대 후반 호주 뉴사우스웨일스의 사례에서 잘 드러난다. Perkins R. (1991) 'Working girls: Prostitutes, their life and social control', in Australian studies in law, crime and justice, Canberra: Australian Institute of Criminology, chapter 2, 다음에서 확인 가능, aic.gov.au.

17 Black Women for Wages for Housework (1977) 'Money for Prostitutes is Money for Black Women', *LIES: A journal of materialist feminism*, 다음에서 확인 가능, liesjournal. net.

18 Bindel, J. (2017) *The Pimping of Prostitution: Abolishing the Sex Work Myth*, London: Palgrave Macmillan, chapter 2.

19 English Collective of Prostitutes (ECP) (1977) 'Supporting Statement by the English Collective of Prostitutes', *LIES: A journal of materialist feminism*, 다음에서 확인 가능, liesjournal.net.

20 Ravishly (2014) 'Is Sex Work Empowering Or Enslaving? 12 Experts Weigh In', *Huffington Post*, huffingtonpost.com; Rebel Circus (2017) 'I Became An Escort To Empower Myself, But It Only Crushed My Soul', *Rebel Circus*, rebelcircus.com; Femme Fatale (2015) 'IT HAPPENED TO ME: I Was an Escort for Eight Years, Believing It Would Empower Me, and It Didn't', *xo jane*, xojane.com; Sless, E. (2012) 'Sex worker & mother: "Yes, I AM empowered by my job"', *Mamma M!a*, mamamia.com.

21 Murphy, M. (2011) 'The trouble with choosing your choice', *Feminist Current*, feministcurrent.com.

22 Hatcher, M. (2017) '76% of all inmates end up back in jail within 5 years. Here's how I broke the cycle', *Vox*, vox.com.

23 Object! (@objectUK), Twitter, 5:39am, 3 March 2018.

24 Aroney, E. and Beressi, J. (16 September 2015) 'La Revolte des Prostituees [The

Prostitutes' Revolt]', RTBF (Brussels) and Radio France Culture, video, Vimeo (user: In The Dark), vimeo.com/139457788, English transcript at: religiondocbox.com/Atheism_ and_Agnosticism/75007623-La-revolte-des-prostituees-produced-by-eurydice-aroney-for-rtbf-brussels-and-radio-france-culture.html.

25   Leite, G.S. (1996) 'The prostitute movement in Brazil: Culture and religiosity', *International Review of Mission* 85:338, 417–26.

26   Sex Worker Advocacy and Resistance Movement (SWARM) (15 May 2017) 'Shut Down Yarls Wood', SWARM, swarmcollective.org.

27   Davidson, T. (14 June 2014) 'Toronto sex workers protest new prostitution legislation', *Toronto Sun*, torontosun.com.

28   Black Women for Wages for Housework, 'Money for Prostitutes is Money for Black Women'.

반란의 매춘부

초판 1쇄 펴낸날 2022년 1월 15일
지은이   몰리 스미스·주노 맥
옮긴이   이명훈
펴낸이   박재영
편집   이정신·임세현·한의영
마케팅   신연경
디자인   조하늘
제작   제이오
펴낸곳   도서출판 오월의봄
주소   경기도 파주시 회동길 363-15 201호
등록   제406-2010-000111호
전화   070-7704-5240
팩스   0505-300-0518
이메일   maybook05@naver.com
트위터   @oohbom
블로그   blog.naver.com/maybook05
페이스북   facebook.com/maybook05
인스타그램 instagram.com/maybooks_05

ISBN   979-11-6873-001-4 03300

만든 사람들
책임편집   이정신
디자인   조하늘